Grundlagen der Informatik

von
Prof. Dr. Peter Pepper
Technische Universität Berlin

2., verbesserte Auflage

R. Oldenbourg Verlag München Wien 1995

Prof. Dr. Peter Pepper
Studium der Mathematik und Informatik an der Technischen Universität München.
Von 1975 bis 1985 wissenschaftlicher Mitarbeiter am Institut für Informatik der Technischen Universität München. 1980 bis 1981 Research Scholar an der Stanford University. 1979 Promotion, 1985 Habilitation. Seit 1985 Professor für Übersetzerbau und Programmiersprachen an der Technischen Universität Berlin.

Anschrift:
Technische Universität Berlin
Fachbereich Informatik
Sekr. FR 5-13
Franklinstraße 28/29
10587 Berlin

email: pepper@cs.tu-berlin.de

Die Deutsche Bibliothek - CIP-Einheitsaufnahme

Pepper, Peter:
Grundlagen der Informatik / von Peter Pepper. - 2., verb. Aufl.
- München ; Wien : Oldenbourg, 1995
  ISBN 3-486-23513-3

Gesamtherstellung: R. Oldenbourg Graphische Betriebe GmbH, München

ISBN 3-486-23513-3

Inhalt

Vorwort

Im Frühjahr 1988 wurde ich vom Herausgeber der Zeitschrift *at* gefragt, ob ich eine Artikelserie über „Grundlagen der Informatik" schreiben könnte, die für einen Leserkreis von Ingenieuren und Regeltechnikern geeignet wäre. Ich betonte meine Überzeugung, daß eine Darstellung von Grundlagen kein fortgeschrittener Pascal- oder C-Kurs sein dürfte, sondern ziemlich theoretisch ausfallen müßte. Diese Drohung verfehlte leider ihre abschreckende Wirkung, und so nahm die Serie schließlich ihren Lauf. Als sie abgeschlossen war, hat der Verlag sich entschlossen, sie auch als Buch herauszubringen.

Eine Artikelserie zu schreiben ist eine ganz eigenartige, beinahe schon skurrile Erfahrung. Das Interesse des Verlages nach möglichst baldigem Start kollidiert sofort mit dem Wunsch des Autors nach sorgfältig durchdachten Konzepten, Begriffen und Notationen. Natürlich gewinnt der Verlag. So hält der Autor dann leicht beunruhigt das Heft mit den ersten veröffentlichten Seiten in der Hand, zu einem Zeitpunkt, wo noch keine zehn Prozent des Textes existieren. Und natürlich stellt man irgendwo in der Gegend von Seite 95 beim Schreiben fest, daß die Notation auf Seite 18 ganz unglücklich gewählt war – die ist aber in den Bibliotheken sogar schon vom Zeitschriftenregal zu den Sammelbänden gewandert.

Trotz dieser Probleme haben wir uns entschlossen, die Serie weitgehend unverändert in dieses Buch zu übernehmen, um beides zueinander passend zu halten. Die Natur einer Serie ist an einigen Stellen auch deutlich zu erkennen, zum Beispiel bei den „lokalen" Glossaren und Literaturlisten, die am Ende von Kapiteln stehen und nicht am Ende des ganzen Buches. Natürlich haben wir einige Fehler entfernt (und hoffentlich keine neuen eingebaut). Die einzige größere Änderung betrifft Kapitel 7. Hier wurde Abschnitt 7.3 neu hinzugenommen, um eine gewisse Abrundung zu erreichen und einige Konzepte in Kapitel 12 klarer zu machen.

Auch bei der jetzt vorliegenden zweiten Auflage ist dieses Grundprinzip beibehalten worden. Die wichtigste Änderung betrifft den Index, bei dem sich in der ersten Auflage ärgerliche Fehler eingeschlichen hatten. Sie waren entstanden, weil sowohl Autor als auch Verlag sich blind auf das Funktionieren automatischer Indexgeneratoren verlassen hatten — was bei einem Informatikbuch nicht einer gewissen Ironie entbehrt.

Als die Serie initiiert wurde, dachten wir an der TU Berlin gerade über die Einführung eines Studienganges „Technische Informatik" nach.

Und für diesen Zweck entwarfen mein Kollege Günter Hommel und ich eine Struktur für den grundlegenden Informatikzyklus dieses Studienganges. Diesen Entwurf fanden wir auch als Rahmen für die Serie geeignet. Auch wenn ich für den Inhalt der Artikel letztlich alleine die Verantwortung tragen muß, so wäre die Serie — und damit dieses Buch — doch nicht denkbar gewesen ohne die stetige Mitwirkung, Beratung und Unterstützung durch Günter Hommel. Die Arbeit, die er damit hatte, war die gerechte Strafe dafür, daß er das Ganze initiiert hatte.

Ein besonderer Dank gilt aber auch Herrn Reißenweber, der über die vielen Monate der Serie hinweg ein sorgfältiger Lektor war und mir mit vielen Ratschlägen wesentlich geholfen hat. Und die stets gute Zusammenarbeit mit dem Verlag hat mich über so manchen Terminstreß gerettet.

Berlin, im Juli 1992 und im Mai 1995
Peter Pepper

Prolog

In diesem Buch soll eine „Einführung in die Informatik" gegeben werden.

Was hat der Leser[1] von einem solchen Buch zu erwarten? Dies ist eine ausgesprochen schwer zu beantwortende Frage, da sie eigentlich den Inhalt aller noch folgenden Kapitel einfordert, komprimiert auf einige wenige Sätze. Wir werden es trotzdem versuchen, und zwar in Form eines groben Überblicks über die Schwerpunktthemen, die behandelt werden sollen. Bevor wir aber so konstruktiv ins Detail gehen, mag es vielleicht hilfreich sein, erst einmal das auszugrenzen, was *nicht* Gegenstand unserer Erörterungen sein wird.

Dies ist kein Programmierkurs: Wir werden keinen Versuch machen, den Leser zum Programmierer auszubilden — in welcher Sprache auch immer. Im Gegenteil, *ein* Lerneffekt dieses Buchs sollte gerade in der Erkenntnis bestehen, daß die Wahl der Programmiersprache ein ziemlich untergeordneter Aspekt des Programmierens ist, und daß die Beherrschung vieler Programmiersprachen kein charakteristisches Merkmal eines guten Informatikers ist.

Programmiersprachen sind nämlich nichts als Werkzeuge. Und jedes Werkzeug ist für gewisse Aufgaben gut geeignet und für andere weniger gut: LISP ist gut für eine Reihe von Problemen, wie sie in der sogenannten „künstlichen Intelligenz" auftreten. FORTRAN nimmt man bei technisch-wissenschaftlichen Aufgaben, insbesondere wenn man auf vorhandene „Programmbibliotheken" zurückgreifen will. In der Wirtschaft wird COBOL nach wie vor hoch geschätzt. Aber wer sich mit Prozeßsteuerung herumplagen muß, wird auf Sprachen wie PEARL oder CHILL verfallen — wenn er nicht sogar im guten alten ASSEMBLER-Code steckenbleibt. (Und keiner kann heute sagen, ob Ada hier wirklich das Licht am Ende des Tunnels ist[2].) Ein Physiker, der schnell die Daten seines letzten Experiments auswerten will, ist mit APL wohl bestens zufrieden. Expertensysteme formuliert man üblicherweise in PROLOG und Betriebssysteme schreibt man in C. Für Datenbankanfragen gibt es SQL oder QBE. Pascal schließlich und MODULA sind zu fast allem zu gebrauchen (und BASIC zu fast gar nichts). Und unsere Kleinsten im Kindergarten haben auch schon ihre spezielle Lernsprache (LOGO heißt sie).

---

[1] Ich bitte um Verständnis, daß ich auf Satzungetüme wie „... *den/die Leser(in) zum/zur Programmierer(in) auszubilden ...*" verzichte.

[2] ... Zweifel sind zumindest angebracht.

Diese kurze Auflistung eines winzigen Bruchteils der heute verfügbaren Programiersprachen[1] sollte dem Leser endgültig den Wunsch genommen haben, auf diesem Gebiet umfassend instruiert zu werden. Die Tatsache, daß wesentliche Marktsegmente nach wie vor von den Oldtimern FORTRAN, COBOL, Pascal und LISP besetzt sind, ist ohnedies ein trauriges Zeichen dafür, daß die Kunst des „Werkzeugmachens" in der Informatik noch nicht in allzu hoher Blüte steht.

Glücklicherweise ist all diesen vielen Sprachen gemein, daß sie aus einem durchaus überschaubaren Satz von grundlegenden Konstrukten zusammengesetzt sind, wenn auch in immer neuen Kombinationen und Variationen. Und daher werden wir uns hier darauf konzentrieren, diese Grundkonstrukte herauszuarbeiten. Denn wer sie beherrscht, kann sich im allgemeinen recht schnell in jede neue Programmiersprache einarbeiten. Ein solcher Ansatz ist — nach den Erfahrungen, die wir in der Ausbildung unserer Informatikstudenten gemacht haben — viel erfolgversprechender als die einseitige Konzentration auf eine bestimmte Sprache. Denn wer das Programmieren nur orientiert an einer bestimmten Sprache gelernt hat, der pflegt von da an auch in den Schemata dieser einen Sprache zu denken. (*„Wer nur einen Hammer hat, für den sieht die ganze Welt wie ein Nagel aus".*)

Dies ist kein Essay über die gesellschaftliche Bedeutung der Informatik. Es ist heute ein Gemeinplatz, daß Technologie nicht nur Chancen bietet, sondern auch Gefahren birgt. Und beide Möglichkeiten sind bei konkreten Technologien jeweils sehr unterschiedlich ausgeprägt — abhängig sowohl von der sozio-ökonomischen Relevanz der betreffenden Technologie als auch von ihrem Schadenspotential.

Daß die Bewertung der Informatik in diesem Zusammenhang noch so ambivalent ausfällt, hat mehrere Ursachen. Zum einen hat sie begonnen (wie wohl keine andere Technologie seit Einführung der Elektrizität und des Autos), in alle Bereiche des Lebens hineinzuwirken. Und obwohl fast niemand ihr ganz entgehen kann, bleibt sie doch den meisten in ihrem Wesen verschlossen — und folglich auch ein bißchen unheimlich (so wie ihre Base, die Mathematik, auch vielen Leuten zeitlebens verschlossen bleibt). Dieser Hauch des imponierend Unverständlichen, gepaart mit dem harmlos-freundlichen Verhalten moderner Benutzerschnittstellen (die dem Unbedarften ein Gefühl vermitteln, als würde da tatsächlich ein intelligentes Gerät mit ihm Kommunikation pflegen), führt zu einer Mystifikation des „Computers", die einem

---

[1] Schon im Jahre 1970 zählte P. Landin 700 Programmiersprachen auf — und danach hat niemand mehr einen ernsthaften Versuch unternommen, bei der explosionsartigen Entwicklung auf dem laufenden zu bleiben. Die meisten Sprachen sind ohnehin nur zu Spezialzwecken geschaffen worden.

rationalen Umgang mit dem — zugegebenermaßen hochkomplexen — Werkzeug nicht gerade förderlich ist.

Die zweite Schwierigkeit im Umgang mit der Informatik liegt in ihrer reinen Hilfsfunktion. Fast immer sind die Geräte und Technologien der Informatik eingebettet in Strukturen, die aus anderen Disziplinen stammen — sei es das Steuerwesen oder das Steuern von Walzenstraßen. Damit wird aber die Liste der GAUs der Informatik zur Summe der Listen aller GAUs aller Technologien, die sich ihrer bedienen: Die schlimmste denkbare Katastrophe in einem Kernkraftwerk steht auch auf der Liste der Informatikkatastrophen, ein Chemiewerk kann sehr wohl durch das Versagen eines Computers seine Giftschleusen öffnen, und der Zusammenbruch des internationalen Aktienhandels kann durch einfache Computerprogramme ausgelöst werden. Was die Informatik allerdings fast immer tut: Sie potenziert die Chancen und die Gefahren einer Technologie, die sie unterstützt.

Doch selbst wenn man herausgefunden hat, welche Effekte nun auf das Konto der Informatik gehen, bleibt immer noch die Frage, was denn nun eigentlich gut oder schlecht ist. Ist die Vernichtung lärmender, schmutziger und gesundheitsschädlicher Arbeitsplätze wirklich so beklagenswert? Oder ist, mutatis mutandis, eine humane Arbeitswelt wirklich so erstrebenswert, wenn in ihr keiner mehr Arbeit findet? Ist es ein Segen, daß wir das gigantische nukleare Vernichtungspotential mit ausgefeilter Elektronik im Zaum halten können? Oder hätte nicht ohne die Informatik das Ganze gar nicht erst entstehen können?

All dies wird verkompliziert durch unsere Sucht nach (vermeintlicher) Objektivität und Rationalität. Computer scheinen der Schlüssel zu sein, mit dem wir endlich subjektiv gefärbte, mit intuitiven Fehleinschätzungen behaftete Entscheidungen von Menschen ersetzen können durch absolut nüchterne, nur auf Fakten beruhende Berechnungen[1]. Und dabei übersehen wir, daß die bloße Anhäufung von Daten noch lange nicht Objektivität bedeutet, und daß Computer letztlich auch nur wieder Bewertungen vornehmen, und zwar die, die ein Programmierer ihnen einmal schematisch vorgezeichnet hat (einschließlich seiner Subjektivität und Fehlerfähigkeit). Letztlich bleibt uns hier — wie auch bei anderen Technologien — nur Weizenbaums Antwort (die er in seinem nach wie vor lesenswerten Buch gegeben hat): „Die Frage lautet nicht: ‚Was *können* die Computer leisten?‘, sie lautet: ‚Was *sollen* die Computer leisten?‘ "

Die Sache ist sogar noch schlimmer. Jeder Programmierer muß etwas tun, was der menschlichen Natur zuwider ist: Er muß auf Improvisation verzichten. Menschliche Planung ist ja üblicherweise nur

---

[1] Diesen Traum hat im Grunde schon Leibnitz geträumt.

eine Grobplanung, die die wesentlichsten und wahrscheinlichsten Fälle vorsieht und auf alle unerwarteten Situationen mit Analogieschlüssen oder reiner Improvisation reagiert. Beide Fähigkeiten gehen Computern ab. Als Konsequenz dieses Mangels der Geräte muß der Programmierer jetzt wirklich alle — die vorstellbaren wie die unvorstellbaren — Situationen voraussehen und die richtigen Reaktionen einplanen. Dies führt in der Praxis zu einem unüberschaubaren Wust von Details, die auch noch auf die vielfältigste Weise miteinander verwoben sind.

Hier liegt eine der zentralen Aufgaben der Informatik: *Die Kunst, Komplexität zu meistern* (E.W. Dijkstra). Und das ist viel mehr der Kern unserer Wissenschaft — so sie denn überhaupt schon eine ist — als das Erlernen einzelner Programmiersprachen oder -systeme. Und auch in diesem Buch wird diese Kunst eine bedeutende Rolle spielen.

Dies ist kein populärwissenschaftlicher Schnellkurs „Informatik in 24 Stunden": Es ist ein beliebtes (und lukratives) Spiel geworden, die allgemeine Neugier auf Informatik zu nutzen, um allerlei oberflächliches und unausgegorenes Material über die unbedarften Leser auszugießen. (Ein Buch mit dem oben zitierten Titel existiert tatsächlich.) Wir wollen hier aber einen seriösen Versuch unternehmen, uns mit den Grundlagen der Informatik auseinanderzusetzen. Und dies verlangt Arbeit. Vom Autor ebenso wie vom Leser.

Wir gehen jedenfalls davon aus, daß der Leser ein fundiertes technologisches Grundwissen besitzt, und daß die Verwendung mathematischer Formalismen bei ihm nicht zu Schockzuständen führt. Auf dieser Basis soll ein schrittweiser Einstieg in die Begriffswelt der modernen Informatik angeboten werden. Dabei werden wir durchaus auch auf kompliziertere mathematische Theorien eingehen, jedoch nie, ohne ihren unmittelbaren Bezug zu Fragen der Anwendung herzustellen (seien diese nun innerhalb oder außerhalb der Informatik).

Es sollen auf möglichst breiter Basis die verschiedenen Aspekte der Informatik angesprochen werden. Dabei können zwangsläufig nicht alle Gebiete gleich genau behandelt werden — und sicherlich keines erschöpfend. (Wichtige Aspekte müssen wir sogar gänzlich aussparen, z.B. die Organisation der Datenverarbeitung im Betrieb, Fragen des Datenschutzrechts und viele andere mehr.)

Im einzelnen werden wir folgende Themenkreise ansprechen:

- Grundkonzepte der Programmierung;
- Datenstrukturen und Algorithmen;
- die Rolle der Logik in der Programmierung;
- Parallelität und Kommunikation;
- Rechneraufbau und Betriebssysteme.

Die einzelnen Themen sind natürlich von ihrem Umfang her sehr unterschiedlich und zerfallen im allgemeinen noch in Unterthemen. Wir werden außerdem so weit wie möglich versuchen, eine natürliche Abfolge der einzelnen Kapitel zu erreichen und nicht die Themen en bloc zu behandeln. Dies ist um so mehr geboten, als enge Querbeziehungen zwischen den verschiedenen Teildisziplinen der Informatik bestehen — von der Software bis zur Hardware.

Da wir aus Platzgründen nur Einführungen in die verschiedenen Facetten der Informatik geben können, müssen wir zur Vertiefung jeweils auf Literatur verweisen. Allerdings beschränken wir uns dabei meistens auf leicht zugängliche Lehrbücher und verzichten auf die Auflistung von Spezialliteratur.

1. Über den Begriff „Information"

Einer der grundlegenden Begriffe der Informatik ist offensichtlich der der „Information". In der umgangssprachlichen Bedeutung stellt Information im allgemeinen eine bestimmte Art von faktischem Wissen dar. Das zeigen Redewendungen wie „sich Informationen beschaffen" oder „Informationen und Meinungen". Letzteres ist ein Begriffspaar, das im Pressewesen (zumindest in seinem seriösen Teil) sehr genau auseinandergehalten wird.

Es besteht im allgemeinen kein Bedarf, die Information von der Nachricht zu trennen, durch die sie dargestellt wird. In der Informatik ist das anders: Im Interesse einer sauberen Fundierung unserer Grundkonzepte müssen wir hier präziser (und vielleicht auch ein bißchen sophistischer) sein.

Wir beschränken uns hier allerdings auf einen sehr technisch orientierten Informationsbegriff, der auf die Bedürfnisse unserer Thematik beschränkt ist. In anderen Kontexten wäre eine umfassendere Sicht notwendig.

1.1 Information und Repräsentation

Wir fassen *Nachrichten* auf als physikalische Phänomene der realen Welt, also als Zustände von Nachrichtenträgern („Nachrichten-Speicherung") bzw. als zeitliche Veränderung von Zuständen („Nachrichten-Übertragung"). Damit erhalten wir konkrete Darstellungen für abstrakte Informationen.

Definition: Eine **Informationsstruktur** ist ein Tripel, geschrieben in der Form $\langle \imath: Rep \to Inf \rangle$, wobei gilt: *Rep* ist eine Menge von „konkreten" **Repräsentationen**, *Inf* ist eine Menge von „abstrakten" **Informationen**, und $\imath$ ist die **Interpretation**, die jeder Repräsentation die zugehörige Information zuordnet. (In der Sprache der Mathematik würde $\imath$ als totale Abbildung klassifiziert werden[1].)
Das Paar $\langle \imath, Inf \rangle$ wird auch **Semantik** von *Rep* genannt. □

Notation: Wir schreiben $\alpha = \imath[\![r]\!]$, wenn α die abstrakte Information zur konkreten Repräsentation r ist. (Die speziellen Klammern „$[\![$" und „$]\!]$" führen wir nur aus Gründen der besseren Unterscheidung

---

[1] Eine knappe Übersicht über die wichtigsten mathematischen Grundbegriffe und Symbole, die wir hier verwenden, findet sich in einem Glossar am Ende dieses Kapitels.

ein, weil wir die „normalen" Klammern bei der Repräsentation programmiersprachlicher Ausdrücke benötigen.)

Hinweis: Neben dieser methodisch orientierten Begriffsbildung gibt es im Bereich der Codierungstheorie — zurückgehend auf Arbeiten von C. Shannon — auch einen ganz technisch orientierten Ansatz, bei dem der Informationsgehalt von Nachrichten mittels Wahrscheinlichkeiten erfaßt wird.

Eine *Information* zusammen mit ihrer *Repräsentation* bezeichnen wir als **Objekt** oder **Datum**. Somit trägt der Begriff *Datenverarbeitung* der Tatsache Rechnung, daß — strenggenommen — zwar nur Repräsentationen manipuliert werden, daß diese Manipulation jedoch in Übereinstimmung mit der Bedeutung dieser Repräsentationen zu geschehen hat („bedeutungstreu").

Die folgenden Beispiele sollen diese Begriffsbildungen veranschaulichen: (a) Verkehrszeichen sind zunächst nur farbige Blechtafeln; wir haben jedoch gelernt, sie so zu interpretieren, daß sie eine nützliche Funktion in der Organisation von Verkehrsabläufen erfüllen. (b) Das Braille-Symbol '⠁' ist zunächst nur eine Ansammlung von Punkten; erst durch die richtige Interpretation wird es zum Buchstaben «*A*». (c) Auch die Ansammlung geometrischer Figuren '112' erhält erst durch geeignete Interpretation ihre Bedeutung als abstrakte Idee der Zahl «*einhundertzwölf*»; kurz:

$$\imath \; [\![\; '⠁' \;]\!] \quad = \quad «A» \; ;$$
$$\imath \; [\!['112']\!] \quad = \quad «einhundertzwölf» \; .$$

(Als Konvention zeichnen wir — wenn die Unterscheidung wichtig ist — Repräsentationen durch die Form '...' und Informationen durch die Form «...» aus.)

Repräsentationen sind bei uns also stets konkrete Phänomene der physikalischen Welt, während *Informationen* grundsätzlich abstrakte Ideen sind. Und die *Interpretation* schlägt die Brücke zwischen beiden. Daß diese drei Begriffe untrennbar miteinander verbunden sind, ist evident: Information bedarf einer Repräsentation, sonst kann sie weder mitgeteilt noch gespeichert noch verarbeitet werden. Umgekehrt ist jede Repräsentation ohne zugeordnete Information im wahrsten Sinne des Wortes sinn-los.

1.2 Modellbildung

Wie wichtig eine gut gewählte Repräsentation ist, wird am Beispiel der Zahlen besonders deutlich. Aufgrund der abstrakten Idee der Zahlen gilt zum Beispiel:

«einhundertzwölf» «plus» «zweitausendsiebenundachzig»
ergibt «zweitausendeinhundertneunundneunzig».

Es wäre jedoch völlig aussichtslos, sich solche Fakten abstrakt merken zu wollen. Erst auf der Basis geschickt gewählter Repräsentationen kann man mit solchen Problemen umgehen. So ermöglicht zum Beispiel die übliche Dezimaldarstellung es bereits Schulkindern, die Berechnung auszuführen:

$$112 + 2087 = 2199.$$

Die Geschichte der Naturwissenschaften belegt eindrucksvoll die Bedeutung guter Repräsentationen. So erlauben uns erst mathematische Gleichungen wie

$$s = \frac{b}{2}\, t^2 + v_0\, t + s_0\,,$$

mit den physikalischen Gesetzen der Bewegung wirklich zu arbeiten, und erst graphische Darstellungen wie

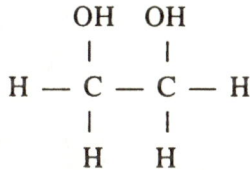

$$
\begin{array}{ccc}
\text{OH} & & \text{OH} \\
| & & | \\
\text{H} - \text{C} & - & \text{C} - \text{H} \\
| & & | \\
\text{H} & & \text{H}
\end{array}
$$

machen chemische Bindungen erlernbar und verwendbar.

Hinter solchen Darstellungen steckt ein beträchtlicher *Abstraktionsprozeß*. So muß man im Falle der chemischen Bindungen zum Beispiel völlig abstrahieren von unnötigen Details wie Elektronenschalen, Atomgewicht, Reaktionsenergie etc.; alles, was berücksichtigt wird, sind die Bindungswertigkeiten und der strukturelle Aufbau. Diese beiden abstrakten Konzepte (=Informationen) werden dann durch entsprechende Diagramme repräsentiert.

Definition: Eine **Modellbildung** (für ein konkretes Problem) abstrahiert zunächst von unnötigen Details und gelangt so zu einem konzeptuellen Abbild der Realität. Für dieses abstrakte Konzept wird dann eine geeignete Darstellung gewählt. □

Dies läßt sich durch folgendes Diagramm illustrieren:

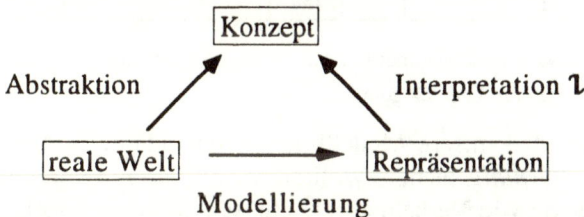

Beispiel: Eine bekannte Aufgabenstellung ist, für die Fahrt von einer Stadt *A* nach einer Stadt *B* die kürzeste Verbindung zu suchen. Zu diesem Zweck abstrahieren wir völlig von konkreten Eigenschaften wie

Fahrbahnbeschaffenheit, Kurvenverlauf, Höchstgeschwindigkeiten, Verkehrsdichte etc. Alles, was bleibt, sind für jedes Streckenstück Anfangs- und Endpunkt sowie die Länge. Dies wird dann häufig in Form eines Graphen dargestellt:

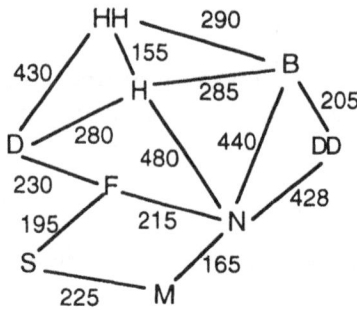

Diese Repräsentation ist für menschliche Benutzer außerordentlich gut geeignet, während für die Verarbeitung in Computern eine Matrixdarstellung besser ist:

	Berlin	Dresden	Düsseldorf	Frankfurt	Hamburg	Hannover	München	Nürnberg	Stuttgart
Berlin		205			290	285		440	
Dresden	205							428	
Düsseldorf				230	430	280			
Frankfurt			230					215	195
Hamburg	290		430			155			
Hannover	285		280		155			480	
München								165	225
Nürnberg	440	428		215		480	165		
Stuttgart				195			225		

Beachte, daß diese Tabelle symmetrisch zur Diagonalen ist, das heißt, daß das rechte obere bzw. linke untere Dreieck genügen würde.

Beachte, daß unsere Modellbildung nur adäquat ist, weil wir die minimale *Entfernung* suchen. Wollten wir die *Fahrzeit* optimieren, dann würden Aspekte wie Verkehrsdichte etc. sehr wohl eine Rolle spielen. □

Ein besonderes Problem bei der Modellbildung ist die Frage, ob die gewählten Informationsstrukturen *umfassend* sind, das heißt, ob für jede Information tatsächlich eine Repräsentation verfügbar ist. Leider ist dies — zumindest in der Informatik — nur ganz selten der Fall.

So stellen wir zum Beispiel reelle Zahlen üblicherweise als Dezimalbrüche wie '3.14159265358979323846 26' dar. Aus einem berühmten Satz der Algebra („Quadratur des Kreises") folgt aber insbesondere, daß die Kreiszahl π nicht als Dezimalzahl geschrieben werden kann. Ähnliche Probleme entstehen auch dadurch, daß aus technischen Gründen der Bereich der darstellbaren Zahlen in allen Computern beschränkt ist. (Für eine „16-Bit-Maschine" ist dies zum Beispiel der Bereich [–32768 .. +32767].) Das heißt also, daß wir weder für den Bereich $\mathbb{R}$ der reellen Zahlen noch für den Bereich $\mathbb{Z}$ der ganzen Zahlen umfassende Informationsstrukturen verfügbar haben. Daher ist es ein wesentlicher Bestandteil jeder Modellbildung, zu klären, wie wir mit nicht-umfassenden Informationsstrukturen trotzdem adäquat arbeiten können.

Der Prozeß der Modellbildung ist eine der wichtigsten Aktivitäten bei der Systementwicklung (für Software ebenso wie für Hardware). Die obigen Beispiele sind sicher zu simpel, um die Bedeutung dieses ersten Entwicklungsschrittes zu belegen, aber sie sollten wenigstens eine erste Vorstellung von der grundsätzlichen Vorgehensweise vermitteln.

1.3 Äquivalente Repräsentationen

Eine häufige Situation ist, daß verschiedene Darstellungen für die gleiche Information existieren. So stehen zum Beispiel die geometrische Figur 'A' und der Morse-Code '.-' für den gleichen Buchstaben, ebenso wie in Braille-Schrift '⠁' oder im internationalen Flaggencode '◫' (wobei der schraffierte Teil blau ist). Eine ähnliche Situation haben wir bei der graphischen Darstellung und der Matrixdarstellung für Streckennetze kennengelernt. In der Mathematik schließlich tragen die folgenden Formeln alle die gleiche Information, nämlich den Wert *«eins»:*

$$\sum_{i=1}^{\infty} \frac{1}{2^i}, \quad 0.9999\ldots, \quad 0!, \quad \sin\left(\frac{\pi}{2}\right), \quad 1\,.$$

(Dem mathematisch nicht vorgebildeten Leser mag diese Information sogar in einigen Fällen ganz verschlossen bleiben.)

Definition: Seien $\langle \mathcal{I}_1 \colon Rep_1 \to Inf \rangle$ und $\langle \mathcal{I}_2 \colon Rep_2 \to Inf \rangle$ gegebene Informationsstrukturen. Dann heißen zwei Repräsentationen $r_1 \in Rep_1$ und $r_2 \in Rep_2$ **äquivalent** — in Zeichen: $r_1 \equiv r_2$ —, wenn sie die gleiche Information tragen. Kurz:

$r_1 \equiv r_2$ genau dann wenn $\mathcal{Z}_1 [\![r_1]\!] = \mathcal{Z}_2 [\![r_2]\!]$. □

Dies umfaßt natürlich den Spezialfall äquivalenter Repräsentationen innerhalb einer Menge *Rep*. Zum Beispiel gilt für unsere übliche Notation von Zahlen, daß führende Nullen ignoriert werden, also etwa '00032' $\equiv$ '32'.

Letztendlich stellt jegliche Form der „Datenverarbeitung" nichts anderes als eine (bedeutungstreue) *Umcodierung C* dar, die sich folgendermaßen illustrieren läßt:

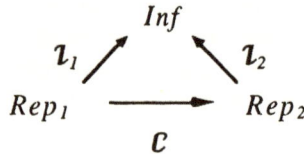

$$
\begin{array}{ccc}
 & Inf & \\
\mathcal{Z}_1 \nearrow & & \nwarrow \mathcal{Z}_2 \\
Rep_1 & \xrightarrow{} & Rep_2 \\
 & C &
\end{array}
$$

Wir sagen, C ist eine **bedeutungstreue Umcodierung**, wenn gilt:

$C [\![r_1]\!] = r_2$ impliziert $\mathcal{Z}_1 [\![r_1]\!] = \mathcal{Z}_2 [\![r_2]\!]$.

Beispiel: Die Umcodierung von Temperaturen, die in Fahrenheit gemessen sind, auf Celsiusgrade geschieht nach der Vorschrift:

$$C [\![f]\!] = (f - 32) * \frac{5}{9}.$$

Dabei tragen zum Beispiel die Fahrenheit-Angabe 212° und die zugehörige Celsius-Angabe 100° die gleiche Information, nämlich den Siedepunkt des Wassers. □

1.4 Definition von Semantik

Offensichtlich haben wir in den obigen Erörterungen gemogelt. Die Verwendung von Notationen wie

$\mathcal{Z} [\![\text{'112'}]\!] = \text{«einhundertzwölf»}$

ist pure Augenwischerei; denn *«einhundertzwölf»* ist ja nur wieder eine andere Repräsentation für die gewünschte Zahl. Dies zeigt ganz deutlich das grundlegende Dilemma der Interpretationsfunktion: Sie läßt sich nicht aufschreiben! Es ist ja gerade das Charakteristikum von „Information", daß sie aus rein abstrakten Konzepten (aus „Ideen") besteht und sich damit jeglicher Aufschreibung entzieht.

Wie kommt unter diesen Umständen aber eine (mehr oder weniger) präzise Definition der Interpretationsfunktion in einer Struktur $\langle \mathcal{Z} Rep \to Inf \rangle$ zustande? Die Antwort ist letztlich: durch einen sozialen Prozeß. Es ist nichts anderes als ein gesellschaftlicher Konsens, daß

Licht mit einer Wellenlänge von 65×10^{-6} cm als «*Rot*» gilt, oder daß die geometrische Figur '2' mit der Zahl «*Zwei*» identifiziert wird[1].

Damit ist aber unser gesamter Verständigungsprozeß mit beträchtlichen Unsicherheiten belastet. Man kann sich nie wirklich darauf verlassen, daß zwei Personen mit einer bestimmten Repräsentation die gleiche abstrakte Information verbinden. (Politische Kampagnen leben geradezu von dieser Tatsache.) Dies wird um so problematischer, je komplizierter die Informationsstrukturen werden und je fataler sich Mißverständnisse auswirken.

Daher versucht man (nicht nur in der Informatik), diese Art der *„Semantik-Definition durch sozialen Konsens"* nur auf einen möglichst kleinen Bereich von Grundbegriffen anzuwenden, die aufgrund ihrer Einfachheit Mißverständnisse (weitgehend) ausschließen. Diese Grundlage nennt man die **Pragmatik** des jeweiligen Begriffsgerüsts.

Auf einer solchen Pragmatik aufbauend, führt man dann die weiteren Begriffe nach streng präzisen und möglichst formalisierten Regeln ein. Daher spricht man dann von *formaler Semantik*. Wie wir jedoch gesehen haben, lassen sich — streng genommen — Informationen selbst nicht unmittelbar aufschreiben, sondern nur ihre Repräsentationen. Folglich kann auch die Definition von Semantik nur unter Verwendung von geeigneten Repräsentationen erfolgen.

Definition: Die **formale Semantik-Definition** einer Informationsstruktur $\langle \imath\!: Rep \to Inf \rangle$ erfolgt durch Rückführung auf eine andere (als bekannt vorausgesetzte) Struktur $\langle \imath_0\!: Rep_0 \to Inf \rangle$. Das geschieht, indem man eine geeignete bedeutungstreue Umcodierung C angibt, so daß gilt:

$$\imath \overset{\text{def}}{=} \imath_0 \circ C$$

das heißt, für jede Repräsentation $r \in Rep$ gilt (s. Glossar):

$$\imath [\![\, r \,]\!] = \imath_0 [\![\, C[\![\, r \,]\!] \,]\!]$$

Dies läßt sich in folgendem Diagramm illustrieren:

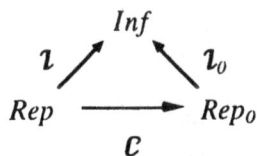

$$
\begin{array}{ccc}
 & Inf & \\
\imath \nearrow & & \nwarrow \imath_0 \\
Rep & \xrightarrow{} & Rep_0 \\
 & C &
\end{array}
$$

---

[1] Peter Naur formuliert dies so: „... information is personal, in that it can only exist as part of the consciousness of a person. ... there is no definitive way to check his understanding. At best we can achieve a partial understanding among several persons."

Man sieht, daß dieses Verfahren letztlich auf einer geeigneten Pragmatik aufbauen muß, da wir sonst einen unendlichen Regreß hätten.

Beispiel: Die wohl einfachste Form der Zahldarstellung sind die sogenannten *Strichzahlen,* also zum Beispiel

$$\imath \, [\![\, \text{'IIIIIIIIIIII'} \,]\!] \;\; = \;\; \text{«zwölf»} \, .$$

Wenn wir jetzt komplexere Systeme betrachten wie etwa das römische Zahlsystem, dann genügt es, die entsprechende Umcodierung in Strichzahlen anzugeben, so daß z.B. gilt:

$$c \, [\![\, \text{'XII'} \,]\!] \;\; = \;\; \text{'IIIIIIIIIIII'}$$

Das Verständnis der Strichzahlen müssen wir dann als Pragmatik voraussetzen, da wir diese schlecht auf noch einfachere Strukturen zurückführen können. (Dies führte Kronecker zu der begeisterten Feststellung: „Die natürlichen Zahlen hat der liebe Gott gemacht, alles andere ist Menschenwerk.") □

Dieses Vorgehen kann natürlich iteriert werden, so daß man in der Praxis hinreichend mächtige Strukturen als Ziel für die Umcodierung zur Verfügung hat. Insbesondere wird man in Anwendungen der Informatik auf die (hoffentlich) wohldefinierten Begriffswelten der jeweiligen Anwendungsgebiete zurückgreifen.

1.5 Glossar: Mengen und Funktionen

Auch unsere Einführung in die Grundbegriffe der Informatik baut auf einer *Pragmatik* auf. Der Tradition der Mathematik folgend, nehmen wir dazu vor allem die elementare *Mengenlehre.* Im folgenden geben wir ein kurzes Glossar der wesentlichen Grundbegriffe[1].

Menge: (Nach G. Cantor, 1895) „Unter einer ,Menge' verstehen wir jede Zusammenfassung von bestimmten wohlunterschiedenen Objekten unserer Anschauung oder unseres Denkens (welche ,Elemente' der Menge genannt werden) zu einem Ganzen."

Wir benutzen folgende Notationen und Operationen (wobei wir meistens kleine Buchstaben für Elemente und große Buchstaben für Mengen verwenden):

$\{a_1, ..., a_n\}$ Menge der Elemente $a_1, ..., a_n$.

$\{a \mid P[a]\}$ Menge aller Elemente, die die Eigenschaft P besitzen.

$A \cup B$ *Vereinigung* von A und B; enthält alle Elemente, die in A oder in B enthalten sind (insbesondere also diejenigen, die in beiden Mengen vorkommen).

---

[1]   In diesem Glossar ist unsere Pragmatik also die Umgangssprache.

$A \cap B$ *Durchschnitt* von A und B; enthält alle Elemente, die sowohl in A als auch in B enthalten sind.

$A \setminus B$ *Differenz* von A und B; enthält alle Elemente von A, sofern diese nicht auch in B vorkommen.

$x \in A$ *Enthaltenseins-Relation*; ist wahr, wenn x als Element in A vorkommt.

$A \subseteq B$ *Teilmengen-Relation*; ist wahr, wenn alle Elemente von A auch Elemente von B sind.

$| A |$ *Kardinalität*; Anzahl der Elemente von A.

Tupel und Sequenzen: Ein wichtiges Konzept sind Paare, Tripel, Quadrupel etc. von Elementen. Der Unterschied zu Mengen besteht vor allem darin, daß die Elemente von Tupeln angeordnet sind, und daß Elemente mehrfach auftreten können.

Wir benutzen folgende Notationen und Operationen:

$\langle a_1, ..., a_n \rangle$ *Tupel* der Elemente $a_1, ..., a_n$.

$\langle \rangle$ *Leeres Tupel.*

$A_1 \times ... \times A_n$ *Produkt* von $A_1, ..., A_n$; besteht aus allen Tupeln $\langle a_1, ..., a_n \rangle$ mit $a_i \in A_i$.

A^n *n-fache Potenz* von A; besteht aus allen n-Tupeln $\langle a_1, ..., a_n \rangle$ mit $a_i \in A$.

A^* Menge aller endlichen *Sequenzen* über A; besteht aus allen Tupeln $\langle a_1, ..., a_n \rangle$ mit $a_i \in A$ und beliebigem $n \in I\!N$. Also gilt:
$$A^* = A^0 \cup A^1 \cup A^2 \cup ... A^n \cup ...$$

Beispiel: Seien $A_1 = \{a, b\}$ und $A_2 = \{1, 2\}$ gegeben. Dann sind die Produkte $A_1 \times A_2 = \{ \langle a, 1 \rangle, \langle a, 2 \rangle, \langle b, 1 \rangle, \langle b, 2 \rangle \}$ und $A_2 \times A_1 = \{ \langle 1, a \rangle, \langle 1, b \rangle, \langle 2, a \rangle, \langle 2, b \rangle \}$ verschiedene Mengen.

Relationen und Abbildungen: Diese fundamentalen Grundbegriffe der Mathematik und Informatik lassen sich auf die Produktbildung zurückführen. Eine **Relation** (synonym: **Zuordnung**) von A und B ist eine Teilmenge des Produkts $A \times B$, also eine Menge von Paaren $\langle a, b \rangle$. (Beachte, daß A und B insbesondere Produktmengen sein können!)

Eine **Abbildung** (synonym: **Funktion**) von A in B ist eine Relation von A und B, die auf B *eindeutig* ist; d.h. jedes Element von A steht mit höchstens einem Element von B in Relation. Die Abbildung heißt **total**, wenn *jedem* Element von A tatsächlich ein Element aus B zugeordnet ist; sonst heißt die Abbildung **partiell**.

Wir benutzen folgende Notationen und Operationen:

$[A \rightarrow B]$ Menge aller Funktionen von A in B.

$f\colon A \rightarrow B$ f ist eine *Funktion* von A in B, also $f \in [A \rightarrow B]$.

$f(a)$ *Anwendung* der Funktion f auf das *Argument a;* liefert dasjenige Element $b \in B$, zu dem a in Relation steht; kurz: $b = f(a)$.

$f \circ g$ *Verknüpfung* der Funktionen f und g; es gilt: $f \circ g(a) = f(g(a))$.

$f(M)$ *punktweise Anwendung* von f auf eine Menge M; *das heißt:* $f(M) = \{f(m) \mid m \in M\}$

Hinweis: Es hat sich eingebürgert, auch solche Zuordnungen „Funktion" zu nennen, die gar keine sind. Zum Beispiel *arctan*(0) kann die Werte 0 und π annehmen, ist also nur auf dem offenen Intervall $(-\pi/_2 \ldots +\pi/_2)$ eine Funktion, nicht jedoch auf ganz $\mathbb{R}$. In solchen Fällen spricht man dann auch — unter Mißbrauch der Terminologie — von **mehrdeutigen Funktionen**.

Referenzen

[1] *Bauer, F.L., Goos, G.:* Informatik – Eine einführende Übersicht (erster Teil). Springer, Berlin 1985.

[2] *Broy, M.:* Informatik – Eine grundlegende Einführung (Teil I). Springer, Berlin 1992.

[3] *Weizenbaum, J.:* Die Macht der Computer und die Ohnmacht der Vernunft. Suhrkamp, Frankfurt 1977.

2. Die Rechenstruktur der Booleschen Algebra

Die elementarste Struktur, die wir kennen, ist die der Wahrheitswerte „wahr" und „falsch". Diese Struktur, die in der Mathematik als „Boolesche Algebra" bekannt ist, spielt eine zentrale Rolle in der Informatik, und zwar sowohl in der Hardware als auch in der Software. Deshalb ist es wohl angebracht, sie an den Anfang unserer Betrachtungen zu stellen.

2.1 Aussagenlogik als Informationsstruktur

„Eine Aussage ist ein sprachliches Gebilde, von dem es sinnvoll ist zu sagen, es sei wahr oder falsch." (Aristoteles)

Leider ist die Angelegenheit nicht ganz so simpel, wie es bei Aristoteles erscheint. Betrachten wir folgendes Beispiel:

„Der nächste Satz ist richtig.
Der vorige Satz ist falsch."

Sind diese beiden Sätze nun wahr oder falsch? Was wir hier auch immer versuchen — wir stoßen auf einen Widerspruch. Dieses Paradoxon läßt sich sogar noch einfacher kreieren:

„Dieser Satz ist falsch."

Auch diesem sprachlichen Gebilde läßt sich kein Wahrheitswert zuordnen. Also ist es keine Aussage, obwohl es äußerlich im Gewand einer Aussage daherkommt. Das Paradoxon entsteht durch den *Selbstbezug:* Der Satz macht eine Aussage über seine eigene Bedeutung — und so etwas kann schiefgehen. Dies läßt sich mit dem Konzept der Informationsstrukturen (siehe Kapitel 1) auch formal begründen: Als Repräsentationen haben wir gewisse sprachliche Gebilde, also Texte; als Informationen haben wir die beiden Wahrheitswerte *«wahr»* und *«falsch»*. Und die Interpretationen ergeben sich aus unserem Wissen über die Welt, zum Beispiel:

$\iota [\![$ 'Der Schnee ist lila.' $]\!] = $ *«falsch»* .

Was passiert aber in unserem obigen Beispiel? Sei S der Satz *„Dieser Satz ist falsch."* Dann haben wir die Interpretation

$\iota [\![S]\!] = $ *«$\iota [\![S]\!] = $ falsch»* .

Das heißt: Wir haben eine Gleichung, in der $\iota [\![S]\!]$ auf beiden Seiten vorkommt. Und solche Gleichungen haben bekanntlich nicht immer

Lösungen (so wie im Bereich der Zahlen zum Beispiel die Gleichung $x = x + 1$ keine Lösung hat).

Diese spielerischen Gedanken zeigen bereits zwei wichtige Aspekte auf:

- Aussagen sind ein erstes und ganz elementares Beispiel für Informationsstrukturen.
- Die Umgangssprache ist kein sonderlich geeignetes Repräsentationssystem für Aussagen.

Daher werden wir im folgenden eine sehr eingeschränkte Sprache zur Formulierung von Aussagen entwickeln, nämlich die *formale Sprache* der *Booleschen Algebra*.

2.2 Die Boolesche Algebra $\mathbb{B}$

Die **Boolesche Algebra** $\mathbb{B}$[1] besteht zunächst aus einer Menge von zwei Werten, den sogenannten *Wahrheitswerten*

{*«falsch»* , *«wahr»*} .

Als Repräsentationen für diese Werte nehmen wir üblicherweise die Symbole { *'F'*, *'T'* }, { *'O'*, *'L'* } oder { *'0'*, *'1'* }, in Programmtexten auch {*'false'*, *'true'* }.

Als weiterer Bestandteil hat die Boolesche Algebra $\mathbb{B}$ eine Reihe von Funktionen auf den Wahrheitswerten. Die bekanntesten dieser Funktionen sind:

{ *«Negation»* *(not)*,
«Konjunktion» *(and)*, *«Shefferfunktion»* *(nand)*,
«Disjunktion» *(or)*, *«Peircefunktion»* *(nor)*
«Äquivalenz» *(gleich)*, *«Antivalenz»* *(ungleich)*,
«Implikation», ... }.

Im folgenden geben wir die Definition von einigen dieser Funktionen mit Hilfe von *Wertetafeln* an. Dabei benutzen wir sowohl für die Funktionen als auch für die Wahrheitswerte die üblichen Repräsentationen.

a	¬a
0	1
1	0

---

[1] Es gibt in der Mathematik auch noch andere Boolesche Algebren (z.B. die Algebra der Teilmengen einer gegebenen Menge).

a	b	a ∧ b	a ⊼ b	a ∨ b	a ⊽ b	a = b	a ≠ b	a ⇒ b
0	0	0	1	0	1	1	0	1
0	1	0	1	1	0	0	1	1
1	0	0	1	1	0	0	1	0
1	1	1	0	1	0	1	0	1

In vielen Anwendungen zieht man für Implikation und Äquivalenz die Symbole '⇒' und '⇔' vor. Wir werden im folgenden beide Versionen verwenden.

2.3 Boolesche Terme

In der Booleschen Algebra $\mathbb{B}$ erhalten wir als einfachste Aussagen die Konstanten 'O' und 'L'. Aber auch die Verknüpfung von Aussagen mittels logischer Operationen wie '∧', '∨' etc. liefert wieder Aussagen. Dieser induktive Aufbau läßt sich sehr leicht und präzise beschreiben:

Definition: Die **Booleschen Terme** sind definiert wie folgt:

(1) Die Konstanten 'O' und 'L' sind *atomare* Boolesche Terme[1].

(2) Ist t ein Boolescher Term, so ist auch $(\neg t)$ ein Boolescher Term.

(3) Sind t_1 und t_2 Boolesche Terme, so sind auch $(t_1 \wedge t_2)$, $(t_1 \vee t_2)$, $(t_1 \Rightarrow t_2)$, $(t_1 \Leftrightarrow t_2)$, $(t_1 \barwedge t_2)$, $(t_1 \barvee t_2)$ Boolesche Terme.

Andere Boolesche Terme gibt es nicht. □

Zur Klammerersparnis vereinbaren wir außerdem, daß '¬' am stärksten bindet, daß '∧' und '⊼' am zweitstärksten binden, und daß '∨' und '⊽' am drittstärksten binden. Aufgrund dieser *Vorrangregeln* sind also die beiden folgenden Terme äquivalent (im Sinne von Kapitel 1.3):

$$'O \wedge (\neg L \vee O \wedge \neg O) \wedge L'$$
$$\equiv \quad '((O \wedge ((\neg L) \vee (O \wedge (\neg O))))) \wedge L)'.$$

Dieses Beispiel zeigt außerdem, daß wir bei gleichrangigen Operatoren „von links her" klammern.

Jede so gebildete Aussage repräsentiert einen Wahrheitswert, zum Beispiel

$$\mathcal{z} [\![\, 'O \wedge (\neg L \vee O \wedge \neg O) \wedge L' \,]\!] \; = \; \textit{«falsch»}.$$

Auf der Ebene reiner Repräsentationen können wir das mit Hilfe einer entsprechenden Äquivalenz ausdrücken[2]:

$$O \wedge (\neg L \vee O \wedge \neg O) \wedge L \equiv O.$$

---

[1] Wir werden später noch weitere Arten von Booleschen Termen einführen.

[2] Eigentlich müßten wir Terme immer durch '...' als Repräsentationen kennzeichnen; aus Gründen der Lesbarkeit lassen wir ab jetzt die Apostrophe jedoch meistens weg.

(Wir werden allerdings — zum Beispiel bei den Zahlen — sehen, daß dies nicht immer möglich ist.)

Hinweis: Daß der Operator '$\Leftrightarrow$' Äquivalenz genannt wird, ist berechtigt. Denn für beliebige Boolesche Terme t_1, t_2 gilt: $\mathcal{I}[\![t_1 \Leftrightarrow t_2]\!]$ = *«wahr»* genau dann, wenn $t_1 \equiv t_2$. Damit wird die doppelte Verwendung des Wortes „Äquivalenz" zum Glück unproblematisch.

Wie erhält man nun so ein Ergebnis? Ganz einfach: durch „Ausrechnen", und zwar unter Zuhilfenahme der obigen Wertetafeln. Da dieser Begriff des „Ausrechnens" aber offensichtlich zu den fundamentalen Konzepten der Informatik zählt, wollen wir hier ganz präzise sein[1]. Wenn wir zum Beispiel den Term '$(O \wedge L)$' auswerten wollen, so geschieht das, indem wir die Interpretation $\mathcal{I}[\![$'$\wedge$'$]\!]$, also die Funktion *«Konjunktion»*, auf die beiden Argumentwerte $\mathcal{I}[\![$'O'$]\!]$ und $\mathcal{I}[\![$'L'$]\!]$, also *«falsch»* und *«wahr»*, anwenden. Das Ergebnis ist in diesem Fall *«falsch»* (und wenn wir Glück haben, gibt es dafür auch eine Repräsentation, in unserem Fall also 'O'.) Dieser Prozeß muß im allgemeinen iteriert auf alle Teilterme eines gegebenen Terms angewandt werden.

Definition: Die **Interpretation** (synonym: **Auswertung**) $\mathcal{I}[\![\,t\,]\!]$ eines Booleschen Terms t ist definiert wie folgt:

(1) $\quad \mathcal{I}[\![\,t\,]\!] \quad = \quad \begin{cases} \text{«falsch»,} & \text{falls} \quad t = \text{'}O\text{'} \\ \text{«wahr»,} & \text{falls} \quad t = \text{'}L\text{'} \end{cases}$

(2) $\quad \mathcal{I}[\![\,\neg\,t\,]\!] \quad = \quad$ *«Negation von $\mathcal{I}[\![\,t\,]\!]$».*

(3) $\quad \mathcal{I}[\![\,t_1 \wedge t_2\,]\!] \quad = \quad$ *«Konjunktion von $\mathcal{I}[\![\,t_1\,]\!]$ und $\mathcal{I}[\![\,t_2\,]\!]$»;*

... analog für '$\vee$', '$\Rightarrow$' etc. ... $\qquad\qquad\qquad\qquad$ □

*Dies demonstriert eine wichtige Technik für die Informatik (und auch die Mathematik): Alle unsere Programme sind im Prinzip so aufgebaut, wie wir es hier für den simplen Fall der Booleschen Terme erläutert haben. Und die Definition der Bedeutung solcher Programme erfolgt immer **induktiv** über ihren strukturellen Aufbau.*

Boolesche Terme, die nur über den Konstanten 'O' und 'L' aufgebaut werden, sind nicht sonderlich interessant. Denn sie sind nichts anderes als komplizierte Repräsentationen für *«wahr»* und *«falsch»*. Um größere Allgemeinheit zu erzielen, benötigt man **Identifikatoren**[2] (die üblicherweise in der Form x, x_1, x_2, ..., y, y_1, ... etc. geschrieben

---

[1] Schwierige Konzepte sollte man an möglichst einfachen Beispielen erläutern, auch auf die Gefahr hin, daß sie dort übertrieben sophistisch wirken.

[2] In der Mathematik spricht man üblicherweise von *freien Variablen*. Da aber das Wort „Variable" in der Programmierung mit einer anderen, ganz speziellen Bedeutung versehen wird, vermeiden wir es hier.

werden). Das führt auf entsprechende Erweiterungen unserer obigen Definitionen: Neben 'O' und 'L' werden jetzt auch alle Identifikatoren als **atomare Terme** zugelassen.

Diese Identifikatoren können als „Platzhalter" für beliebige Boolesche Werte aufgefaßt werden. So hat etwa der Term

$$(x \vee y) \wedge \neg x$$

den Wert *«falsch»*, wenn x für den Wert *«wahr»* steht, und den Wert von y, wenn x für den Wert *«falsch»* steht.

Definition: Eine **Belegung** (engl.: *environment*) ist eine Abbildung $\beta\colon Ide \rightarrow \mathbb{B}$, die jedem Identifikator $x \in Ide$ einen Wahrheitswert zuordnet. □

Definition: Jetzt können wir die obige Definition der **Auswertung** auf Boolesche Terme *mit* Identifikatoren erweitern: Sei β eine gegebene Belegung, dann gilt:

$$(0) \quad \mathcal{I}_\beta [\![\, `x\text{'} \,]\!] \quad = \quad \beta (x) .$$

Die Gleichungen (1) - (3) der obigen Definition für $\mathcal{I}$ werden entsprechend für $\mathcal{I}_\beta$ übernommen. □

Somit ergibt sich insgesamt, daß ein gegebener Boolescher Term (mit Identifikatoren) für jede Belegung einen Wahrheitswert liefert. Dies heißt: *Ein Boolescher Term repräsentiert eine Abbildung von Belegungen in Wahrheitswerte* (... und damit haben wir erstmals einen effektiven Weg gefunden, Funktionen zu repräsentieren).

2.4 Rechenregeln der Booleschen Algebra

Die Auswertung auf dem Umweg über die Interpretation ist konzeptuell überaus klar; aber aus offensichtlichen Gründen möchte man lieber direkt mit den Repräsentationen arbeiten, also mit den Termen selbst.

Zu diesem Zweck benötigen wir als erstes den grundlegenden Begriff der „Substitution". Wir hatten ja die Identifikatoren eingeführt als Stellvertreter für Boolesche Werte. Daraus folgt, daß wir sie auf der Darstellungsebene auch als Stellvertreter für Terme auffassen können. Wenn wir also in dem Term

$$(x \wedge y) \vee \neg x$$

den Identifikator x durch den Term $(y \Leftrightarrow x)$ ersetzen, so erhalten wir den neuen Term

$$((y \Leftrightarrow x) \wedge y) \vee \neg (y \Leftrightarrow x).$$

Daran sieht man bereits, daß die Ersetzung simultan an allen Stellen vorgenommen wird, an denen der Identifikator x vorkommt, aber nicht iteriert, falls x in dem neuen Term ebenfalls auftritt. Eine formale

Formulierung dieses Ersetzungsprozesses erfolgt wieder induktiv über den strukturellen Aufbau der Terme.

Definition: Die **Substitution** eines Termes u für einen Identifikator x in einem Term t, geschrieben

$$t\,[\,u\,/\,x\,]\;,$$

ist definiert durch folgende Regeln:

$$
\begin{aligned}
\text{`}x\text{'}\,[\,u\,/\,x\,] \quad &= \quad u\,, \\
\text{`}y\text{'}\,[\,u\,/\,x\,] \quad &= \quad \text{`}y\text{'} \quad (\text{ falls } y \neq x\,), \\
\text{`}O\text{'}\,[\,u\,/\,x\,] \quad &= \quad \text{`}O\text{'}, \\
\text{`}L\text{'}\,[\,u\,/\,x\,] \quad &= \quad \text{`}L\text{'}, \\
(\,\neg t\,)\,[\,u\,/\,x\,] \quad &= \quad \neg\,(\,t\,[\,u\,/\,x\,]\,), \\
(\,t_1 \wedge t_2\,)\,[\,u\,/\,x\,] \quad &= \quad (\,t_1\,[\,u\,/\,x\,]\,\wedge\,t_2\,[\,u\,/\,x\,]\,),
\end{aligned}
$$

... analog für $\vee$, $\Rightarrow$, $\Leftrightarrow$ etc. ...

Wir schreiben $t\,[u_1/x_1,\ ...,\ u_n/x_n]$ für die *simultane Substitution* mehrerer Terme; dabei müssen die $x_1, ..., x_n$ natürlich verschieden sein. □

Der enge Zusammenhang zwischen *Belegungen* und *Substitutionen* wird durch folgenden (einfach zu zeigenden) Satz beschrieben:

Satz: Sei t ein Term mit den Identifikatoren $\{x_1, ..., x_n\}$ und sei β eine gegebene Belegung. Sei ferner $\hat{t}$ derjenige Term, der entsteht, wenn alle Identifikatoren in t so durch die Konstanten 'O' und 'L' ersetzt werden, wie es der Belegung β entspricht, also

$$\hat{t} \;\overset{\text{def}}{=}\; t\,[\,...,\,\text{`}O\text{'}\,/\,x_i,\,...,\,\text{`}L\text{'}\,/\,x_j,\,...\,],$$

wobei $\beta\,(x_i) = \text{«}falsch\text{»}$ und $\beta\,(x_j) = \text{«}wahr\text{»}$ etc., dann gilt

$$\mathcal{z}_\beta\,[\![\,t\,]\!] \;=\; \mathcal{z}\,[\![\,\hat{t}\,]\!].$$

Mit anderen Worten: Statt mit abstrakten Belegungen können wir auch mit konkreten Repräsentationen arbeiten. □

Für das tatsächliche *Rechnen* mit Booleschen Termen reicht die Substitution von Identifikatoren alleine jedoch noch nicht aus. Dazu brauchen wir auch die Substitution äquivalenter Terme. Betrachte zum Beispiel die Äquivalenz

$$(\,x \wedge y\,) \vee (\,x \wedge \neg y\,) \;\equiv\; x\,,$$

deren Gültigkeit man leicht mit Hilfe von Wertetafeln nachrechnen kann. Aufgrund des obigen Satzes gilt dann auch die Äquivalenz

$$(\,(\,a \wedge b\,) \wedge u\,) \vee (\,(\,a \wedge b\,) \wedge \neg u\,) \;\equiv\; (\,a \wedge b\,).$$

Folglich läßt sich zum Beispiel der umfangreichere Term

$$(\,(\,a \wedge b\,) \wedge u\,) \vee (\,(\,a \wedge b\,) \wedge \neg u\,) \vee z$$

vereinfachen zu dem wesentlich kürzeren Term

$$(\,a \wedge b\,) \vee z\,.$$

Dies ist zulässig, weil der (ebenfalls leicht zu zeigende) Satz gilt:

Satz: Sei t_1 ein Term, in dem u_1 als Teilterm vorkommt. Sei t_2 derjenige Term, der entsteht, wenn in t_1 der Teilterm u_1 durch einen Term u_2 ersetzt wird. Wenn nun die Äquivalenz $u_1 \equiv u_2$ gilt, so sind auch t_1 und t_2 äquivalent; wir schreiben dies kurz:

$$u_1 \equiv u_2 \ \Rightarrow \ t\,[\,u_1\,] \equiv t\,[\,u_2\,],$$

wobei $t\,[\,u_i\,]$ für t_i steht. ☐

Damit haben wir jetzt zwei Wege zur Verfügung, um die Äquivalenz Boolescher Terme zu beweisen: Entweder wir rechnen alle Belegungen durch (was im allgemeinen sehr aufwendig ist), oder wir wenden so lange (gezielt!) Äquivalenzen auf einen der Terme an, bis er in den anderen überführt ist. Daß diese Art des formalen Rechnens mit Booleschen Termen wichtige praktische Anwendungen hat, wollen wir an einem einfachen Beispiel in Kapitel 2.6 demonstrieren.

2.5 Gesetze der Booleschen Algebra

Damit haben wir die Grundlage gelegt, um mit Termen rechnen zu können. Alles, was uns jetzt noch fehlt, ist ein brauchbarer Satz von elementaren Äquivalenzen, von denen wir ausgehen können. Die folgende Liste enthält eine Auswahl wichtiger Gesetze, die man beim Rechnen in der Booleschen Algebra verwendet.

$\neg\, O$	$\equiv\ L$	
$\neg\,\neg\, x$	$\equiv\ x$	(Involution)
$\neg\,(\,x \vee y\,)$	$\equiv\ (\,\neg x \wedge \neg y\,)$	(„de Morgan")
$(\,x \vee y\,)$	$\equiv\ (\,y \vee x\,)$	(Kommutativität)
$(\,x \vee y\,) \vee z$	$\equiv\ x \vee (\,y \vee z\,))$	(Assoziativität)
$(\,x \vee x\,)$	$\equiv\ x$	(Idempotenz)
$(\,x \vee O\,)$	$\equiv\ x$	(Neutrales Element)
$(\,x \vee L\,)$	$\equiv\ L$	
$(\,x \vee \neg x\,)$	$\equiv\ L$	(Komplement)
$(\,x \vee y\,) \wedge z$	$\equiv\ (\,x \wedge z\,) \vee (\,y \wedge z\,)$	(Distributivität)
$(\,x \vee y\,) \wedge x$	$\equiv\ x$	(Absorption)

Alle diese Gesetze gehen ebenfalls wieder in gültige Äquivalenzen über, wenn wir konsistent jedes 'O' durch 'L', jedes '$\vee$' durch '$\wedge$' und jedes '$\wedge$' durch '$\vee$' ersetzen (**Dualitätsprinzip** der Booleschen Algebra).

Neben diesen Gesetzen für die einfachsten Operatoren '$\neg$', '$\wedge$' und '$\vee$' gibt es noch eine weitere wichtige Klasse von Gesetzen, nämlich solche, die es erlauben, unerwünschte Operatoren durch andere zu ersetzen:

$$(x \Rightarrow y) \equiv (\neg x \vee y)$$
$$(x \Leftrightarrow y) \equiv (x \Rightarrow y) \wedge (y \Rightarrow x)$$
$$(x \bar{\wedge} y) \equiv \neg (x \wedge y)$$
$$(x \bar{\vee} y) \equiv \neg (x \vee y)$$

Diese Gesetze zeigen sofort, daß sich jeder Boolesche Ausdruck in einen äquivalenten Ausdruck umrechnen läßt, in dem nur noch die Operationen { '$\neg$', '$\wedge$' } bzw. nur noch die Operationen { '$\neg$', '$\vee$' } vorkommen. Solche Operationsmengen nennen wir eine **Basis** für die Booleschen Terme. Insbesondere folgt daraus auch die Existenz gewisser Normalformen, in die sich beliebige Boolesche Terme grundsätzlich überführen lassen:

Eine *disjunktive Normalform* hat die Gestalt

$$(u_{11} \wedge \ldots \wedge u_{1m}) \vee \ldots \vee (u_{k1} \wedge \ldots \wedge u_{kn}),$$

und eine *konjunktive Normalform* hat die Gestalt

$$(u_{11} \vee \ldots \vee u_{1m}) \wedge \ldots \wedge (u_{k1} \vee \ldots \vee u_{kn}),$$

wobei die u_{ij} jeweils entweder einfache Identifikatoren oder negierte Identifikatoren sind. (Das Angenehme an solchen eindeutigen Normalformen ist, daß man mit ihnen überprüfen kann, ob zwei Terme äquivalent sind, ohne alle Belegungen durchprobieren zu müssen.)

Interessanterweise sind die obigen Basen noch nicht minimal. Es gilt nämlich, daß sowohl die Peircefunktion { '$\bar{\vee}$' } – die auch **nor**-Funktion genannt wird – als auch die Shefferfunktion { '$\bar{\wedge}$' } – die auch **nand**-Funktion genannt wird – jeweils einelementige Basen bilden. Dies sieht man sofort aus den Gesetzen

$$\neg x \equiv \neg (x \vee x) \equiv x \bar{\vee} x,$$
$$\neg x \equiv \neg (x \wedge x) \equiv x \bar{\wedge} x,$$
$$(x \vee y) \equiv \neg \neg (x \vee y) \equiv \neg (\neg x \wedge \neg y)$$
$$\equiv (x \bar{\wedge} x) \bar{\wedge} (y \bar{\wedge} y),$$
$$(x \wedge y) \equiv \neg \neg (x \wedge y) \equiv \neg (\neg x \vee \neg y)$$
$$\equiv (x \bar{\vee} x) \bar{\vee} (y \bar{\vee} y).$$

So elementar das Rechnen mit Booleschen Termen auch sein mag, es zeigt doch einen wichtigen Wesenszug der Informatik: das Spiel mit Symbolen (=Repräsentationen), um Informationen bedeutungstreu zu verarbeiten. Und dabei streben wir vor allem nach einer „computergerechten" Wahl unserer Symbole.

Gerade die modernen Programmiersysteme (wie zum Beispiel PROLOG) aus dem Bereich der „künstlichen Intelligenz", der „formalen Spezifikation" oder der „Informationssysteme" arbeiten letztlich auf der Basis des Rechnens mittels Termersetzung — wenn auch in komplizierteren Bereichen als der Booleschen Algebra $\mathbb{B}$.

2.6 Entwicklung von Schaltnetzen

Die Boolesche Algebra ist nicht nur eine grundlegende Struktur für die Programmierung (also für die sogenannte „Software"), sie ist auch die Basis zum Verständnis der Funktionsweise von Rechenwerken (also der sogenannten „Hardware"). Der Grund dafür ist bekanntlich, daß wir mit dem Vorhandensein bzw. Nichtvorhandensein von Spannungen gerade zwei Werte darstellen können. Das heißt, die Boolesche Algebra $I\!B$ ist ganz besonders „computergerecht".

In der Terminologie von Kapitel 1 läßt sich das folgendermaßen präzisieren: Als *Informationen* haben wir die Binärziffern *«null»* und *«eins»*[1], als *Repräsentationen* verwenden wir Spannungen, und die *Interpretation* ist zum Beispiel:

$$\imath \, [\![\,'\text{Spannung größer } 4{,}0 \text{ V'}]\!] \quad = \quad \text{«eins»}$$
$$\imath \, [\![\,'\text{Spannung kleiner } 0{,}5 \text{ V'}]\!] \quad = \quad \text{«null»}$$

(Spannungen zwischen diesen Werten sind instabile Situationen.)

Mit Transistorschaltungen lassen sich besonders einfach zwei Arten von Booleschen Operationen realisieren, nämlich **nand**– und **nor**–Operationen[2]:

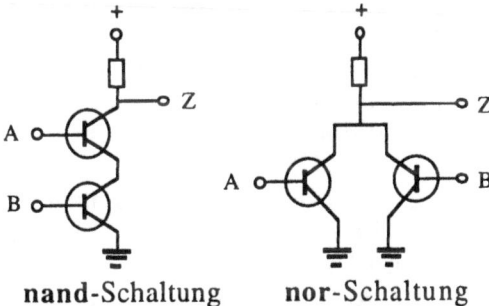

nand-Schaltung   nor-Schaltung

Für diese beiden Schaltungen verwenden wir die traditionellen graphischen Symbole (obwohl in der neuen DIN 40900 andere Symbole vorgeschlagen sind):

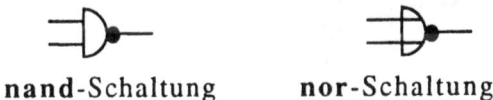

nand-Schaltung   nor-Schaltung

---

[1]   In diesem neuen Kontext erscheint es angemessener, die Begriffe *«wahr»* und *«falsch»* durch die Begriffe *«eins»* und *«null»* zu ersetzen. Ansonsten bleibt aber alles gleich wie bisher.

[2]   Wir beschränken uns hier auf sogenannte „Prinzipschaltungen", weil wir nicht auf die Ebene der elektrotechnischen Konzepte einsteigen wollen.

37

Bei der **nand**-Schaltung gilt: Legt man an die Eingänge A und B jeweils eine positive Spannung an (Pegel L), so werden beide Transistoren geöffnet und die Spannung U_z bricht zusammen (Pegel O). Bleibt jedoch wenigstens einer der Transistoren gesperrt, so bleibt U_z positiv (Pegel L). Bei der **nor**-Schaltung genügt es dagegen, einen der Transistoren zu öffnen, um den Zusammenbruch von U_z zu bewirken.

Der wichtige Vorteil dieser Konstruktion liegt darin, daß wir die Schaltungen mit ein, zwei, drei oder auch noch mehr Eingängen konstruieren können (auch wenn die Anzahl aus technischen Gründen nicht allzu hoch werden darf). Bei einem Eingang haben wir den Spezialfall der Negations-Operation. Da die **nand**- und die **nor**-Operation jeweils alleine eine Basis für die Booleschen Operationen bilden, können wir versuchen, ganz homogen aufgebaute Schaltungen zu konzipieren (was für die technische Herstellung sehr vorteilhaft ist).

Im folgenden werden wir versuchen, diese Prinzipien an einem Beispiel zu illustrieren.

*Beispiel (**Binäraddierer**):*

Eine fundamentale Schaltung für alle Rechner ist der sogenannte *Binäraddierer*. Die Aufgabe dieser Schaltung ist es, drei gegebene Binärziffern zu addieren und als Resultat zwei Ziffern zu liefern, das „Ergebnis" und den „Übertrag". (Woher diese Aufgabe kommt, werden wir im nächsten Kapitel sehen; hier akzeptieren wir sie einfach als gegeben.) Die *Spezifikation* dieser Aufgabe lautet also[1]:

Eingabe: Drei Binärziffern a, b, u .

Ausgabe: Zwei Binärziffern z, u^+.

Relation: z ist L genau dann, wenn eine ungerade Anzahl der Eingaben L ist; u^+ ist L genau dann, wenn mindestens zwei der Eingaben L sind.

Zur *Lösung* der Aufgabe beginnen wir am besten mit der Wertetafel (die aus der obigen informellen Beschreibung folgt):

a	b	u	u^+	z
O	O	O	O	O
O	O	L	O	L
O	L	O	O	L
O	L	L	L	O
L	O	O	O	L
L	O	L	L	O
L	L	O	L	O
L	L	L	L	L

---

[1] Soweit möglich, werden wir alle unsere Spezifikationen in der Form solcher Tripel angeben: ‹*Eingabe, Ausgabe, Relation zwischen Ein- und Ausgabe* ›.

Aus dieser Wertetafel läßt sich sehr schnell die disjunktive Normalform ablesen. Man betrachtet zum Beispiel für z alle Zeilen, in denen der Wert von z gerade L ist und beschreibt die entsprechenden Eingabewerte in dieser Zeile. Die so aus jeder Zeile entstehenden Konjunktionen nennt man *Minterme*.

Damit erhält man insgesamt die folgende Disjunktion von Mintermen:

$$z \equiv [\quad (\neg a \wedge \neg b \wedge \ u) \ \vee \ (\neg a \wedge b \wedge \neg u)$$
$$\vee (\ a \wedge \neg b \wedge \neg u) \ \vee \ (\ a \wedge b \wedge \ u) \quad]$$

Wir streben aber eine Form an, in der nur **nand**–Operationen vorkommen. Dazu verwenden wir am besten die Gesetze von de Morgan, und zu deren Vorbereitung die Einführung doppelter Negationen.
Dies führt auf folgende Rechnung:

$$z \quad \equiv \neg \neg [\quad (\neg a \wedge \neg b \wedge \ u) \vee (\neg a \wedge b \wedge \neg u)$$
$$\vee \ (\ a \wedge \neg b \wedge \neg u) \vee (a \wedge b \wedge u)]$$
$$\equiv \quad \neg \ [\quad \neg(\neg a \wedge \neg b \wedge \ u) \ \wedge \neg (\neg a \wedge b \wedge \neg u)$$
$$\wedge \neg (\ a \wedge \neg b \wedge \neg u) \ \wedge \neg (\ a \wedge b \wedge \ u)]$$

Dies ist bereits die gewünschte Form, die wir auch folgendermaßen notieren können (wobei wir kurz $\bar{a}$ für $\neg a$ schreiben und uns die Freiheit nehmen, die Funktionen *nand* und *nor* auch auf mehr als zwei Argumente anzuwenden):

$$z \quad \equiv \quad nand \, (\, nand \, (\, \bar{a}, \ \bar{b}, u \,), \ nand \, (\, \bar{a}, b, \ \bar{u} \,),$$
$$nand \, (\, a, \ \bar{b}, \bar{u} \,), \ nand \, (\, a, b, u \,) \quad)$$

Diese Formel entspricht nun direkt folgender Schaltung

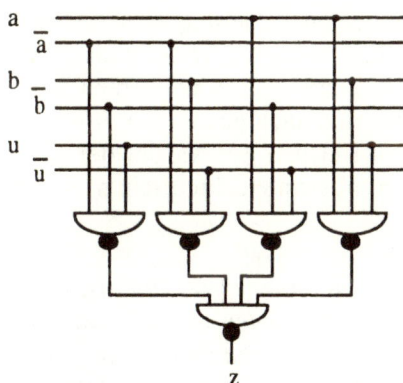

(Hinweis: Die Eingangswerte stehen üblicherweise in „Flipflop-Registern"; dort bekommen wir die negierten Eingaben $\bar{a}$, $\bar{b}$ und $\bar{u}$ „gratis" mitgeliefert. Andernfalls bräuchten wir drei weitere Negationsglieder.)

Eine ganz analoge Berechnung läßt sich für u^+ durchführen. Hier liefert die Wertetafel zunächst die Formel

$$u^+ \equiv [\quad (\neg a \wedge b \wedge u) \quad \vee \quad (a \wedge \neg b \wedge u)$$
$$\vee (\quad a \wedge b \wedge \neg u) \quad \vee \quad (a \wedge b \wedge u)]$$

Dieser Term läßt sich zunächst — wie in Kapitel 2.4 gezeigt — vereinfachen durch Anwendung der Regeln $(x \wedge y) \vee (x \wedge \neg y) \equiv x$ und $x \equiv x \vee x$:

$$u^+ \equiv [\quad (a \wedge b) \vee (a \wedge u) \vee (b \wedge u) \quad]$$

Jetzt wenden wir die gleichen Regeln an wie bei der Berechnung von z und erhalten

$$u^+ \equiv \quad \neg [\quad \neg (a \wedge b) \wedge \neg (a \wedge u) \wedge \neg (b \wedge u) \quad]$$
$$\equiv \quad nand (nand (a, b), nand (a, u), nand (b, u))$$

Dies führt auf folgende Schaltung:

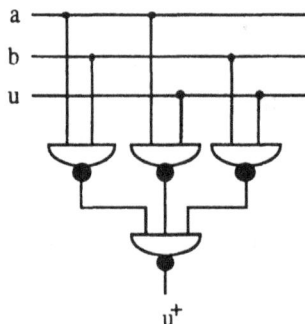

Wenn man die beiden Schaltungen vergleicht, entdeckt man eine weitere angenehme Eigenschaft: Sowohl z als auch u^+ durchlaufen die gleiche Anzahl von Gattern, was zu uniformen Signallaufzeiten führt.

Natürlich lassen sich auch ganz andere Schaltungen konstruieren; dabei kann man zum Beispiel die Anzahl der benötigten Gatter minimieren, indem man mit unterschiedlichen Schaltgliedern ($\vee, \neq, \ldots$) arbeitet.

(Ende des Beispiels)

Dieses Beispiel ist eine erste Illustration dafür, daß in der Informatik die gleichen Methoden auf den unterschiedlichsten Ebenen Verwendung finden. Diese Beobachtung (die wir noch öfters machen werden) widerlegt die traditionelle Ansicht, daß Software und Hardware völlig getrennte Bereiche seien.

Referenzen

[1]   *Coy, W.:* Aufbau und Arbeitsweise von Rechenanlagen. Vieweg, Braunschweig 1988.

[2]   *Giloi, W., Liebig, H.:* Logischer Entwurf digitaler Systeme. Springer, Berlin 1973.

[3]   *Liebig, H., Flik, Th., Rechenberg, P.:* Technische Informatik. In: Czichos (Hrsg.): HÜTTE – Die Grundlagen der Ingenieurwissenschaften. Springer, Berlin 1989.

[4]   *Oberschelp, W., Vossen, G.:* Rechneraufbau und Rechnerstrukturen. Oldenbourg, München 1990.

3. Zahlstrukturen

„Eine Herde von vier Schafen und eine
Gruppe von vier Bäumen sind auf eine Art
miteinander verbunden, auf die keine von
beiden mit einem Haufen von drei Steinen
oder einem Wäldchen von sieben Bäumen
verbunden ist."   *(S.C. Kleene)*

Informatik wird häufig „Datenverarbeitung" genannt. Auch wenn dieser Begriff eine thematische Einengung bedeutet, zeigt er doch einen wichtigen Dualismus: Er erwähnt D a t e n und deren V e r a r b e i t u n g. Und es gab vor noch nicht allzu langer Zeit in der Informatik einen Streit der Schulen, was bei der Programmierung denn Vorrang habe: die Werte („datenorientierter Entwurf") oder die Operationen („funktionsorientierter Entwurf")? Dabei ist ganz offensichtlich, daß es das eine nicht ohne das andere geben kann. Denn Operationen brauchen schließlich etwas, worauf sie operieren können. Und Werte, mit denen man überhaupt nichts machen kann, sind auch nicht sonderlich interessant. Dieser Dualismus wird uns noch oft beschäftigen.

Was möglich ist, ist allenfalls eine Betonung des einen oder des anderen Aspekts. Und wir beginnen zunächst mit ganz einfachen Objekten, um dann im nächsten Abschnitt Operationen einführen zu können.

3.1 Die natürlichen Zahlen

Eine unserer elementarsten Informationsstrukturen ist die der (natürlichen) Zahlen. Für die Grundmenge

$I\!N$ = { *«null»*, *«eins»*, ..., *«einhundertzwölf»*, ... }

verwenden wir üblicherweise die Dezimaldarstellungen

nat = { '0', '1', ..., '112', ... },

also die Menge der Folgen über den Ziffern { '0', ..., '9' }. Da diese Informationsstruktur umfassend ist, nehmen wir uns die Freiheit, nicht ganz so streng zwischen der Informationsmenge $I\!N$ und der Repräsentationsmenge *nat* zu unterscheiden.

Über dieser Menge führt man dann die bekannten Operationen der *«Addition»*, *«Subtraktion»*, *«Multiplikation»*, *«Division»* etc. ein. Dazu kommen noch Vergleichsoperationen wie *«Größer-Test»*, *«Kleiner-Test»* etc. Das fassen wir kompakt in folgender Notation zusammen:

43

Structure *Nat*
Uses *Bool*
Sig sort *nat,*
    const *zero*   : *nat*
    fct   *succ, pred*   : *nat* → *nat*
    fct   ·+·, ·—·, ·*·, ·+· : *nat* × *nat* → *nat*
    fct   ·=·, ·≠·   : *nat* × *nat* → *bool*
    fct   ·<·, ·≤·, ·>·, ·≥· : *nat* × *nat* → *bool*
    ...
EndStructure

Mit dieser Notation drücken wir folgende Fakten aus:

- Die Objektmenge $I\!N$ und die darauf operierenden Funktionen bilden eine untrennbare Einheit. (Der Mathematiker spricht hier von einer *Algebra*. In der Informatik hat sich der — etwas unglückliche — Begriff **abstrakter Datentyp** eingebürgert.)

- Zur Definition der Struktur *Nat* werden Komponenten der Struktur *Bool* benutzt. (Wir haben im vorigen Kapitel darauf verzichtet, auch die Struktur *Bool* explizit in dieser Notation anzugeben.)

- Die sogenannte **Signatur** (gekennzeichnet durch das Schlüsselwort **Sig**) umfaßt den Namen der Objektmenge, also die **Sorte** *nat,* und die Bezeichnungen der verfügbaren Konstanten und Funktionen. Bei letzteren wird jeweils noch die **Funktionalität** mit angegeben, also die Sorten der Argumente und Resultate. (In vielen Programmiersprachen spricht man statt von „Sorte" auch von „Typ" oder „Mode".)

- Zur besseren Lesbarkeit verwenden wir oft eine sogenannte *Infix-Notation* für Funktionen. Das heißt, wir schreiben nicht *add(x, y)* sondern *x + y*. Die Verwendung dieser notationellen Variante wird in der Signatur in der Form · + · festgelegt, wobei die Punkte ‚·' die Argumentpositionen andeuten.

Die meisten dieser Operationen sind wohlbekannt, wenn sie auch manchmal etwas anders notiert werden, also zum Beispiel *0* statt *zero, x+1* statt *succ(x), x−1* statt *pred(x)* etc., wobei *succ* für „Nachfolger" (engl.: *successor*) und *pred* für „Vorgänger" (engl.: *predecessor*) steht.

Wir können jetzt die Begriffsbildungen aus dem vorigen Kapitel ganz analog übernehmen, also **Terme** und ihre **Auswertung, Identifikatoren** und ihre **Belegung** und **Substitution,** sowie **Äquivalenz** von Termen.

Beachte, daß wir auch eine Rückwirkung auf die früher eingeführten Booleschen Terme haben: Die Vergleichsoperationen wie *x=y, x>y* etc. stellen eine neue Art von **atomaren Booleschen**

Termen dar. Deshalb müssen wir die betreffende Definition in Kapitel 2.3 entsprechend erweitern.

Auf dieser Basis können wir jetzt auch **Gesetze** für die Struktur *Nat* formulieren. *Beispiele:*

$$pred\,(\,succ\,(\,x\,)) \qquad \equiv \quad x,$$
$$x\,+\,zero \qquad \equiv \quad x,$$
$$x\,+\,succ\,(\,y\,) \qquad \equiv \quad succ\,(\,x+y\,),$$
$$...$$
$$(\,zero\,=\,zero\,) \qquad \equiv \quad true,$$
$$(zero\,=\,succ\,(\,x\,)) \qquad \equiv \quad false,$$
$$(\,succ\,(\,x\,)\,=\,succ\,(\,y\,)) \qquad \equiv \quad (\,x\,=\,y\,),$$
$$...$$

Dazu kommen die aus der Algebra wohlbekannten Gesetze wie *Assoziativität, Kommutativität* oder *Distributivität* für '+' und '∗' etc.

Zur genauen Definition der **Semantik** der Struktur *Nat* können wir nicht (wie bei der Struktur *Bool*) auf Wertetafeln zurückgreifen. Denn die Menge $I\!N$ der natürlichen Zahlen ist bekanntlich *unendlich*. Ein Ausweg aus diesem Dilemma ist, sich auf die Schulmathematik zu berufen; das heißt also: die arithmetischen Operationen als *Pragmatik* zu übernehmen.

Besser ist es jedoch, eine **formale Definition** zu besitzen. Dazu greift man auf Ergebnisse der Mathematik zurück, wo eine vollständige und präzise Definition der Arithmetik gegeben wird, und zwar mittels Gesetzen der Art, wie wir sie oben beispielhaft aufgeführt haben. Dabei muß man im wesentlichen alle Kombinationen berücksichtigen, in denen die gegebenen Operationen jeweils aufeinander angewandt werden können. Diese Definitionsmethode durch Angabe der charakteristischen Eigenschaften hat in den letzten Jahren unter dem Stichwort **algebraische Spezifikation** (auch: abstrakte Datentypen) zunehmend in die Informatik Einzug gehalten.

Wir könnten dies textuell ausdrücken, indem wir unsere Strukturen um eine Spezifikationskomponente erweitern, also folgende Form benutzen

Structure *Nat*
Uses *Bool*
Sig »Sorten und Operationen«
Spec »Eigenschaften (Äquivalenzen etc.)«
EndStructure

3.2 Die ganzen Zahlen

Es ist naheliegend, zu den positiven Zahlen noch die negativen hinzuzunehmen. So kommt man zu der Menge $\mathbb{Z}$ der **ganzen Zahlen** mit der Repräsentantenmenge

$$int = \{ \ldots, \text{'--112'}, \ldots, \text{'--1'}, \text{'0'}, \text{'1'}, \ldots, \text{'112'}, \ldots \}.$$

Für die ganzen Zahlen haben wir im wesentlichen die gleichen Operationen wie für die natürlichen Zahlen, nur mit entsprechend erweiterten Definitions- und Wertebereichen. Das betrifft vor allem diejenigen Situationen, die bei *Nat* undefiniert sind, aber bei *Int* keine Probleme machen.

Beispiele: Wenn wir mit $\mathcal{I}_{Nat}$ und $\mathcal{I}_{Int}$ die Interpretationsfunktionen der beiden Strukturen *Nat* und *Int* bezeichnen, dann gilt:

$$\mathcal{I}_{Nat} \; [\![\; pred \, (\, zero \,) \;]\!] \quad = \quad \text{«undefiniert»}$$
$$\mathcal{I}_{Int} \; [\![\; pred \, (\, zero \,) \;]\!] \quad = \quad \text{«minus eins»}$$

Ähnliches gilt für die Differenz $a - b$, falls $a < b$.   □

Somit erhalten wir also in völliger Analogie zu *Nat* auch eine entsprechende Struktur für die ganzen Zahlen:

Structure *Int*
Uses   *Bool*
Sig sort *int,*
    const *zero* :   *int*
    fct   *succ, pred* :   *int* $\to$ *int*
    fct   ·+·, ·−·, ·*·, ·+· : *int* × *int* $\to$ *int*
    fct   ·=·, ·≠· :   *int* × *int* $\to$ *bool*
    fct   ·<·, ·≤·, ·>·, ·≥· : *int* × *int* $\to$ *bool*
    …

EndStructure

Im Spezifikationsteil erhalten wir dabei ganz ähnliche Gesetze wie bei *Nat.*

3.3 Zahldarstellungen

Wir kennen viele Arten, Zahlen darzustellen. So läßt sich zum Beispiel die Zahl *«vierundzwanzig»* unter anderem schreiben als

ꗺꗺꕈꗺꗺ	(aztekische Zahl)
XXIV	(römische Zahl)
||||||||||||||||||||||||	(Strichzahl)
24	(Dezimalzahl)

Die ersten drei Versionen sind recht unhandlich und wenig systematisch; daher ziehen wir im allgemeinen die letzte Form vor.

Worin liegt aber nun die Systematik dieser Form tatsächlich begründet? Im wesentlichen darin, daß es sich um ein „Stellenwertsystem" handelt.

Definition: In einem **Stellenwertsystem** zur **Basis** B wird jede (natürliche) Zahl N dargestellt in der Form

$$N = a_m \cdot B^m + a_{m-1} \cdot B^{m-1} + \dots + a_1 \cdot B^1 + a_0 \cdot B^0$$
$$= \sum_{i=0}^{m} (a_i \cdot B^i)$$

(wobei gilt: $0 \le a_i \le B-1$). □

Im **Dezimalsystem** haben wir die Basis $B = 10$ und entsprechend die Ziffern $\{0, \dots, 9\}$. Also gilt zum Beispiel:

$$\begin{aligned} 3742 &= 3 \cdot 1000 + 7 \cdot 100 + 4 \cdot 10 + 2 \cdot 1 \\ &= 3 \cdot B^3 + 7 \cdot B^2 + 4 \cdot B^1 + 2 \cdot B^0 \\ &= 3742_{(10)}. \end{aligned}$$

Die letzte Notation wird dabei verwendet, wenn Darstellungen zu unterschiedlichen Basen nebeneinander benutzt werden sollen. Denn wir können statt der Basis 10 natürlich auch andere wählen. Für die Informatik bietet sich — wie wir im Kapitel 2 schon gesehen haben — aus technischen Gründen besonders das **Binärsystem** mit der Basis $B = 2$ und den Ziffern $\{0, 1\}$ an. Dann gilt zum Beispiel:

$$\begin{aligned} 3742 &= 1 \cdot 2048 + 1 \cdot 1024 + 1 \cdot 512 + 0 \cdot 256 + 1 \cdot 128 + \\ & \quad 0 \cdot 64 + 0 \cdot 32 + 1 \cdot 16 + 1 \cdot 8 + 1 \cdot 4 + 1 \cdot 2 + 0 \cdot 1 \\ &= 1 \cdot B^{11} + 1 \cdot B^{10} + 1 \cdot B^9 + 0 \cdot B^8 + 1 \cdot B^7 + 0 \cdot B^6 \\ & \quad + 0 \cdot B^5 + 1 \cdot B^4 + 1 \cdot B^3 + 1 \cdot B^2 + 1 \cdot B^1 + 0 \cdot B^0 \\ &= 111010011110_{(2)} \end{aligned}$$

Da dies aber recht schlecht lesbar ist, faßt man in den Folgen solcher Binärziffern gerne jeweils Dreier- oder Vierergruppen zusammen. Im ersten Fall hat man dann das **Oktalsystem** mit der Basis $B = 8$ und den Ziffern $\{0, \dots, 7\}$. Damit ergibt sich aus der obigen Binärdarstellung unmittelbar die lesbarere Form

$$3742 = 111\,010\,011\,110_{(2)} \equiv 7236_{(8)}.$$

(Hätten also die Menschen statt fünf nur vier Finger an jeder Hand, wären sie für ihre Computer besser gerüstet.)

Wenn man Vierergruppen zusammenfaßt, erhält man das **Hexadezimalsystem** mit der Basis $B = 16$ und den Ziffern $\{0, \dots, 9, A, \dots, F\}$. Dann erhalten wir

$$3742 = 1110\,1001\,1110_{(2)} \equiv E9E_{(16)}.$$

Anmerkung 1: Damit erhalten wir natürlich auch den Schlüssel zur Darstellung beliebig großer Zahlen in Maschinen mit sehr beschränktem Zahlbereich. Betrachte zum Beispiel eine 16-Bit-

Maschine. Die größte in einer solchen Maschine unmittelbar darstellbare Zahl ist

$$1111111111111111_{(2)} \equiv 177777_{(8)} \equiv 65535_{(10)}.$$

(Wenn man auch negative Zahlen darstellen will, halbiert sich dieser Wert sogar noch.) In Programmen aus dem Wirtschaftsbereich heißt dies also, daß man höchstens Beträge bis zu 655DM und 35Pfg darstellen kann! Deshalb führen wir selbst ein neues Stellenwertsystem ein mit der Basis $B = 32768$. (Dann bleiben wir bei der Addition der größten „Ziffern" '32767' + '32767' = '65534' noch im zulässigen Zahlbereich.) Für dieses neue System müssen wir dann allerdings alle Operationen wie Addition, Subtraktion etc. auch selbst programmieren.

Anmerkung 2: Stellenwertsysteme müssen nicht unbedingt eine uniforme Basis haben; es kommt auch vor, daß jede Stelle ihre eigene Basis B_k hat. Dann ergibt sich der Wert einer Zahl nach der Formel

$$N = \sum_{i=0}^{m} (a_i \cdot B_{i-1} \cdot B_{i-2} \cdot \ldots \cdot B_1 \cdot B_0)$$
$$= (\ldots(a_m \cdot B_{m-1} + a_{m-1}) \cdot B_{m-2} + a_{m-2}) \cdot \ldots + a_1) \cdot B_0 + a_0$$

Ein typisches Beispiel für diese Situation sind unsere *Zeitangaben:* Hier haben wir die Basen $B_0 = 60$ (Sekunden), $B_1 = 60$ (Minuten), $B_2 = 24$ (Stunden). Also ergibt sich zum Beispiel für die Zeitangabe

„5 Tage, 3 Stunden, 12 Minuten, 38 Sekunden"
$= 5 \cdot 24 \cdot 60 \cdot 60 + 3 \cdot 60 \cdot 60 + 12 \cdot 60 + 38$
$= ((5 \cdot 24 + 3) \cdot 60 + 12) \cdot 60 + 38$
$= 443558$ (Sekunden)

Die Situation kann jedoch auch so konfus werden, daß eine Wertberechnung mittels geschlossener Formeln gar nicht mehr möglich ist, weil jedes B_k vom Rest der Zahl abhängt. Unglücklicherweise gibt es für diese Situation ein Standardbeispiel, das sehr häufig auftritt: das *Datum.* Hier gilt zum Beispiel

$$B_0 = \begin{cases} 31, & \text{falls} \quad \text{Monat} \in \{1, 3, 5, 7, 8, 10, 12\} \\ 30, & \text{falls} \quad \text{Monat} \in \{4, 6, 9, 11\} \end{cases}$$

Für Monat = 2 gelten bekanntlich noch schwierigere Zusammenhänge. (Hinweis für Programmierer: Sehen Sie vier Dezimalstellen für die Jahreszahl vor. Ein neues Jahrtausend steht vor der Tür!)

3.4 Zahldarstellung in der Maschine

Wie schon früher erwähnt, eignet sich das Binärsystem besonders gut für die Zahldarstellung in der Maschine, da mit geeigneten Spannungen gerade zwei Werte '0' und '1' dargestellt werden können. Jede Zahl wird dann durch eine Folge von solchen Binärziffern (auch

Bits genannt, abgeleitet von *BInary digiT*) repräsentiert. Allerdings haben diese Folgen nicht eine beliebige, sondern eine fest vorgegebene Länge. Diese — für die jeweilige Maschine charakteristische Größe — wird auch **Wortlänge** genannt. In der Praxis hat man üblicherweise die Wortlängen 8 Bit (für ganz kleine PCs), 16 Bit (für größere PCs) oder 32 Bit (für Workstations, Minicomputer und größere Rechner). Andere Werte, zum Beispiel 24 Bit oder 48 Bit, werden heute kaum noch verwendet; dafür werden Diskussionen über 64-Bit-Maschinen gerade aktuell. Die folgende Tabelle gibt einen Überblick über die in solchen Maschinen jeweils direkt darstellbaren Zahlbereiche:

8 Bit:	$- 128$ ..	$+ 127$
16 Bit:	$- 32\,768$ ..	$+ 32\,767$
24 Bit:	$- 8\,388\,608$ ..	$+ 8\,388\,608$
32 Bit:	$- 2\,147\,483\,648$ ..	$+ 2\,147\,483\,647$

Für das *Rechnen* mit solchen Zahlen muß man jedoch im allgemeinen den Zahlbereich intern „kurzfristig" um ein Bit erweitern, um eine eventuelle Überschreitung des zulässigen Bereichs erkennen zu können (**Überlauf**). Betrachten wir zum Beispiel die *Addition* für eine beliebige Basis B und Wortlänge t:

$$M = a_{t-1} \cdot B^{t-1} + \ldots + a_0 \cdot B^0$$
$$N = b_{t-1} \cdot B^{t-1} + \ldots + b_0 \cdot B^0$$

$$M + N = (a_{t-1} + b_{t-1}) \cdot B^{t-1} + \ldots + (a_0 + b_0) \cdot B^0$$

Wenn nun an irgendeiner Stelle i gilt: $a_i + b_i \geq B$, dann ist die tatsächliche Ergebnisziffer $a_i + b_i - B$, und es tritt ein Übertrag in die $(i+1)$-te Stelle auf; dieser Übertrag kann natürlich höchstens 1 sein. Daraus folgt aber, daß die Ergebnisziffer an der i-ten Stelle sich nach der Formel ergibt:

$$c_i = \begin{cases} a_i + b_i + ü_{i-1}, & \text{falls} \quad a_i + b_i + ü_{i-1} < B \\ a_i + b_i + ü_{i-1} - B, & \text{sonst} \end{cases}$$

Dabei sind die Überträge definiert durch

$$ü_i = \begin{cases} 0, & \text{falls} \quad a_i + b_i + ü_{i-1} < B \\ 1, & \text{sonst} \end{cases}$$

mit dem Sonderfall $ü_{-1} = 0$. Wenn dabei der Übertrag $ü_t = 1$ ist, so liegt ein Überlauf des zulässigen Zahlbereichs vor. (Gute Maschinen melden dann einen „arithmetischen Alarm" und brechen das Programm mit Fehler ab.)

Die Situation läßt sich durch folgendes Diagramm veranschaulichen (für den Fall $t = 4$):

$$a_3\ b_3 \qquad a_2\ b_2 \qquad a_1\ b_1 \qquad a_0\ b_0$$

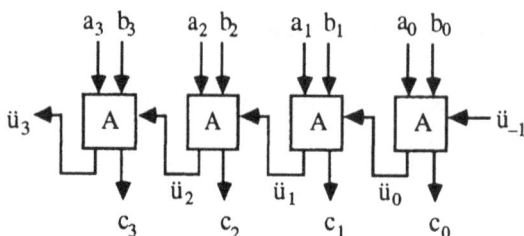

Somit ergibt sich das elementare Teilproblem: „Addiere zwei Ziffern a_i und b_i unter Berücksichtigung eines Übertrags $ü_{i-1}$ (der nur 0 oder 1 sein kann). Für den Spezialfall $B = 2$ hatten wir diese Aufgabe schon im letzten Kapitel gelöst, indem wir den *Binäraddierer* entwickelt haben (womit die dortige Aufgabe endlich motiviert ist). In anderen Fällen (zum Beispiel $B = 10$) erhält man statt des einfachen Binäraddierers entsprechend komplexere Schaltungen.

Technisch lassen sich diese Aufgaben durch eine Reihe von Schaltwerken (seriell, parallel, „carry look-ahead", ...) realisieren, die von recht unterschiedlicher Komplexität sind. (Eine Übersicht findet sich in [2], wo auch Schaltungen für andere Grundoperationen wie Multiplikation und Division erörtert werden.)

Für die *Darstellung negativer Zahlen* gibt es zwei gebräuchliche Lösungen, die beide darauf abzielen, die Addition besonders einfach zu machen. (Die naheliegende Lösung, einfach ein Vorzeichenbit einzuführen, ist technisch aufwendiger und wird daher selten benutzt.)

(a) **Echtes Komplement**: Wir wenden folgenden Trick an: Sei t die Stellenzahl für unseren gewünschten Zahlbereich; das heißt, B^t ist die erste nicht mehr darstellbare Zahl. Dann repräsentieren wir eine negative Zahl x durch den Komplement-Wert $\tilde{x} \overset{\text{def}}{=} (B^{t+1} - x)$. Damit gilt für einen Wert y:

$$0 \le y < B^t \implies y \text{ positiv} \quad (= x)$$
$$B^t \le y < B^{t+1} \implies y \text{ negativ} \quad (= \tilde{x})$$

Dies bedeutet natürlich, daß wir ab jetzt mit der Stellenzahl $t+1$ arbeiten. Betrachten wir jetzt zum Beispiel die Addition zweier negativer Zahlen, also $z \overset{\text{def}}{=} (-x) + (-y)$. Dann rechnen wir

$$
\begin{aligned}
\tilde{x} + \tilde{y} &= (B^{t+1} - x) + (B^{t+1} - y) \\
&= B^{t+1} + B^{t+1} - (x + y) \\
&= B^{t+1} + \tilde{z} \\
&= \tilde{z}
\end{aligned}
$$

(Die letzte „Gleichheit" ergibt sich daraus, daß B^{t+1} nicht mehr darstellbar ist.)

Diese Rechnung illustriert, daß Addition und Komplementbildung ausreichen, um mit positiven ebenso wie mit negativen Zahlen addieren und subtrahieren zu können. Außerdem wird deutlich, weshalb zum Beispiel in einer 16-Bit-Maschine der verfügbare Zahlbereich nur von -2^{15} bis $+2^{15}-1$ reicht.

(b) **Stellenkomplement**: Hier geht man völlig analog zum echten Komplement vor; allerdings wird die Komplementbildung jetzt nicht mehr zur ersten nicht-darstellbaren Zahl B^{t+1} vorgenommen, sondern zur letzten darstellbaren Zahl $B^{t+1}-1$. Dies vereinfacht natürlich die Komplementbildung selbst.

Bei der Addition tritt jedoch ein kleines Problem auf: Wenn man die obige Beispielrechnung analog ausführt, ergibt sich sofort

$$\tilde{x} + \tilde{y} = \tilde{z} - 1.$$

Daraus folgt, daß man nachträglich eine 1 aufaddieren muß, wenn der Überlauf B^{t+1} auftritt.

Außerdem gibt es jetzt *zwei Versionen der Null* im Zahlbereich: die 0 selbst („positive Null") und ihr Komplement $B^{t+1}-1$ („negative Null"). Dies muß von der Maschinenhardware abgefangen werden, um pathologische Programmierfehler zu vermeiden.

Im Spezialfall $B = 2$ des Binärsystems ist das *Stellenkomplement* besonders einfach zu realisieren: Man braucht nur jedes Bit zu negieren. *Beispiel* (für $t = 4$):

$$x = 1100$$
$$\tilde{x} = 10011 \ (= \ 11111 - 01100 \ )$$

Man spricht daher auch vom *Einerkomplement*. Um das *echte Komplement* (das auch *Zweierkomplement* genannt wird) zu erhalten, muß man einfach nur auf das Stellenkomplement 1 aufaddieren — was unter Umständen zu zeitaufwendigen Überträgen führen kann. Im obigen Beispiel ergibt sich:

$$x = 1100$$
$$\tilde{x} = 10011 + 1 = 10100.$$

Wird das Komplement für eine nachfolgende Addition gebraucht, dann kann man die fehlende 1 ohne Zeitverlust einfach dadurch realisieren, daß man den Übertrag $\ddot{u}_{-1} = 1$ setzt.

3.5 Rationale Zahlen (Gleitpunktzahlen)

Die Mathematik hat eine Kette jeweils umfassender Zahlbereiche eingeführt,

$$I\!N \subset Z\!\!\!Z \subset Q\!\!\!Q \subset I\!R \subset C\!\!\!C,$$

in denen jeweils mehr Gleichungen lösbar sind.

Bereich	Art der lösbaren Gleichungen	
$\mathbb{N}$	$a + x = b$	für $a \le b$
$\mathbb{Z}$	$a + x = b$	
$\mathbb{Q}$	$a * x = b$	für $a \ne 0$
$\mathbb{R}$	$a + x^2 = b$	für $a \le b$
$\mathbb{C}$	$a + x^2 = b$	

Der Zahlbereich $\mathbb{Q}$ der **rationalen Zahlen** besteht aus „Bruch-zahlen", die auch als (möglicherweise periodische) Dezimalbrüche geschrieben werden. *Beispiele:*

$$\frac{3}{2} \equiv 1.5$$

$$\frac{5}{60} \equiv 0.08\overline{3} \quad (\equiv 0.0833333\ldots)$$

$$\frac{82}{7} \equiv 11.\overline{714285}$$

Aus technischen Gründen zieht man in der Informatik die Dezimal-brüche vor. Allerdings gibt es für die Repräsentation in Computern zwei Probleme: (a) Wie auch bei den anderen Zahlstrukturen muß man mit beschränkter Stellenzahl auskommen. (b) Die Position des Dezimal-punkts muß angegeben werden.

Das erste Problem löst man durch **Rundung**, das zweite durch **Normalisierung**. Dies wird durch die folgenden Beispiele erläutert (unter der Annahme, daß 6 echte Stellen verfügbar sind):

$$\frac{3}{2} \equiv 0.150000 \cdot 10^1$$

$$\frac{5}{60} \equiv 0.833333 \cdot 10^{-1}$$

$$\frac{82}{7} \equiv 0.117143 \cdot 10^2$$

Diese Darstellung kann direkt in die Maschine übertragen werden. Man spricht dann von **Gleitpunktzahlen** und hat zum Beispiel folgende Anordnung

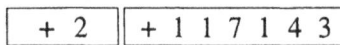

+ 2	+ 1 1 7 1 4 3

„Exponent" „Mantisse"

was genau der rationalen Zahl $0.117143 \cdot 10^2 = 11.7143$ entspricht. Dabei werden die beiden Teile jeweils als ganze Zahlen in der entsprechenden Komplementdarstellung realisiert. Typische Rechner-architekturen stellen dabei zum Beispiel 8 Bit für den Exponenten und 24 Bit für die Mantisse zur Verfügung (bei sogenannter „doppelter Genauigkeit" sogar 56 Bit für die Mantisse); dies entspricht etwa sechs (bzw. sechzehn) Dezimalstellen mit einem Exponentenbereich von -128 bis $+127$.

Die *Addition* von Gleitpunktzahlen erfolgt somit in drei Phasen:

1. Exponentenangleich mit Verschiebung der Mantisse;
2. Addition der Mantissen;
3. Normalisierung.

Dies wird durch folgendes Beispiel illustriert:

	+2	+100144	+	−1	−833333
=	+2	+100144	+	+2	−000833
=	+2	+099311			
=	+1	+993110			

Mit Gleitpunktzahlen gibt es eine ganze Reihe von *Problemen:*

- Zunächst haben wir eine weitere Beschränkung des Zahlbereichs hinzunehmen: Wie auch schon bei den natürlichen und ganzen Zahlen haben wir nur ein Teilintervall $[min \ldots max] \subseteq \mathbb{Q}$ zur Verfügung; aber jetzt kommt noch dazu, daß dieses Teilintervall *Lücken* hat (in der Tat: mehr Lücken als Zahlen).
- Aufgrund dieser Lücken müssen wir *runden;* und damit entstehen **Rundungsfehler**. Diese Rundungsfehler können sich dann durch die Rechnung hindurch fortpflanzen und sogar verstärken, so daß zum Schluß der Fehleranteil an den „Ergebnissen" den größten Teil ausmacht. So wird zum Beispiel die Funktion $sin(x)$ nur im Intervall $[0 \ldots 2\pi]$ tatsächlich berechnet. Wenn das Argument x größer ist, muß es zunächst in dieses Intervall transformiert werden aufgrund des Gesetzes $sin(x) \equiv sin(x - 2\pi)$. Für große Zahlen häufen sich dabei die Fehler so stark, daß zum Beispiel $sin(10^{12})$ nur noch als Zufallszahl zu werten ist.
- Aufgrund der Rundungsfehler gelten die Gesetze der Arithmetik unter Umständen nicht mehr. So kann zum Beispiel durchaus die „Gleichung" entstehen

$$10^{20} + 1 = 10^{20}.$$

Noch schlimmer ist die sogenannte *Auslöschung:* Bei der Subtraktion fast gleich großer (aber verschiedener) Zahlen gehen die meisten oder sogar alle relevanten Stellen verloren. Betrachte zum Beispiel

$$x = 0.743267 \cdot 10^1,$$
$$y = 0.743198 \cdot 10^1.$$

Falls nun in x und y aufgrund früherer Rundungsfehler die letzten zwei (von sechs) Ziffern unzuverlässig sind, sind bei der Differenz

$$x - y = 0.000069 \cdot 10^1 = 0.69 \cdot 10^{-3}$$

alle Ziffern unzuverlässig. Der relative Fehleranteil hat sich also *verstärkt.*

53

- Besonders lästig ist, daß bei der Konversion auf eine andere Basis (zum Beispiel vom Dezimalsystem der Benutzerschnittstelle in das interne Binärsystem der Maschine) ebenfalls Rundungsfehler auftreten. Das ist insbesondere bei Programmen im Buchhaltungsbereich fatal.

Diese ganzen Komplikationen beim Rechnen mit Gleitpunktzahlen werden im Bereich der *Numerischen Mathematik* detailliert untersucht.

Auf der anderen Seite ist es für den Informatiker (oder Numeriker) auch durchaus amüsant zu beobachten, wenn weniger erfahrene Programmierer — insbesondere aus den Ingenieurdisziplinen und der Physik — ihre Berechnungen auf dem Computer in „doppelter Genauigkeit" ausführen, um besonders gute Resultate zu erzielen. Dabei macht es nun wirklich keinen Sinn, im Rechner mit 16 Stellen zu arbeiten, wenn die Eingabedaten Meßwerte sind, die schon in der dritten oder vierten Stelle Ablesefehler aufweisen.

3.6 Reelle und komplexe Zahlen

Da schon die Gleitpunktzahlen nur noch eine lückenhafte und kleine Teilmenge von $\mathbb{Q}$ sind, macht es natürlich wenig Sinn, die noch umfassendere Menge $\mathbb{R}$ der reellen Zahlen in die Rechner einbauen zu wollen. Dies hat die Entwickler vieler Programmiersprachen aber nicht davon abgehalten, ihre Gleitpunktzahlen mit der Sorte *real* zu bezeichnen. (Und auch wir werden dieser Unsitte folgen, wenn auch mit einer guten Ausrede — siehe Kapitel 3.7.)

Wenn man daher in Programmen Zahlen wie $\sqrt{2}$, π, e etc. findet, die zu $\mathbb{R}$, aber nicht zu $\mathbb{Q}$ gehören, so sind damit jeweils die bestmöglichen Approximationen an diese Zahlen durch Gleitpunktzahlen gemeint.

Aus diesem Grund stellen die meisten Programmiersprachen die wichtigsten Standardfunktionen auf reellen Zahlen auch für Gleitpunktzahlen zur Verfügung, also zum Beispiel $sin(x)$, $cos(x)$, ..., $sqrt(x)$, $exp(x)$, $log(x)$, ... etc.

Die **komplexen Zahlen** $\mathbb{C}$ sind sogar eine Obermenge von $\mathbb{R}$. Klassischerweise werden sie dargestellt in der Form

$$z = a + i \cdot b \quad \text{mit} \quad i \stackrel{\text{def}}{=} \sqrt{-1} \quad \text{und} \quad a,b \in \mathbb{R}.$$

Diese Darstellung gilt im Prinzip auch in Rechnern, natürlich mit dem Unterschied, daß a und b nur Gleitpunktzahlen sind. Realisiert werden solche komplexen Zahlen dann ganz einfach als Paare $\langle a, b \rangle$. Die arithmetischen Operationen erfolgen dann nach den üblichen Rechenregeln für komplexe Zahlen, also zum Beispiel

$$\langle a, b \rangle + \langle c, d \rangle = \langle a+c, b+d \rangle.$$

3.7 Partielle Funktionen und Algorithmen-Entwurf

Wir haben bei den Zahlstrukturen zum ersten Mal ein Phänomen kennengelernt, das uns beim Programmieren immer wieder beschäftigen wird: die Möglichkeit, daß Funktionen nicht für alle möglichen Argumentwerte auch einen Ergebniswert besitzen. Man spricht in diesem Fall von **partiellen Funktionen** (im Gegensatz zu den totalen Funktionen; siehe Kapitel 1.5). Dabei können wir eigentlich zwei Arten von Partialität unterscheiden:

- „Echte" Undefiniertheit, wie sie zum Beispiel bei der *Division durch Null* vorliegt: Die Operation $a \div 0$ ist aus mathematischen Gründen sinnlos und daher grundsätzlich verboten.

- „Künstliche" Undefiniertheit, die nur aufgrund einer beschränkten Repräsentantenmenge eintritt: So ist zum Beispiel die Addition

  $21236 + 18983 = 40219$

  eigentlich wohldefiniert. Auf einer 16-Bit-Maschine ist aber das Ergebnis (im Gegensatz zu den Argumenten) nicht mehr darstellbar. Deshalb kommt es zu einem Überlauf-Fehler.

Die echte Partialität muß beim Programmieren von vornherein vermieden werden. Bei der künstlichen Partialität kann es dagegen durchaus sinnvoll sein, zunächst einen „idealen Algorithmus" zu entwickeln, bei dem man so tut, als ob tatsächlich nat = $\mathbb{N}$, int = $\mathbb{Z}$, real = $\mathbb{R}$ gelten würde. Danach prüft man, ob die Beschränkungen des wirklichen Zahlbereichs verletzt werden können und paßt das Programm entsprechend an. (In diesem Buch werden wir nahezu immer solche idealisierten Algorithmen entwerfen.)

Bei vielen Problemen der numerischen Mathematik ist jedoch die Anpassung an den beschränkten Zahlbereich die eigentlich schwierige Arbeit. In diesen Fällen kann man sich nicht so elegant um das Problem herummogeln.

Referenzen

[1] *Rump, S.M.:* Sichere Ergebnisse in Rechenanlagen. Informatik Spektrum 9 (1986), S. 174 – 183, Springer

[2] *Oberschelp, W., Vossen, G.:* Rechneraufbau und Rechnerstrukturen. Oldenbourg, München 1990.

Einführung in algebraische Spezifikationstechniken:

[3] *Bauer, F.L., Wössner, H.:* Algorithmische Sprache und Programmentwicklung. Springer, Berlin 1981.

[4] *Ehrig, H., Mahr, B.:* Fundamentals of Algebraic Specification 1. Springer, Berlin 1985.

[5] *Ehrich, H.-D., Gogolla, M., Lipeck, U.W.:* Algebraische Spezifikation abstrakter Datentypen. Teubner, Stuttgart 1989.

[6] *Wirsing, M.:* Algebraic Specification. In: van Leeuven, J. (ed.): Handbook for Theoretical Computer Science. North-Holland, Amsterdam 1990.

4. Grundlegende Kompositions- formen für die Programmierung

„Die Grenzen meiner Welt sind die Grenzen meiner Sprache."

(L. Wittgenstein)

Mit diesem Kapitel fangen wir an, uns etwas genauer mit den **Grundbegriffen der Programmierung** *auseinanderzusetzen. Dabei halten wir uns nicht an irgendwelche gängigen Programmiersprachen, sondern konzentrieren uns auf grundsätzliche Konzepte (auch wenn wir — wie unsere Überlegungen von Kapitel 1 gezeigt haben — natürlich nicht ohne Notationen auskommen, wenn wir unsere Ideen repräsentieren wollen).*

Wir werden sogar noch einen Schritt weiter gehen und uns zunächst von den traditionellen Sprachmustern lösen. Den modernen Entwicklungstendenzen der Informatik folgend, beginnen wir unsere Einführung in die Programmierung mit den Ideen der Funktionsapplikation und der Rekursion. Darauf aufbauend ist es dann leicht, die klassischen Konzepte der imperativen Programmierung, also Variable, Zuweisung und Iteration, systematisch zu behandeln.

Schon bei dieser ersten Beschäftigung mit der Programmierung werden wir besonderen Wert auf die systematische und korrekte Entwicklung von Algorithmen legen. (Denn dies ist etwas, was die Informatiker dringend von den Ingenieuren lernen müssen: Fehler sind kein unabwendbares Naturereignis, sondern nur schlechte Arbeit.)

Natürlich hätten wir auch zunächst noch andere Datenstrukturen einführen können. Es ist uns aber wichtiger, jetzt grundlegende Elemente für die Programmierung verfügbar zu machen und weitere Datenstrukturen erst anschließend zu behandeln. Aus diesem Grund müssen wir uns allerdings bei den nachfolgenden Programmen vorläufig auf Beispiele aus dem Bereich einfacher mathematischer Funktionen beschränken.

4.1 Funktionen

Wir haben bereits eine Reihe von programmiersprachlichen Konzepten kennengelernt: als grundlegende Objekte die Wahrheitswerte und verschiedene Arten von Zahlen, dazu elementare Operationen auf diesen Objekten. Über diesen Grundelementen können wir außerdem

Terme mit freien Identifikatoren bilden. Ein typischer Ausdruck aus dieser Sprache ist damit zum Beispiel der Term

$$(x + 1 \geq y) \land \lnot (x = sqrt (z * pi)) \, .$$

An diesen Termen ist aber die Rolle der Identifikatoren noch sehr unbefriedigend. Wir wissen, daß ein Term für jede Belegung seiner Identifikatoren einen entsprechenden Wert repräsentiert, und daß wir (zumindest bei umfassenden Informationsstrukturen) diese Auswertung auch mit Hilfe textueller Substitutionen explizit durchführen können. Aber woran sehen wir eigentlich, daß im obigen Beispiel *x, y* und *z* die Identifikatoren sind, während *sqrt* und *pi* vorgegebene Operationen bzw. Konstanten sind?

Außerdem sind Identifikatoren bekanntlich nur Platzhalter für Werte bzw. andere Terme. Daraus folgt, daß sie selbst eigentlich völlig uninteressant sind. Denn offensichtlich ändert sich nichts wesentliches an der Natur des obigen Terms, wenn wir ihn mit anderen Identifikatoren schreiben:

$$(a + 1 \geq b) \land \lnot (a = sqrt (c * pi)) \, .$$

Aus diesem Grund führen wir jetzt eine sehr mächtige *Abstraktion* ein, die es uns erlaubt, Termen Namen zu geben und gleichzeitig ihre Identifikatoren als solche zu kennzeichnen.

Wenn wir zum Beispiel beschreiben wollen, wie man das Volumen eines Kreiszylinders berechnet, so können wir sagen: „Multipliziere die Grundfläche mit der Höhe; das heißt: multipliziere das Quadrat des Radius mit der Zahl π und der Höhe des Zylinders." Dies können wir dann folgendermaßen notieren:

> **def** *zylindervolumen* (*radius, höhe*)
> $\equiv$ (*radius* * *radius* * *pi* * *höhe*) .

Mit dieser Notation beschreiben wir eine **Funktion**. Diese Funktion hat den Namen *'zylindervolumen'*; sie besitzt zwei **formale Parameter** *'radius'* und *'höhe'*. Der **Rumpf** der Funktion ist der Ausdruck *'(radius * radius * pi * höhe)'*, in dem die Parameter als Identifikatoren auftreten.

Definition: **Funktionsdefinitionen** genügen folgender Syntax:

> **def** »Name« (»formale Parameter«) $\equiv$ »Rumpf«,

wobei die »formalen Parameter« eine durch Kommata getrennte Liste von (null, einem oder mehreren) Identifikatoren sind. Selbstverständlich müssen diese Identifikatoren alle verschieden sein. □

Wir sagen auch: die Identifikatoren in der Parameterliste sind durch die Deklaration *gebunden*; das heißt, sie sind nur innerhalb des Rumpfs von Belang. Konsequenterweise können wir sie beliebig auswechseln, ohne die Funktion zu ändern. Das heißt, die obige Definition kann ohne weiteres umformuliert werden zu

def *zylindervolumen* (*r, h*) ≡ (*r* * *r* * *pi* * *h*).

Die einzigen Bedingungen dabei sind, daß die Umbenennung konsistent im ganzen Rumpf erfolgt, und daß keine Konflikte mit den anderen Bezeichnungen, die im Rumpf vorkommen, eintreten. (Also hätten wir *pi* nicht als Parameter wählen dürfen — zumindest nicht im obigen Beispiel.)

Natürlich definieren wir eine solche Funktion, um sie anschließend zu benutzen. Wir können also schreiben

zylindervolumen (1.0, 7.5),

um den Wert 23.56 zu erhalten (bei vier Stellen Genauigkeit). Dieses Resultat ermitteln wir dadurch, daß wir die **Argumente** 1.0 und 7.5 im Rumpf für die formalen Parameter *radius* und *höhe* einsetzen und den so entstehenden Term

1.0 * 1.0 * *pi* * 7.5

auswerten.

Wir müssen als Argumente nicht unbedingt nur Zahlen benutzen, wir können auch ganze Terme verwenden, also zum Beispiel

zylindervolumen (2 * *sin* (0.5), *pi* / 4) .

Wenn wir hier das Resultat erhalten wollen, müssen wir zunächst die Terme *2*sin(0.5)* und *pi/4* auswerten, um die Argumentwerte 0.01745 und 0.7854 zu erhalten. Diese Werte werden dann im Rumpf für *radius* und *höhe* substituiert, so daß das Endresultat 0.0007516 ausgerechnet werden kann.

Definition: Eine **Funktionsanwendung** hat die Form

»Name« (»Argumente«),

wobei die «**Argumente**» eine durch Kommata getrennte Liste von Termen sind. Natürlich muß die Anzahl der Argumente mit der Anzahl der formalen Parameter in der Definition übereinstimmen. □

Weil Argumente selbst wieder ganze Ausdrücke sein dürfen, können wir Funktionen auch benutzen, um die Rümpfe anderer Funktionen besser zu strukturieren. So können wir zum Beispiel bei der Definition von *zylindervolumen* eine Hilfsfunktion benutzen:

def *kreisfläche* (*radius*)
   ≡ (*radius* * *radius* * *pi*),

def *zylindervolumen* (*radius, höhe*)
   ≡ (*kreisfläche* (*radius*) * *höhe*) .

Die Hilfsfunktion *kreisfläche* dient dabei nicht nur der besseren Strukturierung von *zylindervolumen;* sie löst ein eigenständiges Teil-

59

problem, das auch für andere Funktionen nützlich sein kann. Das deutet bereits ein ganz zentrales Prinzip der Informatik an:

> *Um ein gegebenes Problem zu lösen, zerlege man es in „kleinere" Teilprobleme.*

Manchmal ist es jedoch zu aufwendig, eine Kollektion von Hilfsfunktionen einzuführen, nur um eine interessierende Funktion besser strukturieren zu können. In diesem Fall steht uns ein einfacheres Mittel zur Verfügung, das aus der Mathematik wohlbekannt ist: die Einführung von abkürzenden Bezeichnungen.

Beispiel: Die Lösungen der quadratischen Gleichung $ax^2+bx+c = 0$ (unter der Voraussetzung $b^2 \geq 4ac$) ergeben sich nach der Formel

$$x_{1,2} = \frac{-b \pm \sqrt{b^2-4ac}}{2a}$$

Das läßt sich übersichtlich in folgende Funktionsdefinition kleiden: (Beachte, daß Funktionen auch mehr als ein Ergebnis haben können.)

> **def** *wurzeln* (*a, b, c*) $\equiv$ $\langle x_1, x_2 \rangle$
> **where**
> $x_1 \equiv (-b + d) / (2 * a)$,
> $x_2 \equiv (-b - d) / (2 * a)$,
> $d \equiv sqrt(b * b - 4 * a * c)$.

Die Identifikatoren x_1, x_2 und d sind **Hilfsbezeichnungen**, die stellvertretend für die Werte ihrer zugeordneten Ausdrücke stehen[1].   □

Die Hilfsbezeichnungen können — je nach Geschmack — auch v o r den Ergebnisausdruck geschrieben werden, wie im folgenden Beispiel zur Berechnung der Dreiecksfläche nach der Heronschen Formel:

> **def** *dreiecksfläche* (*a, b, c*)
> $\equiv$ **let**
> $s \equiv (a + b + c) / 2$
> **in**
> $sqrt(s * (s - a) * (s - b) * (s - c))$.

Bevor wir uns weiteren Kompositionsformen zur Formulierung von Programmen zuwenden, wollen wir uns noch mit einigen konzeptuellen Aspekten von Funktionen befassen — auch wenn unsere verfügbaren Beispiele dafür noch reichlich trivial anmuten.

---

[1] Als Alternative könnte man sie auch als Stellvertreter für die Ausdrücke selbst auffassen. Dies hätte später subtile Auswirkungen auf die Semantik von Programmen, die wir vermeiden wollen.

4.2 Zur Spezifikation von Funktionen

Schon unsere bisherigen, ganz simplen Beispiele zeigen, daß es viele gleichwertige Arten gibt, den Rumpf einer Funktion zu gestalten: als kompakten Term, unter Verwendung von Hilfsfunktionen, mittels strukturierender Hilfsbezeichnungen. Abhängig von dieser Gestaltung treten bei der Auswertung ganz unterschiedliche Berechnungsabläufe auf, die aber alle letztlich das gleiche Resultat liefern.

Wenn wir nun aber eine definierte Funktion f benutzen möchten (zum Beispiel um eine weitere Funktion darauf aufzubauen), dann interessieren uns die Details der Gestaltung des Rumpfs von f eigentlich gar nicht. Alles, was wir wissen wollen, ist, wie die Argumente von f auszusehen haben, und welche Resultate f jeweils liefert. Mit anderen Worten: wir wollen f als „*black box*" behandeln, für die nur die Art der Benutzung relevant ist. Diese Benutzungsvorschriften nennt man in der Informatik die **Schnittstelle** (engl.: *interface*).

Im Falle unserer Funktionen hat die Schnittstelle zwei Aspekte. Zunächst müssen wir die Anzahl und die jeweiligen Sorten der Argumente und Resultate angeben, also die **Funktionalität**. Dazu verwenden wir Notationen der folgenden Art:

fct *zylindervolumen* : *real* $\times$ *real* $\to$ *real,*

fct *wurzeln* :   *real* $\times$ *real* $\times$ *real* $\to$ *real* $\times$ *real*

Dies besagt, daß zum Beispiel *wurzeln* drei Argumente der Sorte *real* benötigt und zwei Resultate der Sorte *real* abliefert. Selbstverständlich müssen bei jeder Anwendung der Funktion alle Argumentausdrücke die richtigen Sorten haben. Diese Bedingung kann üblicherweise vom Compiler überprüft werden.

Anmerkung 1: In vielen Sprachen wird die Angabe der Funktionalität mit der Definition der Funktion verschmolzen. In diesem Fall könnte zum Beispiel *zylindervolumen* folgendermaßen eingeführt werden:

function zylindervolumen (radius :real, höhe :real):real;
(kreisfläche(radius) * höhe) .

Anmerkung 2: Im weiteren Verlauf unserer Erörterungen werden wir immer wieder auf Funktionen stoßen, die für Objekte vieler Sorten geeignet sind; man spricht dann von **polymorphen Funktionen**. In diesen Fällen werden wir meistens auf die Angabe der Funktionalität verzichten; diese muß dann aus dem Anwendungskontext jeweils neu erschlossen werden. Wenn wir aber trotzdem etwas über die Funktionalität einer derartigen Funktion aussagen wollen, schreiben wir zum Beispiel

fct *max* : $\alpha \times \alpha \to \alpha$,

wobei α ausdrückt, daß wir die Funktion für verschiedene Sorten verwenden wollen (zum Beispiel für *nat, int* oder *real*).

Der zweite Aspekt der Schnittstellenbeschreibung ist wesentlich komplexer, denn er betrifft die eigentliche *Spezifikation der Bedeutung* einer Funktion. Wenn wir wissen wollen, *was* eine Funktion tut, dann müssen wir die Beziehung zwischen den Argumentwerten und den zugehörigen Resultatwerten kennen. Außerdem müssen wir wissen, welche Argumentwerte überhaupt zulässig sind; denn, wie schon das Beispiel der Funktion *wurzeln* gezeigt hat, genügt die Angabe der Sorten im allgemeinen nicht, um alle Beschränkungen zu erfassen. Das führt dazu, daß wir für Funktionen noch eine weitere Angabe brauchen, die wir folgendermaßen schreiben:

fct *wurzel: real × real × real → real*
spc *wurzel (a, b, c)* ≡ *x*:
    pre $b * b \geq 4 * a * c$ ∧
           $a \neq 0$
    post $a * x * x + b * x + c = 0$.

Definition: Allgemein haben wir also für die **Spezifikation** von Funktionen die Form

    spc $f (x_1, ..., x_m)$ ≡ $\langle z_1, ..., z_n \rangle$:
        pre $P [x_1, ..., x_m]$
        post $R [x_1, ..., x_m, z_1, ..., z_n]$.

Die **Vorbedingung** (engl.: *precondition*) P legt die Einschränkungen fest, denen die Argumente von f genügen müssen. Falls es keine Einschränkung gibt, ist $P = true$. Die **Nachbedingung** (engl.: *postcondition*) R beschreibt die Beziehung zwischen den Argumenten und den zugehörigen Resultaten. □

Wir können eine solche Spezifikation also folgendermaßen interpretieren: Falls für die Argumente eines Funktionsaufrufs die Vorbedingung P gilt, dann gilt für die Ergebnisse die Nachbedingung R. Diese vorläufige Auffassung muß später noch verfeinert werden. Dies betrifft insbesondere den Fall *partieller* Funktionen, die nicht immer Ergebnisse haben.

Dies zeigt, daß unsere Spezifikationen eigentlich nur eine auf bessere Lesbarkeit ausgerichtete notationelle Variation aussagenlogischer Terme sind. Eine Spezifikation der Art

    spc $f (x)$ ≡ z :
        pre $P [x]$
        post $R [x, z]$

ist nämlich nichts anderes als die Aussage

$$(f (x) \equiv z) \Rightarrow (P [x] \Rightarrow R [x, z]),$$

die sich nach unseren Regeln sofort umrechnen läßt in die Gestalt, die der folgenden Definition zugrunde liegt.

Definition: Wenn für gegebenes f, P und R die Implikation

$$(P [x] \ \wedge \ f (x) \ \equiv \ z) \ \Rightarrow \ R [x, z]$$

tatsächlich für alle möglichen Argumente x gilt, dann sagen wir: Die Funktion f **erfüllt die Spezifikation** $\langle P, R \rangle$, oder auch: Die Funktion ist **korrekt** bezüglich ihrer Spezifikation. Diese Eigenschaft ist natürlich jeweils beweispflichtig (doch dazu kommen wir später). ☐

Damit haben wir für Funktionen also folgende Dreiteilung: Die „Benutzung" wird durch die *Schnittstelle* festgelegt, die sich aus der *Funktionalität* und der *Spezifikation* zusammensetzt. Die „Implementierung", also die Beschreibung der technischen Realisierung der Funktion, erfolgt in ihrer *Definition*.

Erst durch die Einführung einer solchen Spezifikationsmöglichkeit macht das „black-box-Prinzip" wirklich Sinn, und erst durch dieses „black-box-Prinzip" ist die Methode der Zerlegung einer Aufgabe in Teilaufgaben tatsächlich praktisch umsetzbar. Allerdings wird es nicht immer möglich oder vernünftig sein, die Spezifikation vollständig formal aufzuschreiben. Häufig sind umgangssprachliche Formulierungen hilfreicher, insbesondere wenn sie sich auf Fachtermini des jeweiligen Anwendungsgebietes stützen.

4.3 Fallunterscheidung

Die Ausdrucksmächtigkeit unserer Sprache ist noch sehr eingeschränkt. Im Grunde können wir nur Terme mit einem netten Rahmen versehen. Aber schon wenn wir die größere von zwei gegebenen Zahlen bestimmen sollen, scheitern wir. Eine Spezifikation dieser Aufgabe lautet: „Für das Maximum m zweier Zahlen a, b gilt: (1) m ist eine der beiden Zahlen und (2) m ist mindestens so groß wie jede der beiden Zahlen." Formal:

fct *max* : *int* $\times$ *int* $\rightarrow$ *int;*
spc *max* (*a, b*) $\equiv$ *m* :
    pre *true*
    post $(m = a \ \vee \ m = b) \ \wedge \ (m \geq a \ \wedge \ m \geq b)$.

Für diese Spezifikation wissen wir nicht, wie wir sie mit unseren bisherigen Mitteln realisieren sollen. Was wir brauchen, ist die Möglichkeit, **Fallunterscheidungen** zu treffen. Mit einer entsprechend gewählten Notation können wir dann unser obiges Problem folgendermaßen lösen (wobei '☐' zu lesen ist als „oder wenn"):

def $max\,(\,a,\,b\,)$
   $\equiv$ **if** $\quad a \geq b \quad$ **then** a
   $\square \quad b \geq a \quad$ **then** b **fi** .

Wenn die Bedingung $a{\geq}b$ erfüllt ist, so wird als Ergebnis der Wert von a genommen, und wenn die Bedingung $b{\geq}a$ erfüllt ist, dann wird entsprechend der Wert von b genommen. Beachte, daß in dem speziellen Fall $a{=}b$ *beide* Möglichkeiten zulässig sind, was jedoch nichts ausmacht, da die Werte dann ohnehin gleich sind. — Wir kommen später noch genauer auf diese Frage zurück.

Es ist vielleicht hilfreich, den Zusammenhang zur Aussagenlogik kurz zu beleuchten. Aufgrund der Regeln, die wir in Kapitel 2 für das Rechnen mit Booleschen Termen kennengelernt haben, können wir die obige Nachbedingung in folgende Implikationen umrechnen:

   post $\quad (\,a \geq b \;\Rightarrow\; m = a\,) \;\wedge\; (\,b \geq a \;\Rightarrow\; m = b\,)$.

Die Beziehung zur Fallunterscheidung ist jetzt offensichtlich.

Natürlich sind wir nicht auf die Unterscheidung von zwei Fällen beschränkt. Dies zeigt das folgende Beispiel der Funktion *sign,* die feststellt, ob eine Zahl positiv, Null oder negativ ist:

def $sign\,(\,x\,)$
   $\equiv$ **if** $\quad x > 0 \quad$ **then** $+\,1$
   $\square \quad x = 0 \quad$ **then** $\quad 0$
   $\square \quad x < 0 \quad$ **then** $-\,1$ **fi** .

Definition: Eine **Fallunterscheidung** hat die allgemeine Form:

if $B_1 \quad$ **then** E_1
   $\ldots$
$\square \; B_n \quad$ **then** $E_n \quad$ **fi** .

Dabei nennen wir die einzelnen Paare $\langle\, B_i$ **then** $E_i\,\rangle$ **Klauseln.** Die Booleschen Ausdrücke B_i heißen **Wächter**, die zugehörigen E_i **bewachte Ausdrücke.** Natürlich müssen die Sorten aller $E_1, \ldots, E_n$ übereinstimmen.

Die **Auswertung** einer solchen Fallunterscheidung geschieht so, daß zunächst (in beliebiger Reihenfolge) die Wächter B_i ausgewertet werden. Wenn einer *true* liefert, wird der Wert des zugehörigen Ausdrucks E_i berechnet (der dann auch das Ergebnis der ganzen Fallunterscheidung ist). Sollte keines der B_i erfüllt sein, dann ist die Fallunterscheidung insgesamt *undefiniert.* Das gleiche gilt natürlich, wenn man bei der Auswertung auf ein undefiniertes B_i stößt. $\square$

Manchmal ist es lästig, im „letzten" Wächter B_n alle Fälle abzufangen, die in den übrigen nicht berücksichtigt sind. Dieser Wächter hat dann nämlich oft die aufgeblähte Form $\neg(\, B_1 \vee \ldots \vee B_{n-1})$. Für diesen Fall sieht man die Schreibabkürzung vor

if B_1 **then** E_1

    ...

$\Box$ B_{n-1} **then** E_{n-1}
     else E_n **fi** .

Für den Spezialfall $n = 2$ erhalten wir die aus vielen gängigen Programmiersprachen bekannte **Alternative**

if B **then** E_1
     else E_2 **fi** .

Zu Recht wird aber davor gewarnt, aus Bequemlichkeit dieses „Abfangen aller verbleibenden Fälle" mit Hilfe des **else**-Zweiges der puristischen Form vorzuziehen. Denn eine saubere Analyse aller Möglichkeiten erspart später viel Mühe und Zeit bei der Fehlersuche. (Merke: „Systematisches Analysieren" ist besser als „systematisches Testen".) Im übrigen ist es sehr einfach, die Vollständigkeit der Fallunterscheidung zu überprüfen: Man muß nur mit den Mitteln der Aussagenlogik (s. Kapitel 2) nachrechnen, daß die Äquivalenz gilt:

$$(B_1 \lor \ ... \ \lor B_n) \ \equiv \ true .$$

Das folgende Beispiel illustriert deutlich den Gegensatz zwischen einer sauberen Fallunterscheidung und (verschachtelten) Alternativen. Die größte unter drei gegebenen Zahlen wird durch folgende Funktion bestimmt:

spc $max (a, b, c) \equiv m :$
   pre $true$
   post $(m = a \lor m = b \lor m = c) \ \land$
         $(m \geq a \land m \geq b \land m \geq c)$

def $max (a, b, c)$
   $\equiv$ **if** $a \geq b \land a \geq c$ **then** a
     $\Box$ $b \geq a \land b \geq c$ **then** b
     $\Box$ $c \geq a \land c \geq b$ **then** c **fi** .

Wir könnten aber auch versuchen, die Funktion mittels geschachtelter Alternativen zu definieren. Dies führt zu folgender Form:

def $max (a, b, c)$
   $\equiv$ **if** $a \geq b$ **then if** $a \geq c$ **then** a
                else c **fi**
       else if $b \geq c$ **then** b
                else c **fi fi** .

Es ist wohl für jedermann ersichtlich, daß vom Dokumentationswert und der Programmiersicherheit her gesehen die erste Version der zweiten weitaus vorzuziehen ist.

Dies führt uns sofort auf das Problem, wie wir bei Fallunterscheidungen *nachweisen, daß eine Funktion ihre Spezifikation erfüllt.* Betrachten wir dazu die allgemeine Situation

spc $f(x) \equiv z$:
    pre $P[x]$
    post $R[x, z]$,

def $f(x) \equiv$ **if** B_1 **then** E_1

            ...

        $\Box$ B_n **then** E_n **fi** .

Dann müssen wir (im Rahmen der Aussagenlogik) nachrechnen, daß folgende Beziehungen gelten:

$$P[x] \;\wedge\; B_1 \;\;\Rightarrow\;\; R[x, E_1] ,$$
$$...$$
$$P[x] \;\wedge\; B_n \;\;\Rightarrow\;\; R[x, E_n] .$$

Im Falle einer schlichten Alternative

def $f(x) \equiv$ **if** B **then** E_1
                   else E_2 **fi**

reduziert sich dies auf die zwei Beweise

$$P[x] \;\wedge\; \;\;\;B \;\;\Rightarrow\;\; R[x, E_1] ,$$
$$P[x] \;\wedge\; \neg B \;\;\Rightarrow\;\; R[x, E_2] .$$

Wenn wir dies für die zweite Form der Funktion *max* tun wollen, so müssen wir das obige Prinzip natürlich iteriert anwenden. Damit ergeben sich insgesamt die vier Beweise (wobei wir uns auf den zweiten Teil der Nachbedingung beschränken, da der erste trivial ist):

$$(\text{true} \;\wedge\; a \geq b \;\wedge\; a \geq c) \;\;\Rightarrow\;\; (a \geq a \;\wedge\; a \geq b \;\wedge\; a \geq c)$$
$$(\text{true} \;\wedge\; a \geq b \;\wedge\; a < c) \;\;\Rightarrow\;\; (c \geq a \;\wedge\; c \geq b \;\wedge\; c \geq c)$$
$$(\text{true} \;\wedge\; a < b \;\wedge\; b \geq c) \;\;\Rightarrow\;\; (b \geq a \;\wedge\; b \geq b \;\wedge\; b \geq c)$$
$$(\text{true} \;\wedge\; a < b \;\wedge\; b < c) \;\;\Rightarrow\;\; (c \geq a \;\wedge\; c \geq b \;\wedge\; c \geq c)$$

Alle vier Eigenschaften sind dann schnell als korrekt nachzurechnen.

Mit der Fallunterscheidung haben wir ein ganz wesentliches Element für den Algorithmenentwurf eingeführt. Ohne sie wäre Programmierung praktisch nicht möglich.

4.4   Nichtdeterministische Auswahl

Bei der Fallunterscheidung haben wir schon die prinzipielle Möglichkeit kennengelernt, daß eine Berechnung nicht eindeutig durch das Programm festgelegt ist. Denn wenn zwei Wächter gleichzeitig erfüllt sind, ist es offen, welcher der bewachten Ausdrücke tatsächlich zur Auswertung herangezogen wird. In unseren bisherigen Beispielen war das egal, denn wir hatten nur solche Konfliktfälle, in denen die entsprechenden Werte ohnehin gleich waren. Dies muß aber nicht notwendig so sein, wie das folgende Beispiel zeigt.

Wenn wir bei der Zuteilung von Ressourcen einen von zwei Prozessen auswählen müssen abhängig von deren Priorität, so erhalten wir eine Variante der Funktion *max,* bei der im Konfliktfall sehr wohl unterschiedliche Ergebnisse auftreten:

def *wähleNachPriorität (p1, p2)*
    ≡ **if** *priorität (p1)* ≥ *priorität (p2)* **then** *p1*
    □ *priorität (p2)* ≥ *priorität (p1)* **then** *p2* **fi** .

Aber wenn die Prozesse *p1* und *p2* tatsächlich gleiche Priorität haben, dann ist es uns auch egal, welcher ausgewählt wird. Die Unbestimmtheit tut also nicht weh — im Gegenteil, sie läßt uns Freiheit für weitere Entwurfsentscheidungen, die vielleicht in einem späteren Stadium der Programmentwicklung noch notwendig werden können (wenn zum Beispiel neben der Priorität noch die Wartezeit in die Entscheidung eingehen soll).

Für Situationen dieser Art hat die Informatik ein Begriffspaar entwickelt, das die subtilen Unterschiede der Konzepte durch eine ebenso subtile Differenzierung der Terminologie reflektiert. Eine Funktion, die für ein gegebenes Argument mehrere Berechnungsabläufe zuläßt, heißt **nichtdeterministisch**. (Die Funktion *max* ist hierfür ein Beispiel.) Eine Funktion, die für ein gegebenes Argument unterschiedliche Resultate liefern kann, heißt **nichtdeterminiert**. (Die Funktion *wähleNachPriorität* ist hierfür ein Beispiel.) Daraus folgt, daß jede nichtdeterminierte Funktion zwangsläufig auch nichtdeterministisch sein muß (wie sollten sonst die unterschiedlichen Resultate zustande kommen?), aber nicht notwendig umgekehrt.

Nun liegt es nahe, diese Situation nicht nur an die Fallunterscheidung zu binden, sondern auch unmittelbar verfügbar zu machen. Wir führen deshalb den **Auswahloperator** '□' ein und schreiben

$$(E_1 \ \square \ ... \ \square \ E_n),$$

um die freie Wahl zwischen den Ausdrücken $E_1, ..., E_n$ zu notieren. Selbstverständlich ist dies gleichwertig zu dem Grenzfall der Fallunterscheidung

if *true* **then** E_1 □ ... □ *true* **then** E_n **fi** .

Mit diesem Operator können wir jetzt zum Beispiel eine Funktion formulieren, die uns *eine* Lösung der quadratischen Gleichung $ax^2 + bx + c = 0$ liefert:

spc *wurzel* (a, b, c) $\equiv x$:
    pre $b * b \geq 4 * a * c$ $\wedge$ $a \neq 0$
    post $a * x * x + b * x + c = 0$.

def *wurzel* (a, b, c) $\equiv$ (x_1 $\square$ x_2)
                   where
                   $x_1 \equiv$ ($-b + d$) / ($2 * a$),
                   $x_2 \equiv$ ($-b - d$) / ($2 * a$),
                   $d \equiv$ *sqrt* ($b * b - 4 * a * c$) .

Wenn wir für eine solche Funktion zeigen wollen, daß sie ihre Spezifikation erfüllt, so müssen wir dies natürlich für *jede* mögliche Wahl tun.

Das Auftreten von Nichtdeterminismus war ursprünglich eine gefürchtete Situation in der Informatik. Aber spätestens im Zusammenhang mit „parallelen Prozessen" und „Echtzeit-Anwendungen" wurde das Phänomen als unvermeidbar erkannt. Durch Arbeiten von E.W. Dijkstra wurde dann der konsequente Schritt vollzogen, den Nichtdeterminismus nicht als Unglück anzusehen, sondern ihn als grundlegendes Konzept von vornherein in die Programmierung einzubeziehen. Erst dann stellte man fest, daß die Verwendung nichtdeterministischer Funktionen im Anfangsstadium einer Entwicklung erlaubt, Entwurfsentscheidungen auf einen späteren Zeitpunkt zu verschieben, zu dem unter Umständen mehr Information als Grundlage für die Entscheidung verfügbar ist.

4.5 Funktionale

Wir wollen den Abstraktionsschritt, der in der Einführung von Funktionen lag, noch ein Stückchen weiter treiben. Betrachten wir noch einmal die Funktion *wähleNachPriorität*. Hier haben wir die Auswahl aufgrund der „Prioritäten" der Prozesse getroffen. Es könnte aber auch sein, daß wir bei anderer Gelegenheit nach dem „Alter" wählen wollen. Dann hätten wir die Definition

    def *wähleNachAlter* ($p1, p2$)
       $\equiv$ **if** *alter* ($p1$) $\geq$ *alter* ($p2$) **then** $p1$
         $\square$ *alter* ($p2$) $\geq$ *alter* ($p1$) **then** $p2$ **fi** .

Die Ähnlichkeit beider Definitionen ist augenfällig. Und wie immer, wenn wir ein wiederkehrendes Muster entdecken, liegt die Idee der Parametrisierung nahe. Und nachdem das einzige, was beide Definitionen unterscheidet, die Verwendung der Funktionen *priorität* bzw. *alter* ist, müssen wir diese wohl zum Parameter machen:

def *wähle* (*h, p1, p2*)
 ≡ **if**   *h* (*p1*) ≥ *h* (*p2*) **then** *p1*
  ☐   *h* (*p2*) ≥ *h* (*p1*) **then** *p2* **fi** .

Damit können wir dann zum Beispiel einen Aufruf wie *wähleNachPriorität(lesen, schreiben)* ersetzen durch einen Aufruf *wähle(priorität, lesen, schreiben)*, und analog für *wähleNachAlter*. Dies läßt sich kurz durch folgende Äquivalenzen ausdrücken:

wähleNachPriorität (*lesen, schreiben*)
 ≡ *wähle* (*priorität, lesen, schreiben*),
wähleNachAlter (*lesen, schreiben*)
 ≡ *wähle* (*alter, lesen, schreiben*).

Die Funktionalität von *wähle* ist jetzt gegeben durch

fct *wähle* : [process → int] × process × process → process

wobei die Sorte *process* für eine geeignete Darstellung von Prozessen stehen soll.

Wenn wir aber schon so frei mit Funktionen umgehen, warum sollen wir sie nicht auch als Resultate haben? Betrachte als Beispiel eine Funktion, die prüft, ob zwei reelle Zahlen „nahe beisammen" liegen oder nicht:

fct *withinRange* : *real* × *real* × *real* → *bool*
def *withinRange* (*eps, x, y*) ≡ (*abs* (*x* − *y*) < *eps*) .

Nun wird es aber oft der Fall sein, daß wir in einem bestimmten Programmteil sicherstellen wollen, daß jedesmal der gleiche Wert für *eps* genommen wird, und daß wir diesen Wert nicht als Parameter mitschleppen wollen. Dies führt uns zu folgender Lösung: Wir zeichnen den Parameter *eps* aus und lassen zu, daß die Funktion nur mit einem Argument aufgerufen wird. Die folgende Notation drückt dies aus:

def *Range* (*eps*) (*x, y*) ≡ (*abs* (*x* − *y*) < *eps*) ,
def *close* ≡ *Range* (10^{-8}) .

Damit können wir dann Ausdrücke schreiben wie

 ... **if** *close* (*a, b*) ∧ *close* (*b, c*) **then** ...

in denen die Funktion *close* jetzt mit den fehlenden Argumenten versorgt wird. Der Ausdruck *close* (*a, b*) ist völlig gleichwertig zu dem Ausdruck *Range* (10^{-8}) (*a, b*), in dem das erste Argument ebenso ausgezeichnet wird wie bei der Definition der erste Parameter.

Die Funktionalität der Funktion *Range* ist offensichtlich

fct *Range* : *real* → [*real* × *real* → *bool*] ;

das heißt, *Range* angewandt auf ein Argument liefert eine neue Funktion, die ihrerseits wieder zwei Argumente benötigt.

Den Übergang von *withinRange* nach *Range* nennt man übrigens „Currying" nach dem Logiker H.B. Curry. (Eigentlich hatte, wie man heute weiß, der Mathematiker M. Schönfinkel diese Idee ungefähr 30 Jahre früher — nämlich 1924 — gehabt. Aber er hätte natürlich keinen so schönen Begriff geliefert.) Die Zulässigkeit basiert auf dem mathematischen Gesetz, daß die folgenden Funktionsmengen gleich (genauer: „isomorph") sind:

$$[A \times B \to C] \ = \ [A \to [B \to C]] .$$

Definition: Funktionen, die als Parameter oder Resultat wieder Funktionen haben, nennt man **Funktionale** oder auch **Funktionen höherer Ordnung**. ☐

Solche Funktionen sind im Grunde jedem wohlbekannt, der in der Mathematik gelernt hat, daß man zum Beispiel ein Integral oder Differential

$$\int_a^b f(x)\, dx \qquad \text{bzw.} \qquad \frac{df(x)}{dx}$$

für (nahezu) beliebige Funktionen f formulieren kann. In der Tat können wir in unserer Sprache den Differentialoperator (genauer: den Differenzenquotienten) nachbilden. Dazu definieren wir

fct D : $[\, real \to real\,] \to [\, real \to real\,]$
def $D\,(f)\,(x) \equiv (f\,(x+dx) + f\,(x-dx)) \,/\, (2*dx)$
      where
      $dx \equiv 10^{-4}$

Sei nun eine Funktion g gegeben. Dann liefert der Aufruf $D(g)(a)$ einen (groben) Näherungswert an den Wert der Ableitung g' an der Stelle a.

Hinweis: Man muß an solchen Stellen jedoch vorsichtig sein bezüglich der numerischen Stabilität. So wäre es zum Beispiel sicher töricht, etwa die Cosinusfunktion mit der Definition **def** $cos \equiv D(sin)$ einführen zu wollen. Gerade für solche Grundfunktionen ist es wichtig, die wirklich guten Algorithmen aus der Numerik zu verwenden (die meist auf Reihenentwicklungen basieren).

4.6 Programme und Rechenstrukturen

Aus Gründen der Übersichtlichkeit sollten wir unsere Funktionsdefinition nicht einfach „frei in die Gegend" schreiben, sondern nach sinnvollen Kriterien zusammenfassen. Dies gilt insbesondere für Funktionen und ihre zugehörigen Hilfsfunktionen. Zu diesem Zweck bietet sich das Mittel der Rechenstrukturen an, das wir bereits früher für unsere elementaren Strukturen *Bool, Nat, Int, Real* usw. benutzt haben. Wir schreiben also zum Beispiel

Structure *Geometry*
Uses *Real, Bool*
Sig fct *dreiecksfläche* :   *real* × *real* × *real*   →   *real*
     fct *kreisfläche* :   *real*   →   *real*
     fct *zylindervolumen* : *real* × *real*   →   *real*
     ...

Spec   **spc** *dreiecksfläche* (*a, b, c*) ≡ *f* : ...
     ...

Defs   **def** *dreiecksfläche* (*a, b, c*) ≡ ...
     ...

EndStructure

Ein *Programm* besteht dann schlicht aus einer oder mehreren solchen Strukturen zusammen mit der Angabe, welche Funktion berechnet werden soll. So können wir (in unserer vorläufigen idealisierten Programmierwelt) zum Beispiel schreiben

Compute *dreiecksfläche* .

Das System würde dann die drei benötigten Parameterwerte anfordern und danach das Ergebnis ausgeben.

So einfach diese (vorläufige) Konzeption auch sein mag — sie enthält doch eine wesentliche Komponente, die vielen Systemen abgeht: die Modularisierung eines Programms in überschaubare und logisch zusammengehörige Einheiten.

4.7   Anhang: Rechenregeln für Programme[1]

„... programming has become an area of human endeavour amenable to mathematical treatment"

         (E.W. Dijkstra)

„... programs are mathematical expressions, and they are subject to a set of laws as rich and elegant as those of any other branch of mathematics, engineering, or natural science."   *(C.A.R. Hoare)*

Wenn wir über die Korrektheit unserer Programme *argumentieren* wollen, dann müssen wir ihre Bedeutung erfassen können und über sie Aussagen ableiten können. Und wenn wir mit unseren Programmen wirklich *arbeiten* wollen, dann müssen wir sie als Objekte behandeln, die wir genauso manipulieren können wie zum Beispiel Boolesche oder arithmetische Formeln.

---

[1]   Wir listen hier nur kompakt die Regeln auf. Erläuternden Anwendungsbeispielen werden wir erst in den nächsten Kapiteln begegnen.

So kann man zum Beispiel das Programmfragment

$sqrt$ (**if** $x \geq 0$ **then** x **else** $-x$ **fi**)

sofort ersetzen durch

if $x \geq 0$ **then** $sqrt$ (x) **else** $sqrt$ ($-x$) **fi** .

So etwas kann nützlich sein, wenn man Algorithmen an die Restriktionen gegebener Sprachen anpassen muß. Allgemeiner treten solche Umformungen in einer besonders rigorosen Methode zur Softwareentwicklung auf, die unter dem Stichwort „Programmtransformation" bekannt geworden ist.

Wir haben schon in früheren Kapiteln gezeigt, daß die Operationen unserer Rechenstrukturen — also die Basis unserer Programmiersprache — einer Fülle von Gesetzen genügen. Und genauso verhält es sich mit den weiteren Kompositionsformen, die wir in diesem Kapitel eingeführt haben. Einige dieser Gesetze wollen wir im folgenden kurz auflisten.

Zunächst führen wir einige spezielle (polymorphe) Funktionen ein:

- Die **Identitiät** Id liefert immer ihr Argument unverändert zurück, also

Id (x) $\equiv$ x .

- Die völlig **undefinierte Funktion** $Fail$ liefert nie einen Wert, egal welches Argument sie bekommt.

$Fail$ (x) «ist undefiniert» .

Der Einfachheit halber verwenden wir $Fail$ für beliebige Anzahlen von Argumenten, insbesondere also auch ganz ohne Argumente.

(Aufrufe dieser Funktion — oder dazu äquivalente Situationen — dürfen in unseren Programmen nie vorkommen. Aber $Fail$ selbst hilft uns, über Fehler in Programmen zu reden.)

Außerdem führen wir einige weitere Kompositionsformen ein, die unter gewissen Umständen eine kompaktere Notation liefern — wenn auch manchmal auf Kosten der Lesbarkeit. (Diese Konzepte gehen zum Teil auf die „Kombinatoren-Logik" zurück. Im Bereich der Informatik wurden sie vor allem durch einen Artikel von J. Backus [1] populär gemacht.)

- Die **Komposition** von Funktionen bezeichnen wir der Tradition der Mathematik folgend mit dem Symbol '∘'. Es ist definiert durch

$(f \circ g) (x)$ $\equiv$ $f (g (x))$.

- Der Operator **K** macht ein Objekt zur konstanten Funktion; es gilt also

$(\mathbf{K} a) (x)$ $\equiv$ a .

- Schließlich ist es manchmal bequem, auch die Anwendung einer Funktion auf ihre Argumente explizit zu notieren. Dazu verwenden wir den Doppelpunkt.

$$f : x \equiv f(x).$$

Nach diesen notationellen Vorbereitungen können wir jetzt eine Reihe von wichtigen *Gesetzen über Funktionen* formulieren:

$$
\begin{aligned}
Id \circ f &\equiv f \circ Id &&\equiv f &&\text{(Identität)} \\
Fail \circ f &\equiv f \circ Fail &&\equiv Fail &&\text{(Absorption)} \\
(\mathbf{K}\,a) \circ f &\equiv (\mathbf{K}\,a) \\
f \circ (g \circ h) &\equiv (f \circ g) \circ h &&\equiv f \circ g \circ h &&\text{(Assoziativität)}
\end{aligned}
$$

Funktionen mit mehreren Parametern können wir mit Hilfe des „Currying" in Einzelapplikationen auflösen, wodurch wir ein uniformeres System erhalten:

$$f(x, y) \equiv (f : x) : y \qquad \text{(„Currying")}$$

Bei der Fallunterscheidung beschränken wir uns auf die *Alternative*. Für sie benutzen wir eine kompakte Infix-Notation, die von Hoare in [4] eingeführt wurde.

$$E \triangleleft B \triangleright F \ \triangleq\ \textbf{if } B \textbf{ then } E \textbf{ else } F \textbf{ fi}.$$

Damit lassen sich jetzt die wichtigsten Eigenschaften von Alternativen sehr knapp formulieren:

$$
\begin{aligned}
r \triangleleft true \triangleright s &\equiv r \\
r \triangleleft false \triangleright s &\equiv s \\
r \triangleleft Fail \triangleright s &\equiv Fail \\
r \triangleleft B \triangleright s &\equiv s \triangleleft \neg B \triangleright r \\
r \triangleleft B \triangleright r &\equiv r, &&\text{(Idempotenz)}
\end{aligned}
$$

Das Idempotenzgesetz gilt dabei nur für den Fall $B \neq Fail$.

$$
\begin{aligned}
r \triangleleft B \triangleright (s \triangleleft B \triangleright t) &\equiv r \triangleleft B \triangleright t \\
r \triangleleft B \triangleright (s \triangleleft B \triangleright t) &\equiv (r \triangleleft B \triangleright s) \triangleleft B \triangleright t &&\text{(Assoziativität)} \\
r \triangleleft (C \triangleleft B \triangleright D) \triangleright s &\equiv (r \triangleleft C \triangleright s) \triangleleft B \triangleright (r \triangleleft D \triangleright s)
\end{aligned}
$$

Funktionskomposition und -applikation distribuieren über Fallunterscheidungen hinweg:

$$
\begin{aligned}
f \circ (r \triangleleft B \triangleright s) &\equiv (f \circ r) \triangleleft B \triangleright (f \circ s) \\
(r \triangleleft B \triangleright s) \circ f &\equiv (r \circ f) \triangleleft B \triangleright (s \circ f) \\
f : (r \triangleleft B \triangleright s) &\equiv (f : r) \triangleleft B \triangleright (f : s) \\
(r \triangleleft B \triangleright s) : x &\equiv (r : x) \triangleleft B \triangleright (s : x)
\end{aligned}
$$

Die *nichtdeterministische Auswahl* erfüllt ebenfalls eine Reihe von interessanten Eigenschaften:

$$a \,\square\, a \quad\quad \equiv \quad a$$ (Idempotenz)
$$a \,\square\, b \quad\quad \equiv \quad b \,\square\, a$$ (Kommutativität)
$$a \,\square\, (\, b \,\square\, c\,) \quad \equiv \quad (a \,\square\, b) \,\square\, c$$ (Assoziativität)

Es gelten auch Distributivgesetze:

$$f \circ (\, a \,\square\, b\,) \quad \equiv \quad (f \circ a) \,\square\, (f \circ b)$$
$$f : (\, a \,\square\, b\,) \quad \equiv \quad (f : a) \,\square\, (f : b)$$
$$(\, a \,\square\, b\,) \circ f \quad \equiv \quad (a \circ f) \,\square\, (b \circ f)$$
$$(\, a \,\square\, b\,) : x \quad \equiv \quad (a : x) \,\square\, (b : x)$$

Derartige Gesetze — von denen wir noch weitere anführen könnten — sind in zweierlei Hinsicht wertvoll: Zum einen dienen sie der präzisen Definition und somit letztlich dem besseren Verständnis der Sprachkonstrukte. Und zum anderen können wir sie (was noch zu zeigen sein wird) in der Entwicklung von Programmen gewinnbringend einsetzen. Mit anderen Worten: Gesetze für Programmkonstrukte erfüllen den gleichen Zweck wie Gesetze für Boolesche oder arithmetische Operationen.

Referenzen

[1] *Backus, J.:* Can Programming Be Liberated From the von Neumann Style? A Functional Style And Its Algebra of Programs. Comm. ACM 21 (1978), S. 613-641.

[2] *Bauer, F.L., Wössner, H.:* Algorithmische Sprache und Programmentwicklung. Springer, Berlin 1984.

[3] *Dijkstra, E.W.:* A Discipline of Programming. Prentice Hall, Englewood Cliffs 1976.

[4] *Hoare, C.A.R. et al.:* Laws of Programming. Comm. ACM 30 (1987), S. 672-686.

[5] *Abelson, H., Sussman, G.J., Sussman, J.:* Structure and Interpretation of Computer Programs. McGraw-Hill, New York 1985.

[6] *Bird, R., Wadler, P.:* Introduction to Functional Programming. Prentice Hall, Englewood Cliffs 1988.

[7] *Field, A.J., Harrison, P.G.:* Functional Programming. Addison Wesley, Reading 1988.

[8] *Partsch, H.:* Specification and Transformation of Programs. Springer, Berlin 1990.

[9] *Hinze, R.:* Einführung in die funktionale Programmierung mit Miranda. Teubner, Stuttgart 1992.

5. Rekursion

5.1 Rekursive Funktionen

Wir wollen eine Funktion schreiben, die die Quadratwurzel $\sqrt{a}$ einer gegebenen Zahl a berechnet. Diese Funktion hat also die Spezifikation

fct *sqrt: real* $\rightarrow$ *real*
spc *sqrt* $(a) \equiv z$:
    pre $a \geq 0$
    post $z * z =_\varepsilon a$.

Dabei verwenden wir den Vergleich „$x =_\varepsilon y$", der x und y nicht genau auf Gleichheit prüft (was bei Gleitpunktzahlen wegen der Rundungsfehler hoffnungslos ist), sondern nur auf näherungsweise Gleichheit. Das heißt, „$x =_\varepsilon y$" ist wahr, wenn x und y sich nur noch höchstens um den Wert ε unterscheiden.

Newton hat uns eine Methode gezeigt, um eine Nullstelle einer gegebenen Funktion $f(x)$ zu berechnen (falls f die notwendigen Voraussetzungen wie Differenzierbarkeit etc. erfüllt): Wir beginnen mit einem geeignet gewählten Startwert x_0 und berechnen davon ausgehend eine Folge weiterer Werte $x_1, x_2, \dots$ nach folgender Vorschrift:

$$x_{i+1} \overset{\text{def}}{=} x_i - \frac{f(x_i)}{f'(x_i)} \tag{1}$$

Wir beenden das Verfahren, sobald zwei aufeinanderfolgende Werte „nahe genug" beisammen liegen. Sie stellen dann hinreichend gute Approximationen an die gesuchte Nullstelle dar.

Für die Berechnung von $\sqrt{a}$ müssen wir also eine Nullstelle der Funktion $f(x) \overset{\text{def}}{=} x^2 - a$ berechnen. Daraus ergibt sich aus (1) die spezielle Iterationsvorschrift

$$x_{i+1} \overset{\text{def}}{=} \frac{1}{2} * \left(x_i + \frac{a}{x_i} \right) .$$

Als Startwert können wir der Einfachheit halber $\frac{a}{2}$ nehmen[1].

Versuchen wir jetzt, dies in ein Programm umzusetzen:

[a] Als erstes wollen wir unsere eigentliche Funktion *sqrt* durch die entsprechende Hilfsfunktion für den oben skizzierten iterativen Approximationsprozeß realisieren:

> **def** *sqrt* (*a*) ≡ *Iter* (x_0, *a*)
> **where**
> x_0 ≡ $0.5 * a$.

[b] Für die Iterationsfunktion müssen wir zwei Fälle unterscheiden: „Die neue Approximation x_{i+1} ist schon hinreichend nahe an der alten", und „die neue Approximation ist noch zu weit weg". Im ersten Fall können wir x_{i+1} oder auch x_i als Resultat akzeptieren, im zweiten Fall müssen wir den Prozeß fortsetzen.

> **def** *Iter* (*xalt*, *a*) ≡ **if** *xneu* $=_\varepsilon$ *xalt*   **then** *xalt*
> ☐ *xneu* $\neq_\varepsilon$ *xalt*   **then** *Iter* (*xneu*, *a*) **fi**
> **where**
> *xneu* ≡ $0.5 * (xalt + (a / xalt))$.

Diese an sich ganz naheliegende Lösung sieht bei genauerem Hinsehen aber doch etwas suspekt aus: Schließlich wird zur Definition von *Iter* bereits eine Anwendung von *Iter* herangezogen. Führt dies nicht auf einen *circulus vitiosus*?

Im allgemeinen besteht diese Gefahr sehr wohl, doch wenn man bei der Definition genügend Sorgfalt walten läßt, gibt es keinerlei Probleme. Dieses Thema wird uns im nächsten Kapitel noch sehr intensiv beschäftigen. Im Augenblick begnügen wir uns jedoch mit dem Versuch, ein zumindest intuitives Verständnis der Berechnung solcher **rekursiver Funktionen** zu gewinnen.

Betrachte dazu den Aufruf *sqrt*(16). Dies führt auf einen Aufruf *Iter*(8, 16). Wenn wir nun im Rumpf den Wert 8 für den Parameter *xalt* substituieren, so ergibt sich zunächst der Wert *xneu* = 0.5*(8+(16/8)) = 5. Da dieser Wert zu weit von *xalt* = 8 entfernt liegt, müssen wir die zweite Klausel verwenden, also wieder *Iter* anwenden. Bei dieser Anwendung steht der Parameter *xalt* für das Argument 5. Insgesamt ergibt sich folgende Abfolge von *Iter*-Aufrufen (bei acht Stellen Genauigkeit):

> *Iter* (8, 16) ↝ *Iter* (5, 16) ↝ *Iter* (4.1, 16)
> ↝ *Iter* (4.0012195, 16) ↝ *Iter* (4.0000000, 16).

---

[1] Dies ist im allgemeinen aber ein miserabler Startwert, bei dem die Konvergenz sehr langsam erfolgt. Besser ist es, zum Beispiel bei Gleitpunktzahlen den Exponenten zu halbieren. Manchmal kann man auch aus der Anwendung selbst bereits gute Startwerte ableiten.

Bei diesem letzten Aufruf ergibt sich *xneu* auch zu 4, so daß die Berechnung endet mit dem Wert 4.

Definition: Die einzelnen Aufrufe in einem solchen Berechnungsablauf nennt man **Inkarnationen** der Funktion. Wenn die Berechnung nach endlich vielen Inkarnationen zum Ende kommt, dann nennen wir sie **terminierend**, andernfalls **nichtterminierend**. □

Die spezielle Gestalt von *Iter* heißt **repetitive Rekursion** oder auch **iterative Rekursion** (engl.: *tail recursion*), weil der rekursive Aufruf jeweils die letzte Aktion jeder Inkarnation ist; das heißt, es wird nichts anderes getan als die Argumentoperationen zu iterieren, so lange, bis Terminierung eintritt. Da dieser Rekursionstyp große technische Vorteile bei der maschineninternen Realisierung hat, wird er beim Programmieren oft angestrebt.

Mit diesem ersten Verständnis der Auswertung rekursiver Funktionen wollen wir uns vorläufig begnügen und uns jetzt weiteren Beispielen zuwenden.

5.2 Eine Kollektion rekursiver Situationen

Wie viele Möglichkeiten gibt es, beim Lotto „sechs Richtige" zu haben? Oder: Wie viele Möglichkeiten gibt es bei einem Rennen mit zehn Pferden für die Reihenfolge der ersten drei? Dies sind spezielle Fälle der allgemeinen Frage: „Wie viele Möglichkeiten gibt es, aus n Elementen k Elemente auszuwählen (ohne bzw. mit Berücksichtigung der Reihenfolge)?"

Betrachten wir zuerst die Sache mit den Pferden. Für den ersten Platz gibt es 10 Möglichkeiten. Bei jeder dieser Möglichkeiten gibt es dann noch 9 Kandidaten für den zweiten Platz, und dann noch jedesmal 8 Varianten für den dritten Platz. Insgesamt haben wir also $10 \cdot 9 \cdot 8 = 720$ *Variationen*. Allgemein haben wir also die Variationszahl:

$$V_n^k \overset{\text{def}}{=} n \cdot (n-1) \cdot (n-2) \cdot \ldots \cdot (n-(k-1)) = \frac{n!}{(n-k)!}$$

wobei $n!$ wie üblich die Fakultätsfunktion bezeichnet, also

$$n! \overset{\text{def}}{=} n \cdot (n-1) \cdot (n-2) \cdot \ldots \cdot 2 \cdot 1$$
$$0! \overset{\text{def}}{=} 1.$$

Nun zum Lotto. Hier interessiert uns die Reihenfolge der ausgewählten Elemente überhaupt nicht. Das heißt aber: für jede Gruppe von k ausgewählten Elementen gibt es $k!$ Permutationen unter den entsprechenden Variationen, die sich nur in der Reihenfolge unterscheiden. Damit erhalten wir als Formel für die Zahl der *Kombinationen* gerade

$$C_n^k \stackrel{\text{def}}{=} \frac{V_n^k}{k!} = \frac{n!}{(n-k)! \cdot k!} \stackrel{\text{def}}{=} \binom{n}{k}$$

Diese Funktion ist unter dem Namen *Binomialfunktion* bekannt, und sie wird gelesen „n über k". Für diesen Binomialkoeffizienten rechnet man sofort die Gültigkeit der folgenden Gesetze nach:

$$\binom{n}{0} = 1; \qquad \binom{n}{n} = 1; \qquad \binom{n+1}{k+1} = \binom{n}{k} + \binom{n}{k+1} \qquad (2)$$

5.2.1 Lineare Rekursion

Aus den obigen Definitionen und Gesetzen können wir unmittelbar Programme ableiten. Am einfachsten ist sicher die Fakultätsfunktion:

def *fac* (n)
   $\equiv$ **if** $n = 0$ **then** 1
   ☐ $n > 0$ **then** $n * fac$ ($n-1$) **fi** .

Das spiegelt direkt den Aufbau des Multiplikationsterms

$$n \cdot (n-1) \cdot (n-2) \cdot \ldots \cdot 2 \cdot 1 \cdot 1$$

„von links" her wider. Wir können aber auch „von rechts" her arbeiten; allerdings benötigen wir dazu eine Hilfsfunktion mit einem Zählparameter. Der Grund für diesen zusätzlichen Parameter ist einfach, daß wir vorher bei der Konstanten 0 aufhören konnten, während wir uns jetzt den Endwert n merken müssen.

def *fac* (n) $\equiv$ f ($n, 1$)
def f (n, i) $\equiv$ **if** $n = i$ **then** n
               ☐ $n > i$ **then** f ($n, i + 1$) $* i$ **fi**

Diese Technik trägt übrigens den Namen **Einbettung**: Um eine gegebene Funktion zu realisieren, führt man eine Hilfsfunktion ein, die einen (oder mehrere) zusätzliche Parameter hat. Die ursprüngliche Funktion muß sich dabei als Spezialfall der neuen Funktion ergeben. Dies entspricht einem generellen Programmierprinzip der Informatik:

> *Oft kann man ein gegebenes Problem dadurch lösen, daß man ein allgemeineres Problem behandelt, aus dem das Originalproblem als Spezialfall folgt.*

Das Programm zur Berechnung der Anzahl der Variationen ist nur unwesentlich komplizierter; alles, was wir tun müssen, ist: „später anfangen". Ansonsten liefert die obige Hilfsfunktion f bereits die Lösung.

def V (n, k) $\equiv$ f ($n, n - (k - 1)$) .

Die Funktionen, die wir bisher betrachtet haben, sind alle **linear rekursiv**. Das heißt, bei der Berechnung führt jede Inkarnation jeweils wieder nur auf eine weitere Inkarnation, so lange, bis der Prozeß terminiert.

5.2.2 Baumartige Rekursion

Es gibt aber auch komplexere Rekursionsstrukturen. Ein klassisches Beispiel dafür ist der Binomialkoeffizient. Aus den oben angegebenen Gesetzen (2) resultiert sofort ein entsprechendes Programm:

def *binom* (*n, k*)

$\equiv$ **if** $k = 0$ **then** 1

$\square$ $n = k$ **then** 1

$\square$ $n > k \wedge k > 0$ **then**   *binom* ($n-1, k-1$)

                        + *binom* ($n-1, k$)   **fi** .

Hier führt jeder Aufruf der Funktion zu *zwei* neuen Aufrufen. Man spricht deshalb auch von **baumartiger** oder **kaskadenartiger Rekursion**. Es ist klar, daß diese Form der Rekursion im allgemeinen viel mehr Berechnungsaufwand macht als lineare Rekursionen.

Es gibt übrigens auch einen anschaulicheren Zugang zu der Funktion *binom*, der auch erklärt, weshalb man gerade die Gesetze (2) ableitet. Die Rekursionsstruktur der Funktion *binom* spiegelt nämlich unmittelbar das Bildungsgesetz im sogenannten Pascal-Dreieck wider:

$$
\begin{array}{ccccccccccccc}
 & & & & & & 1 & & & & & & \\
 & & & & & 1 & & 1 & & & & & \\
 & & & & 1 & & 2 & & 1 & & & & \\
 & & & 1 & & 3 & & 3 & & 1 & & & \\
 & & 1 & & 4 & & 6 & & 4 & & 1 & & \\
 & 1 & & 5 & & 10 & & 10 & & 5 & & 1 & \\
 \cdots & & \cdots & & \cdots & & \cdots & & \cdots & & \cdots & & \cdots
\end{array}
$$

Das k-te Elemente der n-ten Zeile ist hier gerade der Wert *binom*(n, k), wobei die Zählung wie üblich jeweils bei 0 beginnt. Das Bildungsgesetz sieht man in dieser Anordnung sofort: Jedes innere Element ergibt sich gerade als Summe der beiden darüber liegenden Elemente — und genau dies beschreiben die Gleichungen (2) und somit auch die aus (2) abgeleitete Funktion *binom*.

Wir müssen jedoch nicht nur bei kombinatorischen Problemen suchen, um baumartige Rekursionen zu finden. Auch die Numerik liefert überzeugende Beispiele. Betrachten wir dazu die sogenannte „Polynom-Interpolation", die folgendes Problem löst: Gegeben seien $n+1$ „Stützstellen", zum Beispiel Meßwerte $y_0, ..., y_n$ an den Meßstellen $x_0, ..., x_n$. (Wir numerieren die x_i der Größe nach.) Gesucht ist der „interpolierte" Wert y an einer Stelle x, wobei x im allgemeinen eine beliebige Stelle im Intervall $[x_0 ... x_n]$ ist, also nicht mit einer der Stützstellen x_i zusammenfällt.

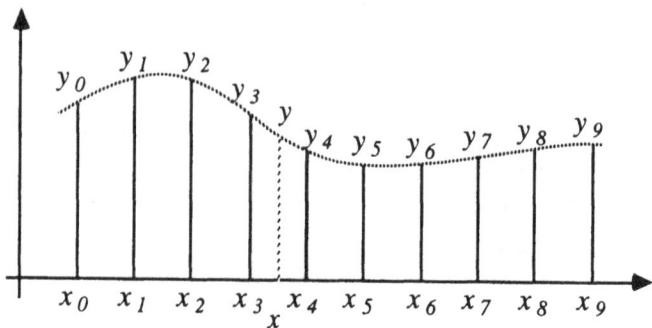

In Lehrbüchern der Numerik kann man folgende Rekursions-
gleichung finden, die eine Lösung des Problems nach der Methode von
Aitken/Neville beschreibt:

$$P_{0,k}(x) = y_k \qquad \text{für } 0 \leq k \leq n$$

$$P_{i,k}(x) = \frac{(x-x_{k-i})\cdot P_{i-1,k}(x) - (x-x_k)\cdot P_{i-1,k-1}(x)}{x_k - x_{k-i}} \qquad \text{für } 1 \leq i \leq k \leq n.$$

Der gesuchte Wert ist dann gerade $P_{n,n}(x)$.

(Für Interessierte: $P_{i,k}$ ist jeweils das Polynom mit Grad $\leq i$, das
durch die Stützstellen k-i, ..., k verläuft.) Als Informatiker leisten wir
uns jetzt den Luxus, den Mathematikern ihre Formel einfach zu
glauben, und machen uns direkt an die Programmierung.

Wenn wir dabei den komplexen Ausdruck zu der Funktion

$$e_{i,k,x}(p1, p2) \stackrel{\text{def}}{=} \frac{(x-x_{k-i})\cdot p1(x) - (x-x_k)\cdot p2(x)}{x_k - x_{k-i}}$$

zusammenfassen (wobei wir uns die liberale Notation mit Indizes
erlauben), erhalten wir unmittelbar folgendes Programm:

def *Interpolation* (x) ≡ P (n, n) (x)

def P (i, k) (x)
   ≡ **if** i = 0   **then** y_k
   ☐   i > 0   **then** $e_{i,k,x}$ (P (i–1,k), P (i–1,k–1)) **fi** .

Ein Vergleich mit der Funktion *binom* zeigt eine frappante
Ähnlichkeit der Rekursionsstruktur; nur in der Art der Terminierung
sind die beiden Algorithmen verschieden. Dies hat den Effekt, daß wir
nicht mehr die Form des Pascal-Dreiecks haben, sondern ein auf den
Kopf gestelltes Dreieck, wobei nach wie vor jedes Element sich aus den
beiden darüberliegenden ableitet.

$$
\begin{array}{cccccc}
P_{00} & P_{01} & P_{02} & P_{03} & P_{04} & P_{05} \\
& P_{11} & P_{12} & P_{13} & P_{14} & P_{15} \\
& & P_{22} & P_{23} & P_{24} & P_{25} \\
& & & P_{33} & P_{34} & P_{35} \\
& & & & P_{44} & P_{45} \\
& & & & & P_{55}
\end{array}
$$

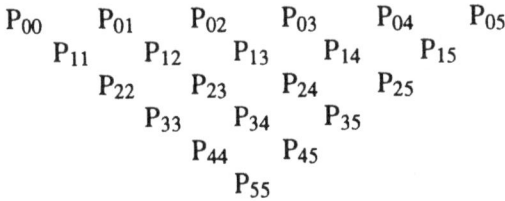

Jede weitere Programmentwicklung, die eine der beiden Funktionen verbessert, wird also im Prinzip auch auf die andere anwendbar sein — ein wesentlicher Schritt zur Arbeitsökonomie beim Programmieren.

Hier haben wir übrigens ein erstes Beispiel dafür, daß eine rekursive Lösung unmittelbar einsichtig ist, während eine iterative Lösung (also mit den klassischen „Schleifen" von Sprachen wie Pascal oder FORTRAN) nicht ohne weiteres zu finden ist.

5.2.3 Geschachtelte Rekursion

Um ein letztes Beispiel für Rekursionsstrukturen zu erhalten, betrachten wir noch die sogenannte Modulo-Funktion, die den Rest bei der Division natürlicher Zahlen liefert.

def *mod* (a, b)
 $\equiv$ **if** $a < b$ **then** a
 $\square$ $a \geq b$ **then** *mod* ($a - b$, b) **fi** .

Diese Form ist repetitiv, ebenso wie unser erstes Beispiel *Iter*. Wir können aber auch eine trickreichere Variante der Modulo-Funktion bauen. Dazu machen wir uns die mathematische Eigenschaft zunutze

$$a \bmod b \; \equiv \; (a \bmod 2b) \bmod b .$$

Daraus resultiert das Programm

def *mod* (a, b)
 $\equiv$ **if** $a < b$ **then** a
 $\square$ $b \leq a \,\wedge\, a < 2*b$ **then** $a - b$
 $\square$ $2*b \leq a$ **then** *mod*(*mod* (a, $2*b$), b)
 fi .

Da bei dieser Form ein rekursiver Aufruf als Parameter eines anderen rekursiven Aufrufs auftritt, spricht man hier von **geschachtelter Rekursion**. Obwohl diese technisch aufwendiger ist als repetitive Rekursion, ist die zweite Version der Modulo-Funktion viel schneller als die erste, weil sie um Größenordnungen weniger Inkarnationen braucht. Um dies zu sehen, betrachte man den Aufruf

 mod (1000, 2).

Während die erste Version rund 500 Inkarnationen braucht, bis durch fleißige Subtraktion von '2' schließlich '0' entsteht, ist die zweite

Version schon nach 10 Inkarnationen am Ziel. Deshalb spricht man bei der ersten Version von einem *linearen Verfahren,* während die zweite Version ein *logarithmisches Verfahren* ist.

5.3 Wie findet man die Rekursion?

Jeder erfahrene Programmierer weiß, daß die Essenz eines Algorithmus in seiner Rekursionsstruktur liegt. Und dabei ist es egal, ob sich dies — zum Beispiel in Sprachen wie FORTRAN oder Pascal — als „Iteration" manifestiert oder — wie bisher bei uns — allgemeiner als echte Rekursion. Somit wird das *Finden der geeigneten Rekursionsstruktur* zum spannendsten Teil auf dem Weg von der Aufgabenstellung zum Algorithmus. Der Rest folgt dann häufig in ganz elementarer Weise, meist durch vollständige Betrachtung aller möglichen Fälle.

Dieses Thema wird uns in den folgenden Kapiteln noch anhand vieler Beispiele beschäftigen; einige wesentliche Grundprinzipien können wir aber schon hier, auf der Basis unserer schlichten Zahlstrukturen, erörtern.

Der einfachste Fall liegt vor, wenn wir von gegebenen mathematischen Formeln ausgehen können. Beispiele dafür haben wir im vorigen Abschnitt bei den Variationen und Kombinationen, also bei Fakultät und Binomialkoeffizient, ebenso kennengelernt wie bei der Polynominterpolation. Alles, was hier zu tun bleibt, ist eine geeignete Adaption an die Notation der jeweiligen Programmiersprache.

Auch nicht viel schwieriger ist die Programmierung iterativer Funktionen, wie wir sie bei der Berechnung der Quadratwurzel kennengelernt haben. Mit Hilfe eines (polymorphen) Funktionals können wir diese Art von Funktionen sogar schematisch angeben:

fct *Iterate* : $[\alpha \to bool] \times [\alpha \to \alpha] \to [\alpha \to \alpha]$

def *Iterate* (*p, h*) (*x*)
 ≡ **if**   *p* (*x*) **then** *x*
  □ ¬ *p* (*x*) **then** *Iterate* (*p, h*) (*next_x*)
 fi
 where
 next_x ≡ *h* (*x*)

Im Beispiel der Quadratwurzel hatten wir als Prädikat $p(x)$ den Test $x =_\varepsilon h(x)$ und als iterierte Aktion $h(x)$ die Funktion $0.5*(x+(a/x))$.

Dieses Schema ist so elementar, daß die meisten Programmiersprachen dafür eigene Konstruktionen vorsehen — wenn auch meist im Rahmen „imperativer" Konzepte, die wir erst in Kapitel 7 ansprechen werden. (In Pascal lautet diese Konstruktion zum Beispiel „**while** $p(x)$

do $x := h(x)$", was bei uns im wesentlichen dem Funktionsaufruf „*Iterate* $(p, h)(x)$" entspricht.)

Es kommt auch vor, daß die Rekursionsstruktur bereits in der Aufgabenstellung selbst steckt. Ein berühmtes Beispiel dafür ist das schlichte, aber grundsätzlich zutreffende Modell, das Leonardo von Pisa (genannt Fibonacci) um 1200 für die Entwicklung einer idealisierten Kaninchenpopulation gegeben hat: (1) Zum Zeitpunkt i gibt es A_i alte und J_i junge Paare. (2) In einer Zeiteinheit erzeugt jedes alte Paar ein junges, und jedes junge Paar wird zu einem alten Paar. (3) Kaninchen sterben nicht.

Diese Spielregeln entsprechen unmittelbar den Formeln

$$A_{i+1} = A_i + J_i \tag{3}$$
$$J_{i+1} = A_i \,. \tag{4}$$

Die Zahl der Kaninchen zum Zeitpunkt i ergibt sich also aus der Formel (für $i \geq 2$)

$$
\begin{aligned}
F_i &\stackrel{\text{def}}{=} A_i + J_i \\
&= A_i + A_{i-1} && \text{(wg. 4)}\\
&= (A_{i-1} + J_{i-1}) + (A_{i-2} + J_{i-2}) && \text{(wg. 3)}\\
&= F_{i-1} + F_{i-2} \,. && \text{(wg. Def.)}
\end{aligned}
$$

Wenn wir am Anfang, also zum Zeitpunkt $i = 0$, unsere Zucht mit einem jungen Paar beginnen, so liefert folgende Funktion die Population zum Zeitpunkt n:

> **def** *fib* (n)
> $\equiv$ **if** $n = 0$ **then** 1
> $\square$ $\quad n = 1$ **then** 1
> $\square$ $\quad n \geq 2$ **then** *fib* $(n-1) + $ *fib* $(n-2)$ **fi.**

Diese Situation, bei der die Rekursion schon in der Aufgabenstellung verborgen liegt, werden wir später noch häufiger, insbesondere unter dem Stichwort „Backtrack-Verfahren", wiederfinden.

Was aber tun, wenn keine dieser Situationen vorliegt? Dann versucht man es am besten mit folgender Methode.

> In den meisten Fällen findet man die „richtige" Rekursionsstruktur am ehesten dadurch, daß man den *strukturellen Aufbau der zugrunde liegenden Daten* genauer analysiert.

Dieser Ansatz hat in den letzten Jahren stark an Popularität gewonnen, nachdem er von M. Jackson sogar in die Welt der COBOL-Programmierer eingeführt worden war.

Wir wollen die Idee an einem ganz einfachen Beispiel erläutern[1]. Die *Potenzbildung* a^n läßt sich bekanntlich auf wiederholte

---

[1] ... auch wenn sie erst bei komplexeren Datenstrukturen wirklich voll zum Tragen kommt ...

Multiplikation zurückführen. Um die Rekursionsstruktur des entsprechenden Verfahrens zu finden, betrachten wir den Aufbau der natürlichen Zahl n. Zwei Strukturen bieten sich an

- „Strichzahl-Darstellung": Die Zahl n ist entweder 0 oder sie ist von der Form $m + 1$ (mit einer geeigneten Zahl m).
- „Dualzahl-Darstellung": Die Zahl n ist entweder 0, oder sie ist von der Form $2*m$ („gerade"), oder sie ist von der Form $2*m+1$ („ungerade").

Betrachten wir zuerst die Strichzahl-Version. Aus der elementaren Arithmetik kennen wir die Eigenschaften (für $a \neq 0$):

$$a^0 = 1$$
$$a^{(m+1)} = (a^m) * a .$$

Daraus resultiert unmittelbar der Algorithmus

def *slowpow* (*a, n*)
   ≡ **if** $n = 0$ **then** 1
   ☐ $n > 0$ **then** *slowpow* (*a, n* − 1) * *a*   **fi** .

Diese Funktion benötigt bei der Ausführung gerade n Inkarnationen; das heißt, ihr Aufwand ist linear in n.

Wenden wir uns nun der Dualzahl-Variante zu. Jetzt liefert uns elementare Arithmetik die Gleichungen (für $a \neq 0$)

$$a^0 = 1$$
$$a^{(2*m)} = (a^2)^m = (a * a)^m$$
$$a^{(2*m+1)} = (a^2)^m * a = (a * a)^m * a .$$

Auch hier können wir unmittelbar ein Programm ableiten, wobei wir die Tatsache ausnutzen, daß die ganzzahlige Division ohne Rest erfolgt, also zum Beispiel gilt $half(5) = half(4) = 2$.

def *fastpow* (*a, n*)
   ≡ **if** $n = 0$ **then** 1
   ☐ $n > 0 \wedge$ *even* (*n*)   **then** *fastpow* (*a * a, half* (*n*))
   ☐ $n > 0 \wedge$ *odd* (*n*)   **then** *fastpow* (*a * a, half* (*n*)) * *a*
   fi .

Wenn wir jetzt die Zahl der benötigten Inkarnationen analysieren, so ergibt sich eine dramatische Verbesserung. Wie wir es schon bei der schnellen Modulo-Funktion erlebt haben, wird auch hier der Aufwand logarithmisch in n, da bei jeder Inkarnation der Wert von n halbiert wird.

Diese Beispiele mögen als erste Illustration genügen. Die hier angedeuteten Prinzipien werden uns aber später noch oft — und in anspruchsvolleren Formen — begegnen.

5.4 Zum Entwurf von Multiplizierwerken

Wir wollen einem durchgängigen Thema unseres Buches auch in diesem Kapitel treu bleiben, nämlich der Verwandtschaft von Soft- und Hardware. In den Kapiteln 1.6 und 2.4 hatten wir uns exemplarisch mit der Realisierung der *Addition* in Computern auseinandergesetzt. Betrachten wir jetzt die Aufgabe der *Multiplikation*.

Die Verwendung der dualen Zahldarstellung in unseren Rechnern legt es nahe, denselben Trick zu probieren, mit dem wir gerade bei der Potenzierung so erfolgreich waren. Tatsächlich führt uns dieselbe Analyse sofort auf die arithmetischen Gesetze

$$a * 0 = 0$$
$$a * (2 * m) = (a * 2) * m$$
$$a * (2 * m + 1) = (a * 2) * m + a .$$

Daraus resultiert dann das Programm

def *fastmult* (x, y)
$\equiv$ **if** $y = 0$ **then** 0
    □ $y > 0 \wedge$ *even* (y) **then** *fastmult* $($ *dup* $(x),$ *half* $(y))$
    □ $y > 0 \wedge$ *odd* (y) **then** *fastmult* $($ *dup* $(x),$ *half* $(y))$
                                    $+ x$
fi .

Dieser Algorithmus wird oft auch als „altägyptische Multiplikation" bezeichnet, was zeigt, wie lange die Idee schon bekannt ist.

In einer dualen Zahldarstellung sind alle in diesem Programm vorkommenden Basisoperationen ganz einfach zu realisieren:

- Der Test *even* (y) ist genau dann wahr, wenn das rechte Bit von y den Wert ‘0’ hat; bei *odd* ist es umgekehrt. Beispiel:
  $$even (19_{(10)}) \equiv even (10011_{(2)}) \equiv false ,$$
  $$odd (19_{(10)}) \equiv odd (10011_{(2)}) \equiv true .$$

- Die Halbierung geschieht durch eine Rechtsverschiebung, wobei das rechte Bit wegfällt, und von links eine ‘0’ nachgezogen wird. Beispiel:
  $$half (19_{(10)}) \equiv half (10011_{(2)}) \equiv 01001_{(2)} \equiv 9_{(10)} .$$

- Die Duplizierung geschieht entsprechend durch eine Linksverschiebung. Allerdings darf hier natürlich das linke Bit nicht entfallen. Beispiel:
  $$dup (19_{(10)}) \equiv dup (10011_{(2)}) \equiv 100110_{(2)} \equiv 38_{(10)} .$$

Der Test $y = 0$ schließlich könnte dadurch realisiert werden, daß man die Disjunktion aller Bits von y auf ‘0’ prüft.

Damit der obige Algorithmus unmittelbar in Hardware umsetzbar ist, sollte er allerdings besser *iterative* Rekursion aufweisen; dann können wir nämlich die einzelnen Schritte der Hardwaresteuerung direkt aus der Funktion ablesen. Die augenblickliche *linear rekursive*

Form verlangt dazu noch eine allzu intuitive Assoziation zwischen Programm und Hardwarestruktur. Also werden wir zuerst die Funktion iterativ machen.

Wir benutzen die Gelegenheit, um ein erstes Mal zu zeigen, wie man *mit Programmen rechnen* kann. Allerdings tun wir dies hier noch auf eine sehr intuitive Weise, ohne allzu sehr auf die zugrundeliegende formale Methode einzugehen. (Der interessierte Leser mag jedoch bereits die Rechenregeln aus dem Kapitel 4.7 heranziehen, um die einzelnen Entwicklungsschritte nachzuvollziehen.)

Zunächst einmal stellen wir fest, daß die Funktion *fastmult* deshalb linear rekursiv ist, weil in einem Zweig der Fallunterscheidung „außerhalb" des rekursiven Aufrufs noch eine Addition erfolgt. Daher machen wir „auf Verdacht" folgenden Ansatz einer neuen Funktion:

def *fm* (*a, b, c*) $\equiv$ *fastmult* (*a, b*) + *c* .

Wie kommt man auf so einen Ansatz? Ehrlich gesagt: durch Erfahrung. Die Situation ist ähnlich wie bei einem Ingenieur, der eine gegebene Differentialgleichung lösen soll. Anhand des Typs der Gleichung entscheidet man sich für einen Lösungsansatz und probiert sein Glück. Je nachdem, wie das Ergebnis ausfällt, muß man auch mehrere Versuche machen — und manchmal führt keiner zum Erfolg. Der erfahrene Programmentwickler hat ebenso sein Repertoire von Techniken zur Verfügung, mit denen er seine Probleme angeht — und mit einer davon wollen wir jetzt ein bißchen spielen.

Eine überraschend mächtige Technik ist das sogenannte „Unfolding" und „Folding", das erst in den 70er Jahren als Programmiermethode entdeckt wurde, obwohl das grundlegende Prinzip allen Assemblerprogrammierern seit den frühesten Tagen der Datenverarbeitung unter dem Namen „Makroexpansion" wohlbekannt war.

Definition: Wenn der Aufruf einer Funktion textuell durch den Rumpf der Funktion ersetzt wird unter gleichzeitiger Substitution der Argumente für die formalen Parameter, dann spricht man von **Unfolding** (oder **Expandieren**). Die dazu inverse Operation heißt **Folding** (oder **Komprimieren**). $\square$

Wir wollen die obige Definition von *fm* dadurch abändern, daß wir auf den Aufruf *fastmult* (*a, b*) Unfolding anwenden.

fm (*a, b, c*)
$\equiv$ **if** $b = 0$ **then** 0
   $\square$ $b > 0 \wedge even$ (*b*) **then** *fastmult* (*dup* (*a*), *half* (*b*))
   $\square$ $b > 0 \wedge odd$ (*b*) **then** *fastmult* (*dup* (*a*), *half* (*b*))
                               + *a*
  fi
  + *c*

Die Addition von c, die auf die ganze Fallunterscheidung angewandt wird, kann natürlich auch auf jeden Zweig einzeln angewandt werden.

fm (a, b, c)
  ≡ **if** $b = 0$ **then** $0 + c$
  ☐ $b > 0 \wedge even$ (b) **then** $fastmult$ (dup (a), $half$ (b))
                                          $+ c$
  ☐ $b > 0 \wedge odd$ (b) **then** ($fastmult$ (dup (a), $half$ (b))
                                          $+ a$) $+ c$
  fi .

Der zweite Zweig weist jetzt die gleiche Form wie der Rumpf der ursprünglichen Definition von fm auf; das heißt, wir können Folding anwenden. Beim dritten Zweig nützt uns dies jedoch nichts, da das Resultat nach wie vor linear rekursiv wäre. Aber zum Glück ist „+" ein assoziativer Operator, d.h. es gilt

$$(k + m) + n \equiv k + (m + n) \, ,$$

so daß wir die Klammerstruktur ändern können; außerdem läßt sich $0+c$ vereinfachen zu c:

fm (a, b, c)
  ≡ **if** $b = 0$ **then** c
  ☐ $b > 0 \wedge even$ (b) **then** $fastmult$ (dup (a), $half$ (b))
                                          $+ c$
  ☐ $b > 0 \wedge odd$ (b) **then** $fastmult$ (dup (a), $half$ (b))
                                          $+ (a + c)$
  fi .

Jetzt macht Folding bei beiden Zweigen Sinn, und wir erhalten

fm (a, b, c)
  ≡ **if** $b = 0$ **then** c
  ☐ $b > 0 \wedge even$ (b) **then** fm (dup (a), $half$ (b), c)
  ☐ $b > 0 \wedge odd$ (b) **then** fm (dup (a), $half$ (b), $a + c$)
  fi .

Diese letzte Version ist nun tatsächlich iterativ. Und aufgrund unserer Konstruktion wissen wir außerdem, daß sie garantiert mit der Ausgangsversion übereinstimmt. (Dies mag bei so simplen Beispielen noch nicht als große Errungenschaft erscheinen; bei komplexeren Algorithmen ist eine solche Garantie aber außerordentlich wertvoll.)

Der obige Algorithmus führt damit auf folgenden Hardware-Entwurf, der im wesentlichen einem Aufruf $fm(a, b, 0)$ entspricht (zur Erläuterung siehe unten):

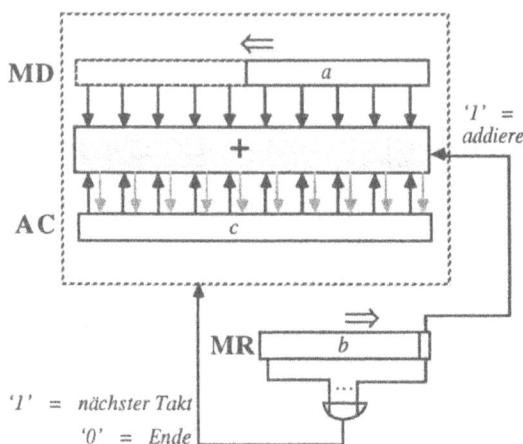

Zur leichteren Vergleichbarkeit geben wir nochmals das Programm an, allerdings mit entsprechend umbenannten Parametern:

fm (MD, MR, AC)

   ≡ **if** $MR = 0$

      then AC

☐ $MR > 0 ∧ even$ (MR)

      then fm (dup (MD), $half$ (MR), AC)

☐ $MR > 0 ∧ odd$ (MR)

      then fm (dup (MD), $half$ (MR), $MD + AC$)

   fi .

Jede Inkarnation der rekursiven Funktion fm entspricht einem Schritt des Multiplizierwerks. Der Akkumulator AC ist zu Anfang leer, die Eingabewerte a und b stehen im „Multiplikandenregister" MD bzw. im „Multiplikatorregister" MR. In jedem Takt wird der Inhalt von MD auf AC aufaddiert, es sei denn, das rechte Bit von MR ist ‘0’; dann wird die Addition unterdrückt. Anschließend wird MD eine Stelle nach links und MR eine Stelle nach rechts verschoben. Wenn MR nur noch Nullen enthält, steht das Endergebnis im Akkumulator AC.

Wenn wir bei den Eingabewerten a und b jeweils von der Wortlänge t ausgehen, dann können maximal t Linksverschiebungen für a auftreten; das Ergebnis c kann also bis zu $2t$ Stellen lang sein. Dieser Entwurf benötigt also zwei Register der Länge $2t$, nämlich das Multiplikandenregister MD für a und den Akkumulator AC, der das Ergebnis c aufnimmt. Dazu kommt das Multiplikatorregister MR, das den Wert von b aufnimmt und deshalb die Länge t haben muß. Das Verfahren endet also nach maximal t Schritten, weil spätestens dann b zu 0 geworden ist.

Dieser Entwurf läßt sich verbessern, wenn wir berücksichtigen, daß unsere Zahlen die feste Wortlänge t haben. Dann nehmen wir in Kauf, daß eventuell ein paar überflüssige Schritte durchgeführt werden, sobald b nur noch Nullen enthält, und führen g e n a u t Schritte durch. Der entscheidende Trick ist aber, daß wir nicht a im Register MD nach links verschieben, sondern die Zwischenergebnisse in AC nach rechts. Der Effekt ist natürlich der gleiche: es werden dieselben Stellen aufeinander addiert. Aber das erforderliche Additionswerk ist nur noch halb so groß.

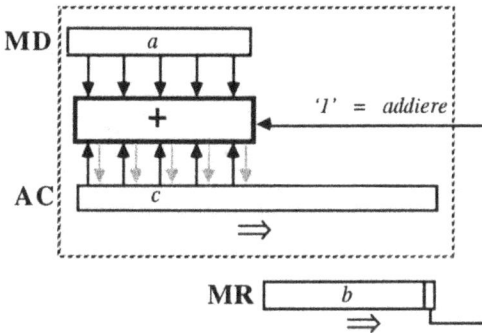

Da nun AC und MR beide synchron nach rechts verschoben werden, kann man als letzten Trick sogar die rechte Hälfte von AC gleichzeitig als MR verwenden.

Damit wollen wir unsere kurzen Betrachtungen über Maschinenarithmetik abschließen. Die hier angedeuteten Ideen werden aber heute in der Forschung durchaus als Möglichkeit angesehen, den Entwurf von Hardware ebenso formal zu gestalten, wie dies bei der Software seit einigen Jahren versucht wird. Garantierte Korrektheit ist in diesem Bereich natürlich aus Kostengründen noch wesentlich interessanter als bei der – im allgemeinen leicht nachträglich modifizierbaren – Software.

Referenzen

[1] *Abelson, H., Sussman, G.J., Sussman, J.:* Structure and Interpretation of Computer Programs. McGraw-Hill, New York 1985.

[2] *Bauer, F.L., Wössner, H.:* Algorithmische Sprache und Programmentwicklung. Springer, Berlin 1984.

[3] *Jackson, M.:* Principles of Program Design. Academic Press, Los Angeles 1975.

[4] *Oberschelp, W., Vossen, G.:* Rechneraufbau und Rechnerstrukturen. Oldenbourg, München 1990.

[5] *Partsch, H.:* Specification and Transformation of Programs. Springer, Berlin 1990.

[6] *Stoer, J.:* Einführung in die Numerische Mathematik I. Springer, Berlin 1972.

6. Zur Semantik rekursiver Funktionen

Programmieren wurde lange Zeit als „Bastelei" betrieben, bei der man so lange an seinen Programmen herum-„verbesserte", bis sie — zumindest scheinbar — funktionierten. Und allzu viele Leute betreiben das Geschäft noch heute so. Eine der beliebtesten Ausreden dabei ist, daß es ja doch keinen Sinn mache, die Programme ganz rigoros und formal zu entwickeln, weil man — zumindest in diffizileren Situationen — sowieso nicht genau wissen könne, was die Programme genau bedeuten würden. Also bleibe einem letztlich doch nur das systematische Herumprobieren übrig.

Dabei gibt es heute eine wohlfundierte und gut aufbereitete theoretische Grundlage für die Semantik von Programmiersprachen. Ihre Anwendung hat allerdings zwei gravierende Nachteile: Nicht jeder Übersetzer hält sich an die gegebene Semantik (was in jeder anderen Disziplin als ein regreßpflichtiger Produktmangel angesehen würde, aber in der Informatik gelten anscheinend andere Marktgesetze). Und außerdem scheint das Studium von Sprachbeschreibungen viel weniger Spaß zu machen als das fieberhafte Hacken auf Terminals — ein Phänomen, das schon mehr als einen Psychologen auf den Plan gerufen hat.

Wir wollen jedenfalls in diesem Kapitel einen kurzen Ausflug in abstrakte mathematische Bereiche wagen, um zu zeigen, mit welchen Mitteln und mit welcher Exaktheit heute Sprachen definiert werden können. In den folgenden Kapiteln werden wir dann wieder auf den festen Boden konventioneller Programmierung zurückkehren — wenn auch vielleicht mit einem tieferen Verständnis ihrer tatsächlichen Bedeutung.

6.1 Operationelle Semantik

Der einfachste und intuitiv klarste Zugang zum Verständnis rekursiver Funktionen (und anderer Sprachkonzepte) ist operational: Man entwirft eine geeignete Maschine und erläutert, wie sie die Programme der Sprache ausführt. Dabei benutzt man natürlich keine „echten" Maschinen aus Silizium und Metallen, die mit Bits und Bytes herumjonglieren, sondern konzipiert abstrakte, hypothetische Maschinen, deren Funktionsweise nur vom Prinzip her interessiert[1].

Inzwischen hat die Informatik einen ganzen Zoo voll solcher Maschinen. Das berühmteste Mitglied der Menagerie ist wohl die „Turing-Maschine", aber auch „Markov-Algorithmen" und „Reduktionsmaschinen" haben eine gewisse Popularität erreicht, während die Spezies der „universellen Registermaschinen" von M. Minsky nur Insidern bekannt ist — obwohl sie eine beachtliche Zahl von Mutationen aufweisen kann, die alle durch geniale Einfachheit bestechen. (Wer sich tiefer in dieses Sujet verlieren will, dem sei die Lektüre von D. Hofstadters Bestseller [5] empfohlen.) Diese Artenvielfalt wurde allerdings schon in den 30er Jahren etwas relativiert, als einige Mathematiker zeigten, daß alle diese Maschinen einander gleichwertig sind — was man, je nach Geschmack, beruhigend oder enttäuschend finden kann. Jedenfalls hat diese Tatsache A. Church zu seiner berühmten These veranlaßt, daß diese Maschinen gerade das erfassen, was wir intuitiv unter „algorithmischem Rechnen" verstehen.

Wir wollen hier nur ganz kurz zwei Arten von Maschinen ansprechen, die unserer Vorstellung von der Abarbeitung rekursiver Programme am direktesten entsprechen. Und beide Maschinen erläutern wir anhand der einfachsten, nicht ganz trivialen rekursiven Funktion, der Fakultät:

$$\textbf{def } fac(n) \equiv \textbf{ if } n = 0 \textbf{ then } 1$$
$$\textbf{else } n * fac(n-1) \textbf{ fi}.$$

Die erste Maschine basiert auf dem Prinzip der **Termersetzung**. Die Grundlage bilden die *Substitution*, die wir bereits in Kapitel 2 für den Spezialfall Boolescher Terme ausführlich studiert haben, und das *Expandieren* (auch: *Unfolding*), dem wir im letzten Kapitel bei formalen Programmentwicklungen schon begegnet sind. Diese Maschine arbeitet in folgendem Zyklus, ausgehend von einem gegebenen Term:

(1) Der Term wird so weit wie möglich vereinfacht (durch Anwendung geeigneter Gesetze).

(2) Wenn keine Vereinfachungen mehr möglich sind, wird einer der rekursiven Aufrufe expandiert.

Wenn in (2) keine rekursiven Aufrufe mehr da sind, ist der Prozeß beendet.

Wir beschränken uns darauf, diese Idee anhand des Aufrufs $fac(2)$ zu illustrieren. Da hier keine Vereinfachung möglich ist, beginnen wir gleich mit Schritt (2):

---

[1] ... auch wenn manche dieser Maschinen tatsächlich gebaut wurden, sei es zu seriösen Studienzwecken oder nur zum Spaß.

$fac\,(\,2\,)$

$\rightsquigarrow$ **if** $2 = 0$ **then**   1
                else $2 \, * \, fac\,(\,2 - 1\,)$ **fi**

$\rightsquigarrow$ $2 \, * \, fac\,(\,1\,)$

$\rightsquigarrow$ $2 \, *$ **if** $1 = 0$ **then** 1
                else $1 \, * \, fac\,(\,1 - 1\,)$ **fi**

$\rightsquigarrow$ $2 \, * \, (\,1 \, * \, fac\,(\,0\,)\,)$

$\rightsquigarrow$ $2 \, * \, (\,1 \, *$ **if** $0 = 0$ **then** 1
                      else $0 \, * \, fac\,(\,0 - 1\,)$ **fi** $)$

$\rightsquigarrow$ $2 \, * \, (\,1 \, * \, 1\,)$

$\rightsquigarrow$ 2 .

Man sieht hier, daß die Vereinfachungen insbesondere die Reduktion von Fallunterscheidungen mit der Bedingung *'true'* bzw. *'false'* betreffen.

Unser Beispiel ist insofern allzu simpel, als es in Schritt (2) jeweils nur einen rekursiven Aufruf gibt, der expandiert werden kann. Interessant wird die Methode eigentlich erst bei geschachtelten Rekursionen, wo man sich an einer Vielfalt semantischer Subtilitäten erfreuen kann — je nachdem, wie man bei der Auswahl des zu expandierenden Aufrufs verfährt. (Da dies aber über den Rahmen unserer Einführung hinausgeht, verweisen wir auf die Literatur, insbesondere [8] und andeutungsweise auch [2].)

Diese Termersetzung liefert eine sehr elementare Maschine, die aber relativ weit von den Konzepten entfernt ist, die bei der Übersetzung rekursiver Funktionen verwendet werden. Dies ist anders bei einer Maschinenart, die in [1] eingeführt wurde. Diese „Formular-maschine" gibt einen ganz anschaulichen Zugang zum Prinzip der sogenannten „Kellerimplementierung", die in allen gängigen Compilern Verwendung findet.

Zunächst ordnen wir jeder Funktion ein „Formular" zu, das die Berechnungsvorschrift für diese Funktion graphisch darstellt. Am besten sieht man dies an einem einfachen Beispiel: Der Funktion

     def $f\,(\,a,\,b\,) \;\equiv\; a * a + 2 * a * b + b * b$

ordnen wir folgendes Formular zu:

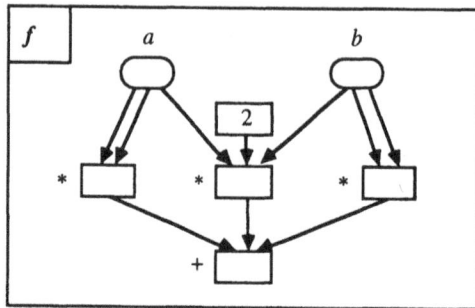

Dabei nehmen wir uns die Freiheit, assoziative Operatoren wie „+" und „*" auf mehr als zwei Operanden anzuwenden.

Die Anwendung einer Funktion auf konkrete Argumentwerte geschieht dann nach folgender Arbeitsanweisung:

- Trage die Argumente in die vorgesehenen Kästchen ein.
- Solange noch freie Kästchen da sind, wähle eines aus, dessen sämtliche Vorgänger Werte enthalten; wende die zugehörige Operation auf die Eingabewerte an und trage das Ergebnis in das Kästchen ein.

Im obigen Beispiel führt die Auswertung des Aufrufs f (3, 4) zu folgendem vollständig ausgefüllten Formular:

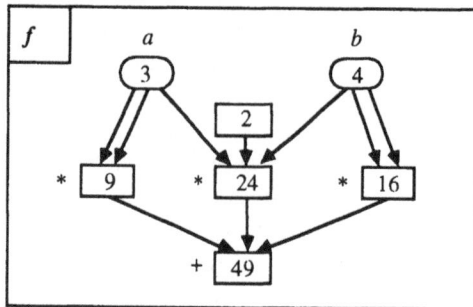

Wie üblich wird ein solches Konzept aber erst bei der Rekursion wirklich interessant. Dies wollen wir anhand unseres Standardbeispiels *fac* studieren. Zunächst erhalten wir das Formular

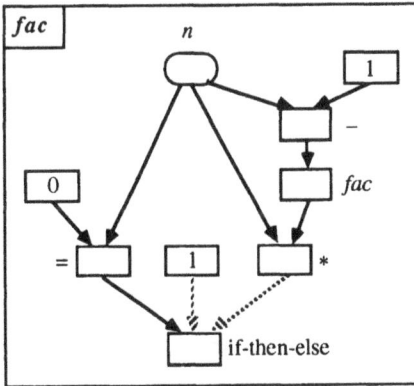

Bei der Auswertung müssen wir jetzt zwei zusätzliche Aspekte berücksichtigen:

- Bei Fallunterscheidungen gilt: Wenn die Bedingung *'true'* ist, ignoriere man den **else**-Zweig; wenn die Bedingung *'false'* ist, ignoriere man den **then**-Zweig.
- Zur Auswertung eines rekursiven Aufrufs lege man ein *neues Formular* an, in das die Argumentwerte eingetragen werden. Wenn dann dieses neue Formular vollständig ausgefüllt ist, übertrage man das Ergebnis in das alte Formular (und werfe das neue weg).

Diesen Ablauf wollen wir jetzt anhand des Aufrufs *fac*(3) verfolgen.

Das erste Formular läßt sich bis zu folgender Situation ausfüllen (wobei die gestrichelte Form des **then**-Zweigs andeutet, daß er keine Rolle mehr spielt):

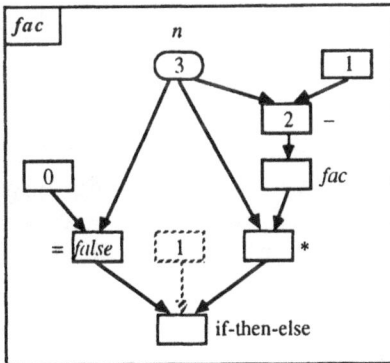

An dieser Stelle müssen wir ein neues Formular für den Aufruf *fac*(2) anlegen und so weit wie möglich ausfüllen:

95

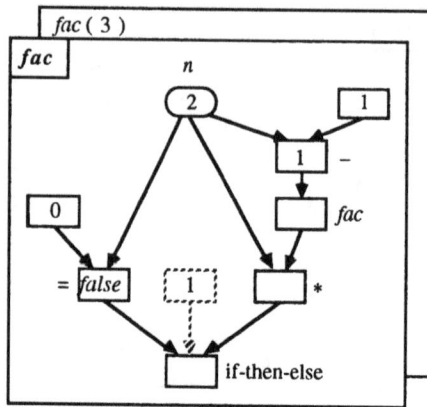

Jetzt benötigen wir ein neues Formular für *fac*(1) und einen Schritt weiter noch eines für *fac*(0). Dann haben wir folgenden Punkt erreicht:

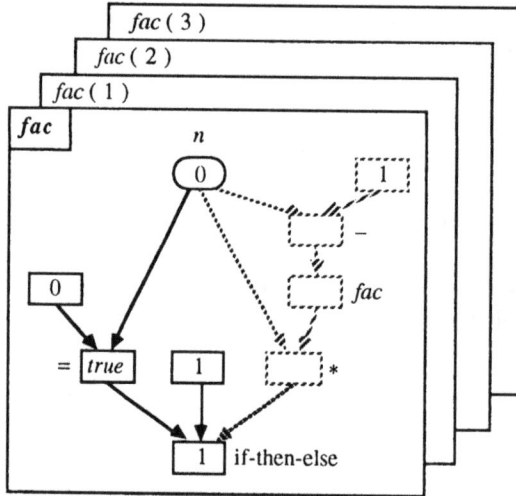

Jetzt endlich haben wir ein vollständig ausgefülltes Formular, dessen Ergebnis wir in das vorausgehende Formular für *fac*(1) übertragen können. Dadurch läßt sich dieses Formular ebenfalls vervollständigen und der Wert in *fac*(2) übertragen, etc. etc. — bis schließlich die Situation erreicht ist, in der das Ausgangsformular komplett ist und somit das gewünschte Ergebnis liefert:

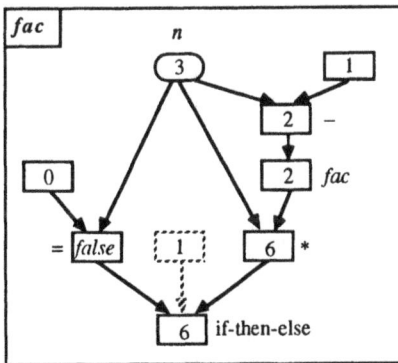

Insgesamt erhalten wir also folgenden Berechnungsablauf:

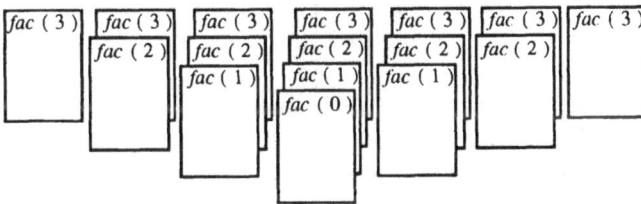

Dies illustriert zwei Aspekte rekursiver Berechnungen:

- Die Formulare bilden einen **Stapel** (engl.: *stack*), der während der Berechnung wächst und schrumpft. Man spricht auch von *kellerartigem* Verhalten.
- Jedes Formular im Stapel realisiert gerade eine **Inkarnation** der Funktion (siehe Kapitel 5.1).

Wir haben somit die Organisationsform gefunden, die allen gängigen Übersetzern für Programmiersprachen zugrunde liegt (auch wenn natürlich die „Formulare" intern etwas anders abgespeichert werden).

6.2 Mathematische Semantik

Der operationale Zugang ist in einem Punkt unbefriedigend. Er erklärt jeweils, was die *Anwendung* einer gegebenen Funktion auf *ein* bestimmtes Argument liefert. Und da man dies für jedes beliebige Argument tun kann, wird die Funktion natürlich insgesamt für alle Elemente aus dem Definitionsbereich erklärt. Das mag für den Praktiker ausreichend sein, den ästhetischen Ansprüchen des Mathematikers genügt es aber keineswegs. Er möchte, daß die Funktion insgesamt als ein mathematisches Objekt erfaßbar wird und nicht nur in ihrer schnappschußartigen Auswirkung auf einzelne Werte studiert werden kann.

Außerdem ist die operationelle Beschreibung für viele Zwecke „zu wenig abstrakt". Wie wir an unseren beiden Beispielmaschinen gesehen haben, gehen relativ viele technische Details der Maschinenarchitektur in die Beschreibung des Programms ein — und das macht es schwer, zum Beispiel die Äquivalenz von verschiedenen Funktionen zu zeigen. Dies sieht man deutlich etwa an der schnellen und langsamen Version der Funktion *pow* aus Kapitel 5.3: Sie verhalten sich auf der Formularmaschine völlig unterschiedlich, obwohl sie doch die gleiche Funktion berechnen.

Im Rest dieses Kapitels erlauben wir uns den Luxus eines zwar kurzen, aber dafür recht abstrakten mathematischen Höhenflugs. Aber keine Panik! Der akrophobe Leser kann jetzt getrost abspringen und sich erst nach der Landung im nächsten Kapitel wieder zu uns gesellen. (Die folgenden Konzepte sind zwar unerläßlich für ein tieferes Verständnis von Programmierung und Sprachen; eine Einführung kommt aber auch ohne sie aus.)

Den wesentlichen Durchbruch in dieser Richtung brachten die Arbeiten von D. Scott in den 70er Jahren. Und auf diese Theorie wollen wir jetzt skizzenhaft eingehen — wenn auch, wie immer in dieser Einführung, in vereinfachter Form.

Die Grundlage bildet der Übergang von unseren üblichen Wertemengen auf „vollständige partiell geordnete Mengen". Bevor wir aber auf die formalen Definitionen eingehen, wollen wir uns zur Motivation ein Beispiel ansehen.

Nehmen wir an, wir haben ein Programm P, das im Laufe der Zeit eine ganze Folge von Ausgabewerten liefert; wir nennen diese Folge einen „Strom" (engl.: *stream*) von Daten. Zum Beispiel könnte unser Programm der Reihe nach alle Primzahlen liefern (zumindest so lange, bis wir es anhalten).

Die Historie eines solchen Programms ist also dadurch charakterisiert, daß zu jedem Zeitpunkt ein Teil der Ausgabe, also ein Teilstrom, vorliegt. Wenn wir mit dem speziellen Symbol '$\bot$' andeuten, daß ein Strom noch nicht abgeschlossen ist, sondern fortgesetzt wird, sehen die ersten Teilströme also folgendermaßen aus:

$$s_0 = \langle\ \bot\ \rangle$$
$$s_1 = \langle\ 2\ \ \bot\ \rangle$$
$$s_2 = \langle\ 2\ \ 3\ \ \bot\ \rangle$$
$$s_3 = \langle\ 2\ \ 3\ \ 5\ \ \bot\ \rangle$$
$$s_4 = \langle\ 2\ \ 3\ \ 5\ \ 7\ \ \bot\ \rangle$$
$$s_5 = \langle\ 2\ \ 3\ \ 5\ \ 7\ \ 11\ \ \bot\ \rangle$$
$$\ldots$$

Wir können die Folge dieser Teilströme also als immer bessere Approximationen an das endgültige „Ergebnis" des Programms, nämlich den unendlichen Strom *aller* Primzahlen ansehen.

Das illustriert bereits den wesentlichen Trick bei der Sache: Da wir für „unendliche" Objekte keine direkten Repräsentationen haben, begnügen wir uns mit Approximationen — solange wir nur sicher sind, daß wir sie beliebig genau machen können. Und das Paradebeispiel für unendliche Objekte sind ja gerade Funktionen, da sie im allgemeinen unendlich vielen möglichen Argumentwerten die entsprechenden Ergebniswerte zuordnen.

Nun ist aus der Mathematik hinlänglich bekannt, daß eine Folge nicht allein schon dadurch einen Grenzwert besitzt, daß wir das magische Symbol „$\lim_{n \to \infty}$" davorsetzen; die Folge muß dazu bestimmte Eigenschaften haben. Im folgenden wollen wir daher eine Theorie skizzieren, in der rekursive Funktionen auf wohlfundierte Weise als „Grenzwerte" von Approximationsprozessen erklärt werden können[1].

Diese Theorie basiert auf der Einführung einer speziellen Ordnung[2] '$\preceq$', die den „Grad der Definiertheit" von semantischen Werten vergleicht. Wir führen die grundlegenden Begriffe jedoch zunächst etwas allgemeiner ein (wobei wir auf Grundbegriffe aus dem Glossar in Kapitel 1.5 zurückgreifen):

Definition: Eine **partiell geordnete Menge** (engl.: *partially ordered set*) ist eine Menge *M*, auf der eine Relation '$\preceq$' erklärt ist, für die gilt:

[P1] $x \preceq x$ (reflexiv)

[P2] $x \preceq y \;\wedge\; y \preceq z \;\Rightarrow\; x \preceq z$ (transitiv)

[P3] $x \preceq y \;\wedge\; y \preceq x \;\Rightarrow\; x = y$ (antisymmetrisch)

Man spricht auch kurz von der *partiellen Ordnung* (*M*, $\preceq$). Wenn zusätzlich die Eigenschaft

[P4] $x \preceq y \;\vee\; y \preceq x$

gilt, also alle Elemente miteinander vergleichbar sind, spricht man von einer **totalen Ordnung**.   □

Für die weiteren Betrachtungen ist der Begriff der „kleinsten oberen Schranke" fundamental:

Definition: Sei $X \subseteq M$ eine Teilmenge einer partiell geordneten Menge (*M*, $\preceq$). Ein Element $a \in M$ heißt **obere Schranke** von *X*, wenn

---

[1]   Ähnlichkeiten mit Begriffen aus der reellen Analysis sind nicht zufällig; auf einem abstrakten mathematischen Niveau fallen die beiden Theorien zusammen.

[2]   Lies: „kleiner-gleich" oder auch „weniger definiert"; wir verwenden hier das spezielle Symbol '$\preceq$', da zum Beispiel bei Zahlen diese spezielle Definiertheitsordnung neben der üblichen arithmetischen Ordnung '$\leq$' auftritt.

für alle $x \in X$ gilt: $x \preceq a$. Eine obere Schranke b heißt **kleinste obere Schranke** oder auch *Supremum* (engl.: *least upper bound*), wenn für alle oberen Schranken a von X gilt: $b \preceq a$. □

Notation: Die kleinste obere Schranke von X schreiben wir $(\sqcup X)$, bei zweielementigen Mengen auch als Infixoperator $(x \sqcup y)$.

Beispiele:

- Die natürlichen Zahlen $\mathbb{N}$ mit der üblichen Relation '$\leq$' sind offensichtlich eine partiell geordnete Menge. (In der Tat sogar total geordnet; daher gilt hier auch die Eigenschaft $a \sqcup b = max(a, b)$.)

- Es gibt aber auch eine andere einfache Ordnung auf $\mathbb{N}$, nämlich „a ist Teiler von b", geschrieben „$a|b$". (Der Leser möge sich überzeugen, daß [P1] – [P3] gelten.) Für diese Ordnung gilt übrigens $a \sqcup b = kgv(a, b)$, wobei kgv für das „kleinste gemeinsame Vielfache" steht.

- Für die Booleschen Werte $\mathbb{B}$ hat man üblicherweise keine Ordnung vorgesehen. Aber auch das ist eine partielle Ordnung, wenn auch ein pathologischer Randfall: Alle Elemente sind unvergleichbar. (Manchmal wird auch künstlich *false* $\preceq$ *true* gesetzt.) □

Für unsere Rekursionstheorie sind solche schlichten partiellen Ordnungen aber doch zu ärmlich. Was wir hier anstreben, ist die gesuchten Werte in einem Approximationsprozeß immer besser anzunähern und somit als „Grenzwerte" zu erhalten. Dazu benötigen wir den Begriff der „aufsteigenden Kette".

Definition: Eine **aufsteigende Kette** in einer partiell geordneten Menge $(M, \preceq)$ ist eine total geordnete Teilmenge $K \subseteq M$; das heißt:

$$K = \{ a_0 \preceq a_1 \preceq a_2 \preceq a_3 \preceq \ldots \} .$$

(K kann endlich oder unendlich sein.) □

Derartige Ketten interessieren uns eigentlich nur, wenn sie als Approximationen an bestimmte Objekte dienen können — wie in unserem einführenden Beispiel des Primzahlstroms illustriert.

Definition: Eine partiell geordnete Menge $(M, \preceq)$ heißt **vollständig**[1], wenn jede aufsteigende Kette K eine kleinste obere Schranke $(\sqcup K)$ besitzt. Wir nennen solche vollständigen partiellen Ordnungen ab jetzt **Bereiche**[2]. □

Aus dieser Definition folgt sofort, daß es in $(M, \preceq)$ ein kleinstes Element geben muß. Warum? Nun, dies ist die Konsequenz eines pathologischen Randfalls: Die *leere Menge* $\emptyset$ ist insbesondere eine aufsteigende Kette (denn sie enthält ja kein Element, das die geforderte

---

[1] In der Literatur gibt es eine ganze Reihe von Variationen des Vollständigkeitsbegriffs.

[2] Dies stimmt mit der Begriffsbildung in [7] überein; andere Autoren verlangen für Bereiche noch zusätzlich gewisse Endlichkeits- und Abzählbarkeitseigenschaften.

totale Ordnung verletzen könnte). Also muß es eine kleinste obere Schranke auch für $\varnothing$ geben. Wir bezeichnen diese kleinste obere Schranke kurz mit

$$\perp \stackrel{\text{def}}{=} (\sqcup \varnothing)$$

und sprechen vom „**Bottom**-Element". Aus der Definition für obere Schranken folgt nämlich auch, daß *jedes* Element a von M eine obere Schranke von $\varnothing$ ist (denn es gilt wiederum, daß die leere Menge kein Element besitzt, das nicht von a übertroffen würde). Nun ist aber die *kleinste* obere Schranke gerade dadurch definiert, daß sie unter *allen* oberen Schranken liegt. Also gilt

$$\perp \preceq a \qquad \text{für alle } a \in M.$$

Damit haben wir folgenden Satz bewiesen:

Satz: Ein Bereich besitzt ein kleinstes Element, geschrieben

$$\perp \stackrel{\text{def}}{=} (\sqcup \varnothing). \qquad \qquad \square$$

Beispiele: Alle unsere Datenstrukturen, die wir bisher betrachtet haben, lassen sich zu Bereichen erweitern, indem wir einfach ein $\perp$-Element hinzufügen:

- Aus $\mathbb{B}$ wird somit $\mathbb{B}^{\perp} \stackrel{\text{def}}{=} \mathbb{B} \cup \{\perp\}$ mit der Ordnung

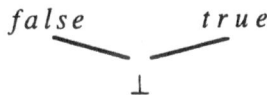

$$\begin{array}{cc} false & true \\ & \diagdown \quad \diagup \\ & \perp \end{array}$$

- Aus $\mathbb{N}$ wird somit $\mathbb{N}^{\perp} \stackrel{\text{def}}{=} \mathbb{N} \cup \{\perp\}$ mit der Ordnung

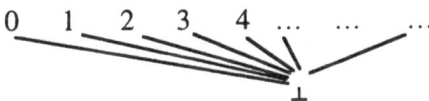

$$\begin{array}{ccccccc} 0 & 1 & 2 & 3 & 4 & \dots & \dots & \dots \\ & & & & \perp \end{array}$$

Solche trivialen Ordnungen nennt man *flache Bereiche;* das heißt, $x \preceq y$ bedeutet $x = \perp \lor x = y$.

- Bei dem Bereich der Ströme sieht die Ordnung schon etwas komplexer aus: Ein Strom

$$s_1 = \langle a_1 \; a_2 \; \dots \; a_m \perp \rangle$$

ist kleiner als ein Strom

$$s_2 = \langle a_1 \; a_2 \; \dots \; a_m \; a_{m+1} \; \dots \; a_n \perp \rangle,$$

wenn s_1 ohne das abschließende $\perp$ ein Anfangsstück von s_2 ist. $\quad \square$

Bisher haben wir einen der wichtigsten Aspekte unserer Bemühungen völlig ignoriert, nämlich daß wir auf unseren Bereichen mit Funktionen operieren wollen. Deshalb müssen wir geeignete Beziehungen zwischen Funktionen und den eben eingeführten Ordnungen herstellen.

Definition: Sei $(M, \leq)$ eine partielle Ordnung und sei f eine Funktion auf M. Dann heißt f **monoton**, wenn gilt:

$$x \leq y \Rightarrow f(x) \leq f(y).$$

f heißt **stetig**, wenn außerdem noch gilt[1]:

$$f(\sqcup X) = \sqcup f(X).$$ □

Als letzte unserer Trockenübungen benötigen wir jetzt noch zwei Sätze, die im Prinzip auf Arbeiten von Tarski 1942 und von Kleene 1952 zurückgehen (und die eigentlich recht verblüffend sind). Beide Sätze betreffen die Existenz von sogenannten „kleinsten Fixpunkten" von Funktionen.

Definition: Sei $f: M \to M$ eine Funktion. Ein Element $a \in M$ heißt **Fixpunkt** von f, wenn gilt:

$$f(a) = a.$$ □

In partiell geordneten Mengen kann man dann unter Umständen den „kleinsten" unter allen Fixpunkten auszeichnen, der — sofern er überhaupt existiert — natürlich eindeutig bestimmt ist. Damit sind wir jetzt in der Lage, die beiden zentralen Sätze unserer Theorie zu formulieren.

Satz: In einer vollständigen partiellen Ordnung hat jede *monotone* Funktion f einen kleinsten Fixpunkt. □

Satz: Für jede *stetige* Funktion ist der kleinste Fixpunkt a gerade die kleinste obere Schranke einer speziellen Kette, nämlich der sogenannten „Kleene-Kette" $\bot \leq f(\bot) \leq f(f(\bot)) \leq f(f(f(\bot))) \leq \ldots$, also

$$a = \bigsqcup_{i \in \mathbb{N}} f^i(\bot).$$ □

Bevor wir diese Sätze beweisen, wollen wir sie uns an einem trivialen Beispiel veranschaulichen. Sei $f(x) \stackrel{\text{def}}{=} x + 1$ die betrachtete Funktion. Diese Funktion hat als Fixpunkt einfach $\bot$, denn es gilt $f(\bot) = \bot + 1 = \bot$. (Das folgt sofort aus der Tatsache, daß die Addition, wie alle elementaren Operationen, natürlich monoton sein soll.) Dies zeigt im übrigen, daß die bloße Existenz eines Fixpunkts nicht viel heißen muß; der Fixpunkt kann nämlich völlig uninteressant sein. Außerdem zeigt sich in diesem Beispiel auch, daß die berechnungsorientierte Interpretation des künstlichen Elements $\bot$ gerade „terminiert nicht" ist, also „undefiniert".

Nun aber zum Beweis der Sätze (wobei wir uns auf den zweiten beschränken und den ersten der Literatur überlassen).

---

[1] Beachte, daß wir für eine Menge $X = \{x_1, x_2, \ldots\}$ mit $f(X)$ die punktweise Anwendung von f bezeichnen, also die Menge $\{f(x_1), f(x_2), \ldots\}$ (siehe das Glossar in Kap. 1.5).

Beweis: Zur Abkürzung schreiben wir f^i für $f^i(\bot)$; außerdem lassen wir die immer gleiche Bereichsangabe $i \in \mathbb{N}$ bei der oberen Schranke $\sqcup$ weg.

(i) Zuerst zeigen wir, daß der Wert $a \overset{\text{def}}{=} (\sqcup f^i)$ nicht oberhalb von Fixpunkten liegen kann; das heißt, für jeden Fixpunkt y von f (falls vorhanden) gilt:

$$(\sqcup f^i) \preceq y.$$

Durch Induktion sieht man nämlich sofort, daß für alle i gilt $f^i \preceq y$: Induktionsanfang: $f^0 = \bot \preceq y$; Induktionsschritt: Aus der Induktionsannahme $f^i \preceq y$ und der Monotonie von f folgt sofort $f^{i+1} = f(f^i) \preceq f(y) = y$. Wenn aber $f^i \preceq y$ für alle i, dann gilt auch für die kleinste obere Schranke $(\sqcup f^i) \preceq y$.

(ii) Jetzt müssen wir noch zeigen, daß der Wert $(\sqcup f^i)$ selbst ein Fixpunkt ist; dann folgt wegen (i) sofort, daß er der kleinste Fixpunkt ist. Also ist zu zeigen

$$f(\sqcup f^i) = \sqcup f^i.$$

Aufgrund der Stetigkeit von f rechnet man dies leicht nach: $f(\sqcup f^i) = \sqcup f(f^i) = (\sqcup f^{i+1}) = (\sqcup f^i)$. $\square$

Der Beweis des ersten Satzes funktioniert im Grunde genommen genauso. Der wesentliche Aspekt des obigen Teilbeweises (ii) ist nämlich die Aussage, daß die Kette irgendwann stationär wird. Dies wird aufgrund der Stetigkeit für die Ordinalzahl ω (die Kardinalität der natürlichen Zahlen $\mathbb{N}$) sichergestellt. Ohne die Voraussetzung der Stetigkeit müssen wir — wie P. Hitchcock und D. Park 1973 gezeigt haben — die Induktion nur in die transfiniten Ordinalzahlen hinein ausdehnen, um denselben Effekt zu erreichen. (Die technischen Details des zugehörigen mathematischen Apparats wollen wir uns hier allerdings nicht antun.)

Historische Anmerkung: Die obigen Sätze sind in der Mathematik im Rahmen der sogenannten „Verbandstheorie" schon lange bekannt. Aber es war nur auf sehr artifizielle Weise möglich, die grundlegenden Strukturen der Informatik als „Verbände" aufzufassen, während man vollständige partielle Ordnungen auf sehr natürliche Weise erhielt. Daher war es eine höchst befriedigende Erkenntnis, daß die entscheidenden Sätze sich von der überreichen Struktur der Verbände auf die ärmere (aber für die Informatik gerade richtige) Struktur der partiellen Ordnungen übertragen ließen. — Das zeigt im übrigen, daß die Informatik mit neuen Denkanstößen durchaus befruchtend auch auf klassische Disziplinen der Mathematik einwirken kann.

Zurück zu unserem eigentlichen Thema. Als letzter Schritt, um die obigen Sätze zur Erklärung rekursiver Funktionen einsetzen zu können, fehlt uns jetzt noch die Methode, mit der wir die zugehörigen (stetigen) Funktionen definieren können.

In der Tat sind es eigentlich Funktionale, für die wir die Fixpunktbildung vornehmen. Betrachte dazu wieder unsere geliebte Fakultätsfunktion. Wir können die rechte Seite der Deklaration als Funktional auffassen:

$$\tau (F)(n) \stackrel{\text{def}}{=} \textbf{if } n = 0 \textbf{ then } 1$$
$$\textbf{else } n * F (n - 1) \textbf{ fi} .$$

(Eine Verständnisfrage: Was für eine Funktion ist zum Beispiel $\tau(dup)$, wenn *dup* die übliche Verdopplungsfunktion ist?)

Die Deklaration von *fac* selbst vereinfacht sich damit zu der einfachen Gleichung

def *fac* $\equiv \tau (fac)$,

und unsere gesuchte Funktion ist nun sichtlich ein Fixpunkt des Funktionals τ. Aus Gründen der Eindeutigkeit legen wir außerdem fest, daß wir den *kleinsten* Fixpunkt verwenden wollen.

Ein Funktional ist nun nichts anderes als eine Funktion über Funktionen. Damit unsere Theorie also greift, müssen wir den Funktionenraum zu einem Bereich machen. Als Ordnung wählen wir dabei einfach die vom Datenbereich induzierte Ordnung, also:

$$f \sqsubseteq g \stackrel{\text{def}}{\Leftrightarrow} \forall x : f (x) \preceq g (x).$$

Wir sagen dann: „*f* ist schwächer definiert als *g*" (engl.: *less defined*). Als Bottom-Element wählen wir die „total undefinierte Funktion" Ω, die definiert ist durch

$$\Omega (x) \stackrel{\text{def}}{=} \perp \quad \text{für alle } x\,[1].$$

Es ist dann eine relativ leichte Fingerübung nachzuweisen, daß alle unsere Sprachkonstrukte — also Funktionsdeklaration, Funktionsanwendung und Fallunterscheidung — stetige Funktionale auf dem Funktionenraum darstellen. Und daraus folgt sofort, daß die Fixpunktsätze anwendbar sind. Aus diesem Grund hat diese Definitionsmethode auch die Bezeichnung „**Fixpunktsemantik**" erhalten.

Beispiel: Für unser Standardbeispiel der Fakultätsfunktion erhalten wir also folgende Kette von approximierenden Funktionen:

$$f_0 (n) = \Omega (n)$$
$$= \perp$$

---

[1] Als syntaktisches Gegenstück zu Ω haben wir in Kapitel 4.7 die Standardfunktion *Fail* in unsere Programmiersprache eingeführt.

$$
\begin{aligned}
f_1(n) \; &= \; \tau\,(f_0\,)\,(n) \\
&= \; \textbf{if } n = 0 \quad \textbf{then} \;\; 1 \\
&\qquad\qquad\quad\; \textbf{else} \;\; n * f_0\,(\,n - 1\,) \quad \textbf{fi} \\
&= \; \textbf{if } n = 0 \quad \textbf{then} \;\; 1 \\
&\qquad \square \;\; n \geq 1 \quad\; \textbf{then} \;\; \bot \qquad\qquad\qquad \textbf{f i}
\end{aligned}
$$

$$
\begin{aligned}
f_2(n) \; &= \; \tau\,(f_1\,)\,(n) \\
&= \; \textbf{if } n = 0 \quad \textbf{then} \;\; 1 \\
&\qquad\qquad\quad\; \textbf{else} \;\; n * f_1\,(\,n - 1\,) \quad \textbf{fi} \\
&= \; \textbf{if } n = 0 \quad \textbf{then} \;\; 1 \\
&\qquad\qquad\quad\; \textbf{else} \;\; n * \textbf{if } (n - 1) = 0 \quad \textbf{then} \;\; 1 \\
&\qquad\qquad\qquad\qquad\qquad\qquad\qquad\qquad\;\; \textbf{else} \;\; \bot \;\; \textbf{fi fi} \\
&= \; \textbf{if } n = 0 \quad \textbf{then} \;\; 1 \\
&\qquad \square \;\; n = 1 \quad\; \textbf{then} \;\; 1 \\
&\qquad \square \;\; n \geq 2 \quad\; \textbf{then} \;\; \bot \;\; \textbf{fi}
\end{aligned}
$$

etc.

Wenn man in dieser Weise fortfährt, sieht man sofort, daß die Kette der Funktionen f_i sich tatsächlich der bekannten Fakultätsfunktion annähert. Folglich ist ($\sqcup f_i$) tatsächlich die gewünschte Funktion.

Mit dieser kurzen Skizze wollen wir unseren kleinen Ausflug in die Theorie abschließen.

6.3 Andere Ansätze

Die Erweiterung von Mengen zu Bereichen und die dadurch ermöglichte Fixpunktbildung sind der Kern einer Methode zur Definition von Programmiersprachen, die unter dem Namen *denotational semantics* von Ch. Strachey und D. Scott entwickelt wurde. Dabei werden alle Programme aufgefaßt als „Denotationen für Abbildungen" — allerdings Abbildungen über sehr komplexen Bereichen, die weit über die hier von uns skizzierten hinausgehen. Die (zumindest für die Informatik) historische Bedeutung dieser Arbeit liegt darin, daß hier zum ersten Mal eine rigorose mathematische Formalisierung der Semantik von Programmiersprachen ermöglicht wurde.

Zum Schluß wollen wir aber auch darauf hinweisen, daß es in jüngerer Zeit noch weitere Ansätze zur Definition von Programmiersprachen gibt. Einen davon, der unter der Bezeichnung *algebraische Semantik* oder auch *transformationelle Semantik* bekannt geworden ist, haben wir im Prinzip schon kennengelernt: Im Kapitel 4.7 haben wir eine Reihe von Äquivalenzen für unsere Sprachkonstrukte angegeben. Man kann nun zeigen, daß eine geeignete Auswahl solcher Gesetze in der Tat die Semantik der Sprache fixiert. Das heißt, man kann zeigen, daß es nur eine (genauer: „bis auf Isomorphie" eine) mathematische

Semantik gibt, die mit den Gesetzen verträglich ist. Der Vorteil dieser Definitionsmethode liegt natürlich darin, daß man die Sprache „aus sich selbst heraus" verstehen kann, ohne die Notwendigkeit, eine mathematische Metasprache erlernen zu müssen.

Ein weiterer, sehr bekannter Ansatz besteht schließlich darin, die Semantik aller Sprachkonstrukte mittels zugeordneter Vor- und Nachbedingungen zu erklären. Diese Technik, die die (nicht sehr glückliche) Bezeichnung *axiomatische Semantik* trägt, ist jedoch am wirksamsten bei den mehr konventionellen „imperativen" Sprachen, die wir im folgenden Kapitel behandeln wollen.

Referenzen

[1] *Bauer, F.L., Goos, G.:* Informatik – eine einführende Übersicht (erster Teil); 3. Auflage. Springer, Berlin 1985.

[2] *Bauer, F.L., Wössner, H.:* Algorithmische Sprache und Programmentwicklung. Springer, Berlin 1981.

[3] *Birkhoff, G.:* Lattice Theory. Americ. Math. Soc., Providence 1967.

[4] *Gordon, M.J.:* The Denotational Description of Programming Languages. Springer, Berlin 1979.

[5] *Hofstadter, D.R.:* Gödel, Escher, Bach. An Eternal Golden Braid. Basic Books, New York 1979.

[6] *Loeckx, J., Mehlhorn, K., Wilhelm, R.:* Grundlagen der Programmiersprachen. Teubner, Stuttgart 1986.

[7] *Manes, E.G., Arbib, M.A.:* Algebraic Approaches to Program Semantics. Springer, New York 1986.

[8] *Manna, Z.:* Mathematical Theory of Computation. McGraw-Hill, New York 1974.

7. Imperativer Sprachstil und Von-Neumann-Rechner

Programme einfach als Funktionen aufzufassen, so wie wir es bisher gehalten haben, ist eigentlich ein ziemlich neuer Trend der Informatik. Traditionell dominiert eine andere, unmittelbar von den Eigenschaften der Maschinen abgeleitete Sichtweise: Zu jedem Zeitpunkt befindet sich das System in einem gewissen „Zustand", und die einzelnen Programmschritte bewirken dementsprechend „Zustandsübergänge". Aus historischen Gründen hat es sich eingebürgert, diese Art der Programmierung als „imperativ" oder auch „prozedural" zu bezeichnen.

Diese imperative Sicht liegt auch allen gängigen Programmiersprachen wie zum Beispiel FORTRAN, COBOL, C, Pascal, Ada etc. zugrunde, und es ist somit nicht überraschend, daß der entsprechende Programmierstil in der industriellen Praxis nach wie vor weit überwiegt.

Man kann in diesem Zusammenhang zwei Philosophien vertreten. Die eine betont die Tatsache, daß aus theoretischer Sicht zwischen den beiden Stilen „applikativ" und „imperativ" gar keine so großen Unterschiede bestehen; das heißt, daß sie nur zwei Seiten der gleichen Medaille sind. Die andere Sicht hebt dagegen die methodische Eigenständigkeit der zustandsorientierten Programmierung hervor. Wir werden hier versuchen, beiden Aspekten gerecht zu werden — allerdings mit einer leichten Betonung der Gemeinsamkeiten, da wir natürlich an der „moderneren" Informatik interessiert sind.

Auf eine besondere Spielart des imperativen Stils, die unter dem Schlagwort „objektorientierte Programmierung" in letzter Zeit beachtliche Popularität erreicht hat, werden wir im Anschluß kurz eingehen.

7.1 Zum Begriff „Zustand"

> *„Felder sind physikalische Zustände des Raumes."*
>
> (A. Einstein)

Eine solche Feststellung liefert sicher noch keine präzise Definition des Feldbegriffs, aber sie gibt eine erste intuitive Vorstellung und schafft somit den Hintergrund, vor dem die späteren mathematischen Erklärungen leichter zugänglich werden. (Außerdem vertreibt man mit dieser Auffassung den mystischen „Äther" aus der Physik.)

Ähnlich hilfreich kann es in der Informatik sein, zum Beispiel vom „Zustand" einer großen Datenbank zu sprechen, der durch einzelne

„Transaktionen" jeweils modifiziert wird — ohne daß dadurch jedoch eine präzise Fassung der verwendeten Begriffe ersetzt wird.

Wenn wir aber noch ein bißchen genauer nachdenken, dann stellen wir fest, daß diese intuitive Idee des „Zustands" nur Sinn macht vor dem Hintergrund eines noch fundamentaleren Konzepts: *Zeit*. Über die Zustände eines Systems zu philosophieren wird nämlich erst dann spannend, wenn das System *im Laufe der Zeit unterschiedliche Zustände* annehmen kann. Und das charakterisiert einen wichtigen konzeptuellen Unterschied zwischen funktionaler und imperativer Sicht: Eine Funktion (wie zum Beispiel $sin(\frac{\pi}{2})$) hat am Mittwoch vormittag denselben Wert wie am Donnerstag abend, bei Anfragen an eine Datenbank (wie zum Beispiel die Reservierungen einer Fluggesellschaft) wird man dagegen zu diesen beiden Zeitpunkten sehr unterschiedliche Antworten erwarten dürfen.

Das führt uns schließlich auf eine weitere Erkenntnis: *Zustände sind Abstraktionen von Historie*. Denn der Zustand, in dem ein System sich zu einem Zeitpunkt *t* befindet, hängt davon ab, welche Aktionen bis zu diesem Zeitpunkt stattgefunden haben (wobei wir uns hier nicht auf die philosophische Diskussion einlassen, ob die Historie unendlich ist oder ob es einen Startzeitpunkt mit einem Startzustand gegeben hat — welches die adäquate Sichtweise ist, unterscheidet sich ohnehin von Anwendung zu Anwendung). Und die Abstraktion besteht darin, daß wir uns im Zustand jeweils soviel von der Historie „merken", wie für die weitere Arbeit nötig ist.

7.1.1 Objekte mit Zuständen

Ob wir ein (Programm-)System als Abbildung zwischen Daten sehen wollen oder als Übergang zwischen Zuständen, ist weitgehend Geschmackssache. Eine wesentliche Rolle spielt dabei offensichtlich die Größe der Änderung im Verhältnis zur Größe des betrachteten Objekts.

Beispiel: Wenn wir in der Werkstatt ein defektes Autoradio austauschen lassen, so sagen wir üblicherweise nicht, daß wir ein neues Auto erhalten haben (das durch die Operation „ersetze Radio" aus dem alten Auto entstanden ist). Wir sagen vielmehr, daß an dem Auto eine kleine Modifikation vorgenommen wurde, wodurch es aber nicht seine Identität verloren habe. Wenn aber umgekehrt in ein neues Auto das alte Radio eingebaut wird, kommt kein Mensch auf die Idee zu sagen, daß es sich im Grunde um das alte Auto handle. □

Offensichtlich ist also die Grenze zwischen abbildungsorientierter (= applikativer) Sicht und zustandsorientierter (= imperativer) Sicht fließend.

Während nun in der applikativen Programmierung Objekte nur als Argumente und Ergebnisse von Funktionen auftreten, erhalten in einem zustandsorientierten Ansatz Objekte eine eigene Identität und Existenzberechtigung. Operationen modifizieren dann diese Objekte, ohne sie jedoch ihrer Identität zu berauben. Was man dabei als „eigenständige Objekte" auffaßt, ist eine der wichtigsten Entwurfsentscheidungen bei der Entwicklung von Softwaresystemen. Ganz offensichtlich wird man zum Beispiel Hintergrunddateien üblicherweise zu eigenständigen Objekten machen, während es schon etwas artifiziell ist, etwa bei der Berechnung $fac(5) = 120$ für Argument und Ergebnis ein einziges Objekt zugrunde zu legen, das ursprünglich den Zustand '5' hat und dann in den Zustand '120' überführt wird.

Bevor wir uns mit programmiersprachlichen Details des imperativen Stils befassen, wollen wir eine etwas abstraktere Sicht von „Zuständen" gewinnen. Wir gehen also ab jetzt von einem geeigneten Vorrat an **Objekten** aus (ohne im Augenblick ihre Natur näher festzulegen). Diese Objekte besitzen **Zustände** (manchmal auch *Werte* genannt), die durch geeignete Operationen geändert werden können; solche Operationen nennen wir **Aktionen**.

Notation: Seien σ und σ' zwei Zustände eines gegebenen Objekts, und sei α diejenige Aktion, die σ in σ' überführt, dann schreiben wir dies in der Form

$$\sigma \xrightarrow{\alpha} \sigma'.$$

Beispiel: Im obigen Beispiel mit dem Autoradio können wir also mit der Aktion α: „Tausche Radio aus" folgenden Zustandsübergang für ein Objekt „Auto" bewirken:

„Auto hat defektes Radio" $\xrightarrow{\alpha}$ „Auto hat gutes Radio"

(weil natürlich nur funktionierende Radios eingebaut werden.) □

7.1.2 Vor- und Nachbedingungen

Wie können wir die Zustände unserer Objekte beschreiben? Das obige Beispiel gibt einen ersten Hinweis: durch geeignete Prädikate, die wir als **Zusicherungen** (engl.: *assertions*) bezeichnen. Und dementsprechend brauchen wir für Zustandsübergänge zwei solche Zusicherungen, die den Zustand „vorher" und den Zustand „nachher" beschreiben. Wir sprechen dann — wie schon in Kapitel 4.2 bei der Spezifikation applikativer Programme — von der **Vorbedingung** und der **Nachbedingung**.

Sei also α eine Aktion. Dann drücken wir durch die Schreibweise

$$\{P\} \xrightarrow{\alpha} \{Q\} \quad \text{oder kurz:} \quad \{P\} \; \alpha \; \{Q\}$$

aus, daß die Aktion α Zustände mit der Eigenschaft P überführt in Zustände mit der Eigenschaft Q. Beachte jedoch, daß durch die Eigenschaften P und Q im allgemeinen nicht einzelne Zustände, sondern ganze *Mengen* von Zuständen charakterisiert werden. (Es gibt viele Autos mit kaputten Radios.) Und dementsprechend sind Aktionen in vielen Zuständen anwendbar. (Man kann in den meisten Autos die Radios auswechseln.)

Definition: Die Notation

$$\{ P \} \quad \alpha \quad \{ Q \}$$

hat folgende Interpretation: Die Eigenschaft Q gilt für alle Zustände σ', die durch Anwendung der Aktion α aus denjenigen Zuständen σ hervorgehen können, in denen P gilt. □

Beachte, daß eine nicht-terminierende Aktion α überhaupt keinen Endzustand σ' liefert. Daraus folgt, daß $\{P\}\ \alpha\ \{Q\}$ in diesem Fall trivialerweise erfüllt ist. (Wenn es keinen Endzustand gibt, ist jedes beliebige Prädikat Q in *allen* Endzuständen erfüllt.) Mit anderen Worten: Wir haben es hier mit *partieller Korrektheit* zu tun.

Offensichtlich gibt es viele Paare P und Q, die für eine gegebene Aktion α zutreffen. Wie können wir also das Verhalten von α eindeutig durch Vor- und Nachbedingungen charakterisieren? Hier gibt es offensichtlich zwei Möglichkeiten: Entweder wir leiten Q aus P ab oder umgekehrt P aus Q. Nun ist Programmieren im allgemeinen ein zielgerichteter Prozeß; das heißt, man möchte einen gewissen Zielzustand erreichen. Und so liegt es nahe, die zweite dieser Möglichkeiten zu wählen.

Definition: Sei α eine gegebene Aktion und Q eine gegebene Nachbedingung. Dann heißt P die **schwächste Vorbedingung** (für α und Q), wenn gilt:

(i) $\{ P \}\ \alpha\ \{ Q \}$

(ii) Für jede Vorbedingung P' mit $\{P'\}\ \alpha\ \{Q\}$ gilt: $P' \Rightarrow P$. □

Die schwächste Vorbedingung beschreibt somit die Menge all derjenigen Zustände, von denen aus durch α die Nachbedingung Q erzielt werden kann. Dann können wir den Standpunkt von E.W. Dijkstra in [5] einnehmen und sagen, daß wir die Bedeutung eines Mechanismus hinreichend genau kennen, wenn wir wissen, wie jeder Nachbedingung die entsprechende schwächste Vorbedingung zugeordnet wird.

Beispiel: Wir betrachten nochmals die Aktion α des Radiotausches. Hier hatten wir

$\{Auto\ hat\ defektes\ Radio\}\ \alpha\ \{Auto\ hat\ gutes\ Radio\}$.

Selbstverständlich wäre die gesamte Aussage auch mit einer stärkeren Vorbedingung korrekt, zum Beispiel mit

$\{Auto\ hat\ Radio\ mit\ defektem\ Sendersuchlauf\}$.

Aber beide sind noch nicht die *schwächste* Vorbedingung. Diese lautet

$\{Auto\ hat\ Radio\}$;

denn der Radiotausch bewirkt auch dann einen Zustand mit funktionierendem Radio, wenn ein bereits funktionierendes Radio dabei ersetzt wird (was im allgemeinen nur der Werkstatt nützt). Ein Radio muß allerdings da sein, weil wir sonst nicht von „Tausch" reden könnten. □

Für diesen Ansatz gibt es einige grundsätzliche Gesetze und Regeln (die unabhängig sind vom Anwendungsgebiet und insbesondere von der gewählten Programmiersprache).

Notation: Wir schreiben solche Regeln hier in der Form

$$\Phi_1, ..., \Phi_n$$
$$\overline{}$$
$$\Psi$$

was bedeutet: Wenn $\Phi_1, ..., \Phi_n$ gelten, so gilt auch Ψ.

Die erste Regel ist die sogenannte **Abschwächungs-** und **Verstärkungsregel**. Sie besagt, daß wir in Korrektheitsbeweisen sowohl zu stärkeren Vorbedingungen als auch zu schwächeren Nachbedingungen übergehen dürfen; formal:

$$P' \Rightarrow P, \quad \{P\} \; \alpha \; \{Q\}, \quad Q \Rightarrow Q'$$
$$\overline{}$$
$$\{P'\} \; \alpha \; \{Q'\}$$

Diese Regel wenden wir bei der Programmentwicklung oft implizit an, das heißt, ohne sie jedesmal eigens zu erwähnen.

7.2 Zustandsorientierte Programmierung

Wenden wir diese abstrakten Überlegungen jetzt auf das Programmieren an. Wie üblich wollen wir dabei aber nicht in die eine oder andere konkrete Sprache einführen, sondern vielmehr die relevanten Konzepte so allgemein — also abstrakt — wie möglich herausarbeiten. Insbesondere werden wir einige Subtilitäten, die bei realen Sprachen auftreten, einfach übergehen.

7.2.1 Programmvariable

Zunächst müssen wir feststellen, daß der Zustand eines Programms üblicherweise nicht ein atomares, unzerlegbares Ding ist, sondern sich im Gegenteil meist aus vielen Einzelkomponenten zusammensetzt. Aus pragmatischen Gründen, insbesondere wegen der einfacheren Notation, hat es sich eingebürgert, die Zustände von vornherein *nur* durch die Angabe ihrer einzelnen Komponenten zu beschreiben. Und diese Komponenten werden aus historischen Gründen „Variable" genannt[1].

---

[1] Um Konfusionen mit dem althergebrachten Begriff „Variable" der Mathematik zu vermeiden, spricht man manchmal auch von „Programmvariablen".

Wie schon in Kapitel 4.2 bei den Funktionen wollen wir auch für Variable eine geeignete **Spezifikation** vorsehen. Dazu gehört vor allem die Angabe ihrer *Sorten,* wozu wir Notationen der folgenden Art verwenden:

var *x, y* : *real* ;   **var** *index* : *int* ;   **var** *ok* : *bool* .

Alle in einem bestimmten Programmstück verfügbaren Variablen stellen dann die Komponenten des globalen Zustands dar. Dabei ignorieren wir hier einen Aspekt, der in konkreten Sprachen unter dem Stichwort „Gültigkeitsbereich" (engl.: *scope*) eine große Rolle spielt, nämlich die Festlegung, welche Variablen in welchem Programmstück tatsächlich verfügbar sind.

7.2.2 Die Zuweisung

Als nächstes brauchen wir jetzt eine Möglichkeit, Zustandsübergänge zu bewirken. Die entsprechenden Aktionen werden in der imperativen Programmierung meist als **Anweisungen** (engl.: *statements*) bezeichnet. Und die elementarste dieser Anweisungen besteht darin, eine oder mehrere Variable mit neuen Werten zu besetzen. Wir nennen dies **Zuweisung** (engl.: *assignment*) und verwenden dafür Notationen der folgenden Art:

$$ok \quad \leftarrow \quad index > 0;$$
$$index \quad \leftarrow \quad index + 1;$$
$$\langle\, x, y\,\rangle \quad \leftarrow \quad \langle\, y, x\,\rangle.$$

In der ersten Zeile wird die Boolesche Variable *ok* mit dem Ergebnis des Tests *index* > 0 besetzt, also je nach dem Wert von *index* mit *true* oder *false*. In der zweiten Zeile wird der Wert von *index* um 1 erhöht. Und in der dritten Zeile schließlich werden die Werte der beiden Variablen *x* und *y* vertauscht.

Wenn mehrere Variable auf der linken Seite auftreten, spricht man insbesondere von **simultaner Zuweisung**. Die Ausführung erfolgt so, daß zuerst alle Ausdrücke auf der rechten Seite ausgewertet und dann die Resultate „simultan" den Variablen auf der linken Seite zugewiesen werden.

Im Gegensatz zu mathematischen Gleichungen macht bei Zuweisungen das Auftreten der gleichen Variablen auf der linken und rechten Seite Sinn, ohne daß wir dazu komplizierte Fixpunktkonstruktionen bemühen müssen[1]. Um dies etwas genauer zu sehen,

---

[1] Deshalb ist es umso schlimmer, daß Sprachen wie FORTRAN oder PL/1 für die Zuweisung tatsächlich das Zeichen '=' verwenden. Übrigens: Weil der Pfeil '←' auf den Tastaturen der 50er Jahre nicht verfügbar war, nahm man als Ersatz die beste optische Näherung, die man damals erreichen konnte. So steht noch heute in den meisten Sprachen das Zeichen ':=' für die Zuweisung.

erinnern wir uns, daß Variable ja nur Komponenten eines globalen Zustands darstellen. Wenn wir mit der ad hoc-Notation $\sigma.x$ die „x-Komponente des Zustands σ" ausdrücken, erhalten wir also folgende Situation: Eine Zuweisung wie

$index \leftarrow index + 1$

stellt eine Aktion dar, die von einem gegebenen Zustand σ_1 in den neuen Zustand σ_2 führt. Und für diese Zustände gilt in der Tat die simple Gleichung

$(\sigma_2.index) = (\sigma_1.index) + 1$.

Da wir das zustandsorientierte Programmieren abstrakt begreifen wollen, müssen wir an dieser Stelle wieder auf die Vor- und Nachbedingungen zurückkommen, mit denen sich Zustände und Zustandsübergänge präzise erfassen lassen. Nach dem oben schon zitierten Grundsatz von E.W. Dijkstra kennen wir nämlich die Bedeutung der Zuweisung dann, wenn wir wissen, wie sie Nachbedingungen in (schwächste) Vorbedingungen transformiert. Als Vorbereitung der entsprechenden Regel betrachten wir ein triviales Beispiel.

Beispiel: Wir gehen von folgender Zuweisung und Nachbedingung aus:

$index \leftarrow index + 1$ { $index > 0$ } .

Offensichtlich ist die schwächste[1] Vorbedingung P, die diese Nachbedingung garantiert, {$index \geq 0$}. Dies läßt sich folgendermaßen ausrechnen: Sei I der Wert, den die Variable $index$ vor der Ausführung der Zuweisung hatte. Dann hat $index$ nach der Zuweisung den Wert $I+1$. Für diesen Wert muß die Nachbedingung erfüllt sein, also {$I+1 > 0$}. Da I aber gerade der Wert von $index$ vor der Zuweisung war, erhalten wir insgesamt also

{$index + 1 > 0$} $index \leftarrow index + 1$ {$index > 0$} .

Aufgrund elementarer Arithmetik gelten übrigens die Äquivalenzen

{$index + 1 > 0$} $\Leftrightarrow$ {$index > -1$} $\Leftrightarrow$ {$index \geq 0$}

weshalb wir ebensogut schreiben können

{$index \geq 0$} $index \leftarrow index + 1$ {$index > 0$} .

Dieses Beispiel zeigt übrigens auch einen Trick, mit dem wir uns oft behelfen werden, wenn wir die Werte einer Variablen vor und nach einer Anweisung brauchen: Wir führen dann einfach einen neuen Namen — hier I — ein mit der impliziten Randbedingung, daß dessen Wert konstant bleibt. □

---

[1] Stärkere Vorbedingungen gibt es viele, zum Beispiel { $index > 174$ } oder { $index = 96$ } etc.

Aus diesem Beispiel können wir folgendes allgemeine Prinzip für die Zuweisung ableiten: Sei x eine Variable, E ein beliebiger Ausdruck, Q eine Zusicherung. Dann gilt das **Zuweisungsaxiom**:

$$\{ \ Q[E/x] \ \} \quad x \ \leftarrow \ E \quad \{ \ Q \ \} \ .$$

Dabei steht $Q[E/x]$ für dasjenige Prädikat P, das durch textuelle Substitution des Ausdrucks E für jedes Auftreten von x in Q entsteht (siehe Kapitel 2.4). Die Verallgemeinerung auf simultane Zuweisungen ist evident.

Was hier auffällt, ist die „Rückwärtsrichtung"; in dem Axiom kommt die Zielgerichtetheit des Programmierens zum Ausdruck: Wir wollen eine bestimmte Nachbedingung Q erreichen und müssen dazu die geeignete Vorbedingung errechnen, die uns zu diesem Ziel führt.

Meistens ist es beim Programmieren aber so, daß wir im Prinzip sowohl Vor- als auch Nachbedingung kennen und die Zuweisung suchen. Dabei können wir dann etwas liberaler sein als bei dem obigen Axiom. Dieses liefert nämlich die *schwächste* Vorbedingung, während wir beim Programmieren tatsächlich mit stärkeren Vorbedingungen arbeiten dürfen — gemäß der früher erwähnten Verstärkungsregel. Wir sagen deshalb, eine Zuweisung

$$\{ \ P \ \} \quad x \ \leftarrow \ E \quad \{ \ Q \ \}$$

ist **korrekt** bezüglich ihrer Vor- und Nachbedingung, wenn gilt

$$P \Rightarrow \ Q[E/x] \ .$$

7.2.3 Triviale Anweisungen

So einfach die Zuweisung auch sein mag, sie ist nicht die elementarste Form einer Anweisung. Es gibt zumindest zwei spezielle (und pathologische) Randfälle, die einer kurzen Erwähnung wert sind.

Als ein Extrem haben wir die Anweisung, die gar nichts tut. Sie wird üblicherweise als '**nop**' (oder auch '**skip**') geschrieben. Sie kann an gewissen Programmstellen aus Dokumentationsgründen erwünscht oder auch zur Einhaltung syntaktischer Zwänge notwendig sein. (Beispiele dafür werden wir noch sehen.) Aufgrund ihrer Einfachheit besitzt sie auch ein entsprechend simples **Axiom der leeren Anweisung**:

$$\{ \ P \ \} \quad \mathbf{nop} \quad \{ \ P \ \}$$

Das andere Extrem ist noch viel skurriler: die Anweisung, die immer schief geht. Wir schreiben sie '**abort**' und beschreiben sie durch das **Axiom der nicht-ausführbaren Anweisung**:

$$\{ \ false \ \} \quad \mathbf{abort} \quad \{ \ Q \ \}$$

Es ist unmöglich, diese Anweisung auszuführen. Also gibt es keinen Zustand, von dem aus man mit **abort** in einen Zustand gelangen könnte, in dem Q gilt. (Natürlich sollte **abort** in keinem Programm tatsächlich auftreten; aber ebenso wie die total undefinierte Funktion *Fail* aus Kapitel 4 hilft diese Anweisung uns, über Fehlersituationen zu reden.)

Nun muß es Möglichkeiten geben, um aus elementaren Anweisungen komplexere Anweisungen zusammenzusetzen. Im Rest dieses Abschnitts werden wir möglichst knapp die wichtigsten Kompositionsoperatoren auflisten und jeweils durch ihre Zusicherungsregeln präzise beschreiben. Die illustrierenden Beispiele müssen dabei notgedrungen zunächst von absoluter Trivialität sein. (In späteren Kapiteln werden wir diesen Mangel dann zu beheben versuchen.)

7.2.4 Sequentielle Komposition

Die einfachste Möglichkeit der Komposition ist, zwei Anweisungen *nacheinander* auszuführen. Es hat bei den Programmiersprachen eine lange Tradition, hierfür das Symbol ';' zu verwenden. Somit ist also zum Beispiel

$$v \leftarrow v + 1; \; v \leftarrow v * v \qquad (1)$$

eine zusammengesetzte Anweisung, die gleichwertig ist zu der elementaren Zuweisung

$$v \leftarrow (v + 1) * (v + 1), \qquad (2)$$

mit einer komplizierteren rechten Seite[1]. Die Form (1) des Programms führt also zunächst vom Anfangszustand σ_1 mit der ersten Zuweisung in einen Zustand σ_2 und von da aus mit der nächsten Zuweisung in den Endzustand σ_3. Die Version (2) des Programms vollzieht den Übergang von σ_1 nach σ_3 dagegen in einem einzigen Schritt.

Dies kommt auch in der **Regel der sequentiellen Komposition** zum Ausdruck:

$$\frac{\{\,P\,\}\; S_1 \;\{\,Q\,\} \qquad \{\,Q\,\}\; S_2 \;\{\,R\,\}}{\{\,P\,\}\quad S_1 \,;\, S_2 \quad \{\,R\,\}}$$

Diese Regel besagt: Wenn S_1 uns von P nach Q bringt, und wenn S_2 uns von Q weiter nach R bringt, dann bringt uns die Nacheinanderausführung von S_1 und S_2 direkt von P nach R.

---

[1] Es läßt sich übrigens beweisen, daß auf diese Weise jedes imperative Programm sich in eine einzige simultane Zuweisung transformieren läßt — allerdings mit einer sehr komplizierten rechten Seite.

115

Wie hilfreich diese Regel sein kann, zeigt das folgende kleine Beispiel. Betrachte das Programm (wobei x und y zwei gegebene Variable für Zahlen seien):

$$x \leftarrow x + y; \quad y \leftarrow x - y, \quad x \leftarrow x - y .$$

(Vor dem Weiterlesen sollte man sich jetzt einen Augenblick Zeit nehmen und versuchen, die Wirkung dieses Programms zu verstehen.)

Wir wollen jetzt mit Hilfe des Zuweisungsaxioms und der Kompositionsregel dieses Programm analysieren. Dabei nehmen wir uns die Freiheit, die Anwendungen der Kompositionsregel einfach dadurch zu realisieren, daß wir die entsprechend errechneten Vor- und Nachbedingungen zwischen die Anweisungen schreiben. Wie üblich, führen wir außerdem zwei Hilfsbezeichnungen A und B für die Anfangswerte von x und y ein.

$$\{x = A, \quad y = B\}$$
$$x \leftarrow x + y$$
$$\{x = A+B, \quad y = B\}$$
$$y \leftarrow x - y$$
$$\{x = A+B, \quad y = A+B-B = A\}$$
$$x \leftarrow x - y$$
$$\{x = A+B-A = B, \quad y = A\}$$

Das Programm vertauscht also einfach die Werte von x und y; das heißt, es ist gleichwertig zu dem Programm

$$\langle x, y \rangle \leftarrow \langle y, x \rangle .$$

(Vorsicht! Bei reellen Zahlen klappt der Trick nicht, wenn B viel kleiner ist als A, da dann wegen der Rundungsprobleme gilt: $A \pm B = A$. Bei ganzen Zahlen könnten entsprechende Probleme durch eine Überschreitung des Zahlbereichs auftreten.)

7.2.5 Parallele Komposition

Wenn zwei Anweisungen weitgehend unabhängig voneinander sind, braucht man nicht unbedingt die eine vor der anderen auszuführen; man kann sie auch beide *gleichzeitig* stattfinden lassen. In diesem Fall nennt man die Anweisungen **parallel** (oder auch **nebenläufig**). Wir verwenden für diese Kompositionsform das Symbol '$\|$' zusammen mit den speziellen Klammersymbolen '$[\![$' und '$]\!]$'. In der Konstruktion

$$[\![\, s \leftarrow sin(x) \; \| \; c \leftarrow cos(x) \,]\!] ; \; t \leftarrow (s \,/\, c)$$

werden also der Sinus und der Cosinus von x parallel berechnet, und danach wird durch Division der Tangens bestimmt[1]. Bei diesem Trivialbeispiel liefert allerdings die parallele Komposition nichts wesentlich anderes als die simultane Zuweisung; der Grad der Parallelität läßt sich jedoch im allgemeinen noch verfeinern.

Wesentlich an solchen Beispielen ist, daß in keinem Zweig eine Variable verändert wird, die in einem anderen Zweig benutzt wird. Welche fatalen Folgen so etwas hätte, zeigt folgende Situation:

$$\llbracket \ x \leftarrow y \ \parallel \ y \leftarrow x \ \rrbracket$$

Da wir über die relativen Geschwindigkeiten bei der Auswertung der beiden Zweige nichts wissen, kann hier die Situation eintreten, daß zum Beispiel im rechten Zweig der Wert von x erst beschafft wird, nachdem er durch den linken schon geändert wurde. Dann hätten plötzlich beide Variable den gleichen Wert, und zwar den alten Wert von y. Im folgenden verlangen wir daher, daß solche Situationen nicht auftreten können.

Definition: Parallele Anweisungen heißen **konfliktfrei**, wenn in keinem Zweig Variable geändert werden, die auch in einem anderen Zweig vorkommen. □

Wirklich interessant wird Parallelität allerdings erst, wenn die Konfliktfreiheit verletzt wird, das heißt, wenn die Zweige miteinander interagieren. Dann benötigen wir jedoch zusätzliche sprachliche Ausdrucksmittel, auf die wir erst später näher eingehen können.

7.2.6 Bedingte Anweisung

Ebenso wie im applikativen Stil muß man auch bei imperativen Programmen die Möglichkeit haben, Anweisungen abhängig von gewissen Bedingungen auszuführen. Da die Situation hier völlig analog zum applikativen Fall ist (siehe Kapitel 4.3), beschränken wir uns nur auf die schlichte Alternative. Die Verallgemeinerung auf bewachte Anweisungen ist offensichtlich.

Das Maximum *max* zweier Zahlen x und y erhalten wir zum Beispiel durch folgendes kleine Programm

> **if** $x \geq y$ **then** *max* $\leftarrow x$
> **else** *max* $\leftarrow y$ **fi**

Der Vergleich mit der entsprechenden applikativen Fallunterscheidung zeigt die Analogie überdeutlich:

---

[1] Vorsicht! Jeder numerische Mathematiker würde dieses Berechnungsverfahren als Katastrophe empfinden; es ist nicht nur unnötig aufwendig, sondern liefert auch sehr ungenaue — oft sogar unbrauchbare — Ergebnisse.

$$max \leftarrow (\text{ if } x \geq y \quad \text{then } x$$
$$\text{else } y \quad \text{fi }).$$

Um mit einer solchen Anweisung eine gewünschte Nachbedingung Q zu erzielen, müssen wir sie offensichtlich in jedem Zweig einzeln erreichen können, jeweils unter Berücksichtigung der zugehörigen Bedingung B. Dies beschreibt die **Regel der Fallunterscheidung**:

$$\{ P \wedge B \} \; S_1 \; \{ Q \} \qquad \{ P \wedge \neg B \} \; S_2 \; \{ Q \}$$

$$\{ P \} \quad \text{if } B \text{ then } S_1 \text{ else } S_2 \text{ fi} \quad \{ Q \}$$

Zur Illustration betrachten wir wieder einmal die schlichte Aufgabe, das Maximum dreier Zahlen a, b, c zu bestimmen. Wenn wir statt mit eleganten bewachten Anweisungen (siehe Kapitel 4.3) nur mit den etwas plumperen Alternativen arbeiten können — zum Beispiel, weil unsere Programmiersprache nur diese anbietet —, dann helfen uns Zusicherungen, den Überblick zu bewahren. (Wie üblich drücken wir Anwendungen der Regeln einfach dadurch aus, daß wir die Zusicherungen in das Programm einfügen.)

```
if  a ≥ b
    then  { a ≥ b }
          if a ≥ c then  { a ≥ b ∧ a ≥ c }
                         max ← a
                         { max = a ∧ max ≥ b ∧ max ≥ c}
                   else  { a ≥ b ∧ c > a }
                         max ← c
                         { max = c ∧ max > a ∧ a ≥ b }
          fi
          { max ≥ a ∧ max ≥ b ∧ max ≥ c }
    else  { b > a }
          if b ≥ c then  { b > a ∧ b ≥ c }
                         max ← b
                         { max = b ∧ max > a ∧ max ≥ c }
                   else  { b > a ∧ c > b }
                         max ← c
                         { max = c ∧ max > b ∧ b > a }
          fi
          { max ≥ a ∧ max ≥ b ∧ max ≥ c }
fi
{ max ≥ a ∧ max ≥ b ∧ max ≥ c }
```

Natürlich haben wir hier neben den Regeln für Zuweisung und Fallunterscheidung auch arithmetische Regeln benutzt wie zum Beispiel $max > a \; \wedge \; a \geq b \; \Rightarrow \; max > b$.

Zugegeben, dieses aufgeblähte Programmstück sieht recht abschreckend aus. Es enthält aber genau die Information, die zu seiner Verifikation notwendig ist — und die beim Programmieren auch tatsächlich verwendet wird. Leider tendieren viele Programmierer jedoch dazu, das alles im Kopf nachzurechnen, was zu den entsprechenden Fehlern führt. Dabei ist das Aufschreiben solcher Verifikationsbedingungen allemal schneller als das Austesten der Programme — von der Zuverlässigkeit ganz zu schweigen!

7.2.7 Iteration

An dieser Stelle treffen wir auf eine wichtige Abweichung vom applikativen Stil. Während dort die wiederholte Anwendung eines Berechnungsmusters nur über den allgemeinen Rekursionsmechanismus erreicht wird, hat man bei imperativen Sprachen einen Spezialfall ausgezeichnet, nämlich die *repetitive Rekursion*. Motiviert durch die einfache Verständlichkeit (und auch durch die einfache Realisierbarkeit in gängigen Maschinen) haben fast alle imperativen Sprachen Konstruktionen der Bauart

while B **do** S **od,**   **do** S **until** B **od**   etc.

Im ersten Fall wird die Anweisung S so lange ausgeführt, wie die Bedingung B erfüllt ist. Genauer: Zuerst wird B getestet; falls der Wert *true* ist, wird S ausgeführt; dann wird wieder B getestet; etc. Dies wird durch folgende Äquivalenz präziser beschrieben:

while B **do** S **od** $\equiv$ **if** B **then** S ; **while** B **do** S **od**
                 else nop   **fi** .

Im zweiten Fall wird S ausgeführt, bis B zum ersten Mal erfüllt ist. Die Beziehung zwischen beiden Formen wird also durch folgende Äquivalenz präzisiert:

do S **until** B **od** $\equiv$ S ; **while** $\neg B$ **do** S **od** .

Ein Hauptunterschied besteht also in der Behandlung des Sonderfalles, in dem die Bedingung B von vornherein *nicht* erfüllt ist. Bei der **while**-Schleife wird S dann gar nicht ausgeführt, weshalb man auch von „abweisender Schleife" spricht. Bei der **until**-Schleife dagegen wird S auf jeden Fall mindestens einmal ausgeführt, weshalb man auch von „nicht-abweisender Schleife" spricht.

Eine manchmal ganz praktische Hybridform ist die sogenannte „$(n+\frac{1}{2})$-Schleife", die folgendermaßen erklärt ist:

do S_1; **on** B **exit**; S_2 **od** $\equiv$ S_1 ; **while** $\neg B$ **do** S_2 ; S_1 **od** .

Diese Hybridform tritt typischerweise in Situationen folgender Bauart auf:

do *«lies nächsten Satz von der Datei»* ;
  on *«Dateiende erreicht»* **exit** ;
  «verarbeite gelesenen Satz»
od .

Das wird jedoch nur durch den häßlichen Umstand erzwungen, daß man in den meisten Programmsystemen das Ende einer Datei nur dadurch entdecken kann, daß man eine Leseoperation versucht. Ansonsten könnte man das viel klarere Programm schreiben

while *«Datei nicht zu Ende»*
do *«lies nächsten Satz von der Datei»* ;
  «verarbeite gelesenen Satz»
od .

Nach diesem abstrakten Vorspiel wollen wir jetzt zwei kleine Beispiele betrachten. Dazu nehmen wir Aufgaben, für die wir in Kapitel 5 schon rekursive Funktionen entwickelt haben.

Beispiel 1: Wir betrachten unsere Funktion zur „schnellen Multiplikation" aus Kapitel 5.4. (Zur Erinnerung: Diese Funktion war der Ausgangspunkt für die Entwicklung des Multiplizierwerks.)

$$fm\,(\,MD,\ MR,\ AC\,)$$

$$\equiv \textbf{if}\ \ MR = 0$$
$$\textbf{then}\ \ AC$$
$$\square\ \ MR > 0 \wedge even\,(\,MR\,)$$
$$\textbf{then}\ \ fm\,(\,dup\,(\,MD\,),\ half\,(MR\,),\ \ AC\,)$$
$$\square\ \ MR > 0 \wedge odd\,(\,MR\,)$$
$$\textbf{then}\ \ fm\,(\,dup\,(\,MD\,),\ half\,(MR\,),\ MD\,+\,AC\,)$$
$$\textbf{fi}$$

Der Aufruf *fm* (*A, B*, 0) liefert dann als Ergebnis gerade das Produkt $A * B$.

Da die Funktion repetitiv ist, läßt sich aus ihr sofort ein iteratives Programm ableiten[1]: Dabei geht man folgendermaßen vor: Die Parameter der Funktion *fm* werden zu Variablen; die nicht-rekursiven Zweige der Fallunterscheidung werden zu den Abbruchkriterien der Schleife; die Argumentausdrücke in den rekursiven Aufrufen werden zu den Zuweisungen im Schleifenrumpf.

---

[1] Es gibt einen sehr rigorosen Ansatz zur formalen Entwicklung von Programmen, der unter dem Stichwort „Programmtransformation" bekannt geworden ist. Dort werden solche Übergänge sehr präzise definiert. Wir begnügen uns hier mit einem mehr intuitiven Zugang.

```
var AC, MD, MR : int ;
[ AC ← 0 ‖ MD ← A ‖ MR ← B ] ;
while MR ≠ 0
do
    if even(MR)  then [ MD ← dup(MD) ‖  MR ← half(MR) ]
    □ odd(MR)   then AC ← MD + AC ;
                     [ MD ← dup(MD) ‖  MR ← half(MR) ]
    fi
od
```

Selbstverständlich hätten wir anstelle der parallelen Anweisungen auch schlicht simultane Zuweisungen wie

$$\langle\ MD,\ MR\ \rangle\ \leftarrow\ \langle\ dup(MD),\ half(MR)\ \rangle$$

nehmen können. Die parallele Form drückt jedoch etwas besser die Unabhängigkeit der Operationen auf den beiden Registern aus. □

Beispiel 2: In Kapitel 5.1 hatten wir eine Funktion zur Berechnung der Quadratwurzel entwickelt.

```
def sqrt ( a ) ≡ Iter ( x₀, a )
                where
                x₀  ≡  0.5 * a ,
```

```
def Iter (xalt, a) ≡ if  xneu =ε xalt  then  xalt
                     □   xneu ≠ε xalt  then  Iter ( xneu, a ) fi
                     where
                     xneu ≡ 0.5 * ( xalt + ( a / xalt ) ) .
```

Diese Lösung läßt sich unmittelbar in eine iterative Lösung übertragen, wobei die Variable x die Rollen von x_0 und $xalt$ übernimmt:

```
var x , xneu : real ;
x ← 0.5 * a ;
do xneu ← 0.5 * ( x + ( a / x ) ) ;
   on xneu =ε x  exit ;
   x ← xneu
od .
```

Dieses Beispiel illustriert außerdem, daß die „$(n+\frac{1}{2})$-Schleife" in der Tat bequem sein kann. Allerdings erschwert sie im allgemeinen das Verständnis etwas. □

Wie bei allen unseren bisherigen Konstrukten sollten wir auch für die Iteration die zugehörige **Regel der Wiederholungsanweisung** angeben.

$\{\ P \wedge B\ \}\quad S\quad \{\ P\ \}$
$\{\ P\ \}\quad$ **while** B **do** S **od** $\quad\{\ P \wedge \neg B\ \}$

Hier wird also verlangt, daß P durch die Ausführung des Schleifenrumpfs nicht zerstört wird. P heißt deshalb auch **Invariante** der Schleife.

Beim Programmieren mit Schleifen ist es die entscheidende Kunst, jeweils die richtigen Invarianten zu finden. *(Der Leser, der dies nicht glaubt, möge jetzt kurz versuchen, für unsere beiden Beispiele die Invarianten anzugeben.)*

Im Multiplikationsbeispiel ist es nicht überraschend, daß die Invariante gerade

$$\{ AC + MD * MR = A * B \}$$

lautet. Dies ist nämlich nichts anderes als der grundlegende Zusammenhang, den die rekursive Funktion ausdrückt. Um dies etwas genauer zu sehen, reichern wir das obige Programm jetzt noch um die entsprechenden Zusicherungen an:

```
var AC, MD, MR : int ;
⟦ AC ← 0 ∥ MD ← A ∥ MR ← B ⟧ ;
{ AC + MD * MR = A * B }
while MR ≠ 0
do { AC + MD * MR = A * B  ∧  MR ≠ 0 }
      if even(MR)  then ⟦ MD ← dup(MD) ∥ MR ← half(MR) ⟧
      ☐ odd(MR)   then AC ← MD + AC ;
                        ⟦ MD ← dup(MD) ∥ MR ← half(MR) ⟧
      fi
      { AC + MD * MR = A * B }
od
{ AC + MD * MR = A * B  ∧  MR = 0 }
```

(Der interessierte Leser möge sich überzeugen, daß die if-Anweisung in der Tat die Zusicherung erhält.)

Beim zweiten Beispiel ist die Invariante im wesentlichen

$$\{ \, | \sqrt{a} - xneu \, | \leq | \sqrt{a} - x \, | \, \} \, ,$$

also genau die Konvergenzeigenschaft. (Um das zu beweisen, benötigen wir allerdings die entsprechende Mathematik von I. Newton.) Auch hier ist somit die Invariante im Grunde nichts anderes als die zugehörige rekursive Funktion.

Das zeigt uns einen generellen Zusammenhang: Wenn wir eine repetitive Funktion haben, kennen wir auch die Invariante der zugehörigen Schleife; und wenn wir die Invariante einer Schleife kennen, haben wir auch die rekursive Funktion gefunden. (Wie die obigen Beispiele illustrieren, ist dies in praktischen Anwendungen aber oft schwerer in die Tat umzusetzen, als es hier abstrakt klingt. Wir werden aber noch hinreichend Gelegenheit haben, diese Techniken an konkreten Beispielen zu erleben.)

7.2.8 Prozeduren

Es sollte nicht überraschen, daß es für die imperative Programmierung das gleiche Prinzip der Parametrisierung gibt wie für die applikative Programmierung. Nur spricht man jetzt statt von Funktionen von **Prozeduren** und erlaubt Variable als Parameter. (Die Funktionen selbst bleiben uns natürlich in imperativen Sprachen neben den Prozeduren auch erhalten.)

Auf diese Weise kann man zum Beispiel das Vertauschen zweier Variablen allgemein formulieren

prc *exch* : **var** *real* × **var** *real*
def *exch* (*u, v*) ≡ ⟨ *u, v* ⟩ ← ⟨ *v, u* ⟩.

Beachte, daß Prozeduren keine Ergebnisse mehr haben; ihr Effekt besteht in der Veränderung ihrer Parametervariablen.

Es müssen nicht unbedingt alle Parameter Variable sein, wie das folgende Beispiel zeigt:

prc *incr* : **var** *int* × *int*
def *incr* (*v, a*) ≡ *v* ← *v* + *a* .

Aufrufe von Prozeduren sehen genauso aus wie die Aufrufe von Funktionen, also zum Beispiel

exch (*x, y*)   oder   *incr* (*index,* 1) .

Bei der Ausführung eines solchen Aufrufs werden die aktuellen Variablen für die Parametervariablen eingesetzt und die Werte der anderen Argumentausdrücke für die Wertparameter. Der Aufruf

incr (*index,* 5–4)

ist also gleichwertig zu der Anweisung

index ← *index* + 1 .

In Analogie zu Funktionen geben wir auch für Prozeduren Spezifikationen mit Vor- und Nachbedingungen in einer Form an wie:

spc *incr* (*v, a*):
    pre   *v* = *N*
    post *v* = *N* + *a*

(wobei wir wieder den Trick verwenden, für den Anfangswert von *v* bei Bedarf einen neuen Namen einzuführen[1]). Die so spezifizierten Vor-

---

[1] In manchen Sprachen verwendet man alternativ auch Bezeichnungen wie v_{in} und v_{out}; in dieser Notation hätten wir „**pre** *true*" und „**post** $v_{out} = v_{in} + a$".

und Nachbedingungen können wir selbstverständlich in der Prozedurdefinition übernehmen:

def $incr(v, a) \equiv \{v = N\} \quad v \leftarrow v + a \quad \{v = N + a\}$.

Damit läßt sich dann die Korrektheit der Prozedurdefinition (bezüglich der Spezifikation) beweisen.

Ebenso übertragen sich die Vor- und Nachbedingungen aus der Spezifikation auf die Aufrufstellen der Prozedur; zum Beispiel:

$\{index = N\} \quad incr(index, 1) \quad \{index = N + 1\}$.

Das kommt im **Axiom für den Prozeduraufruf** zum Ausdruck:

> Bei einer Prozedur mit der Spezifikation
>
> **spc** $r(x, a)$:
>
> **pre** P
>
> **post** Q
>
> gilt für Aufrufe die Beziehung:
> $\{a = E \wedge P[v/x]\} \quad r(v, E) \quad \{Q[v/x]\}$

(Wir können hier nicht einfach in Q den Ausdruck E textuell für a substituieren, da E die Variable v enthalten könnte, die sich ja geändert hat.)

7.2.9 Rekursion

Bei den Funktionen war der entscheidende Schritt von trivialen Beispielen zu sinnvollen Algorithmen die Einführung der Rekursion. Das Gleiche gilt natürlich auch für Prozeduren. Da wir im Zusammenhang mit Funktionen bereits eine ziemlich detaillierte Analyse der semantischen Definition von Rekursion mittels Fixpunkten vorgenommen haben, können wir uns jetzt darauf beschränken, die Situation bei Prozeduren einfach durch Analogie zu begreifen. Als illustrierendes Beispiel wählen wir dazu einen „Klassiker" der Branche, nämlich die „Türme von Hanoi".

Beispiel: Der Legende nach sind die Mönche von Hanoi seit Äonen damit beschäftigt, 64 goldene Scheiben Stück für Stück von einem Turm auf einen anderen zu legen, wobei sie nie mehr als eine Scheibe auf einmal tragen können. Die Scheiben haben alle unterschiedliche Größe, und niemals darf eine größere auf einer kleineren liegen. (Natürlich wäre die Aufgabe nicht lösbar ohne einen dritten Turm, den die Mönche mitbenutzen dürfen.) Und wenn die Mönche endlich mit ihrer Arbeit fertig sind, ist — so sagt die Legende — das Ende der Zeiten erreicht. In den alten Schriften des Klosters findet sich eine Arbeitsanleitung von den alten Weisen, nach der die Mönche seit Generationen ihre Tätigkeit verrichten: „Traget zuerst alle Scheiben bis auf die unterste zu *dem Hilfsturm; zu diesem Zwecke bedienet Euch des gleichen Verfahrens wieder. Dann könnt Ihr die letzte Scheibe zu ihrem Ziele tragen. So dies getan ist, holet die anderen Scheiben von dem Hilfsturm und bringet sie zu ihrem Ziele; und auch hierzu könnt Ihr wieder die nämliche Methode verwenden."*

Die folgenden Bilder illustrieren die Grundidee dieses Verfahrens:

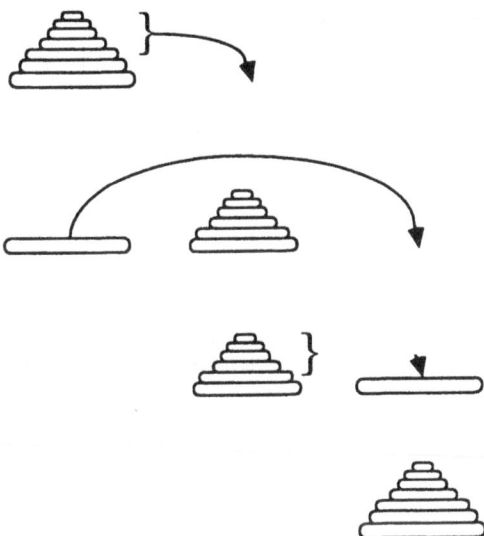

Der alte Klostertext bedarf einer scharfsinnigen Exegese, damit die Mönche keine Fehler machen. So verschweigt er zum Beispiel, daß beim Transport der oberen Scheiben zum und vom Hilfsturm der jeweils verbleibende Turm als Zwischenlager herhalten muß. Wären die alten Weisen schon Informatiker gewesen, so hätten sie ihren Rat natürlich viel präziser formulieren können, etwa so:

prc *hanoi*: *int* $\times$ **var** *tower* $\times$ **var** *tower* $\times$ **var** *tower*
def *hanoi* (*n* from: A via: B to: C)
$\quad \equiv$ **if** $n = 0$
$\qquad$ **then** **nop**
$\qquad$ **else** *hanoi* ($n{-}1$ from: A via: C to: B) ;
$\qquad\qquad$ *moveDisc* (from: A to: C) ;
$\qquad\qquad$ *hanoi* ($n{-}1$ from: B via: A to: C) **fi** .

Wir lassen hier offen, wie Objekte der Sorte *tower* tatsächlich aussehen. (In späteren Kapiteln werden wir dafür Möglichkeiten kennenlernen.) Außerdem nehmen wir uns die Freiheit, zur besseren Lesbarkeit die Parameter und Argumente nicht nur durch ihre Position, sondern auch durch zusätzliche Schlüsselwörter wie „from" und „via" zu kennzeichnen[1].

Nachtrag für interessierte Leser: Zwei Fragen drängen sich hier auf. Erstens: Wie schaffen es die Mönche, über den Stand ihrer Arbeit so Buch zu führen, daß sie immer wissen, was als nächstes zu tun ist? Und zweitens: Wann werden wir das Ende der Zeiten erreicht haben?

Die Buchhaltung haben die Mönche sicher dadurch gelöst, daß sie uns — wie so viele kulturelle Errungenschaften — auch die Idee der Formularmaschine (siehe Kapitel 6) voraus hatten. Allerdings könnte es auch sein, daß sie lange nachgedacht haben und so auf eine einfachere Arbeitsanleitung gestoßen sind. Und wenn sie Informatiker gewesen wären, hätten sie diese wohl so aufgeschrieben (wobei gelte: $next(A) = B$, $next(B) = C$, $next(C) = A$):

```
def hanoi´ ( from: A  via: B  to: C )
  ≡ var t : tower ;   t ← A ;
     while «noch nicht alle Scheiben auf C»
        do  «trage kleinste Scheibe von t nach next(t)» ;
            «trage (die einzig mögliche) andere Scheibe
              auf den (einzig möglichen) anderen Turm» ;
            t ← next(t)
  od  .
```

Diese Vorschrift zu befolgen ist offensichtlich viel einfacher. Aber ist sie auch korrekt[2]?

Was die zweite Frage angeht, so können wir noch beruhigt schlafen. Es ist hier nämlich genauso wie bei jener berühmten anderen Legende mit dem Schachbrett, bei dem aufs erste Feld ein Reiskorn zu legen ist, aufs zweite zwei Reiskörner, aufs dritte vier, aufs vierte acht, … und so weiter. Die Zahl der benötigten Reiskörner ist dann größer als die Zahl der Atome im Universum — und ebenso oft müssen unsere Mönche Scheiben tragen. □

Dieses Beispiel ist eine erste Illustration für die Tatsache, daß bei gewissen Anwendungen Rekursion durchaus „natürlicher" sein kann als Iteration. Es gibt sogar Probleme, für die iterative Lösungen nicht nur schwerer zu finden sind als rekursive, sondern nicht einmal existieren (wie in der sogenannten „Berechenbarkeitstheorie" — einem Zweig der mathematischen Logik — gezeigt wird).

---

[1] Einige Programmiersprachen sehen diese Möglichkeit tatsächlich vor, zum Beispiel Ada, gewisse LISP-Dialekte und eine Reihe von sogenannten Assemblersprachen.

[2] Durch „Nachspielen" macht man sich das relativ schnell intuitiv klar; ein echter Beweis verlangt aber sehr viel mathematischen Aufwand.

7.2.10 Strukturierung des Zustandsraums: Lokale Variable und Module

Wir haben schon bei der Einführung unserer applikativen Sprache festgestellt, daß man Deklarationen nicht einfach „frei in die Landschaft" schreiben sollte. Dies gilt natürlich ebenso für unsere imperativen Sprachkonstrukte. Aus diesem Grund erweitern wir zunächst die „Strukturen" aus Kapitel 4.6 in der offensichtlichen Weise, indem wir neben Funktionsdefinitionen auch Prozedurdefinitionen zulassen.

Ein neuer Aspekt sind jetzt jedoch die Variablen. Wo sollen wir diese deklarieren? Die Antwort: „wo immer sie im Programm gebraucht werden" ist sicher keine sonderlich gute Strukturierungshilfe[1]. Besser ist es schon, ihnen ausgezeichnete Stellen im Programmtext zuzuweisen, und zwar so, daß ein inhaltlicher Zusammenhang zu ihrem Gebrauch besteht.

Dies legt nahe, Variable in den Prozeduren zu deklarieren, in denen sie gebraucht werden. Betrachten wir zum Beispiel die Prozedur *exch* zum Vertauschen zweier Variablen. Wenn wir — wie es in vielen Sprachen der Fall ist — keine simultane Zuweisung verwenden dürfen, brauchen wir im allgemeinen eine Hilfsvariable. Und diese wird sinnvollerweise in der Prozedur *exch* eingeführt.

$$\textbf{def } exch \ (u, v) \equiv \textbf{var } h : real;$$
$$h \leftarrow u; \ u \leftarrow v; \ v \leftarrow h \ .$$

Wir sprechen in diesem Fall von einer (prozedur-)**lokalen Variablen**, da sie außerhalb der Prozedur „nicht sichtbar" ist. Die gleiche Möglichkeit haben wir natürlich auch bei Funktionen, was zu interessanten Mischformen zwischen applikativem und imperativem Stil führen kann.

Bei rekursiven Funktionen und Prozeduren gilt dann übrigens, daß jede Inkarnation ihre eigenen lokalen Variablen besitzt — was den bedeutsamen Effekt hat, daß der Zustandsraum eines Programms „dynamisch wachsen" kann.

Neben dieser „Strukturierung im Kleinen" können wir den Zustandsraum eines Programms aber auch in größere Einheiten aufteilen. Diese „Strukturierung im Großen" hat wichtige methodische Aspekte im Software Engineering.

Damit wollen wir unsere kurze Einführung in den imperativen Programmierstil vorläufig abschließen. Wir haben versucht, uns auf die wesentlichen Konzepte zu beschränken. Daher sind eine ganze Reihe von

---

[1] Ältere Sprachen wie FORTRAN, PL/1 oder ALGOL gehen zumindest teilweise nach diesem Prinzip vor.

Variationen und Komplikationen, die in realen Sprachen anzutreffen sind, unberücksichtigt geblieben. Dazu gehören zum Beispiel „globale Variable" in Prozeduren, also Variable, die weder unter den Parametern aufgeführt sind noch in der Prozedur selbst „lokal" eingeführt werden, sondern die direkt aus dem umgebenden Programmtext stammen. Ebenso fehlen „Prozeduren mit Ergebnis", eine Hybridform zwischen Funktionen und reinen Prozeduren, die in vielen Sprachen vorgesehen ist. Beide Konzepte dienen vorwiegend nur der notationellen Bequemlichkeit; sie öffnen aber die Pandorabüchse der sogenannten Seiteneffekte — eine Programmiersituation, die extrem fehlerträchtig ist. Aus den gleichen Gründen haben wir auch darauf verzichtet, weitere Spezialformen von Schleifen vorzusehen, insbesondere die sogenannte Zählschleife, die in vielen Sprachen noch die historische Dominanz der numerischen Anwendungen widerspiegelt.

7.3 Computer als Zustandsmaschinen

Nahezu alle gängigen Rechner, die wir heute auf dem Markt finden, sind nach einem Schema konstruiert, das auf den amerikanischen Mathematiker John von Neumann zurückgeht (weshalb man auch von der Klasse der „Von-Neumann-Rechner" spricht) — und dieses Schema stellt im Prinzip einen endlichen Automaten dar. Allerdings darf man sich das nicht so vorstellen, daß hier irgendwelche Übergangsdiagramme entworfen und dann unmittelbar in Hardware umgesetzt werden. Es bedarf vielmehr eines gewaltigen Abstraktionsprozesses, um die Automatenstruktur hinter diesen Maschinen tatsächlich zu entdecken. (Genau genommen ist es eigentlich eine Hierarchie von endlichen Automaten.)

7.3.1 Endliche Automaten

> *„Die Automatentheorie ist eine mathematische Theorie, die sich Verdienste um die Begriffsbildung und um die Aufdeckung der prinzipiellen Möglichkeiten erwarb."*
>
> P. Deussen

Die zentrale Frage bei der zustandsorientierten Sicht ist offensichtlich die Festlegung der betrachteten Objekte und ihrer Zustandsmengen. Im vorigen Kapitel hatten wir die Lösung betrachtet, die in den meisten (imperativen) Sprachen hierfür gewählt wird: Als Objekte nehmen wir eine hinreichend große Menge von *Variablen* und als Zustände die möglichen *Werte* dieser Variablen.

Man kann aber auch ganz anders vorgehen und die Zustandsmenge explizit auflisten. Das kann zumindest dann Sinn machen, wenn diese

Menge nicht allzu groß ist. Dieses Konzept hat unter dem Namen *endliche Automaten* Eingang in viele Bereiche der Informatik gefunden.

Definition: Ein **endlicher Automat** umfaßt folgende fünf Komponenten[1]: Eine Menge S von Zuständen; eine Menge E von Eingabewerten und eine Menge A von Ausgabewerten; eine Zustandsübergangsfunktion $\tau : E \times S \rightarrow S$; eine Ausgabefunktion $\alpha : S \rightarrow A$. □

Solche Automaten werden entweder graphisch oder in der Form spezieller Matrizen dargestellt. Verwendung finden sie zum Beispiel in der Beschreibung von Prozeßsteuerungen oder der Erkennung von (einfachen) Sprachen. Auch in ganz „normaler" Software können endliche Automaten oft sehr gut zur Verarbeitung der Benutzereingabe eingesetzt werden, insbesondere bei Plausibilitätskontrollen.

Beispiel 1: Meine Stoppuhr hat zwei Tasten, eine rote zum normalen Stoppen und eine grüne, mit der man zusätzlich Zwischenzeiten ablesen kann, während die Uhr weiterläuft. Die genaue Funktionsweise kann aus folgendem Diagramm entnommen werden:

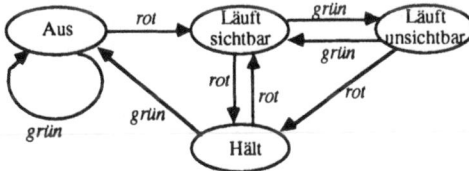

Eine einfache Stoppuhr

Das ist eine graphische Darstellung eines endlichen Automaten. Er hat die vier Zustände *'Aus'*, ..., *'Hält'* und das Eingabealphabet { *'rot'*, *'grün'*}. Die Zustandsübergangsfunktion τ ist implizit in den Pfeilen codiert. Das Ausgabealphabet und die zugehörige Ausgabefunktion α sind hier unterdrückt; sie stecken in der Ablesung der jeweiligen Zeigerstellung auf dem Ziffernblatt. □

Beispiel 2: Wir betrachten als nächstes eine — extrem vereinfachte — Robotersteuerung.

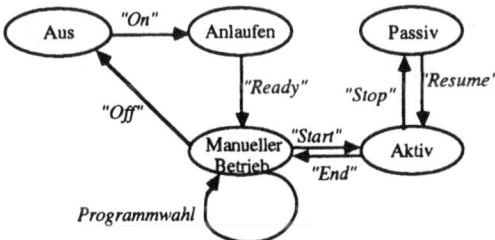

Eine einfache Robotersteuerung

---

[1] In der Literatur finden sich Varianten dieser Begriffsbildung.

129

Hier unterscheiden wir fünf Betriebszustände und ein einfaches Eingabealphabet von acht „Zeichen". Dabei fällt auf, daß wir unter dem Stichwort „Programmwahl" eine ganze Klasse von tatsächlichen Eingaben zu einem einzigen „Zeichen" abstrahiert haben. □

Beispiel 3: Als letzte unserer Illustrationen wollen wir uns ein Beispiel aus dem weiteren Bereich der „Spracherkennung" ansehen. Eine besonders einfache Situation, in der die Eingabe in einen Rechner auf ihre Legalität hin zu prüfen ist, liegt vor, wenn ein Benutzer sich im System anmeldet (*„login"*). Hier wird üblicherweise der Name zusammen mit einem geheimen Passwort erwartet.

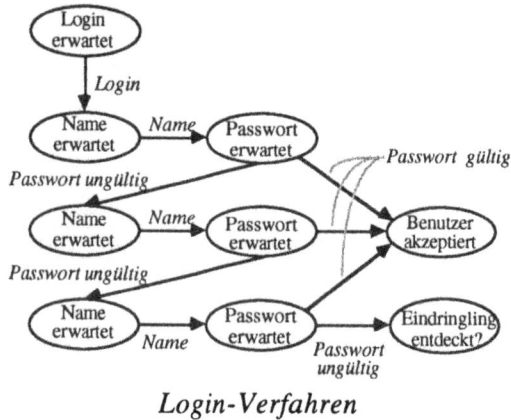

Login-Verfahren

Aus diesem Automaten ist insbesondere abzulesen, daß nach drei fehlerhaften Anmeldeversuchen ein Alarm ausgelöst wird, weil man dann einen illegalen Eindringversuch ins System befürchten muß.

Beachte, daß Zustände auch dann verschieden sind, wenn sie in der graphischen Darstellung gleich beschriftet sind. Der Automat hat also neun verschiedene Zustände.

Auch hier sehen wir wieder die Abstraktion, bei der viele mögliche Eingaben zu einer Klasse abstrahiert werden, die wir dann als „Zeichen" im Sinne der Automatendefinition auffassen. Und in der Übergangsfunktion τ stecken hier recht aufwendige Operationen verborgen, da zum Beispiel für die Pfeile 'Passwort gültig' bzw. 'Passwort ungültig' umfangreiche Systemaktivitäten notwendig werden wie etwa das Nachsehen im geheimen Benutzerkatalog etc. □

Wir sehen an diesen simplen Beispielen bereits zwei wichtige Aspekte bei der Verwendung von Automaten:

• Automaten, insbesondere wenn sie graphisch als Übergangsdiagramme repräsentiert werden, sind ein wichtiges Hilfsmittel, um Systeme anschaulich und präzise zu spezifizieren.

• Damit Automaten aber praktikable Werkzeuge werden, müssen essentielle Abstraktionen vorgenommen werden, sowohl was die

Alphabete als auch was die Zustände angeht. Denn nur bei einer relativ kleinen Zahl von Zuständen und Übergangspfeilen bleiben die Diagramme übersichtlich.

Insbesondere fällt bei den ersten beiden Beispielen (im Gegensatz zum dritten) auf, daß Zustände beileibe nichts statisches sein müssen. Gerade in der Prozeßsteuerung arbeitet man gerne mit „Betriebszuständen", ohne dadurch die Mathematik der Automaten zu verletzen.

Neben den Diagrammen verwendet man auch gerne eine Matrix-darstellung für Automaten, also etwa

	on	off	ready	PrW.	start	end	stop	resume
Aus	Anl.							
Anlaufen			Man.					
Manuell		Aus		Man.	Aktiv			
Aktiv						Man.	Pass.	
Passiv								Aktiv

Diese Form macht einen Aspekt noch deutlicher als die Diagramm-darstellung: Nicht alle Eingaben machen in allen Zuständen Sinn. Man muß deshalb bei diesem Automaten noch sagen, ob solche Eingaben zu ignorieren sind oder zu Fehlerabbruch führen sollen. Sonst ist die Programmspezifikation unvollständig.

Die programmiertechnische Umsetzung eines solchen Automaten ist übrigens recht einfach. Entweder man implementiert die Matrix unmittelbar im Rechner (mit Sprachmitteln, die wir noch kennenlernen werden) oder man setzt das Diagramm in ein System von Prozeduren (oder auch Funktionen) um, indem man im wesentlichen jeden Zustand zu einer Prozedur macht. Wenn wir ein bißchen mogeln und eine Pseudofunktion *NextSymbol* voraussetzen, die bei jedem Aufruf das jeweils „nächste" Eingabezeichen liefert, können wir dies sogar mit unseren bisherigen Sprachmitteln schon formulieren. Dann läßt sich etwa die Stoppuhr aus Beispiel 1 so programmieren:

```
def Aus
  ≡ s ← NextSymbol ;
    if  rot ( s )  then  LäuftSichtbar
    □ grün ( s ) then  Aus           fi

def LäuftSichtbar
  ≡ s ← NextSymbol ;
    if  rot ( s )  then  Hält
    □ grün ( s ) then  LäuftUnsichtbar fi
```

etc.

Endliche Automaten sind natürlich eine sehr abstrakte, mathematische Vision von Maschinen — und insofern sind sie den anderen abstrakten Maschinen sehr verwandt, die wir früher bereits zur Definition von Semantik herangezogen hatten. Während die letzteren aber nur als Fiktion existieren, ist dies bei den endlichen Automaten anders: Exemplare dieser Gattung gibt es wirklich, konkret gebaut aus Silizium und Metallen. Denn letztlich folgen alle unsere gegenwärtigen Hardwaredesigns mehr oder weniger offensichtlich der Automatenidee. Diesen Zusammenhang wollen wir im folgenden etwas näher beleuchten.

7.3.2 Speichernde Hardware-Elemente

Zunächst wollen wir sehen, wie sich der fundamentale Zustandsbegriff auf der untersten Hardwareebene wiederfindet (getreu unserer These, daß es zwischen Software und Hardware mehr Gemeinsamkeiten als Unterschiede gibt). Deshalb beschäftigen wir uns im folgenden wieder ein bißchen mit Technik.

Wir haben in früheren Kapiteln bereits einige Grundelemente elektronischer Schaltungen gesehen. Dazu gehören die Realisierungen von Booleschen Verknüpfungen mittels geeigneter Transistorschaltungen ebenso wie komplexere Schaltnetze zur Realisierung arithmetischer Operationen. All diesen Beispielen war aber gemeinsam, daß sie Schalt*netze* waren, bei denen die Ausgangswerte ausschließlich von den aktuellen Eingangswerten abhängen und nicht von früheren Eingaben. Schaltnetze sind also — bis auf die unvermeidlichen Schaltverzögerungen — von der Zeit unabhängig, sie haben kein „Gedächtnis".

Um diesem offensichtlichen Mangel abzuhelfen, müssen wir also elektronische Schaltungen finden, die ihre Werte über einen gewissen Zeitraum hinweg erhalten können. Mit anderen Worten, wir benötigen *elektronische Realisierungen von Objekten mit Zuständen*. Diese bezeichnen wir dann als **Schaltwerke**.

Das Grundkonzept einer solchen Schaltung stellt das sogenannte **Flipflop** dar. Der wesentliche Trick dabei besteht darin, daß zwei **nor**-Schaltungen geeignet mit Rückkopplungsschleifen verbunden werden. (Unsere folgende Darstellung ist stark simplifizierend; aus technischen Gründen sind reale Schaltungen etwas komplexer aufgebaut.)

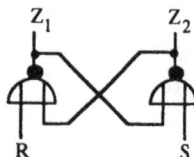

Prinzipschaltbild eines Flipflops

Diese Schaltung, die man *RS-Flipflop* nennt, hat zwei Eingänge S und R (für „Set" und „Reset") und zwei Ausgänge Z_1 und Z_2. Um die Funktionsweise zu verstehen, betrachten wir die möglichen Eingangskombinationen: Wenn ein „*Set*-Signal" gegeben wird (also $S = 'L'$ und $R = 'O'$), dann wird $Z_2 = 'O'$ und dementsprechend $Z_1 = 'L'$. Wenn dagegen ein „*Reset*-Signal" kommt, ist es aus Symmetriegründen offensichtlich umgekehrt. Wenn weder S noch R ein Signal tragen, bleiben Z_1 und Z_2 unverändert. Der letzte Fall schließlich, daß sowohl S als auch R gleichzeitig den Wert 'L' haben, führt zu einer instabilen Situation. (Dieser Fall muß also durch weitere technische Maßnahmen ausgeschlossen werden, auf die wir hier jedoch nicht weiter eingehen.)

Beachte außerdem, daß die beiden Ausgänge immer in der Beziehung $Z_1 = \neg Z_2$ stehen. Ein solches Flipflop hat also nur zwei mögliche Zustände — eine Größenordnung, die leicht mit der Technik der endlichen Automaten beherrschbar ist. Also beschreiben wir die Funktionsweise des obigen Flipflops am besten durch einen solchen Automaten.

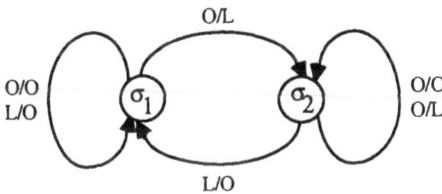

Zustandsdiagramm des RS-Flipflops

Der Zustand σ_1 repräsentiert die Wertekombination $Z_1 = 'L'$, $Z_2 = 'O'$, und der Zustand σ_2 die entgegengesetzte Kombination. Als mögliche Eingabewerte haben wir gerade die drei legalen Signalkombinationen von S und R. (Da die vierte Kombination 'L/L' in keinem Zustand vorgesehen ist, ist sie als „fehlerhafte Eingabe" charakterisiert.)

Eine mögliche elektrotechnische Realisierung dieser Schaltung mit Hilfe von Transistoren erhalten wir, indem wir die **nor**-Schaltung (aus Kapitel 2.6) verdoppeln und mit den entsprechenden Rückkopplungsschleifen versehen; allerdings simplifizieren wir auch hier wieder aus Gründen der leichteren Verständlichkeit die tatsächlich notwendigen technischen Komplikationen.

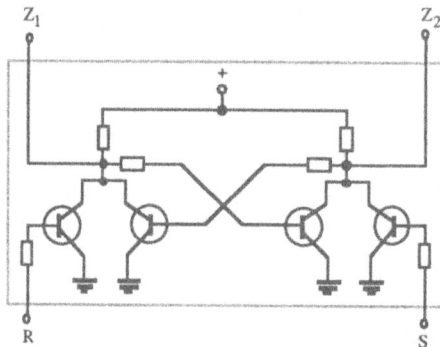

Elementare Flipflop-Schaltung

Diese Art von Flipflops sind *statische* Speicherelemente, da die Information erhalten bleibt, solange sie nicht durch explizite Signale bei R oder S verändert wird. Ein Nachteil ist jedoch, daß immer an Z_1 bzw. Z_2 Spannung anliegt, was zu kontinuierlichen Ruheströmen führen kann. Die Folge davon sind hohe Leistungsaufnahme und eine entsprechend starke Erwärmung.

Diese Nachteile werden bei *dynamischen* Speicherelementen vermieden. Ein Beispiel für diese Klasse liefert die folgende Schaltung, die man auch *Latchschaltung* nennt:

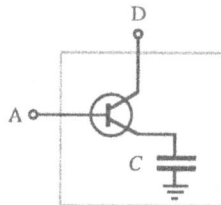

Einfache Latchschaltung

Die Information wird hier durch die Ladung eines Kondensators repräsentiert. Wenn die Speicherzelle durch einen Impuls auf der Adreßleitung A angesprochen wird, dann kann auf der Datenleitung D der Zustand des Kondensators erkannt werden. Denn wenn der Kondensator eine Ladung trägt, dann fließt diese über den Transistor ab und erzeugt so einen Impuls auf D. Zum Schreiben muß man umgekehrt gleichzeitig mit der Adreßleitung A einen Impuls auf die Datenleitung D geben (bzw. nicht geben), um den Kondensator zu laden (bzw. zu löschen).

Der Nachteil dieser Konstruktion ist, daß beim Lesen die Information vernichtet wird. Man muß also dafür sorgen, daß nach jedem Lesevorgang sofort die Information wieder zurückgeschrieben wird — zumindest wenn sie 'L' war. Aus diesem Grund hat dieser Typus von

Speicherzellen deutlich langsamere Zugriffszeiten als statische Speicher (etwa in der Größenordnung 200 nsec gegenüber 50 nsec).

Eine Besonderheit stellen noch die sogenannten *Read-only Memories* (*ROM*) dar. Hier wird bei der Herstellung der Zelle eine zerstörbare Verbindung mit Hilfe einer Ätzmaske aufgetrennt oder intakt gelassen. Im ersten Fall wird auf der Datenleitung D immer *'O'* gelesen, wenn die Zelle über die Adreßleitung A angesprochen wird, im zweiten Fall wird immer *'L'* gelesen.

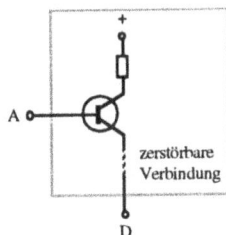

ROM-Schaltung

Als Variante davon gibt es auch noch die Möglichkeit, die Verbindung nicht endgültig zu zerstören sondern sie — z.B. mit UV-Licht — temporär zu blockieren und bei Bedarf wiederherzustellen. Diese Art von Speichern nennt man *EPROM* (*erasable programmable read-only memory*).

Diese elementaren Beispiele (aus der unüberschaubaren Fülle der heute technisch gebräuchlichen Schaltungsvarianten) zeigen, daß die Idee der „Objekte mit Zuständen" sich ganz natürlich auf der untersten Hardwareebene wiederfindet. Und von da aus können wir das Konzept dann schrittweise zu immer größeren Einheiten weiterentwickeln.

7.3.3 Register

Mit Hilfe von Flipflops (oder vergleichbaren Schaltungen) erhalten wir *bistabile Speicherelemente*, die zu genau zwei Zuständen fähig sind. Mit anderen Worten, wir können in solchen Zellen gerade ein Bit speichern.

Nun liegt es nahe, solche elementaren Speicherelemente zu größeren Gruppen zusammenzufassen. Wir erhalten dann sogenannte **Register**. Diese bestehen in heutigen Rechnern meist aus 32 (oder zumindest 16) miteinander verbundenen Flipflops. Diese Anzahl ist — wie schon in Kapitel 3.4 erwähnt — die sogenannte *Wortlänge*, die für die jeweilige Maschine charakteristisch ist. Für die Verbindung gibt es zwei naheliegende Varianten: Die eine besteht darin, daß die einzelnen Komponenten eines Registers über parallele Leitungen mit den zugehörigen Schaltnetzen (etwa zur Addition oder Multiplikation) verbunden sind; wir sprechen dann von einem *Parallelregister*. Die andere Variante ist das sogenannte *Schieberegister*. Hier können die Inhalte der einzelnen Flipflops mit Hilfe von Taktimpulsen von links nach rechts (oder umgekehrt) durch das Register hindurchgeschoben werden. Neben diesen beiden Grundformen gibt es in der Praxis dann noch zahlreiche Variationen und Erweiterungen, bei denen insbesondere auch beide Konzepte vereinigt werden.

Beispiel: In Kapitel 5.4 hatten wir ein Multiplizierwerk entwickelt, das drei Register benutzt: *AC, MR* und *MD.*

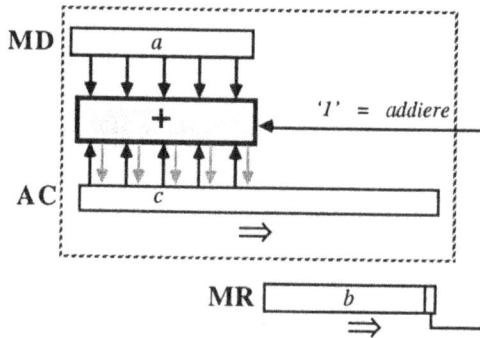

Multiplizierwerk

Dabei sind *AC* und *MD* parallel mit dem Addiernetz verbunden. Gleichzeitig sind *AC* und *MR* als Schieberegister ausgelegt, in denen die Information von links nach rechts durchfließen kann. □

Natürlich ist auch hier prinzipiell die Struktur eines endlichen Automaten gegeben, aber die Zahl der Zustände ist jetzt schon so exorbitant (in der Größenordnung $10^{12} - 10^{18}$), daß Darstellungen mit Übergangsdiagrammen oder ähnlichen Techniken sich von selbst verbieten.

7.4 Applikative und imperative Programmierung

Im Lager der Programmiermethodiker tobt seit Jahren ein Streit der Schulen. Die einen schwören auf die Überlegenheit der applikativen Programmierung und der mathematischen Eleganz ihrer rekursiven Funktionen, die anderen halten Schleifen und ihre Invarianten für den einzig gangbaren Weg aus der vielbeschworenen „Softwarekrise".

Dabei liegen die beiden Methoden gar nicht so weit auseinander. Zunächst läßt sich aus theoretischer Sicht jedes applikative Programm in ein imperatives Programm umrechnen und umgekehrt. Des weiteren gibt es aber, wie wir schon mehrfach an unseren Beispielen gesehen haben, einen intimen Zusammenhang zwischen rekursiven Funktionen und den Invarianten der entsprechenden Schleifen: Beide stimmen im wesentlichen überein. Diese Verwandtschaft reicht noch weiter. Wenn man in der Literatur die Entwicklung von applikativen Programmen vergleicht mit der Entwicklung der entsprechenden imperativen Programme nach der Invariantenmethode, so entdeckt man schnell, daß genau die gleichen Schritte vollzogen werden mit den gleichen Begründungen und den gleichen Beweisen. Nur die Notation ist verschieden.

Man mag nun sagen, daß dies alles nur theoretische Spielerei sei. Doch steckt in diesen Überlegungen auch eine wichtige Erkenntnis für die Praxis: Wir können nämlich für jede Aufgabe zunächst den Programmierstil wählen, der uns für ihre Lösung am geeignetsten erscheint. Die Umformung in einen anderen Stil — sei es der Effizienz wegen, sei es zur Anpassung an vorhandene Sprachen — kann dann vollständig formal und mechanisch erfolgen. Und in der Forschung liegen auch schon experimentelle „Transformationssysteme" vor, mit denen sich solche Umformungen computerunterstützt durchführen lassen. (Ein Überblick findet sich in [7].)

Referenzen

[1]   Arsac, J.: Foundations of Programming. Academic Press, London 1985.

[2]   Bauer, F.L., Wössner, H.: Algorithmische Sprache und Programmentwicklung. Springer, Berlin 1984.

[3]   Coy, W.:Aufbau und Arbeitsweise von Rechenanlagen. Vieweg, Braunschweig 1988.

[4]   Deussen, P.: Halbgruppen und Automaten. Springer, Berlin 1971.

[5]   Dijkstra, E.W.: A Discipline of Programming. Prentice-Hall, Englewood Cliffs 1976.

[6]   Gries, D.: The Science of Programming. Springer, New York 1981.

[7]   Partsch, H., Steinbrüggen, R.: Program Transformation Systems. ACM Comp. Surveys 15 (1983), S. 199-236.

[8]   Oberschelp, W., Vossen, G.: Rechneraufbau und Rechnerstrukturen. Oldenbourg, München 1990.

[9]   Rembold, U. (Hrsg.): Einführung in die Informatik für Naturwissenschaftler und Ingenieure. Hanser, München 1987.

8. Anmerkungen zur objekt-
orientierten Programmierung

Jede Disziplin — vor allem wenn sie geldträchtig ist — hat ihre aktuellen Frühjahrsmoden. Und für die Informatik, die noch in ihren wissenschaftlichen Kinderjahren steckt, gilt dies in besonderem Maße; denn ihr fehlt es noch weitgehend an Standards, mit denen seriöse neue Denkansätze von cleveren Verkaufstechniken abzugrenzen wären.

Gerade wenn ein neues Stück der Kollektion Furore macht, ist es um so wichtiger, den Anteil der wirklich neuen Ideen sauber von den mit eingearbeiteten altbekannten Konzepten zu trennen. In letzter Zeit hat die Informatik einige dieser publikumswirksamen Verkaufsschlager erlebt, zu denen neben den Expertensystemen und den neuronalen Netzen als prominentestes Beispiel die sogenannte objektorientierte Programmierung zählt. Letztere wird insbesondere mit der Sprache SMALLTALK in Verbindung gebracht, aber auch Adaptionen bekannter Sprachen wie C++ oder Object Pascal folgen diesem Trend. (Die Popularität des Themas hat beim Umfang an Literatur zu einem explosionsartigen Wachstum geführt, was sich erfahrungsgemäß leider nicht automatisch auf die Qualität überträgt.)

Nun ist unbestritten, daß die Grundidee der objektorientierten Programmierung ein wichtiges Hilfsmittel beim Entwurf von Software-systemen sein kann; denn sie erlaubt oft, in natürlicher Weise die Strukturen der vorgegebenen Anwendungsprobleme nachzubilden. Und genau mit diesem Strukturierungskonzept wollen wir uns hier – zumindest kurz – befassen.

Der Erfolg objektorientierter Ansätze beruht im übrigen weniger darauf, daß hier neue Konzepte und Ideen entwickelt worden wären, sondern vielmehr darauf, daß altbekannte Techniken aus den Bereichen Software-Engineering, Theoretische Informatik und Programmier-sprachen auf geschickte Weise zusammengestellt wurden. So entstand aus einzelnen vorhandenen Konzepten ein geschlossenes und pragmatisch gut brauchbares Vorgehensmodell.

Unglücklicherweise scheint es in der Literatur so viele Definitionen von „objektorientiert" zu geben, wie es Arbeiten über das Thema gibt Auch wenn sich dieser Wirrwarr inzwischen etwas klärt, so muß man, wie K.-P. Eckert in einer Doktorarbeit analysiert hat, doch wohl akzeptieren, daß es für unterschiedliche Anwendungsbereiche auch leicht unterschiedliche Sichten von „objektorientiert" gibt. Aber einige grundlegende Charakteristika zeichnen sich doch ab:

- *Objekte besitzen eine eindeutige* Identität, *besitzen einen* Zustand *und bieten der Umgebung* Operationen *an. Der wesentliche Gesichtspunkt ist dabei die* **Einkapselung**: *Manipulationen der Objekte können nur auf kontrollierte Weise über die angebotenen Operationen erfolgen.*

- *Der Informationsaustausch zwischen einem Objekt und seiner Umgebung erfolgt über wohldefinierte* **Interaktionen**. *Das kann entweder über echte Kommunikationsmechanismen geschehen oder über simple Prozeduraufrufe.*

- **Klassen** *werden benutzt, um „äquivalente" Objekte zusammenzufassen. „Äquivalenz" bedeutet dabei meistens gleiches Verhalten, was in der Praxis üblicherweise darauf hinausläuft, daß die Klasse den gemeinsamen Programmcode aller zugehörigen Objekte liefert.*

- **Vererbung** *wird schließlich benutzt, um Ähnlichkeiten zwischen Klassen auszudrücken. Auch das läuft letztendlich wieder darauf hinaus, daß gleicher Code nur einmal geschrieben zu werden braucht.*

Das Thema Objektorientierung ist natürlich viel zu umfassend, als daß wir es hier erschöpfend behandeln könnten. Deshalb müssen wir uns notgedrungen auf einige skizzenhafte Facetten beschränken. Was die Darstellung und die Notation angeht, so werden wir uns beliebig weit von gängigen Marktprodukten entfernen. Denn unser Interesse gilt K o n z e p t e n der Informatik und nicht den Eigenwilligkeiten der einen oder anderen Sprache.

8.1   „Objekte" und „Methoden"

> *„Computing is viewed as an intrinsic capability of objects."*
>
> *(A. Goldberg, D. Robson in [1])*

Fassen wir nochmals zusammen: Im Rahmen der applikativen Programmierung sind unsere Objekte nichts als „Werte". Bei der imperativen Programmierung erhalten Objekte eine eigene Identität, die auch dann erhalten bleibt, wenn sie ihre Werte (ihren „Zustand") ändern; dies führt uns zu „Variablen". Aber nach wie vor sind die Objekte rein passiv: Zustandsänderungen geschehen nur, indem Aktionen auf sie einwirken.

Jetzt gehen wir einen Schritt weiter und machen die Objekte zu aktiven Einheiten. Das heißt, Objekte sind in der Lage, durch geeignete Aktionen ihre eigenen Zustände zu verändern und ebenso andere Objekte zu Aktionen zu veranlassen.

Im Grunde genommen bedeutet dies nichts anderes, als daß Objekte noch mit geeigneten Prozeduren ausgestattet werden, die die gewünschten Aktionen realisieren. Um jedoch nicht von vornherein auf bestimmte programmiersprachliche Konstrukte fixiert zu werden, wählen wir zunächst den neutraleren Begriff der *Methode*[1]. Und erst jetzt machen wir auch das Wort *Objekt* zum Terminus technicus.

Definition: Ein **Objekt** besitzt eine *Identität* und einen *Zustand*; außerdem verfügt es über *Methoden.* Diese **Methoden** beschreiben die Aktionen, mit denen das Objekt seinen Zustand ändern oder andere Objekte zu Aktionen veranlassen kann. ☐

Dieses Konzept hat natürlich eine Reihe von Konsequenzen. Zunächst muß jedes Objekt O einen Vorrat an Methoden haben, die von anderen Objekten abgerufen werden können. Und dazu müssen diese anderen Objekte die verfügbaren Methoden von O kennen.

Für den Augenblick können wir uns unter diesen Methoden ruhig simple Prozeduren vorstellen — und soweit es den Aspekt der Zustandsänderung betrifft, stimmt das auch im wesentlichen. Aber was bedeutet es eigentlich, wenn „ein Objekt ein anderes veranlaßt, Aktionen auszuführen"? Dafür gibt es mindestens zwei Ansätze. Der erste ist konservativ: Er stützt sich alleine auf den bekannten Mechanismus des *Prozeduraufrufs.* Der zweite dagegen bringt uns zum ersten Mal mit einem zentralen Thema der modernen Informatik in Berührung, nämlich mit dem Begriff der *Kommunikation.* Beginnen wir mit dem ersteren.

Eigentlich geht die konservative Sicht von Objekten und Methoden nicht wesentlich über unsere bisherigen Konzepte hinaus. (Daher auch die Charakterisierung „konservativ".) Alles, was wir zusätzlich brauchen, ist eine geeignete Definition des Zustandsraums eines Objekts.

Beispiel: Die simpelste Sicht eines Bankkontos ist die eines Objekts, das einen aktuellen Kontostand besitzt und Einzahlungen und Abhebungen zuläßt. Um des Beispiels willen fügen wir außerdem noch einen Überziehungskredit hinzu. (Die Notation entspricht der für „Strukturen" in Kapitel 4.6.)

Object *meinkonto*

State   **var** *kontostand* : *int*
       var *kredit* : *nat*

Init   ⟨ *kontostand, kredit* ⟩ ← ⟨ 0, 0 ⟩

---

[1] Mit dieser Begriffswelt wurde die Idee der objektorientierten (SMALLTALK-) Programmierung unters staunende Publikum gebracht. (Letztlich fördert eine enigmatische Verpackung noch immer am besten den Verkauf ...)

Sig   **prc** *einzahlen* : *nat*
      prc *abheben* : *nat*
      prc *kreditsetzen* : *nat*
      fct *verfügbar* : → *nat*

Defs   **def** *einzahlen* (*betrag*)
        ≡ *kontostand* ← *kontostand* + *betrag*

        def *abheben* (*betrag*)
          ≡ **if** *betrag* ≤ *verfügbar*
             then *kontostand* ← *kontostand* − *betrag*
           ☐ *betrag* > *verfügbar*
             then nop
          fi

        def *kreditsetzen* (*limit*)
          ≡ *kredit* ← *limit*

        def *verfügbar*
          ≡ *kontostand* + *kredit*
EndObject .

Anwendungen der einzelnen Methoden erfolgen dann zum Beispiel in der Art

v ← *verfügbar*;
if $v > 1000$ **then** *abheben* $(v - 1000)$
☐ $v \le 1000$ **then** *einzahlen* $(1000 - v)$ **fi** .

Beachte, daß die internen Variablen *kontostand* und *kredit* in den Anwendungen nicht auftauchen.   ☐

Eine wichtige Idee bei dieser Art von Objekten ist also, daß die genaue Natur des internen Zustands nach außen nicht sichtbar ist. Das heißt, die einzelnen Methoden sollen auf den Zustand wirken, ohne daß die entsprechenden Komponenten (= Variablen) an der jeweiligen Aufrufstelle als Argumente anzugeben sind. Dieses Konzept wird als *Einkapselung* bezeichnet. (Als andere Bezeichnungen dafür findet man in der Literatur auch „Geheimnisprinzip", „Black-box-Prinzip" oder auch „abstrakte Datentypen".)

Diese „unterdrückten Parameter" führen allerdings sowohl bei der Spezifikation als auch bei der Definition der entsprechenden Prozeduren und Funktionen zum Teil zu merkwürdig anmutenden Notationen — ein Preis, den man für die Bequemlichkeit an der Aufrufstelle wohl zahlen muß. Man könnte eine teilweise Abhilfe dieses notationellen Defizits dadurch schaffen, daß man die unterdrückten Parameter doch erwähnt, also etwa schreibt:

prc *einzahlen* :*nat*
    global var *int*

def *einzahlen* (*betrag*)
    global *kontostand*
  $\equiv$ *kontostand* $\leftarrow$ *kontostand* + *betrag* .

Im übrigen sind alle Konzepte mit dem verträglich, was wir in den bisherigen Kapiteln schon über sie gesagt haben.

Nun gibt es im allgemeinen mehr als ein Konto in einer Bank. Wir könnten also ein zweites Objekt haben, das im Prinzip ebenso aussieht wie das obige:

Object *deinkonto*
  «gleicher Rumpf wie oben»
EndObject .

Da unsere Fähigkeit, immer neue Bezeichnungen für die gleichen Funktionen und Prozeduren zu erfinden, beschränkt ist, nehmen wir am besten gleich dieselben Namen. (Das legt Verallgemeinerungen nahe, auf die wir gleich noch eingehen werden.)

Allerdings gibt es jetzt ein neues Problem: Wenn ich 500 DM auf mein Konto einzahlen will, kann ich nicht mehr einfach schreiben '*einzahlen*(500)', weil dann das Geld auch auf dem anderen Konto landen könnte. Ebenso unangenehm wäre es auch, wenn ein anderer Geld abhebt, und dieses dann von meinem Konto verschwindet. Also muß man jetzt die Methoden mit dem Namen des jeweils gemeinten Objekts qualifizieren. Dies erreichen wir mit Notationen der Art

meinKonto·einzahlen (500) ,

deinKonto·abheben (100) .

Anmerkung: Allerdings müssen wir zugeben, daß der Gewinn durch die Verwendung der Objektidee jetzt nicht mehr allzu überzeugend wirkt. Denn der Effekt der Parameterunterdrückung ist so gut wie verloren. Was unterscheidet denn die obige Notation noch so dramatisch von einem Prozeduraufruf der Art

einzahlen (*meinKonto,* 500)

mit einer klassischen Variablen *meinKonto*? Alles was im Augenblick geblieben ist, ist die Verschattung der inneren Struktur des Zustands (daß er nämlich aus zwei Komponenten *kontostand* und *kredit* besteht).

Die hier eingeführte konservative Sicht von Objekten stimmt eigentlich eher überein mit dem, was in Sprachen wie SIMULA 67, MODULA 2 oder Ada unter „Modulen" verstanden wird (die dort auch „Klassen" oder „Pakete" heißen können). Allerdings ist aus methodischen Gesichtspunkten die Idee des „Moduls" eher an großen Programmeinheiten orientiert, also etwa an einer Dateiverwaltung,

einem Terminalhandler oder dem Wörterbuch in einem Textprogramm.
Dort ist die Verschattung der internen Struktur des Zustandsraums auch
ein hohes methodisches Anliegen.

8.2 „Botschaften"

Wenn „ein Objekt ein anderes veranlaßt, Aktionen auszuführen", so bedeutet dies in einer progressiveren Sicht der Informatik, daß es dem anderen Objekt eine „Botschaft" schickt. Mit dieser Botschaft wird das empfangende Objekt aufgefordert, eine seiner Methoden auszuführen — was im allgemeinen dazu führt, daß es seinerseits weitere Botschaften verschickt.

Definition: Eine **Botschaft** ist eine Nachricht, die von einem Objekt an ein anderes Objekt geschickt wird und die den Empfänger zum Ausführen einer seiner Methoden veranlaßt. □

Dazu benötigen wir einen Mechanismus zum Botschaftenaustausch, der insbesondere die Adressierung der Botschaften klärt. Wir lehnen uns dazu an die bereits eingeführte Notation für den qualifizierten Methodenaufruf an und schreiben:

meinKonto!einzahlen (500) .

Das bedeutet, daß an das Objekt *meinKonto* eine Botschaft geschickt wird, die das Objekt auffordert, seine Methode *einzahlen* auszuführen mit dem Argumentwert '500'.

Allerdings beginnen damit die Probleme erst. So muß zum Beispiel bei Anfragen wie „Gib mir den aktuellen Kontostand" das Empfängerobjekt in der Lage sein, die Antwort an den Absender der Frage zurückzusenden. Dazu muß dieser bekannt sein. Mit anderen Worten, wir benötigen eine spezielle Operation **reply** in unserer Sprache, die bei Bedarf einen Wert an das Objekt sendet, das die letzte Botschaft geschickt hat. (In SMALLTALK wird diese Operation als '↑' geschrieben.)

Beispiel: In unserem Kontenbeispiel wäre dann *verfügbar* keine Funktion mehr, sondern eine Prozedur mit der Definition

def *verfügbar*

≡ **reply** (*kontostand* + *kredit*) □

Außerdem müssen wir uns entscheiden, ob wir ein Objekt nach dem Senden einer Botschaft weiterarbeiten lassen — was zu Parallelarbeit von Objekten führt — oder ob wir es nach dem Senden „einschlafen" lassen. Der letztere Fall ist einfacher zu überblicken (und zu realisieren) da zu jedem Zeitpunkt immer nur ein Objekt aktiv sein kann. (Dies ist daher auch die SMALLTALK-Lösung.)

Da wir das Thema hier nicht überfrachten wollen, stellen wir diese diffizilen Kommunikations- und Parallelitätsprobleme bis zu einem späteren Kapitel zurück.

8.3 „Klassen"

Kommen wir nochmals auf das obige Beispiel der Kontoführung zurück. Bekanntlich gibt es in den meisten Banken nicht nur ein oder zwei, sondern beliebig viele Konten. Darüberhinaus können diese Konten eröffnet und geschlossen werden. All dies sind Aktivitäten, für die wir mit unseren Sprachkonzepten noch nicht gerüstet sind.

Zunächst ist klar, daß die Konten alle gleichartig sind (zumindest in unserer vereinfachten Beispielwelt). Als erste Verallgemeinerung benötigen wir daher eine Notation, mit der wir von einem einzelnen Konto abstrahieren und zur Klasse aller Konten übergehen können. Wir tun dies ganz einfach, indem wir in der obigen Deklaration nicht mehr von „Objekten" sondern von „Klassen" reden.

Beispiel: Wir können im obigen Beispiel anstelle eines einzelnen Kontos die Klasse *Konten* einführen:

Class *Konten*
    «Rumpf genau wie bei der obigen Objekt-Deklaration»
EndClass .

Das heißt, der einzige (notationelle) Unterschied besteht in der Verwendung eines anderen Schlüsselwortes. □

Wenn wir nun eine solche Klasse eingeführt haben, können wir viele Konten als „Instanzen" einführen, indem wir etwa schreiben

obj *meinKonto, deinKonto, seinKonto* : *Konten* ,

wobei wir jetzt durch das verkürzte Schlüsselwort **obj** die Kurzform der Objektdeklaration von der ausführlichen Form abheben.

Kommen wir auf das Problem zurück, daß in einer Bank Konten eröffnet und geschlossen werden. Es reicht also nicht aus, im Programmtext eine fixe Anzahl von Deklarationen wie 'obj *meinKonto:* *Konten*' vorzusehen. Was wir brauchen, sind spezielle Operationen, die Objekte dynamisch generieren (und wieder vernichten) können. Das sieht zunächst relativ einfach aus, wobei wir die gleiche Technik der Qualifizierung jetzt für die Klasse *Konten* vornehmen, die wir schon für Objekte benutzt haben:

Konten·**createObject**
Konten·**destroyObject** (*meinKonto*).

Die erste dieser beiden Operationen erzeugt ein neues Konto, die zweite vernichtet ein vorhandenes Konto. Beide Operationen haben „Ergebnisse", sind also Funktionen. Allerdings sind dies keine

Funktionen im üblichen Sinn unserer bisherigen Programmierwelt; ihre Argumente und Resultate sind vielmehr Objekte und sogar Klassen — was offensichtlich auf eine sprachliche „Metaebene" führt. Trotzdem müssen (und können) wir unsere bisherigen Notationen auch in diesen Bereich hinüberretten.

Damit sind unsere Probleme aber noch immer nicht vorbei. Die von **createObject** erzeugten Objekte sind nämlich zunächst anonym. Damit wir sie in unseren Programmen verwenden können, müssen wir sie also bezeichnen:

obj *meinKonto* ≡ *Konten*·**createObject**.

erzeugt ein Objekt aus der Klasse *Konten*, das fortan als *meinKonto* ansprechbar ist.

Und damit sind wir jetzt auch in der Lage, alle notwendigen Operationen mit dem neuen Konto auszuführen, also zum Beispiel:

meinKonto·einzahlen (500) ,

meinKonto·abheben (500) .

Damit haben wir den Schritt vollzogen, der Objekte zu manipulierbaren Werten macht (zu „first-class citizens", wie man im Amerikanischen sagt). Wir können jetzt weiter gehen und Objekte zu Argumenten und Resultaten von Funktionen und Prozeduren machen, wir können sie (zu gegebener Zeit) auch als Komponenten in Datenstrukturen einbauen und wir könnten — was in SMALLTALK im wesentlichen geschieht — die Unterschiede zwischen Werten, Objekten und Klassen fast völlig einebnen und alles uniform behandeln. Aber im Interesse der Verständlichkeit wollen wir uns hier lieber eine wohltuende Selbstbeschränkung auferlegen.

8.4 Vererbung

Vererbung ist ein Mechanismus, um Ähnlichkeiten zwischen Klassen auszudrücken und auszunützen. Zum Beispiel gibt es in einer Bank im allgemeinen unterschiedliche Arten von Konten, die aber sehr viele Operationen gemeinsam haben. Das läßt sich dann folgendermaßen ausdrücken:

Class *GiroKonten*
Inherit *Konten*
    «spezielle Methoden für Girokonten»
EndClass .

Class *SparKonten*
Inherit *Konten*
   «spezielle Methoden für Sparkonten»
EndClass .

Diese beiden Klassen sagen aus, daß es zwei Arten von Konten gibt, Spar- und Girokonten. Beide **erben** alle Methoden der Klasse *Konten*. Aber in den Zusatzdefinitionen ist es möglich, sowohl neue Methoden hinzuzufügen, als auch bestehende Methoden zu modifizieren. Die Klasse *Konten* wird oft als „Superklasse" der beiden Klassen *SparKonten* und *GiroKonten* bezeichnet.

Das Spiel läßt sich natürlich auch weiter treiben. Wir können jetzt noch spezifischere Klassen einführen:

Class *GeschäftsKonten*
Inherit *GiroKonten*
   «spezielle Methoden für Geschäftskonten»
EndClass .

Class *PrivatKonten*
Inherit *GiroKonten*
   «spezielle Methoden für Privatkonten»
EndClass .

Diese ganz einfachen Beispiele sollten zumindest andeuten, was die Grundidee von Klassen und Vererbung ist. Es bleiben natürlich noch viele Aspekte unberührt, wie zum Beispiel die Problematik der Mehrfachvererbung. Aber das müssen wir der weiterführenden Literatur überlassen.

8.5 Zwischenbilanz

Wir haben hiermit Teil 2 unserer Einführung in die Grundlagen der Informatik abgeschlossen: die Einführung in Konzepte der Programmierung. Natürlich konnten viele Themen dabei nur skizzenhaft angedeutet werden, aber es sollte doch sichtbar geworden sein, daß zum einen die Fülle von Programmiersprachen auf dem Markt auf eine relativ kleine Menge von Konzepten reduzierbar ist, und daß zum anderen diese Konzepte sich bestimmten Programmierstilen zuordnen lassen, die je nach Anwendung ihre spezifischen Vor- und Nachteile haben.

Traditionell waren unsere Programmiersprachen dominiert von den Maschinen, auf denen sie ausführbar sein sollten. Doch in dem Maße, in dem unsere Fähigkeit wuchs, Sprachkonstrukte in Maschinenkonzepte zu übersetzen, nahm auch unsere Freiheit zu, die Sprachen an die Welten der Probleme anzupassen. So ist es heute ein zentrales Anliegen bei der Entwicklung moderner Programmiersprachen, Situationen, wie sie in Anwendungen typisch auftreten, unmittelbar in Sprachkonzepten widerzuspiegeln.

Die applikative Methode erlaubt eine übersichtliche und mathematisch klare Beschreibung der Abbildung von „Eingabe"-Daten in „Ausgabe"-Daten — also der klassischen „Datenverarbeitung".

In der objektorientierten Methode versucht man der Tatsache Rechnung zu tragen, daß Anwendungssituationen oft eine Vielzahl mehr oder weniger unabhängiger „Akteure" zu einem System vereinigen. („Akteure" sind dabei Menschen ebenso wie Programmkomponenten. Ein typisches Beispiel findet sich im Bereich der sogenannten Bürokommunikation.) Statt nun solche Situationen mehr schlecht als recht in klassische Programmierstrukturen zu zwängen, stützt man sich natürlich lieber auf Ausdrucksmittel, die eine solche Verteiltheit und Unabhängigkeit von vornherein umfassen. Und wenn wir in der Lage sind, die so problemorientiert formulierten Programme dann auch (effizient) auf die Maschinen zu übertragen, haben wir einen wirklichen Fortschritt erzielt.

Somit könnte die mittelfristige Entwicklung im Bereich der Programmierung so aussehen, daß wir Systeme insgesamt objektorientiert konzipieren und ihre einzelnen Operationen applikativ definieren. Die klassische imperative Programmierung hätte dann — neben der Nostalgie — nur noch das Effizienzargument für sich, das aber durch gute Compiler für die anderen Sprachen auch obsolet würde.

Dies ist allerdings meine persönliche Prognose; andere Informatiker mögen mir hier vehement widersprechen.

Referenzen

[1] *Goldberg, A., Robson, D.:* Smalltalk-80 — The Language and its Implementation. Addison-Wesley, Reading 1983.

[2] Byte 14, März 1989 (Themenheft über objektorientierte Programmierung mit Referenzen auf entsprechende Programmiersprachen). McGraw-Hill.

[3] *Blair, G.S., Gallagher, J.J., Hutchinson, D., Shepard, D. (eds.):* Object-oriented Languages, Systems, and Applications. Pitman Publishing, London 1991.

[4] *Meyer, B.:* Object-oriented Software Construction. Prentice Hall, New York 1988.

[5] *Frauenstein, Th., Pape, U., Wagner, O.:*.Objektorientierte Sprachkonzepte und Diskrete Simulation. Springer, Berlin 1990.

So viele Formeln!
Muß das wirklich sein?

Natürlich nicht! *Und selbstverständlich doch!* Es kommt, wie so oft, auf den Standpunkt an. Oder besser: auf den Zweck. Müßten wir zum Beispiel PCs oder Homecomputer verkaufen, würden wir wohl kaum unsere Kunden mit elitärem Formelkram verschrecken. Wir würden, im Gegenteil, Hemmschwellen abbauen wollen, würden beteuern, alles sei im Grunde kinderleicht (und lägen — angesichts der faszinierend und beunruhigend fesselnden Wirkung von Computern auf Kinder — gar nicht mal so weit neben der Wahrheit). Wären wir jedoch in der Rolle von Softwareproduzenten oder, schlimmer noch, Informatikprofessoren, so fühlten wir uns sicher bemüßigt, die Welt mit der tiefen Komplexität und achtunggebietenden Seriosität unseres Tuns zu beeindrucken.

Würde man so eine Frage einem Elektroingenieur stellen? Einem Regelungstechniker? Oder gar einem Hochenergiephysiker? Weshalb dann dem Informatiker?

In der Zeitschrift **at**, 37. Jahrgang, Heft 4/1989 steht auf S. 145 die Formel

$$\frac{\partial}{\partial t}[M_{sp} \cdot u] = -\frac{\partial}{\partial z}[\dot{M} \cdot h]\,dz + \dot{Q}_{WF} + \frac{dW_t}{dt}.$$

Sie steht in einem Artikel über „Verdampferregelung in Kältekreisläufen". Und sie stößt bei den Lesern auf wohlwollendes und respektvolles Interesse, denn sie gehört dahin, sie macht Sinn, erfüllt einen wichtigen Zweck. (So nimmt man jedenfalls an.) Im gleichen Heft, auf S. A16, steht die Formel

$$a = \bigsqcup_{i \in \mathbb{N}} f^i(\perp).$$

Sie steht in einem Artikel über Informatik. Sie ruft Verwunderung hervor. Vielleicht sogar Ablehnung. Weshalb?

Ist es vielleicht so, daß Regelungstechnik eine seriöse, wohlfundierte Ingenieurwissenschaft ist, der ein wohlgeformtes mathematisches Fundament gut ansteht? Während die Informatik eine junge Disziplin ist, voll hektischer Entwicklung, aus Improvisation lebend, ohne wohlgestalteten Grundlagenfundus?

Dieses Interludium wurde gemeinsam mit G. Hommel verfaßt. Sein Zweck ist es, das bisher Erreichte kritisch zu reflektieren und auf das Kommende einzustimmen.

So ist es vielleicht das Streben nach Seriosität, das die Formeln in die Informatik zwingt? Der Wunsch nach höherer Reputation? (Ähnlich gewissen Traktaten aus dem Umfeld der Sozialwissenschaften, die durch ein gutes Fremdwörterbuch als Sammlung banaler Gemeinplätze enttarnt werden.)

Formalismen müssen sich an ihrem Zweck messen lassen — und an ihrem Erfolg. Auf keinen Fall dürfen sie Selbstzweck werden. Wobei man übrigens nicht vergessen sollte, daß „Formalismen" nicht gleichbedeutend sind mit „Formeln" — was in eindrucksvoller Weise von dem Physiker Stephen Hawking in seinem Buch über „Eine kurze Geschichte der Zeit" [1] vorgeführt wurde. (Das Buch enthält — mit Ausnahme von $E = mc^2$ im Vorwort — keine einzige Formel und ist doch ein akkurater Disput über die zentralen Fragen der modernen Physik.) Aber dieses Buch illustriert ebenso eindrucksvoll, wie problematisch derart formellose Diskurse sind: Nur allzu schnell landet man in der Metaphysik.

Nun können die Physiker sich solche Experimente leichter leisten als wir. Denn sie haben massive Theoriegebäude errichtet, in die sie sich im Zweifelsfall jederzeit zurückziehen können. Wann immer Hawking in seinem Buch Fakten der Physik bespricht, weiß der Leser, daß er in anderen Büchern die zugehörigen Formeln finden könnte.

Die Informatik ist da schlechter dran. Sie befindet sich meist noch im Stadium des Ausprobierens, bestenfalls des Sichtens und Systematisierens. Ausgearbeitete Theorien sind erst an einigen Stellen punktuell erkennbar. Und formellose Erörterungen werden dann allzu leicht zu unverbindlichem Geplauder.

Um so mehr Grund haben wir, zumindest an den Stellen, an denen wir Theorien besitzen, diese auch wirklich einzusetzen. Und die Grundlagen des Programmierens gehören glücklicherweise zu den wenigen Bereichen der Informatik, in denen wir inzwischen gute Theorien besitzen — auch wenn viele Traditionalisten unter den Informatikern und erst recht viele Anwender dies noch nicht wahrgenommen haben.

Über Mathematik und Formalismen

„... so wird Naturlehre nur so viel eigentliche Wissenschaft enthalten, als Mathematik in ihr angewandt werden kann", sagt Kant [2]. Denn Mathematik ist unbestritten „unser bestes Mittel, um Ordnung im Gehirn zu schaffen", wie R. Bulirsch, ein Münchner Mathematiker, auf einem Kolloqium feststellte [3]. Schließlich hat die menschliche Wissenschaft buchstäblich über Jahrtausende hinweg sich die Mathematik als zentrales „Denkzeug" geschaffen. Und die Informatik wäre wahrlich schlecht beraten, wenn sie auf diesen jahrtausendealten Fundus nicht zurückgreifen würde.

Mathematik. Das heißt: Formeln. Also eine Sprache, die knapp und präzise, ohne überflüssige Verzierungen, Schnörkel, Vagheiten oder Mehrdeutigkeiten den abstrakten Kern einer Sache zu beschreiben erlaubt. Das sind lauter erstrebenswerte Eigenschaften. Weshalb fürchten dann viele Programmierer das Vordringen der Mathematik in ihre Disziplin so sehr?

Der strenge Formalismus kann es nicht sein. Programmiersprachen sind viel formalistischer als die Mathematik es in ihrer ganzen Geschichte je war — und wohl je sein wird. Ein Gebiet, das mit FORTRAN umgehen kann, wo schon ein simpler Tippfehler eine Schleifenanweisung

DO 3 I = 1,3

in eine Zuweisung (an die fiktive Variable DO3I)

DO 3 I = 1.3

verwandelt und durch dieses simple Mißgeschick eine Mariner-Raumsonde zur Venus verloren gehen läßt [4], kann vor dem äußerlichen *Formalismus* der Mathematik wohl kaum zurückschrecken.

Es steht also zu befürchten, daß es vielmehr das eigentliche Wesen der Mathematik ist, das so manchen Programmierer erschauern läßt: *die unnachgiebige Präzision des Denkens.* Wer je einen besessenen Programmierer beobachtet hat, wie er nächtelang in immer neuen Testzyklen, in immer neuen „Korrekturen" seinen Programmfehlern nachjagt (denen er in einer merkwürdigen Haßliebe zugetan scheint), der ahnt, daß die Kultur mathematischer Denkdisziplin in einer solchen Umgebung nur störend wirkt.

Es gibt aber auch seriöse Gründe für das allzu zögerliche Vordringen der Mathematik in die „Praxis" der Informatik. Und diese sind, erstaunlicherweise, sozialer Natur. Viele der heute im Informatikbereich Tätigen sind keine gelernten Informatiker/Mathematiker. Sie kommen aus allen möglichen Berufen, wurden umgeschult oder wuchsen einfach in die neue Herausforderung hinein. Wer so etwas tun muß, für den ist es schon schlimm genug, sich mit dem ganzen kryptischen Kauderwelsch von Programmiersprachen, Betriebssystemen, Rechnerhardware etc. herumplagen zu müssen. Die als zusätzliche Belastung empfundene Einarbeitung in eine mathematische Grundlagensprache wird dann schlichtweg abgelehnt. Denn man kommt, vordergründig betrachtet, ja auch ohne sie aus.

Es ist nur sehr schwer zu vermitteln, daß auf der Basis eines sauberen theoretischen Fundaments das spätere Erlernen des speziellen Kauderwelsches konkreter Sprachen und Systeme um Größenordnungen leichter wird — was sich besonders dann richtig bezahlt macht, wenn man zu neuen Sprachen, Systemen oder Rechnern wechselt.

Dies sind spezielle Phänomene, die bei der Geburt einer neuen Disziplin nur natürlich sind. Sie dürfen aber nicht als Standards für die ganze Zukunft festgeschrieben werden.

Vor diesem Hintergrund kann man — nach unserer festen Überzeugung — beim heutigen Stand der Kunst an das Thema „Grundlagen der Informatik" gar nicht anders als mathematisch herangehen[1].

Reden wir damit einer Verkomplizierung des Computergebrauchs das Wort? Nein. Das sicherlich nicht. Aber wir plädieren für einen seriöseren Umgang mit diesem, doch ganz besonderen, technischen Werkzeug.

Über Nutzung und Herstellung

Um ein Auto zu fahren, muß man nicht Autos bauen können. Um in einem Haus zu wohnen, muß man nicht Häuser entwerfen können. Und um einen Computer zu verwenden, muß man ihn nicht programmieren können. Wir sollten lernen — auch in der Informatik — eine klare Unterscheidung zu treffen zwischen der *Fundierung* einer Technologie und ihrer *Nutzung*. Es mag wohl stimmen, daß über kurz oder lang niemand mehr in seinem beruflichen oder auch privaten Umfeld der Begegnung mit Computern wird entgehen können — seien es Textsysteme in Büros oder Roboter in Fabrikhallen, seien es automatische Bankschalter in Einkaufszentren oder Videospiele zu Hause. Doch fast immer wird es sich dabei um eine *Nutzung* handeln, ebenso wie wir Autos zum Fahren nutzen und Häuser zum Wohnen.

Zugegeben: Wenn man ein Haus baut, ist es hilfreich, die Sprache des Architekten zu verstehen — obwohl eigentlich der die Sprache des Bauherrn sprechen sollte. Und wenn man ein passendes Softwaresystem haben will, ist es nützlich, die Sprache des Programmierers zu kennen — obwohl eigentlich der die Sprache des Anwenders sprechen sollte. Diese Verkehrung der Verhältnisse ist ganz verständlich: Wem eine Fehlplanung mehr weh tut, der wird sich stärker um den Erfolg des Dialogs bemühen. Leider zeigt jedoch die Erfahrung, daß mühsam angeeignetes Halbwissen auf der Kundenseite die Ergebnisse nicht verbessert. Letztlich werden also doch die Anbieter den Dialog ermöglichen müssen — Softwareingenieure ebenso wie Architekten. Tröstlich mag dabei zum Beispiel die Erinnerung sein, daß nur in den Kindertagen des Autos noch jeder Fahrer gleichzeitig ein Mechaniker sein mußte. Und die Informatik steckt eben noch in den Kinderschuhen.

Es ist wichtig, daß wir lernen, vernünftig mit Rechnern umzugehen, sie klug und verantwortlich einzusetzen, kurz: etwas von ihnen

---

[1] Wir behaupten natürlich nicht, daß jede einzelne Formel, die in diesem Buch bisher auftauchte und noch auftauchen wird, unabdingbar ist. Aber die grundsätzliche Art der Präsentation scheint uns zwingend.

haben. Die *Herstellung* von Hard- und Software hat in diesem Kontext nichts zu suchen. (Deshalb blicken viele Informatiker auch etwas beunruhigt auf den Informatikunterricht an unseren Schulen, der die Schüler gerade auf die falsche Fährte setzt: Aus Mangel an brauchbarer Didaktiksoftware erzieht man statt *gebildeter Nutzer* erst einmal *verbildete Programmierer.*)

Ganz anders verhält es sich jedoch, wenn man die grundlegenden Prinzipien einer Disziplin erfahren will, wenn man begreifen will, was ihr Wesen ist, welches ihre Ziele sind, wo ihre Grenzen liegen. Dann drehen sich die Dinge um. Wer sein Auto selbst zusammenbaut, dem reicht kein Fahrkurs, und wer sein Haus selbst plant, der muß Statik und Baugesetze kennen.

Über Basteln und Konstruieren

In fast allen Disziplinen kennt man die Unterscheidung zwischen „Basteln" und „Konstruieren" — und oft auch eine gewisse Grauzone dazwischen. (Es gibt Leute, die in ihren Autos selbst die Ölfilter wechseln oder in ihren Häusern selbst Kachelöfen einbauen.) Doch das Anwachsen der benötigten Kenntnisse erfolgt nicht graduell; im Gegenteil: fast immer gibt es irgendwo einen plötzlichen Qualitätssprung, einen Punkt, an dem man die *ganze* Theorie beherrschen muß, um weiterzukommen.

Betrachten wir zur Illustration die Regelungstechnik. Hier gibt es zum Beispiel ein altbekanntes, rein heuristisches Verfahren nach Ziegler und Nichols [5], bei dem die Regelparameter experimentell eingestellt werden. Damit vermeidet man die mathematische Analyse der Strecke vollständig. Aber diese Regeln sind nur für einen „verhältnismäßig langsamen Streckentyp zu empfehlen und lassen einen mäßig gedämpften, nicht allzu langsam abklingenden Einschwingvorgang des Regelkreises erwarten" [6].

Wenn die Probleme komplexer werden, versagen solche einfachen Methoden. Dann braucht man die ganze Macht der Theorie: Aus der mathematischen Analyse der Regelstrecke erhält man die zugehörigen Differentialgleichungen und Übertragungsfunktionen, auf deren Basis man dann die ingenieurmäßige Entscheidung über die Regelungsmethode treffen kann. Und wenn dies alles vorliegt, kann man den Regler mathematisch berechnen.

Es ist offensichtlich, daß der Übergang von heuristischen Einstellregeln zur mathematisch fundierten Analyse nicht in „homöopathischen Dosen" erfolgen kann, sondern einen echten Qualitätssprung darstellt, ein „Alles-oder-Nichts"-Prinzip.

Bei der Informatik ist das nicht anders, der Konflikt tritt nur noch nicht so klar zutage. Denn zum einen sind die Probleme aufgrund der wissenschaftlichen Jugend der Informatik noch nicht so deutlich herausgearbeitet, zum anderen werden sie aus wirtschaftlichen Interessen bewußt heruntergespielt.

Wann darf man „basteln", wann muß man „konstruieren"? Basteln ist sicherlich dann legitim, wenn zwei Bedingungen zugleich erfüllt sind: Es gibt ein *Theoriedefizit*, und die Anwendung ist *unkritisch*. Ansonsten muß man zu wohlfundierten Konstruktionsprinzipien greifen. So ist zum Beispiel die neue Flugzeuggeneration mit hyperkritischem aerodynamischem Verhalten ohne ausgereifte Regelungstechniken nicht denkbar.

In der Informatik ist ein typischer Bereich mit notorischem Theoriedefizit die Prozeßdatenverarbeitung. Die Regeln und Verfahren, die hier angewandt werden, sind größtenteils rein heuristischer Natur. Trotzdem entstehen unzählige Systeme, von denen überraschend viele sogar funktionieren — ein Zeichen, daß gute, ingenieurmäßig angewandte Heuristiken durchaus ihren Platz in der Informatik haben.

Trotzdem stellt sich in all diesen Fällen die Frage nach dem zweiten Kriterium mit besonderer Schärfe: Wie *kritisch* ist die jeweilige Anwendung? Wenn die Steuerung eines Industrieroboters in der berühmten Halle 54 von VW versagt, ist das lästig, aber harmlos. (Darauf achtet schon der TÜV.) Wenn jedoch die Steuerung von Biblis B versagt, ist das jenseits aller Tolerierbarkeit. Und niemand kann einem seriösen Informatiker weismachen, daß über die Wahrscheinlichkeit des Versagens Aussagen möglich seien.

Nicht von ungefähr war David Parnas[1] erst dann zur Mitarbeit am zentralen Programm zur Notabschaltung eines Kernkraftwerks bereit, als klar wurde, daß dieses spezielle Programm nur ganze tausend Zeilen lang sein würde — eine Größenordnung, deren Beherrschung er sich und den anderen Programmierern zutraute. Aber wird dadurch die Gesamtsteuerung, die ja ein Vielfaches dieser Notroutine ausmacht, unkritisch?

Über Komplexität des Denkens

Mit der Größe und Bedeutung der Produkte steigen auch die Anforderungen an die Produzenten: Jedes Kind ist in der Lage, einen Papierflieger zu falten. Für ein Modellflugzeug dagegen muß der Bastler schon ein bißchen Grundwissen haben über Trimmung, Steuerung, Motorleistung, Gewicht, Steigwinkel und so weiter. Aber auch nicht mehr[2]. Erst der Flugzeugingenieur muß die gesamten

---

[1] Er ist durch seine fundierte Insiderkritik an SDI, die ihren Weg bis in die *New York Times* und den *Spiegel* gefunden hat, auch außerhalb von Informatikerkreisen bekannt geworden.

[2] Der „Flug des Phoenix" [7] mag als die Ausnahme herhalten, die die Regel bestätigt.

Theoriegebäude der Aerodynamik, Materialkunde etc. beherrschen. Und sogar hier gibt es noch Abstufungen der Komplexität: Ein Segelflugzeug ist ein überschaubareres System als ein Airbus oder gar das Space Shuttle.

Dieses Prinzip gilt in allen Bereichen der Technik, bei Brückenbauern ebenso wie bei Flugzeugkonstrukteuren, bei Chemikern ebenso wie bei Mikrobiologen, sogar bei Medizinern und Juristen. Und jedermann akzeptiert, daß das so ist. Nur bei der Informatik ist es anders. Hier glaubt jeder, mit einem BASIC-Büchlein in der Hand könne man ganze Welten erschaffen (oder wenigstens die Software-Simulation von Welten). Würden wir denn zulassen, daß jemand ein Anatomiebuch liest und dann munter anfängt, Blinddärme zu operieren? Dabei geht es bei Blinddärmen jeweils nur um einzelne Menschen, bei Flugzeugen aber um Hunderte, bei Kernkraftwerken um Millionen. Wäre da eine „Approbationsordnung für Informatiker" tatsächlich so fehl am Platz?

Gerade im Informatikumfeld haben wir es mit einer riesigen Spannweite zwischen Informatik-„Bastlern" und Informatik-„Ingenieuren" zu tun. Das Problem ist nur, daß die Übergänge so fließend, die Struktur noch so amorph ist. Unter dem Druck einer aggressiven Verkaufspolitik wurde ein fataler Zyklus in Gang gesetzt, den wir mit schwindelerregendem Tempo durchlaufen: Je besser, schneller und leistungsfähiger die Rechner werden, desto anspruchsvoller werden die Anwendungen. Und die immer aufwendigeren Anwendungen verlangen ihrerseits wieder nach noch leistungsfähigeren Rechnern. Und diese wiederum ermöglichen noch komplexere Anwendungen. Und so weiter.

Damit diese profitable Spirale nicht abbricht, müssen nicht nur die Rechner selbst leistungsfähiger werden, sondern auch die (Programmier-)Werkzeuge zu ihrer Handhabung. Und so erlauben wir auch den Amateuren, sich in immer komplexere Bereiche vorzuwagen. Und den Profis machen wir es immer schwerer zu erklären, weshalb es trotzdem Sinn macht, den hohen Preis für ihre Expertise zu bezahlen.

Es ist nämlich genau diese sich steigernde Komplexität der Anwendungssysteme, die die Programmierer an die Grenze *ihrer* Leistungsfähigkeit treibt (und oft genug darüber hinaus). Das ist die tatsächliche Herausforderung der Informatik: Mittel und Wege zu finden, um mit immer größerer Komplexität des Denkens in beherrschbarer und verantwortlicher Weise fertig zu werden. Und wie bei allen naturwissenschaftlich-technischen Disziplinen, ist die Mathematik unsere schärfste Waffe, um — wie oben erwähnt — die notwendige „Ordnung ins Gehirn zu bringen".

Wo stehen wir jetzt in unserem Buch?

Wie sollten wir jemals große Softwaresysteme beherrschen, wenn uns schon ihre elementaren Bestandteile an unsere intellektuellen Grenzen stoßen lassen. Also müssen wir zuerst einmal lernen, mit kleinen überschaubaren Prögrämmchen fertig zu werden. Erst danach können wir hoffen, aus solchen Komponenten große Systeme zusammenzufügen. Und vielleicht lernen wir im Kleinen auch schon wichtige Techniken, die sich im Großen später wiederfinden.

Eine Analogie zum Flugzeugbau mag hier nochmals der Verdeutlichung dienen. Die Basis bilden elementare Grundkenntnisse der Aerodynamik, der Materialkunde, der Mechanik etc. *Einen vergleichbaren Stand haben wir jetzt hier erreicht: Wir haben Grundprinzipien elementarer Programmierung und einfachster Rechnerbausteine kennengelernt.* Auf ein solches Fundament kann man jetzt die Konstruktion einfacher Teilsysteme aufsetzen. Im Flugzeugbau: Tragflächen, einzelne Steuerungsmechaniken, Triebwerke, Rumpf und so weiter. *In der Informatik: Datenstrukturen und Algorithmen, Komponenten von Rechnersystemen, funktionale Einheiten von Betriebssystemen und so weiter. Davon werden die nächsten Kapitel handeln.*

Mit dem aufeinander abgestimmten Zusammenbau solcher Komponenten zu funktionierenden Gesamtsystemen ist eine neue Qualitätsstufe erreicht. Im Flugzeugbau entsteht so ein (hoffentlich) zuverlässiges Fluggerät, *in der Informatik integrierte Hard- und Softwaresysteme.* (In einer Abhandlung über „Grundlagen" des jeweiligen Gebiets können solche Fragen natürlich nur noch andeutungsweise erörtert werden.)

Übrigens: Die Bedürfnisse der späteren Nutzer dürfen nicht vergessen werden. Im Flugzeugbau: Komfort und Sicherheit der Passagiere. In der Informatik: Ergonomie und Zuverlässigkeit für die Benutzer. Und auch gesellschaftliche Fragen dürfen nicht einer Technologieeuphorie zum Opfer fallen: Bei Flugzeugen ist dies vorrangig der Umweltschutz, bei Computern sind Arbeitsmärkte ebenso bedroht wie Grundprinzipien demokratischer Verfassungen. Aber das ist nicht das Thema unseres Buches.

Referenzen

[1] *Hawking, S.W.:* Eine kurze Geschichte der Zeit. Rowohlt, Reinbek 1988.

[2] *Kant, I.:* Schriften zur Naturphilosophie. Werkausgabe Band IX, Suhrkamp, Frankfurt 1977.

[3] *Bulirsch, R.:* Mathematik und Informatik — Vom Nutzen der Formeln. Kolloquium über Informatik im Kreuzungspunkt von Numerischer Mathematik, Rechnerentwurf, Programmierung, Algebra und Logik, München, Juni 1989.

[4] Annals of the History of Computing 6, 1 (1984) S. 6.
Ebenfalls: *Neumann, P.G.:* Risks to the Public in Computer Systems. ACM Software Engineering Notes 11 (1986), S. 3 - 28.

[5] *Ziegler, J.G., Nichols, N.B.:* Optimum Settings for Automatic Controller. Transactions ASME 64 (1942), S. 759.

[6] *Föllinger, O.:* Regelungstechnik. AEG-Telefunken, Berlin 1980, S. 192.

[7] *Aldrich, R. (Regie):* Der Flug des Phoenix. Twentieth Century-Fox, USA 1966.

9. Datenstrukturen I: Arrays und Maps

Es kann eigentlich kein Geheimnis stecken in der schlichten Aneinanderreihung von Werten

$$x_0, x_1, ..., x_n,$$

die gleich benannt und durch Indizes unterschieden sind. Jede Abhandlung, die auch nur am Rande mit Mathematik zu tun hat, benutzt sie ganz unschuldig und ohne Probleme.

Es ist das Privileg der axiomatischen Mengenlehre, diese Struktur als das zu kennzeichnen, was sie eigentlich ist: eine Abbildung der natürlichen Zahlen 0, 1, ..., n in eine gewisse Wertemenge. Und um der besonderen Rolle solcher Abbildungen Rechnung zu tragen, hat man sie auch mit einem speziellen Namen belegt: „Familien".

Es ist die Tragik der Informatik, daß in ihrem Kontext das schlichte Aneinanderreihen von Werten seine Unschuld verliert, daß das simple Bilden von Familien eine Doppelnatur aufzeigt, die Programmierwelten voneinander trennt. So verwunderlich es scheinen mag, an dem banalen

$$x_0, x_1, ..., x_n$$

läßt sich einer der Wesensunterschiede zwischen Mathematik und Informatik festmachen. Haben wir jedoch diese Erkenntnis erst einmal gewonnen, können wir sie zu unserem Vorteil wenden: Der erhöhte Abstraktionsgrad steigert auch die Qualität der Programmierung.

Doch wir wollen gemach vorgehen, der Tradition folgend, mit der naiven Sicht beginnen und unsere Einsichten Schritt für Schritt erweitern.

9.1 Felder, Arrays, Vektoren

Die meisten der gängigen Programmiersprachen erlauben es, Reihungen einzuführen, notiert in Formen wie

x : **array** $[0..n]$ **of** *real*.

Das entspricht — jedenfalls grob — unserer obigen Idee der indizierten, aber ansonsten gleich benannten Werte

$$x_0, x_1, ..., x_n.$$

Man nennt diese Datenstrukturen **Felder, Arrays** oder — in Anlehnung an einen Begriff aus der linearen Algebra — **Vektoren**[1]. Im übrigen ist klar, daß beliebige Intervalle $[m..n]$ als Indexbereiche möglich sind, und daß die Grenzen m und n aus dem Kontext bekannt sein müssen (zum Beispiel als Parameter von Prozeduren oder als Variablen).

Jetzt entstehen zwei Probleme: Wie kann ich mich auf einen einzelnen Wert x_i beziehen? Und: Wie ordne ich eigentlich dem indizierten Namen x_i den Wert zu, für den er stehen soll?

Da die traditionellen Medien der Informatik — Lochstreifen, Lochkarte, Terminal — indizierte Schreibweisen nicht erlaubten, mußte eine Ersatzdarstellung gefunden werden. Man entschied sich für Notationen wie $x(i)$, $x[i]$ oder $x.i$. Wir schreiben hier die **Indizierung** (auch **Selektion** genannt) zunächst in der Form

$$x[i] \,,$$

werden später aber in subtiler Differenzierung auch noch $x(i)$ benutzt. Dabei muß natürlich i in dem Indexbereich des Arrays x liegen, sonst ist die Selektion undefiniert.

Schwieriger ist es schon, die Assoziation zwischen den Namen und ihren Werten herzustellen. Kompaktnotationen der Art $[2, 3, 0, 7]$ machen nur für sehr kleine n Sinn. Also führte man als elementaren Mechanismus zum Aufbau von Arrays die **Zuweisung an einzelne Komponenten** ein.

$$x[i] \;\leftarrow\; 3.14 \qquad \text{oder}$$
$$x[i] \;\leftarrow\; x[i\,] + 1$$

sind damit legale Möglichkeiten, um Werte zu $x[i]$ zu assoziieren. Dabei setzt die zweite Zuweisung natürlich voraus, daß $x[i]$ vorher schon einen Wert hatte.

Um ganze Arrays aufzubauen, müssen wir dann in entsprechenden Schleifen viele solche Einzelzuweisungen zusammenfügen. So könnten wir zum Beispiel durch folgendes Programm einen Array aufbauen, dessen i-tes Element jeweils die Partialsumme $0+1+...+i$ enthält:

$psum$: **array** $[0..n]$ **of** nat;

$\langle i, psum[0] \rangle \;\leftarrow\; \langle 1, 0 \rangle$;
while $i \leq n$
      do $psum[i] \leftarrow psum[i-1] + i$; $i \leftarrow i + 1$ **od**.

---

[1] Der Mißbrauch hält sich in Grenzen, da jeder n-dimensionale Vektorraum isomorph ist zum Vektorraum der Tupel $(x_1, ..., x_n)$.

So etwas machen Programmierer seit Jahrzehnten (spätestens seit es FORTRAN gibt). Sie machen es routiniert. Und sie machen es meistens falsch.

Als erste Maßnahme zur Fehlervermeidung sollten wir auch bei so einfachen Beispielen nicht auf Korrektheitsprüfung mit Hilfe von Zusicherungen verzichten:

$\langle i, psum[0] \rangle \leftarrow \langle 1, 0 \rangle$;

$\{ \forall j \in [0..i{-}1]: psum[j] = \sum_{k=0}^{j} k \}$

while $i \leq n$

    do $\{i \leq n \wedge \forall j \in [0..i{-}1]: psum[j] = \sum_{k=0}^{j} k \}$

        $psum[i] \leftarrow psum[i{-}1] + i$; $i \leftarrow i + 1$

        $\{i \leq n{+}1 \wedge \forall j \in [0..i{-}1]: psum[j] = \sum_{k=0}^{j} k \}$

    od

$\{i = n{+}1 \wedge \forall j \in [0..n]: psum[j] = \sum_{k=0}^{j} k \}$.

Auch das schlichte Problem, einen Array a zu kopieren, kann in vielen Sprachen nicht durch eine kompakte Zuweisung

$b \leftarrow a$

erledigt werden, sondern verlangt die aufwendige Schleife (wobei wir als Indexbereich $[0..n]$ annehmen)

$i \leftarrow 0$;

$\{ \forall j \in [0..i{-}1]: b[j] = a[j] \}$

while $i \leq n$

    do $\{i \leq n \wedge \forall j \in [0..i{-}1]: b[j] = a[j] \}$

        $b[i] \leftarrow a[i]$; $i \leftarrow i + 1$

        $\{i \leq n{+}1 \wedge \forall j \in [0..i{-}1]: b[j] = a[j] \}$

    od

$\{i = n{+}1 \wedge \forall j \in [0..n]: b[j] = a[j] \}$.

Sollte der Leser an dieser Stelle eine gewisse Unzufriedenheit spüren, daß so triviale Aufgaben schon so wenig einsichtig wirken, dann befindet er sich genau im Trend der modernen Informatik. Doch davon später mehr.

9.2 Spezielle Iterationsformen

Wir hatten in Kapitel 7 darauf verzichtet, spezielle Konstrukte für „Zählschleifen" einzuführen, da sie für einen systematischen Algorithmenentwurf eher hinderlich sind. In Verbindung mit den intervall-orientierten Arrays liegt der Fall jedoch anders: Die sehr schematische Verwendung der Zählvariablen i in den obigen Beispielen legt nahe, eine maßgeschneiderte Notation zu verwenden. (Da die gängigen Sprachen von FORTRAN über Pascal bis C hier sehr viel Phantasie auf die Kreation unterschiedlichster Schreibweisen verwenden, ist es kaum möglich, sich an einen gemeinsamen Standard zu halten.) Wir schreiben hier in Situationen wie beim Beispiel der Partialsummen

$psum[0] \leftarrow 0;$
for $i \in [1..n]$ **do** $psum[i] \leftarrow psum[i-1] + i$ **od**.

Die Zusicherungen zur Verifikation sind im wesentlichen dieselben wie bei der while-Schleife. Mit dieser Notation drücken wir aus, daß i das Intervall $[1..n]$ *geordnet* durchläuft. Bei Bedarf verwenden wir auch die umgekehrte Durchlauffolge durch Angabe eines Intervalls wie $[n..1]$.

Welche Durchlauffolge sollten wir beim zweiten Beispiel, dem Kopieren des Arrays a, wählen? Offensichtlich ist das völlig egal, jede Reihenfolge der Indizes ist möglich. Dies drücken wir dadurch aus, daß wir anstelle der Intervallnotation eine entsprechende mengenartige Notation wählen:

for $i \in \{0..n\}$ **do** $b[i] \leftarrow a[i]$ **od**.

Dies läßt auch parallele Realisierungen der Art

$[\![\ b[0] \leftarrow a[0]\ \|\ \ldots\ \|\ b[n] \leftarrow a[n]\ ]\!]$

zu, was insbesondere für moderne Rechnerarchitekturen von Bedeutung ist.

9.3 Einfache Array-Algorithmen

In den frühen Tagen der Informatik war Programmieren gleichbedeutend mit dem Lösen numerischer Probleme, vorwiegend aus dem Bereich der linearen Algebra. So ist es auch für uns naheliegend, mit Beispielen aus diesem Bereich zu arbeiten.

9.3.1 Das Skalarprodukt

Das *Skalarprodukt* zweier Vektoren x und y ist bekanntlich die Summe der paarweisen Produkte ihrer Komponenten:

$$x \times y \ \overset{\text{def}}{=} \ \sum_{i=1}^{n} x[i] * y[i] \, .$$

Da die Reihenfolge der Summierung egal ist, erhalten wir die „parallele" Schleife

$sp \leftarrow 0.0;$
for $i \in \{1..n\}$ **do** $sp \leftarrow sp + x[i] * y[i]$ **od**.

Dieses Beispielprogramm ist noch unbefriedigend, da es ohne den Kontext formuliert ist, der für eine systematische Softwareentwicklung unerläßlich ist. So ist zum Beispiel nicht klar, wo die Indexgrenzen 1 und n herkommen und welche Rolle sp spielt.

Das Skalarprodukt ist eine Funktion, die zwei Vektoren als Argumente nimmt und eine reelle Zahl als Resultat liefert. Damit haben wir folgende Funktionalität[1] (wobei wir — wie in Kapitel 3 eingeführt — mit der Notation „$\cdot \times \cdot$" Infixoperationen kennzeichnen):

fct $\cdot \times \cdot$: **array of** *real* $\times$ **array of** *real* $\rightarrow$ *real*.

Wir versuchen also nicht, die Indexgrenzen bei der Angabe der Funktionalität mit zu benennen. Das bedeutet letztlich, daß wir alle Arrays (über einer bestimmten Grundsorte) zu einem Datentyp zusammenfassen, unabhängig von ihren Indexbereichen[2]. Die andere Möglichkeit — also den Indexbereich als Bestandteil des Typs zu betrachten — hat gravierende Nachteile: Es lassen sich zum Beispiel keine allgemeinen Prozeduren formulieren, die Arrays beliebiger Größe sortieren (es sei denn, man hat das noch mächtigere Sprachkonzept der Polymorphie — siehe Kapitel 4.2 — zur Verfügung).

Als Konsequenz dieser Entscheidung müssen wir dann natürlich in der Lage sein, bei der Spezifikation und Deklaration die tatsächlichen Indexgrenzen über geeignete Operationen zu erhalten. In Anlehnung an [2] und [4] benutzen wir insbesondere

dom A	Indexmenge des Arrays A;
lo A	kleinster Index von A;
hi A	größter Index von A;
size A	Anzahl der Komponenten von A.

Beachte, daß *dom A* sich einfach durch Angabe der zwei Zahlen *lo A* und *hi A* repräsentieren läßt, also kein Effizienzproblem darstellt. Mit der Notation [*dom A*] bezeichnen wir das geordnete Index*intervall* von A.

Damit läßt sich das Skalarprodukt spezifizieren:

---

[1] Hier liegt übrigens schon der erste Sündenfall vor, bei dem wir die zwei Sichten von Arrays vermischen. Doch für den Augenblick können wir das noch unbeschwert hinnehmen.

[2] In diesem Punkt unterscheiden sich viele der bekannten Programmiersprachen erheblich voneinander.

spc $x \times y \equiv sp$
    pre $dom\ x = dom\ y$
    post $sp = \sum_{i \in dom\ x} x[i]*y[i]$.

Schließlich können wir auch das eigentliche Programm in den entsprechenden Rahmen einer Funktionsdefinition einbetten:

def $x \times y \equiv$ **var** sp: $real$; $sp \leftarrow 0.0$;
           for $i \in dom\ x$ **do** $sp \leftarrow sp + x[i] * y[i]$ **od**;
           return sp.

Dabei benutzen wir das hybride Sprachkonstrukt einer Funktion, deren Rumpf imperativ programmiert ist.

9.3.2 Das Matrixprodukt

Das zweite Standardbeispiel aus der linearen Algebra ist das Produkt $A \times B$ zweier Matrizen A und B (wobei es keine Schwierigkeit machen sollte, daß wir das gleiche Symbol wie für das Skalarprodukt verwenden, da aus dem Kontext jeweils klar ist, welche Operation gemeint ist[1]).

Das erste Problem, mit dem wir konfrontiert sind, ist die Darstellung von Matrizen. Im Gegensatz zu Vektoren haben wir es hier mit doppelt indizierten Werten wie $A_{i,j}$ zu tun. Es liegt nahe, die **Selektion** entsprechend verallgemeinert zu schreiben:

$A[i, j]$.

Im gleichen Stil läßt sich auch die Deklaration verallgemeinern:

A : **array** $[1..k,\ 1..m]$ **of** $real$.

Da die Indexbereiche jedoch nicht Bestandteil des Typs sind, hat die Matrixmultiplikation nur die Funktionalität[2]

fct $\cdot \times \cdot$: **array of** $real \times$ **array of** $real \rightarrow$ **array of** $real$.

Das Matrixprodukt C von A und B ist so definiert, daß jedes Element $C[i, j]$ gerade das Skalarprodukt der i-ten Zeile von A und der j-ten Spalte von B ist. Deshalb müssen die drei Matrizen passende Indexbereiche haben:

A : **array** $[1..k,\ 1..m]$ **of** $real$,
B : **array** $[1..m,\ 1..n]$ **of** $real$,
C : **array** $[1..k,\ 1..n]$ **of** $real$.

---

[1]   Man spricht in solchen Fällen von „Operatorüberlagerung" (engl.: *overloading*).

[2]   Auch hier werden die zwei Sichten von Arrays wieder vermischt, wobei ihre Verwendung als Resultate noch diffizilere Probleme aufwirft, sowohl konzeptuell als auch implementierungstechnisch.

Für die Spezifikation ist es hilfreich, wenn wir uns explizit auf die Zeilen und Spalten einer Matrix beziehen können:

$A[i, \cdot]$ i-te Zeile von A;

$B[\cdot, j]$ j-te Spalte von B.

Entsprechend treten jetzt alle Hilfsoperationen für Arrays in zwei Varianten auf:

dom1 A	Indexmenge der Zeilen von A;
dom2 A	Indexmenge der Spalten von A;
lo1 A, lo2 A	kleinster Zeilen-/Spalten-Index von A;
hi1 A, hi2 A	größter Zeilen-/Spalten-Index von A.

Damit können wir in der Spezifikation die übliche verbale Beschreibung unmittelbar umsetzen:

spc $A \times B \equiv C$:
  pre $dom2\ A = dom1\ B$
  post $dom1\ C = dom1\ A\ \wedge\ dom2\ C = dom2\ B\ \wedge$
      $\forall\ \langle i, j \rangle \in dom\ C: C[i, j] = A[i, \cdot] \times B[\cdot, j]$.

Jetzt können wir die Funktion problemlos formulieren, indem wir die Matrix C elementweise aufbauen und dann komplett als Ergebnis liefern:

def $A \times B \equiv$ C: **array** $[1..hi1\ A, 1..hi2\ B]$ **of** real;
      for $\langle i, j \rangle \in dom\ C$
          do $C[i, j] \leftarrow A[i, \cdot] \times B[\cdot, j]$ **od**;
      return C .

Allerdings erlauben nur die wenigsten Sprachen eine derartige Extraktion ganzer Zeilen oder Spalten. Also müssen wir den Rumpf des Skalarprodukts einkopieren und erhalten so die üblichen geschachtelten Schleifen:

def $A \times B \equiv$ C: **array** $[1..hi1\ A, 1..hi2\ B]$ **of** real;
      var sp: *real*;
      for $\langle i, j \rangle \in dom\ C$
          do $sp := 0.0$;
              for $h \in dom2\ A$
                  do $sp \leftarrow sp + A[i, h] * B[h, j]$ **od**;
              $C[i, j] \leftarrow sp$
      od;
      return C.

Wenn wir es mit Sprachen zu tun haben, die Kompaktzuweisungen von ganzen Arrays oder Arrays als Ergebnisse von Funktionen nicht zulassen, müssen wir anstelle dieser Funktion eine Prozedur schreiben, bei der C als zusätzlicher Parameter auftritt.

9.3.3 Polynom-Interpolation

Wir wollen noch ein weiteres Beispiel ansehen, das eine ganz typische Situation beim Arbeiten mit Arrays illustriert: Aus Gründen der Speichereffizienz will man Platz möglichst schnell wiederverwenden; dabei muß man jedoch aufpassen, daß kein Wert zu früh eliminiert wird.

In Kapitel 5.2.2 hatten wir eine rekursive Funktion zur Berechnung eines interpolierenden Wertes nach dem Verfahren von Aitken und Neville kennengelernt:

def $P(i, k)(x) \equiv$
    if $i = 0$ **then** y_k
    ☐ $i > 0$ **then** $e_{i,k,x}(P(i-1, k), P(i-1, k-1))$ **fi** .

Die Berechnung erfolgt dabei so, daß jedes Element sich aus den beiden darüberliegenden ableitet, wenn wir folgende Dreiecks-anordnung vornehmen:

$$
\begin{array}{cccccc}
P_{00} & P_{01} & P_{02} & P_{03} & P_{04} & P_{05} \\
 & P_{11} & P_{12} & P_{13} & P_{14} & P_{15} \\
 & & P_{22} & P_{23} & P_{24} & P_{25} \\
 & & & P_{33} & P_{34} & P_{35} \\
 & & & & P_{44} & P_{45} \\
 & & & & & P_{55}
\end{array}
$$

Würden wir diese Rekursion tatsächlich so auswerten, würden sehr viele Werte immer und immer wieder aufs neue berechnet werden. Daher ist es schlauer, sich einmal erhaltene Werte zu merken. Wenn wir dabei zeilenweise von oben nach unten fortschreiten, genügt es jedoch, wenn wir uns nur die jeweils letzte Zeile tatsächlich merken. Zum leichteren Verständnis entwickeln wir den Algorithmus in zwei Schritten: Wir starten mit

    -- Initialisierung
        for $k \in \{0..n\}$ **do** $v[k] \leftarrow y_k$ **od**;
    -- Hauptschleife
    for $i \in [1..n]$ **do**
        $\{v(k) = P(i-1, k)$ *für* $i-1 \leq k \leq n\}$
        -- Berechnung der nächsten Zeile
            for $k \in \{i..n\}$ **do** $v[k] \leftarrow P(i, k)$ **od**
        $\{v(k) = P(i, k)$ *für* $i \leq k \leq n\}$
    od.

Betrachten wir jetzt die Anweisung in der inneren Schleife. Aufgrund der Definition von P können wir sie ersetzen durch

    $v[k] \leftarrow e_{i,k,x}(P(i-1, k), P(i-1, k-1))$.

Wegen der Zusicherung wissen wir, daß die Werte der beiden Aufrufe von P jeweils in v vorhanden sind — vorausgesetzt, daß wir sie nicht zu früh überschreiben. Deshalb müssen wir die innere Schleife von oben nach unten durchlaufen:

for $k \in [n..i]$ **do** $v[k] \leftarrow e_{i,k,x}\left(v[k], v[k-1] \right)$ **od**.

Das illustriert übrigens deutlich, wie vorteilhaft es sein kann, ein Problem zuerst in Form einer rekursiven Funktion zu lösen — ohne verfrühte Rücksicht auf Effizienz — und es dann optimal zu implementieren.

Damit wollen wir unsere kurze Einführung in Array-Algorithmen abschließen. Die angegebene Literatur enthält zahlreiche weitere Beispiele. Außerdem werden wir in den nächsten Kapiteln noch Algorithmen über anderen Datenstrukturen kennenlernen, die sich unmittelbar auf Arrays übertragen lassen.

Im Rest dieses Kapitels wollen wir lieber noch einige konzeptuelle Aspekte von Arrays studieren — die allerdings auch wieder nur stellvertretend für gleichartige Probleme bei anderen Datenstrukturen stehen.

9.4 Eine abstraktere Sicht von Arrays

Matrizen können in der Praxis sehr groß werden: Eine dreidimensionale Matrix mit 100 Indizes in jeder Dimension braucht 4 MByte Speicher. Und in der Chemie oder Meteorologie ist das noch keine übermäßig große Matrix. Deshalb versucht man in Fällen wie der Matrixmultiplikation für das Ergebnis nicht eine neue Matrix C zu nehmen, sondern eine der beiden Eingangsmatrizen zu überschreiben (vorausgesetzt, daß die Indexbereiche passen). Wir wollen also die Kompaktzuweisung

$A \leftarrow A \times B$

realisieren. Ein naiver Programmierer könnte hier versucht sein, in der obigen Funktion einfach C überall durch A zu ersetzen und eine entsprechende Prozedur zu kreieren:

!!! Vorsicht -- falsches Programm !!!

def *matmult(A, B)* ≡
  var *sp*: *real*;
  for ⟨*i, j*⟩ ∈ *dom A*
    do *sp* := 0.0;
      for *h* ∈ *dom2 A*
        do *sp* ← *sp* + *A*[*i, h*] * *B*[*h, j*] **od**;
      A[*i, j*] ← *sp*
  od.

Was ist daran falsch? Ganz einfach: Wir überschreiben Komponenten, obwohl ihr alter Wert noch gebraucht wird. Betrachten wir ein beliebiges Element *A*[*i, j*] und nehmen wir an, daß es *vor* seinem Nachbarelement *A*[*i, j*+1] überschrieben wird. Wenn dann für *A*[*i, j*+1] das Skalarprodukt unter Verwendung der *i*-ten Zeile gebildet wird, geht für *A*[*i, j*] bereits der neue Wert ein und nicht mehr der eigentlich benötigte alte Wert! Das heißt, man muß die Zeile zwischenspeichern.

Diese Art von Fehler ist typisch, wenn man auf diesem relativ niedrigen Abstraktionsniveau mit Arrays umgeht. Ein Ausweg aus dem Dilemma ist natürlich, mit Hilfe geeigneter Zusicherungen die Korrektheit der Programme zu beweisen. Doch in der Praxis stoßen wir auf dasselbe Problem: Wenn die Sprache der Formeln ein zu niedriges Niveau hat, werden die Zusicherungen absolut unleserlich und damit nahezu nutzlos[1]. *(Der interessierte Leser möge versuchen, die Korrektheit von „×" bzw. die Falschheit von „matmult" zu zeigen — aber bitte nur, wenn er sicher ist, durch dieses Erlebnis nicht das Interesse an unserem ganzen Buch zu verlieren.)*

Was wir im Interesse einer systematischen und professionellen Programmentwicklung brauchen — im Gegensatz zu dem traditionellen „Herumbasteln" —, ist eine abstraktere Sicht von Arrays, die insbesondere kompakte Notationen und Programmierschemata bietet[2].

9.4.1 Arrays sind Reihungen von Variablen

Jetzt haben wir den Punkt erreicht, an dem wir nicht mehr die Doppelnatur der Arrays kaschieren können. Wie wir zu Beginn dieses Kapitels gesehen haben, ist die zentrale Aktion zum Aufbau eines Arrays die Zuweisung an einzelne Komponenten, zum Beispiel

a[*i*] ← *b*[*i*] + *c*[*i*] .

---

[1] Reynolds [7] macht den interessanten Versuch, mit sorgfältig genormten graphischen Darstellungen Anschaulichkeit und Präzision miteinander zu verbinden.

[2] Einen möglichen Schritt in diese Richtung stellt sicherlich die Sprache APL dar, auch wenn dort vielleicht des Guten zuviel getan wurde.

Da Zuweisungen aber nur an Variable vorgenommen werden können, muß also $a[i]$ eine Variable sein. Folglich ist ein Array eine Aneinanderreihung von solchen Variablen.

Das Aliasverbot:

Diese Tatsache führt auf eine ganze Reihe von Schwierigkeiten. Zunächst einmal erhalten wir auf diese Weise Variable, die „errechnet" werden, das heißt, als Ergebnisse von Selektionsoperationen auftreten. Damit tritt eine „Anonymisierung" ein, die es schwer macht, gewisse Verbote aufrecht zu erhalten. Wie wir früher schon festgestellt haben, ist es nicht sinnvoll, simultane Zuweisungen an dieselbe Variable vorzunehmen: Bei

$$\langle x, x \rangle \leftarrow \langle a, b \rangle$$

ist das Verbot offensichtlich. Dagegen stellt

$$\langle x[i], x[j] \rangle \leftarrow \langle a, b \rangle$$

eine häufig auftretende Situation dar. Nur: Für $i = j$ ist das natürlich ebenso sinnlos wie die erste Anweisung — auch wenn der Spezialfall

$$\langle x[i], x[j] \rangle \leftarrow \langle x[j], x[i] \rangle$$

sogar wieder akzeptabel wäre. Unglücklicherweise ist es für einen Compiler im allgemeinen nicht möglich, die Gleichheit von i und j von vornherein auszuschließen. Somit ist es dem Programmierer überlassen, die Einhaltung des sogenannten *Aliasverbots* bei Zuweisungen sicherzustellen (und zu beweisen). Dabei bedeutet *Alias*, daß die gleiche Variable unter zwei verschiedenen „Namen" auftritt.

Kompaktzuweisung:

Auch die Kompaktzuweisung wird jetzt zu einem konzeptuell fragwürdigen Konstrukt, denn damit wäre ein Array selbst ebenso eine Variable wie alle seine Komponenten (also eine Art von „Variable zweiter Stufe"). Zwar läßt sich so etwas mit einigem Aufwand noch formal sauber definieren, aber Klarheit und Verständlichkeit leiden unter solchem formalistischen Ballast allemal.

Selektive Änderung:

Kritischer ist das nächste Problem; denn es kann zu subtileren Programmierfehlern führen (wie wir im obigen Beispiel *matmult* schon feststellen mußten): Die Datenstruktur der *Reihung* wird nicht als konzeptuelle Einheit behandelt, sondern zerfällt in eine Vielzahl von einzelnen Variablen, von denen jede für sich manipulierbar ist.

Eigentlich müßten wir aber davon ausgehen, daß jede Zuweisung an eine einzelne Komponente $x[i]$ in Wirklichkeit den ganzen Array ändert. Dies drückt Dijkstra [2] zum Beispiel dadurch aus, daß er für die Zuweisung die Notation $x:(i) = \ldots$ benutzt. Wenn wir diesen Gedanken konsequent zu Ende denken, gelangen wir zu einer anderen

Sicht von Arrays: Ein Array wäre dann *eine* Variable für eine große Datenstruktur.

Um nicht unnötig viel konzeptuellen und terminologischen Wirrwarr zu stiften, bleiben wir bei unserer ersten Sicht von Arrays und führen für die zweite Sicht lieber eigenständige Begriffe ein. Dies hat den zusätzlichen großen Vorteil, daß wir dieses bedeutende Konzept auch für die applikative Programmierung verfügbar machen.

9.4.2 Endliche Abbildungen: „Maps"

Schon am Anfang dieses Kapitels haben wir festgestellt, daß Aneinanderreihungen von Werten eigentlich Abbildungen von natürlichen Zahlen in gewisse Wertemengen sind. Jetzt nehmen wir diese Beobachtung ganz ernst und führen Konstruktionen zur Definition solcher Datenstrukturen ein:

map $[1..n]$ **to** *real*

steht zum Beispiel für die Menge der Abbildungen der Indexmenge $[1..n]$ in die reellen Zahlen. Dabei wird jede solche (endliche) Abbildung als *ein einziges Objekt* angesehen. In Analogie zu Arrays machen wir auch hier den englischen Begriff zum Gattungsnamen und sprechen allgemein von „**Maps**".

Solche Maps sind von der gleichen Natur wie *bool, nat, int, real* etc. Deshalb macht auch die Einführung von Sorten, also von Namen für die Objektmengen, hier Sinn (siehe Kapitel 3), also zum Beispiel

sort *vector* $\equiv$ **map** $[1..n]$ **to** *real* .

Damit können wir jetzt in der üblichen Weise Deklarationen schreiben wie

c : *vector,*
var m : *vector,*

wobei der erste Fall eine Konstante beschreibt (z.B. den Parameter einer Funktion) und der zweite eine Variable. Dabei handelt es sich um *eine einzige* Variable — also um etwas ganz anderes als bei unseren früheren Arrays.

Manche Sprachen erlauben es auch, ohne explizite Einführung einer Sorte direkt zu schreiben

c : **map** $[1..n]$ **to** *real,*
var m : **map** $[1..n]$ **to** *real.*

Es genügt aber natürlich nicht, nur Sorten für Maps zu besitzen. Wir müssen auch mit ihnen arbeiten können, das heißt, Operationen verfügbar haben. Mit anderen Worten: Maps sind *Strukturen* (siehe Kapitel 3).

Als erstes benötigen wir die **Selektion** von Elementen. Hier bietet sich an, die übliche Notation für die Funktionsapplikation zu übernehmen, also zum Beispiel

$m(i)$.

Damit haben wir einen bewußten Unterschied zur Array-Selektion $a[i]$ hergestellt, die ja genaugenommen keinen Wert liefert, sondern eine Variable benennt (die ihrerseits einen Wert hat). Es versteht sich jetzt von selbst, daß $m(i)$ *nicht* auf der linken Seite einer Zuweisung stehen kann.

Bleibt das Problem, Maps zu erzeugen. Da der sukzessive Aufbau über Zuweisungen an einzelne Komponenten ausscheidet, müssen wir entsprechende Operationen einführen. Für kleine Maps sind explizite Aufzählungen möglich:

$[1 \mapsto 0.15, \ 2 \mapsto 3.12, \ 3 \mapsto -12.3]$.

Größere Maps müssen wir implizit definieren, in Analogie zu Mengen in der Mathematik:

$[\ i \mapsto i*i \ \mid \ 1 \leq i \leq n \ ]$.

Schließlich sollten wir für Maps — genauso wie für Arrays — die Möglichkeit der partiellen **Änderung** zur Verfügung haben. Allerdings bedeutet dies jetzt die *Kreation einer neuen Map*, die teilweise mit der alten übereinstimmt, teilweise von ihr verschieden ist. Seien also M und N zwei Maps, dann liefert

$M \nleftarrow N$

eine neue Map, für die gilt

$$(M \nleftarrow N) \, (i) = \begin{cases} N(i) & \text{falls} \quad i \in dom \ N \\ M(i) & \text{sonst} \end{cases}$$

Das heißt, M wird teilweise durch N „überschrieben". Dabei gehen wir zunächst davon aus, daß der Indexbereich von N in dem von M enthalten ist. Wie wir aber gleich noch sehen werden, ist diese Einschränkung nicht nötig.

Die Änderung eines einzelnen Elements, also das Gegenstück zur Array-Zuweisung $A[i] \leftarrow x$, muß jetzt also durch das Überschreiben mit einer einelementigen Map realisiert werden[1]:

---

[1] Es ist interessant zu sehen, mit wieviel Phantasie in der Literatur an dieser Stelle Notationen kreiert werden; so benutzt zum Beispiel Gries [3] die Form $M:=(M; i:x)$ für die Änderung einer Komponente und entsprechend $M:=(M; i_1:x_1, \ldots, i_n:x_n)$ für

$M \leftarrow M \Leftplus [i \mapsto x]$.

Die anderen Operationen für Arrays, wie zum Beispiel *dom, hi, lo, size*, übernehmen wir für Maps ganz analog.

9.4.3 Maps und Arrays

Ich möchte jetzt die These vertreten, *daß Maps gegenüber Arrays einen Abstraktionsgewinn darstellen*. Genauer: Map-Programme enthalten weniger technischen Ballast als die entsprechenden Array-Programme. Und damit geht üblicherweise eine geringere Fehleranfälligkeit einher.

Um diese These zu überprüfen, müssen wir Arrays und Maps vergleichen. Zu diesem Zweck bezeichnen wir mit *map(A)* diejenige Map, die dem Array *A* entspricht. Seien also gegeben

A : **array** $[1..n]$ **of** *nat*
var M : **map** $[1..n]$ **to** *nat*.

Zunächst ist klar, daß beide Konzepte prinzipiell gleich mächtig sind. Wenn wir zum Beispiel die eine Struktur in die andere kopieren wollen, können wir jeweils schreiben

for $i \in \{1..n\}$ **do** $A[i] \leftarrow M(i)$ **od**;

for $i \in \{1..n\}$ **do** $M \leftarrow M \Leftplus [i \mapsto A[i]]$ **od**.

In beiden Fällen wird die Zusicherung *{map(A) = M}* etabliert. Das zeigt schon, daß wir jedem Map-Algorithmus einen passenden Array-Algorithmus zuordnen können und umgekehrt.

Die zweite der beiden obigen Schleifen ist jedoch unnötig aufwendig und detailliert. Hier sollten wir viel abstrakter programmieren:

$M \leftarrow [i \mapsto A[i] \mid i \in \{1..n\}]$.

Worin liegt hier der Abstraktionsgewinn? Darin, daß wir nur noch sagen, *welchen Wert* die Map an jeder Stelle haben soll, und nicht mehr, in *welcher Reihenfolge* diese Werte zu bestimmen sind (also aufsteigend, absteigend oder beliebig). Insbesondere entfällt das Problem, sich über vorzeitiges Überschreiben von noch benötigten Werten Gedanken zu machen — eine der häufigsten Fehlerursachen bei Array-Programmen. (Dieses Problem tritt zwar bei dem obigen Kopierbeispiel nicht auf, aber die Matrixmultiplikation und die

---

die simultane Änderung mehrerer Komponenten. Wir folgen jedoch lieber dem etwas algebraischeren Ansatz von Jones [4].

Polynominterpolation in Kapitel 9.3.2 und 9.3.3 sollten hinreichend überzeugend gewesen sein.)

Ein solcher Abstraktionsgewinn wäre jedoch Augenwischerei, wenn er grundsätzlich mit einem Effizienzverlust verbunden wäre. (Schließlich traten die Probleme in unseren Beispielen erst auf, als wir versuchten, möglichst platzsparend zu arbeiten durch Überschreiben von Array-Elementen.)

Erfreulicherweise lassen sich aber den in der Praxis wichtigsten Kompaktzuweisungen für Maps ganz schematisch entsprechende Schleifen über Arrays zuordnen, wie die folgenden Regeln illustrieren. Die Idee dabei ist, daß wir in einem Programm eine Map M konsistent durch einen Array A ersetzen können, so daß invariant die Beziehung $\{map(A) = M\}$ gilt.

Regel 1:

$$M \leftarrow M \oplus [i \mapsto \alpha(i) \mid i \in \{a..b\}]$$

entspricht der Schleife

for $i \in \{a..b\}$ **do** $A[i] \leftarrow \alpha(i)$ **od,**

vorausgesetzt, daß in α keine Bezüge auf M vorkommen.

Diese Transformation funktioniert offensichtlich auch dann noch, wenn α zwar von M abhängt, aber jeweils nur vom Element $M(i)$:

Regel 2:

$$M \leftarrow M \oplus [i \mapsto \alpha(i, M(i)) \mid i \in \{a..b\}]$$

entspricht der Schleife

for $i \in \{a..b\}$ **do** $A[i] \leftarrow \alpha(i, A[i])$ **od.**

Treten in α weitere Abhängigkeiten von M auf, so ist oft noch wenigstens eine geordnete Schleife möglich:

Regel 3:

$$M \leftarrow M \oplus [i \mapsto \alpha(i, M(i_0), ..., M(i_k)) \mid i \in \{a..b\}]$$

ist (für $a \leq b$) gleichwertig zu der Schleife

for $i \in [a..b]$ **do** $A[i] \leftarrow \alpha(i, A[i_0], ..., A[i_k])$ **od,**

vorausgestzt, daß alle $i_j \geq i$ sind. Dann werden nämlich keine Elemente geändert, die noch gebraucht werden. Im Falle $i_j \leq i$ muß man die Schleife umgekehrt durchlaufen.

Das sind die wesentlichen Standardfälle. Komplexere Abhängigkeiten verlangen eine individuellere Analyse.

Diese Regeln sind so schematisch, daß sie prinzipiell in optimierende Compiler eingebaut werden können. Damit ist es dem

Programmierer möglich, mit den abstrakteren Maps zu arbeiten, bei denen die Fehleranfälligkeit — wie schon erwähnt — niedriger ist, ohne daß er auf die Effizienz der traditionellen Array-Programme verzichten muß. Übrigens: Auch wenn kein entsprechender Compiler verfügbar ist, lohnt es sich trotzdem, zunächst mit Maps zu arbeiten und dann die obigen Regeln von Hand anzuwenden. Dieser zusätzliche Entwicklungsschritt kostet allemal weniger Aufwand, als später Fehler durch mühsames Testen zu suchen.

Um dies zu illustrieren, kommen wir noch einmal auf das Programm für die Matrixmultiplikation

$$A \leftarrow A \times B$$

zurück — jetzt auf der Basis von Maps. Zunächst einmal machen die Schreibweisen $A(i, \cdot)$ und $B(\cdot, j)$ für die Extraktion von Zeilen und Spalten bei Maps wirklich Sinn; wir können sie als Funktionen auffassen, die Matrizen in Vektoren abbilden, gemäß folgenden Deklarationen:

> **sort** *vector*   ≡   **map** $[1..n]$ **to** *real*,
> **sort** *matrix*   ≡   **map** $[1..n, 1..n]$ **to** *real*.

Dann können wir die Zuweisung kompakt schreiben

$$A \leftarrow [\ \langle i, j \rangle \mapsto A(i, \cdot) \times B(\cdot, j)\ |\ \langle i, j \rangle \in \{1..n, 1..n\}\ ].$$

Dieses Programm ist korrekt, erlaubt aber nicht die elementweise Änderung von A. (Keines unserer obigen Schemata ist anwendbar — kann es auch nicht sein, denn wir wissen ja bereits, daß dies ein falsches Programm ergäbe.)

Aber wir können auf dieser Ebene der Maps das korrekte Programm relativ leicht entwickeln. Wir multiplizieren jede Zeile von A mit der ganzen Matrix B; der entstehende Vektor wird dann die neue Zeile von A.

> **for** $i \in \{1..n\}$ **do**
> $u \leftarrow A(i, \cdot) \times B$;
> $A \leftarrow A \oplus [\ \langle i, j \rangle \mapsto u(j)\ |\ j \in \{1..n\}\ ]$ **od** .

Dabei ist die Multiplikation $a \times B$ zwischen einem Vektor a und einer Matrix B (wobei wir eine erneute Operatorüberlagerung einführen) definiert als der Vektor der Skalarprodukte von a mit allen Spalten von B:

$$a \times B \overset{\text{def}}{=} [\ j \mapsto a \times B(\cdot, j)\ |\ j \in \{1..n\}\ ].$$

Jetzt passen alle Kompaktzuweisungen auf unsere obigen Schemata, und wir (oder auch fortschrittliche Compiler) können die korrekte Version eines effizienten Array-Programms ableiten.

Auch im Beispiel der Polynominterpolation aus Kapitel 9.3.3 macht sich die höhere Abstraktion der Maps hilfreich bemerkbar. Hier erhalten wir aufgrund der Zusicherungen die Formulierung

$v \leftarrow [\, k \mapsto y_k \mid k \in \{0..n\}\,]$;
for $i \in [1..n]$ **do**
$\qquad v \leftarrow [\, k \mapsto e_{i,k,x}(\, v[k], v[k{-}1]\,) \mid k \in \{i..n\}\,]$
od.

Jetzt liefern unsere obigen Schemata für die beiden Kompaktzuweisungen die zugehörigen Schleifen — und zwar automatisch in der richtigen Reihenfolge. Dadurch wird eine große Fehlerquelle vermieden.

9.4.4 Applikative und imperative Sicht

Aus der bisherigen Diskussion wird klar, daß Arrays zum imperativen Programmierstil gehören und Maps zum applikativen Stil. Der letztere ist dabei — wie üblich — mit Sichtweisen der Mathematik verträglicher: Eine *Abbildung* ist für den Mathematiker ein Ganzes, die Idee punktueller Modifikationen ist a priori sinnlos, bestenfalls kann man über Abbildungen reden, die sich nur punktuell unterscheiden. Die Informatik hat — orientiert an Eigenschaften der zugrundeliegenden Maschinen — eine ganz andere Sichtweise: Ein Array ist ein Konglomerat individueller Objekte, die sich *einzeln* manipulieren lassen.

Daraus folgt übrigens auch, daß es streng genommen nicht zulässig ist, Arrays als Parameter oder Resultate von Funktionen zuzulassen (wie wir es in unseren obigen Beispielen getan haben); an ihrer Stelle müßten wir Maps verwenden. Wenn wir tatsächlich mit Arrays arbeiten wollen, müßten wir Prozeduren schreiben.

Die höhere Fehleranfälligkeit von Array-Programmen geht offenbar darauf zurück, daß es schwieriger ist, eine lose Ansammlung von Einzelobjekten systematisch und kontrolliert zu behandeln, als ein einziges kompaktes Objekt. (Dieser Effekt wird sich noch viel stärker zeigen, wenn wir zum Beispiel „Graphen" als „Geflechte" darstellen, da hier die logische Verbindung der Einzelobjekte noch viel lockerer ist als im Fall der Arrays.) Deshalb lohnt es sich auch, an dem relativ einfachen Beispiel der Arrays und Maps die konzeptuellen Unterschiede sehr puristisch (vielleicht beinahe sophistisch) herauszuarbeiten.

Spezifikation und Verifikation von Programmen sind stark mathematisch ausgerichtete Aktivitäten. Daher eignen sich Maps hier besser als Arrays. Selbst wenn wir imperative Array-Programme schreiben, werden die Zusicherungen zur Verifikation sinnvollerweise auf der Basis der zugehörigen Maps formuliert.

9.4.5 Maps mit allgemeinen Indexbereichen

Zum Abschluß vollziehen wir noch einen weiteren Abstraktionsschritt: Anders als bei Arrays wollen wir die Indexbereiche von Maps nicht nur auf Intervalle von Zahlen beschränken, sondern lassen beliebige (aber endliche) Mengen zu. Das ist zwar implementierungstechnisch diffiziler, erhöht aber die Programmierflexibilität erheblich. So müssen wir zum Beispiel für die Operation $M \nleftarrow N$ keine Einschränkungen für die Indexmengen mehr fordern.

Eine Zuordnung von Personen zu ihren Geburtsdaten können wir jetzt also durch eine simple Map der Art

   map *name* **to** *date*

darstellen (unter der Annahme, daß wir geeignete Sorten für Namen und Daten zur Verfügung haben). Dabei ist offensichtlich, daß jede konkrete Map dieser Art kein irgendwie abgeschlossenes Intervall als Indexbereich mehr haben kann.

Unsere obigen Maps über Intervallen der Art [1..n] erweisen sich damit als — wichtige — Instanzen der allgemeinen Sorten

   map *nat* **to** ...   beziehungsweise   **map** *int* **to** ...

Diese allgemeineren Sorten sind es folglich auch, die wir angeben müssen, wenn wir solche Maps als Parameter für Funktionen und Prozeduren verwenden. Die konkreten Indexbereiche erhalten wir ja über die Operation *dom*, und Beschränkungen der Indexbereiche werden ohnehin besser über Vorbedingungen festgelegt als über Sortenangaben.

Bleibt als letztes noch eine kurze Anmerkung zur *Implementierung allgemeiner Maps*. Wenn wir davon ausgehen, daß klassische Arrays sehr einfach zu implementieren sind (siehe Kapitel 9.5), dann sind auch Maps über Intervallen der Form [0..n] sehr einfach zu implementieren. Also sollten wir allgemeine Maps auf solche speziellen Maps zurückführen.

Das wird häufig durch sogenanntes „**Hashing**" erreicht. Betrachten wir zur Illustration wieder unser Beispiel

   var *liste* : **map** *name* **to** *date*.

Zunächst machen wir eine Abschätzung, wie viele Einträge unsere Liste allerhöchstens haben wird. (Aus entsprechenden Analysen ist bekannt, daß Hashing nur dann eine zufriedenstellende Effizienz aufweist, wenn der Füllgrad der 'Hashtabellen' unter 80% liegt.) Sei also n die entsprechend vergrößerte Anzahl. Dann führen wir eine Map

   var *hliste* : **map** [0..n] **to** *name* × *date*

ein (wobei wir uns die Freiheit nehmen, im Wertebereich der Map Paare zuzulassen). Dann definieren wir eine geeignete Funktion

fct h: *name* $\rightarrow$ [0..n],

durch die jedem Namen eine Zahl aus dem Intervall zugeordnet wird. (Von der geschickten Wahl dieser Funktion h hängt der Erfolg des ganzen Verfahrens ab.)

Wenn wir jetzt zum Beispiel eine neue Person in unsere Liste aufnehmen, also

liste $\leftarrow$ *liste* $\oplus$ $[p \mapsto d]$

realisieren wollen, dann müssen wir dies folgendermaßen umsetzen: Als erstes müssen wir die Hashzahl $i=h(p)$ berechnen und dann die Modifikation

hliste $\leftarrow$ *hliste* $\oplus$ $[\, i \mapsto \langle p, d \rangle \,]$

vornehmen. Was aber ist, wenn schon ein anderer Name q in der Liste steht, der zufällig ebenfalls die Hashzahl $h(q)=i$ besitzt? Für derartige *Kollisionen* müssen wir geeignete Überlaufverfahren vorsehen, zum Beispiel, indem wir von $h(p)=i$ ausgehend eine Folge weiterer Zahlen $i_1, i_2, \ldots$ durchlaufen, bis wir einen freien Platz in *hliste* finden. Diese Zahlen werden durch Inkremente bestimmt, die zur Tabellenlänge teilerfremd sind. (Detaillierte Erörterungen findet man in dem Standardwerk von Knuth [5] oder auch bei Mehlhorn [6].)

Die Selektion erfolgt ganz analog, indem mit der Hashzahl des Namens in *hliste* gesucht wird, wobei auch hier Kollisionen zu berücksichtigen sind.

Zur Wahl geschickter Hashfunktionen h gibt es in der Literatur eine Fülle von Vorschlägen, die auf intensiven statistischen Untersuchungen basieren. Üblicherweise leitet man die Werte aus den Bitkombinationen der maschineninternen Darstellungen der Argumente ab. Auch für die Kollisionsbehandlung gibt es Untersuchungen über die geschickte Wahl von Zahlenfolgen, durch die möglichst kurze Ketten entstehen. In der Praxis erreicht man so durchaus Trefferquoten, die im statistischen Mittel in der Größenordnung von nur 1.1 bis 1.2 Zugriffen auf die Hashtabelle liegen, bis die richtige Stelle gefunden ist.

9.5 Arrays und Speicherstrukturen

Es gehört zur Folklore der Informatik, daß Arrays das unmittelbare softwaretechnische Gegenstück zur Speicherstruktur der klassischen Von-Neumann-Rechner sind. Ich kann mich dieser Auffassung nicht anschließen. Für mich ist ein Speicher kein Array, sondern eine Map-Variable. Und in größeren Rechnern haben wir manchmal Arrays von Maps.

Um dies zu sehen, müssen wir uns ein wenig mit dem Aufbau von Speichern befassen, auch wenn dies hier nur skizzenhaft geschehen kann (vgl. [1]).

Der **Speicher** (genauer: „Hauptspeicher") eines Rechners hält Programme und Daten so zur Verfügung, daß die Prozessoren relativ schnell darauf zugreifen können. (Die Zugriffszeit ist etwas länger als bei den prozessorinternen Registern, aber um Größenordnungen kürzer als bei externen Speichern wie Magnetplatten oder Disketten.) Die Speichergrößen reichen typischerweise[1] von ca. 4-8 MB bei PCs über 16-128 MB bei Workstations bis hin zu mehreren GB bei Großrechnern wie der Cray-2.

Der Speicher tauscht mit den übrigen Komponenten des Rechners Daten über sogenannte *Busse* aus, wobei man (neben einigen Steuerleitungen) üblicherweise einen *Datenbus* und einen *Adreßbus* hat. Ein solcher **Bus** ist ein Leitungsbündel, das zwischen verschiedenen Geräten eine Verbindung schalten kann.

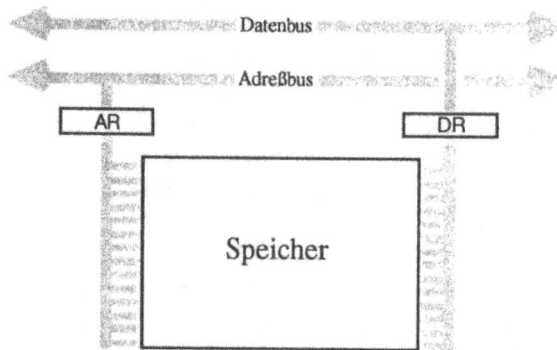

Der Speicher selbst ist in **Worte** (oder in Bytes) eingeteilt. Jedes dieser Speicherworte hat eine **Adresse**, über die es angesteuert werden kann. Solche Adressen sind natürlich nichts anderes als Zahlen aus einem Intervall [0..*N*], wobei *N* gerade die Speichergröße angibt.

Wenn also auf dem Adreßbus eine Zahl eintrifft, wird sie über eine Dekodierlogik entschlüsselt und das zugehörige Speicherwort angesteuert. Jetzt kann der Wert aus diesem Wort ausgelesen und über den Datenbus übertragen werden, oder es kann umgekehrt der Wert auf dem Datenbus in das Speicherwort geschrieben werden. Welche der beiden Aktivitäten erfolgen soll, wird über die Steuerleitungen signalisiert. Aus technischen Gründen werden übrigens sowohl die Adresse als auch das Datum jeweils in einem Register kurzfristig zwischengespeichert.

---

[1] … die Zahlen verdoppeln sich beinahe alle zwei Jahre.

Oberflächlich betrachtet scheint also das Modell vom Speicher als Array ganz gut zu funktionieren. Denn er besteht aus einzelnen Zellen, die über Indizes aus einem Intervall [0..*N*] identifiziert werden und die individuell überschreibbar sind.

Doch die Sache hat einen Haken. Wären die Zellen wirklich so individuell, müßten wir sie insbesondere simultan benutzen können. Unsere obige Diskussion zeigt aber ganz klar, daß zu jedem Zeitpunkt nur *eine einzige* Zelle angesteuert sein kann! Mit anderen Worten, der ganze Speicherblock verhält sich als Einheit, die punktuelle Modifikationen zuläßt. *Dies entspricht aber genau dem Modell der Map-Variablen.*

Welche Konsequenz können wir aus dieser Beobachtung ziehen? Zunächst einmal ist es erfreulich, ein weiteres Beispiel für die konzeptuelle Einheitlichkeit von Hardware und Software zu entdecken. Und dies umso mehr, als es — ganz im Gegensatz zur traditionellen Sichtweise — das abstraktere von zwei Sprachkonzepten ist, das sich als das tragfähigere erweist.

Darüber hinaus können wir jetzt die Modellierung aber noch weiter treiben. In modernen Rechenanlagen wird der Speicher in mehrere **Speicherbänke** (auch *Speichermodule* genannt) eingeteilt, die unabhängig voneinander parallel benutzt werden können.

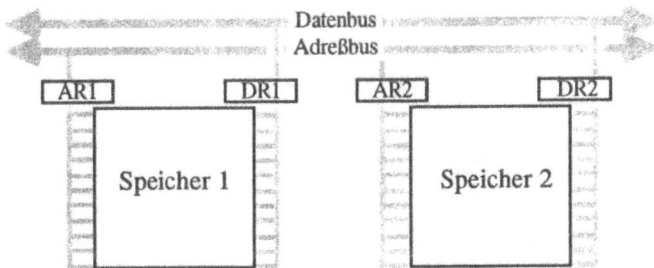

Damit wird der Zugriff insgesamt deutlich beschleunigt, was bei parallel arbeitenden Prozessoren essentiell ist. Das läßt sich in unserem Ansatz ganz problemlos modellieren: Wir haben es mit einem *Array von Maps* zu tun.

Besonders angenehm an dieser Vorgehensweise ist, daß wir jetzt auch den zentralen Trick der *Datenverschränkung* nachbilden können. Bei vielen Algorithmen — insbesondere bei numerischen Algorithmen auf Parallelrechnern — kann man nämlich die benachbarten Elemente von Vektoren oder Matrizen so auf verschiedene Maps verteilen, daß simultane Zugriffe möglich werden.

Wir könnten zum Beispiel einen Vektor

v : **map** [0..1023] **to** *real*

auf einen Array aus vier Maps abbilden:

a : **array** [0..3] **of** (**map** [0..255] **to** *real*),

so daß gilt:

$v(0)=a[0](0)$, $v(1)=a[1](0)$, $v(2)=a[2](0)$, $v(3)=a[3](0)$,
$v(4)=a[0](1)$, etc.

Jedes Element des Arrays a modelliert somit eine eigene Speicherbank, wodurch wir die parallele Zugreifbarkeit auch im Programm explizit widerspiegeln können. Das ist hilfreich beim Entwurf von parallelen Algorithmen für sogenannte Vektor- oder Array-Prozessoren.

Wir haben in diesem Kapitel relativ viele konzeptionelle Aspekte der Array-Idee behandelt. Dies ist zum einen natürlich deshalb gerechtfertigt, weil Arrays und Maps aufgrund der Hardwarestruktur unserer nach wie vor dominierenden Rechnertypen d i e zentrale Datenstruktur für effiziente Programmierung sind. Zum anderen ist diese aufwendige Behandlung aber auch deshalb geboten, weil wir hier zum ersten Mal mit nicht-trivialen Datenstrukturen konfrontiert sind. Und das meiste von dem, was wir analysiert haben, ist auf alle weiteren Strukturen direkt übertragbar.

Aufgrund ihrer Maschinennähe dienen Arrays und Maps natürlich auch zur „Implementierung" anderer Datenstrukturen. Denn viele Aufgaben führen in ganz natürlicher Weise zunächst auf Strukturen wie Mengen, Sequenzen, Graphen etc., die in traditionellen Sprachen dem Programmierer nicht angeboten werden. Folglich simuliert man diese Strukturen mit Hilfe von Arrays (eine Technik, die FORTRAN-Programmierer seit jeher virtuos beherrschen).

In der modernen Informatik haben wir jedoch gelernt, nahezu beliebige Arten von Datenstrukturen explizit zu verwenden, um die Programme — wieder einmal — abstrakter und damit sicherer zu machen. Die letztendlich notwendige Rückführung auf Arrays und Maps überlassen wir nach Möglichkeit dem Compiler. Falls dies nicht geht, wird die Implementierung zumindest in klar strukturierter Form mittels sogenannter abstrakter Datentypen vorgenommen. Davon sollen die nächsten Kapitel handeln.

Referenzen

[1]   *Coy, W.:* Aufbau und Arbeitsweise von Rechenanlagen. Vieweg, Braunschweig 1988

[2]   *Dijkstra, E.W.:* A Discipline of Programming. Prentice-Hall, Englewood Cliffs 1976

[3]   *Gries, D.:* The Science of Programming. Springer, Berlin 1981.

[4] *Jones, C.B.:* Software Development — A Rigorous Approach. Prentice-Hall, Englewood Cliffs 1980.

[5] *Knuth, D.E.:* The Art of Computer Programming. Vol. 3: Sorting and Searching. Addison-Wesley, Reading 1975.

[6] *Mehlhorn, K.:* Data Structures and Algorithms 1. Sorting and Searching. Springer, Berlin 1984.

[7] *Reynolds, J.C.:* The Craft of Programming. Prentice-Hall, Englewood Cliffs 1981.

[8] *Wirth, N.:* Algorithmen und Datenstrukturen. Teubner, Stuttgart 1975.

10. Datenstrukturen II: Sequenzen und Mengen

Die dominierende Rolle von Arrays in vielen Programmiersprachen hat dazu geführt, daß auch viele Algorithmen über Arrays formuliert werden, die konzeptuell eigentlich zu andersartigen Datenstrukturen gehören. Inzwischen ist man jedoch über diese — doch sehr maschinenorientierte — Sicht hinausgekommen und formuliert Algorithmen zunächst auf dem ihnen angemessenen Abstraktionsniveau. Erst in einem nachfolgenden Schritt werden dann die abstrakten Strukturen über konkreten Strukturen — wie zum Beispiel Arrays — „implementiert".

10.1 Sequenzen

Wir betrachten wiederum Aneinanderreihungen von Werten

$$x_1, x_2, x_3, \ldots, x_n,$$

aber diesmal legen wir keinen besonderen Nachdruck auf die Indizes, sondern interessieren uns nur dafür, wie die Elemente nebeneinander angeordnet sind. Das Standardbeispiel für diese Sichtweise sind „Texte", bei denen wir im Prinzip zwar auch den fünften, siebten oder achthundertdreiundneunzigsten Buchstaben betrachten können, wo uns aber in Wirklichkeit nur die Anordnung interessiert, durch die aus Buchstaben Wörter, Sätze und schließlich ganze Bücher werden.

Im folgenden führen wir zunächst die elementaren Konzepte für Sequenzen schrittweise ein. Danach betrachten wir einige typische Algorithmen auf Sequenzen.

1. Sequenzen können über beliebigen Sorten von Grundobjekten aufgebaut werden, also über Zahlen, Buchstaben, Matrizen, ja sogar über anderen Sequenzen. Wir drücken dies vorläufig dadurch aus, daß wir eine beliebige Sorte *data* verwenden. (Am Ende dieses Kapitels werden wir unter dem Stichwort „Parametrisierung" nochmals genauer auf diesen Punkt eingehen.) Außerdem benötigen wir natürlich eine Sorte für die Sequenzen selbst:

sort	*data*	(i)
sort	*seq*	(ii)

2. Es gibt die *leere Sequenz*. Aus einem Datenelement läßt sich eine *einelementige Sequenz* bilden. Und zwei Sequenzen lassen sich zu einer neuen Sequenz *konkatenieren*. Aus Gründen der Lesbarkeit benutzen wir für diese Operationen spezielle Operatornotationen (um die exzessive Klammerung reiner Funktionsnotationen zu vermeiden):

const $\langle\rangle$:	*seq*	-- leere Sequenz	(iii)
fct $\langle\cdot\rangle$:	*data* $\rightarrow$ *seq*	-- einelem. Sequenz	(iv)
fct $\cdot \text{+}\!\!\!\text{+} \cdot$:	*seq* $\times$ *seq* $\rightarrow$ *seq*	-- Konkatenation	(v)

Damit können wir zum Beispiel die Sequenz der ersten fünf Primzahlen durch folgenden Ausdruck erhalten:

$$\langle 2\rangle \mathbin{+\!\!\!+} \langle 3\rangle \mathbin{+\!\!\!+} \langle 5\rangle \mathbin{+\!\!\!+} \langle 7\rangle \mathbin{+\!\!\!+} \langle 11\rangle \,.$$

Hierfür bietet sich natürlich die Abkürzung

$$\langle 2, 3, 5, 7, 11\rangle$$

an, die wir bei Bedarf auch verwenden werden. Aus dem gleichen Grund lassen wir bei der Konkatenation auch die Klammern weg; das heißt, wir schreiben auch kurz

$x \mathbin{+\!\!\!+} s$	anstelle von	$\langle x\rangle \mathbin{+\!\!\!+} s$,
$s \mathbin{+\!\!\!+} x$	anstelle von	$s \mathbin{+\!\!\!+} \langle x\rangle$.

Damit haben wir eine sogenannte *Operatorüberlagerung* vorgenommen; denn das Symbol '$+\!\!\!+$' gibt es jetzt mit den vier Funktionalitäten

fct $\cdot \text{+}\!\!\!\text{+} \cdot$: *seq* $\times$ *seq* $\rightarrow$ *seq*
fct $\cdot \text{+}\!\!\!\text{+} \cdot$: *data* $\times$ *seq* $\rightarrow$ *seq*
fct $\cdot \text{+}\!\!\!\text{+} \cdot$: *seq* $\times$ *data* $\rightarrow$ *seq*
fct $\cdot \text{+}\!\!\!\text{+} \cdot$: *data* $\times$ *data* $\rightarrow$ *seq*

Das ist aber problemlos, solange aus dem Kontext jeweils ersichtlich ist, welche Version gemeint ist.

3. In dem obigen Beispielausdruck haben wir nicht geklärt, ob die einzelnen Teilausdrücke von links oder von rechts her zu klammern sind. Eine solche Freiheit darf man sich — wie aus der Algebra bekannt ist — nur nehmen, wenn die Klammerung keine Rolle spielt, das heißt, wenn die Struktur „assoziativ" ist. Tatsächlich ist die Struktur der Sequenzen das, was Algebraiker „Monoid" nennen, also eine „Halbgruppe mit Eins"; das drücken die folgenden *Gesetze* aus:

spc $\forall\, r, s, t : seq :$

$s \mathbin{+\!\!\!+} \langle\rangle \;=\; s$	-- rechtsneutral	(1)
$\langle\rangle \mathbin{+\!\!\!+} s \;=\; s$	-- linksneutral	(2)
$r \mathbin{+\!\!\!+} (s \mathbin{+\!\!\!+} t) \;=\; (r \mathbin{+\!\!\!+} s) \mathbin{+\!\!\!+} t$	-- assoziativ	(3)

Diese Form der Spezifikation mittels Gleichungen unterscheidet sich äußerlich etwas von unserer bisherigen Technik der Vor- und Nachbedingungen. (Mehr darüber am Ende dieses Kapitels.)

4. Es ist in vielen Situationen praktisch, die *Länge* einer Sequenz zu kennen, das heißt, die Anzahl ihrer Elemente:

fct # · : $seq \rightarrow nat$ -- Länge   (vi)

spc $\forall x : data, r,s : seq$:

$$\#\langle\rangle \qquad = \quad 0, \tag{4}$$
$$\#\langle x \rangle \qquad = \quad 1, \tag{5}$$
$$\#(r + \!\!\!+ s) \quad = \quad (\#r) + (\#s) \tag{6}$$

5. Sequenzen zusammenzubauen ist natürlich nicht genug; wir müssen sie auch wieder zerlegen können. Dazu wählen wir zwei sehr mächtige Operationen als Basis: Die *Selektion* $s[i]$ eines beliebigen Elements und das *Herausschneiden* $s[i..j]$ einer Teilsequenz.

fct ·[·] : $seq \times nat \rightarrow data$ -- Selektion   (vii)

fct ·[...] : $seq \times nat \times nat \rightarrow seq$ -- „Slicing"   (viii)

spc $\forall r, s, t : seq, x : data, i, j : nat$:

$$(r + \!\!\!+ x + \!\!\!+ t)[i] \quad = \quad x \qquad \textbf{if } \#r = i-1 \tag{7}$$
$$(r + \!\!\!+ s + \!\!\!+ t)[i..j] = s \qquad \textbf{if } \#r = i-1 \land \#s = j-i+1 \tag{8}$$
$$s[i..j] \qquad\quad = \quad \langle\rangle \quad \textbf{if } j < i \tag{9}$$

Die Selektion $s[i]$ ist für $i=0$ oder $i>\#s$ undefiniert. Analoges gilt für $s[i..j]$.

Manche Algorithmen benötigen nur *spezielle Selektionen*. Deshalb führen wir noch fünf spezielle Operationen ein:

fct *first, last* : $seq \rightarrow data$ (ix)

fct *rest, lead, inner* : $seq \rightarrow seq$ (x)

spc $\forall s : seq$:

$$first(s) \quad = \quad s[1], \tag{10}$$
$$rest(s) \quad = \quad s[2..\#s], \tag{11}$$
$$last(s) \quad = \quad s[\#s], \tag{12}$$
$$lead(s) \quad = \quad s[1..\#s-1]. \tag{13}$$
$$inner(s) \quad = \quad s[2..\#s-1] \tag{14}$$

Diese fünf Operationen erlauben uns also, am linken bzw. rechten Rand einer gegebenen Sequenz zu arbeiten. Übrigens: diese Operationen lassen sich natürlich auch ohne Rückgriff auf die Selektion definieren:

spc $\forall x, y : data, s : seq$:

$$first(x + \!\!\!+ s) \qquad = \quad x, \tag{15}$$
$$rest(x + \!\!\!+ s) \qquad = \quad s, \tag{16}$$
$$last(s + \!\!\!+ x) \qquad = \quad x, \tag{17}$$
$$lead(s + \!\!\!+ x) \qquad = \quad s, \tag{18}$$
$$inner(x + \!\!\!+ s + \!\!\!+ y) = \quad s. \tag{19}$$

Aufgrund ihrer besonders einfachen Implementierung nimmt man gerne diese Operationen als Basis für Algorithmen und nicht die aufwendigeren Selektionsoperationen.

6. Der Bequemlichkeit halber führen wir noch ein paar weitere Operationen auf Sequenzen ein: Häufig wollen wir gerne ausdrücken, daß ein Element x in einer Sequenz s *vorkommt*, oder daß eine Sequenz u als *Teilsequenz* in einer anderen Sequenz s auftritt:

fct $\cdot \in \cdot$: $data \times seq \to bool$ -- Elementtest   (xi)

fct $\cdot \trianglelefteq \cdot$: $seq \times seq \to bool$ -- Teilsequenz   (xii)

spc $\forall\, x : data,\ s,\, u : seq :$

$$x \in s = (\,\exists\, l,\, r : seq :\ l \mathbin{+\!\!+} x \mathbin{+\!\!+} r\ =\ s\,) \tag{20}$$
$$u \trianglelefteq s = (\,\exists\, l,\, r : seq :\ l \mathbin{+\!\!+} u \mathbin{+\!\!+} r\ =\ s\,) \tag{21}$$

Als Verallgemeinerung des Elementtests ist manchmal auch die *Häufigkeit* von Interesse, mit der x in s auftritt

fct $\cdot \copyright \cdot$: $data \times seq \to nat$ -- Häufigkeit   (xiii)

spc $\forall\, x,\, y : data,\ r,\, s : seq :$

$$\begin{aligned}
x \copyright \langle\rangle\ &=\ 0 & &\tag{22}\\
x \copyright \langle x\rangle\ &=\ 1 & &\tag{23}\\
x \copyright \langle y\rangle\ &=\ 0 &\textbf{if}\ \ x \neq y &\tag{24}\\
x \copyright (r \mathbin{+\!\!+} s)\ &=\ (x \copyright r) + (x \copyright s) & &\tag{25}
\end{aligned}$$

7. Das *Vertauschen* zweier Elemente ist die Basis vieler Algorithmen, insbesondere im Zusammenhang mit Sortieraufgaben und ähnlichen Problemen. Die Darstellung als Funktion höherer Ordnung soll nur hervorheben, daß hier neue Sequenzen aus alten Sequenzen erzeugt werden.

fct $swap: nat \times nat \to seq \to seq$ -- Vertauschen   (xiv)

spc $\forall\, s : seq,\, i,\, j,\, k : nat :$

$$\begin{aligned}
swap(i,\, j)(s)\quad\ &=\ \ s &\textbf{if}\ \ i = j &\tag{26}\\
swap(i,\, j)(s)\,[i]\ &=\ \ s[j] & &\tag{27}\\
swap(i,\, j)(s)\,[j]\ &=\ \ s[i] & &\tag{28}\\
swap(i,\, j)(s)\,[k]\ &=\ \ s[k] &\textbf{if}\ k \neq i \wedge k \neq j &\tag{29}
\end{aligned}$$

Natürlich folgt Gleichung (26) aus den drei anderen.

10.2 Zwei einfache Sequenzalgorithmen

1. Um einen ersten Eindruck von Sequenzalgorithmen zu bekommen, betrachten wir das simple Problem, eine Sequenz umzudrehen. Diese Funktion läßt sich folgendermaßen charakterisieren:

fct $rev : seq \to seq$ (i)

spc $\forall x : data,\ r, s : seq$:

$$rev(\langle\rangle) = \langle\rangle, \tag{1}$$
$$rev(\langle x\rangle) = \langle x\rangle, \tag{2}$$
$$rev(r\mathbin{+\!\!+} s) = rev(s) \mathbin{+\!\!+} rev(r). \tag{3}$$

Daraus leitet man übrigens sofort (mittels einer einfachen Induktion über die Länge der Sequenz) folgende Eigenschaft ab (wobei $rev^2(s)$ kurz für $rev(rev(s))$ steht):

spc $\forall s : seq$:

$$rev^2(s) = s. \tag{4}$$

Wir können die Spezifikation von *rev* natürlich auch mit Hilfe von Indizes formulieren (wobei wir zur Abwechslung wieder einmal Vor- und Nachbedingungen verwenden):

spc $rev(s) \equiv z$: $\qquad\qquad\qquad\qquad\qquad\qquad\qquad$ (5)
    pre   *true*
    post $\#z = \#s \quad \wedge$
                $\forall i,\ 1{\le}i{\le}\#s\colon\ z[i] = s[\#s{-}i{+}1].$

Die konstruktive Realisierung dieser Funktion kann durch einen einfachen rekursiven Algorithmus erfolgen:

def $rev(s) \equiv$ **if** $\#s \le 1$ **then** s $\qquad\qquad\qquad$ (6)
                $\Box$ $\#s \ge 2$
                  then $last(s) \mathbin{+\!\!+} rev(inner(s)) \mathbin{+\!\!+} first(s)$ **fi** .

Im imperativen Programmierstil würde man wohl statt der Rekursion eine Schleife verwenden, die mit Indizes rechnet, um die Sequenz in der Variablen *u* umzudrehen:

prc *revert* :   **var** *seq*
def $revert(u) \equiv$ **var** $i, j : nat$; $i, j \leftarrow 1, \#u$;
                while $i < j$ **do** $u \leftarrow swap(i, j)(u)$;
                        $i, j \leftarrow i{+}1, j{-}1$ **od** .

Aufgabe: Der interessierte Leser sollte mit Hilfe der Hoareschen Assertionmethode (siehe Kapitel 7.2) beweisen, daß die Prozedur revert tatsächlich die Sequenz u umdreht.

2. Auf der Basis dieses Algorithmus können wir jetzt problemlos eine andere kleine Aufgabe lösen: die Vertauschung zweier Teilsequenzen in einer Sequenz. Diese Aufgabe läßt sich folgendermaßen illustrieren:

Aufgabe: Der interessierte Leser sollte jetzt nicht weiterlesen, sondern zunächst versuchen, das Problem selbst zu lösen. (Beachte: Die Teilsequenzen b und d sind im allgemeinen nicht gleich lang.)

Eine Lösung dieser Aufgabe erhalten wir sofort mit Hilfe der Funktion *rev*; denn man rechnet mittels (3) und (4) leicht nach:

$$d \mathbin{+\!\!+} c \mathbin{+\!\!+} b = rev^2(d) \mathbin{+\!\!+} rev^2(c) \mathbin{+\!\!+} rev^2(b)$$
$$= rev(\, rev(b) \mathbin{+\!\!+} rev(c) \mathbin{+\!\!+} rev(d) \,)$$

Diese Lösung besticht nicht nur durch ihre Eleganz, sondern auch dadurch, daß sie nicht mehr kostet (gezählt in *swap*-Operationen) als die Lösungen, die man üblicherweise durch direktes Programmieren findet.

10.3 Suchen und Filtern

In Kapitel 10.1 hatten wir der Bequemlichkeit halber Test- und Häufigkeitsoperationen eingeführt. Allerdings wurden sie dort nur spezifiziert, nicht jedoch konstruktiv programmiert. Das wollen wir jetzt nachholen.

Um zu prüfen, ob ein Element x in einer Sequenz vorkommt, schreibt man mit ein bißchen Erfahrung schnell die folgende Schleife auf[1]:

> **def** $x \in s$
> $\equiv$ **var** $i : nat$; $\ i \leftarrow 1$;
> **while** $i \leq \#s \ \wedge \ s[i] \neq x$ **do** $i \leftarrow i{+}1$ **od**;
> **return** $(i \leq \#s)$.

(Wir überlassen es wieder dem Leser, sich von der Richtigkeit dieses Programms zu überzeugen.)

Übrigens: Mit einem kleinen Trick läßt sich die Schleife etwas beschleunigen. Man fügt x hinten an s an und muß dann nicht mehr die Einhaltung des Indexbereichs prüfen.

> **def** $x \in s \ \equiv \ isElem \, (\, x, s \mathbin{+\!\!+} x \,)$
> **def** $isElem \, (x, s)$
> $\equiv$ **var** $i : nat$; $\ i \leftarrow 1$;
> **while** $s[i] \neq x$ **do** $i \leftarrow i{+}1$ **od**;
> **return** $(i \leq \#s{-}1)$.

(Auch hier sollte der interessierte Leser wieder einen formalen Korrektheitsbeweis versuchen.)

Programme dieser Art treten in zahlreichen Variationen auf: Neben dem Test, ob x in s vorkommt, können wir zum Beispiel auch berechnen: die Position (des ersten Auftretens) von x in s; die Häufigkeit von x in s; Suchen eines Elements mit der Eigenschaft p; Anzahl

---

[1] Das „sequentielle Und" $a \wedge b$ prüft zuerst den linken Operanden a und nur im Erfolgsfall auch den rechten Operanden b. Es ist also folgendermaßen definiert: $a \wedge b$ $\equiv$ **if** a **then** b **else** *false* **fi**. Dadurch wird der verbotene Zugriff $s[i]$ mit $i{>}\#s$ vermieden. Analog definiert man das „sequentielle Oder" $a \vee b$.

der Elemente mit der Eigenschaft p; Teilsequenz der Elemente mit der Eigenschaft p; minimales oder maximales Element von s; und so weiter, und so weiter.

Um hier nicht eine unüberschaubare Fülle von eng verwandten Programmen zu erhalten, versuchen wir lieber, wenige allgemeine Programme zu entwerfen, die alle anderen als Spezialfälle umfassen. Dies führt uns auf das Konzept von (polymorphen) Funktionen höherer Ordnung (siehe Kapitel 4.5).

10.3.1 Filtern

Als erstes betrachten wir die Aufgabe, aus einer Sequenz all diejenigen Elemente herauszufiltern, die eine gegebene Eigenschaft p erfüllen:

fct *filter*: [*data* $\rightarrow$ *bool*] $\rightarrow$ *seq* $\rightarrow$ *seq*   (i)

def *filter* (p) (s) (1)
   $\equiv$ **if** $s = \langle\rangle$ **then** $\langle\rangle$
   else
   if $p(first(s))$ **then** $first(s)$ + $filter(p)(rest(s))$
   $\square$ $\neg p(first(s))$ **then** $filter(p)(rest(s))$
   fi   **fi** .

Damit können wir zum Beispiel alle Elemente aus einer Sequenz herausfiltern, die größer, kleiner, nicht kleiner, ... als ein gegebenes Element x sind:

filter $(>x)$ (s),   *filter* $(<x)$ (s),   *filter* $(\geq x)$ (s), ...

Die Häufigkeit von x ergibt sich jetzt als

def $x \copyright s \equiv \#(\,filter(=x)(s)\,)$.   (2)

Allerdings zeigt diese letzte Form, daß solche Lösungen spezieller Probleme durch Instantiierung allgemeiner Funktionen sehr ineffizient sein können. Denn hier wird zunächst eine Sequenz von x-Elementen kreiert und dann ihre Länge bestimmt. Aber aus der Definition (2) läßt sich mit Hilfe der Definition von *filter* und der Gesetze (22) - (25) von Abschnitt 1 eine einfache Funktion formal ableiten:

$x \copyright s$

$=$ $\#(\,filter(=x)(s)\,)$

$=$ $\#($ **if** $s = \langle\rangle$ **then** $\langle\rangle$
        else
        if $first(s) = x$ **then** $first(s)$ + $filter(=x)(rest(s))$
        $\square$ $first(s) \neq x$ **then** $filter(=x)(rest(s))$
        fi   **fi**)

$$
=\quad \textbf{if}\ \ s = \langle\rangle \qquad \textbf{then}\ \ \#(\langle\rangle)
$$

$\qquad$ **else**

$\qquad$ **if** $first(s)= x$ $\quad$ **then** $\#(first(s) + filter(=x)(rest(s)))$

$\qquad \square$ $first(s)\neq x$ $\quad$ **then** $\#(\qquad\quad filter(=x)(rest(s)))$

$\qquad$ **fi** $\quad$ **fi**

$$
=\quad \textbf{if}\ \ s = \langle\rangle \qquad \textbf{then}\ \ 0
$$

$\qquad$ **else**

$\qquad$ **if** $first(s) = x$ $\quad$ **then** $1 + \#(filter(=x)(rest(s)))$

$\qquad \square$ $first(s) \neq x$ $\quad$ **then** $\qquad \#(filter(=x)(rest(s)))$

$\qquad$ **fi** $\quad$ **fi**

$$
=\quad \textbf{if}\ \ s = \langle\rangle \qquad \textbf{then}\ \ 0
$$

$\qquad$ **else**

$\qquad$ **if** $first(s) = x$ $\quad$ **then** $1 + x © rest(s)$

$\qquad \square$ $first(s) \neq x$ $\quad$ **then** $\qquad x © rest(s)$

$\qquad$ **fi** $\quad$ **fi** .

Zu dieser rekursiven Definition erhalten wir dann auch gleich die zugehörige Schleife (siehe Kapitel 7.2.7):

$\qquad$ **def** $x © s$ $\hfill (3)$

$\qquad\qquad \equiv$ **var** $i : nat,\ vs : seq;\quad i,\ vs \leftarrow 0,\ s;$

$\qquad\qquad$ **while** $vs \neq \langle\rangle$ **do**

$\qquad\qquad\qquad$ **if** $\quad first(vs) = x$ $\quad$ **then** $i\leftarrow i+1;\ vs \leftarrow rest(vs)$

$\qquad\qquad\qquad \square$ $\quad first(vs) \neq x$ $\quad$ **then** $\qquad\qquad vs \leftarrow rest(vs)$

$\qquad\qquad\qquad$ **fi** $\quad$ **od**

$\qquad\qquad$ **return** (i) .

Es gibt seit einigen Jahren experimentelle Systeme[1], die derartige Transformationen automatisch durchführen können. Falls man also ein solches System zur Verfügung hat (was in Programmierumgebungen der Zukunft wohl der Fall sein wird), kann man problemlos mit allgemeinen Funktionen wie 'filter' arbeiten — was den Programmierprozeß erheblich knapper, ökonomischer und sicherer macht. Neuerdings gibt es sogar schon fortschrittliche Compiler, die eine Reihe derartiger Optimierungen vollautomatisch schaffen.

10.3.2 Suchen

Die zweite Aufgabe, die in der Programmierung mit Sequenzen sehr häufig auftritt, ist das Suchen eines Elements. Ein einfaches Programm dafür haben wir schon zu Beginn von Kapitel 10.3 ad hoc konstruiert. Jetzt wollen wir nochmal etwas systematischer an diese Aufgabe herangehen, vor allem in Hinblick auf bessere Lösungen. Aus

---

[1] Einen Überblick findet man in [8].

der Definition (20) von Kapitel 10.1 rechnet man leicht die folgenden Eigenschaften nach:

spc $\forall$ $l, r : seq,$ $x, y : data$:

$$x \in \langle \rangle = false \qquad (4)$$

$$x \in (l \mathbin{+\!\!+} y \mathbin{+\!\!+} r) = (x \in l) \vee (x = y) \vee (x \in r). \qquad (5)$$

Aus diesen beiden Gleichungen erhalten wir — durch geeignete Wahl von l und r — zwei bekannte Algorithmen:

1. *Lineares Suchen*: Wenn wir für l die leere Sequenz nehmen, dann entsteht ein rekursiver Algorithmus, der die Sequenz von links nach rechts elementweise durchmustert:

def $x \in s$ $\qquad\qquad$ (6)
$\equiv$ **if** $s = \langle \rangle$ **then** *false*
$\quad$ $\Box$ $\;$ $s \neq \langle \rangle$ **then** $x = first(s)$ $\vee$ $x \in rest(s)$ **fi** .

Durch die Verwendung des „sequentiellen Oder" wird das Programm schneller, weil nach dem Finden des ersten x nicht mehr weitergesucht wird. Aufgrund der Definition von '$\vee$' ist das Programm ja gleichwertig zu

def $x \in s$ $\qquad\qquad$ (7)
$\equiv$ **if** $s = \langle \rangle$ **then** *false*
$\quad$ $\Box$ $\;$ $s \neq \langle \rangle$ **then if** $x = first(s)$ **then** *true*
$\qquad\qquad\qquad\qquad$ $\Box$ $\;$ $x \neq first(s)$ **then** $x \in rest(s)$
fi $\qquad\qquad$ **fi** .

Diese Funktion entspricht von der Konzeption her dem Programm vom Anfang dieses Kapitels. Der einzige Unterschied ist technischer Art: Während dort ein Index hochgezählt wird, um die Elemente der Reihe nach zu selektieren, bauen wir jetzt die Sequenz selbst schrittweise ab. (Die Verwendung von Variablen und Schleifen oder von rekursiven Funktionen ist ohnehin nur eine Frage des Programmierstils.)

Es sollte für den Leser eine einfache Übung sein, das Programm so zu variieren, daß zum Beispiel ein Element mit einer gegebenen Eigenschaft p gesucht wird, oder daß der Index des Elements abzuliefern ist.

2. *Binäres Suchen (Bisektion)*: Wenn wir in der Spezifikation (5) für l und r eine andere Wahl treffen, ergibt sich ein völlig neuer Algorithmus. Dazu führen wir zunächst eine Operation *split* ein, die eine Sequenz aufspaltet.

fct *split* : $seq \rightarrow seq \times data \times seq$ $\qquad$ (ii)
spc *split* $(s) \equiv (l, x, r)$:
$\quad$ **pre** $s \neq \langle \rangle$
$\quad$ **post** $l \mathbin{+\!\!+} x \mathbin{+\!\!+} r = s$.

Wir haben hier noch nicht festgestellt, wie *split* die Sequenz genau aufspaltet. Es bietet sich aber an, die Aufspaltung in der Mitte vorzunehmen. In dieser speziellen Version hätten wir dann zusätzlich die Eigenschaft

$$\textbf{spc} \ \forall \ s, l, r : seq, x : data :$$
$$split(s) = (l, x, r) \quad \Rightarrow \quad \#l = \#s \div 2 \ . \qquad (9)$$

Beachte, daß dann gilt $\#r=\#l$ oder $\#r=\#l-1$, je nachdem, ob die Länge $\#s$ ungerade oder gerade ist.

Damit ergibt sich auf der Basis der Spezifikation (4) und (5) sofort das Programm

$$\textbf{def} \ x \in s \qquad \qquad \qquad \qquad \qquad \qquad (10)$$
$$\equiv \textbf{if} \ s = \langle \rangle \quad \textbf{then} \ \textit{false}$$
$$\square \ \ s \neq \langle \rangle \quad \textbf{then} \ (x \in l) \ \lor \ (x = y) \ \lor \ (x \in r)$$
$$\textbf{where}$$
$$(l, y, r) = split(s) \qquad \textbf{fi.}$$

Die Verwendung des sequentiellen Oder '$\lor$' führt dabei wieder zum möglichst frühen Abbruch des Suchprozesses im Erfolgsfall.

Wenn wir die beiden Programme (6) und (10) analysieren, müssen wir feststellen, daß eigentlich kein großer Unterschied zu entdecken ist — jedenfalls was das operationelle Verhalten angeht: Beide Programme durchmustern die Sequenz von links nach rechts, bis sie auf das erste x stoßen.

Die Situation ändert sich jedoch dramatisch, sobald wir es mit *sortierten Sequenzen* zu tun haben. Nehmen wir also an, die gegebene Sequenz sei (aufsteigend) geordnet, was wir durch ein entsprechendes Prädikat *ascending* ausdrücken. Für diesen Fall erhalten wir unmittelbar die Eigenschaften

$$\textbf{spc} \ \forall \ l, r : seq, \ x, y : data :$$
$$ascending(l + y + r) \ \land \ x < y \quad \Rightarrow \quad x \notin r \qquad (11)$$
$$ascending(l + y + r) \ \land \ x > y \quad \Rightarrow \quad x \notin l \ . \qquad (12)$$

Mit diesem Zusatzwissen können wir das Programm (10) effizienter gestalten: Denn jetzt läßt sich die Suche im „hoffnungslosen" Teil der Sequenz von vornherein unterdrücken[1]. Wir kommen damit zur folgenden Version unseres Programms:

$$\textbf{fct} \ orderedSearch : data \times seq \ \rightarrow \ bool \qquad (iii)$$
$$\textbf{spc} \ orderedSearch(x, s) \ \equiv \ b : \qquad \qquad (13)$$
$$\textbf{pre} \ ascending(s)$$
$$\textbf{post} \ b = true \quad \Leftrightarrow \quad x \in s$$

---

[1] Diese Technik des „Abschneidens hoffnungsloser Suchbereiche" ist unter dem Namen *Pruning* insbesondere bei Programmen aus der sogenannten Künstlichen Intelligenz verbreitet; typische Beispiele sind Spielprogramme wie Schach, Go etc.

def *orderedSearch*(*x*, *s*)   (14)
≡ **if** *s* = ⟨⟩ **then** *false*
  ☐ *s* ≠ ⟨⟩ **then**   **let** (*l*, *y*, *r*) ≡ *split*(*s*) **in**
                            if *x* < *y* **then**   *orderedSearch*(*x*, *l*)
                            ☐ *x* = *y* **then** *true*
                            ☐ *x* > *y* **then** *orderedSearch*(*x*, *r*)
  fi   **fi**.

Da wir das Programm zum linearen Suchen am Anfang dieses Abschnitts auch in der imperativen Form mit Variablen angegeben haben, wollen wir das gleiche auch für das geordnete Suchen tun. Dabei bietet es sich wieder an, mit Indizes zu arbeiten. Das führt insbesondere dazu, daß die ursprüngliche Aufspaltung von *s* in die Bestandteile *l*++*y*++*r* mittels der Funktion *split* jetzt implizit in der Indexrechnung steckt:

def *orderedSearch*(*x*, *s*)   (15)
≡ **var** *i*, *j*, *m* : *nat*; **var** *y* : *data*;
  i, *j* ← 1, #*s*;
  do
        on *j* < *i* **exit**;
        m := (*i* + *j* + 1) ÷ 2;
        y := *s*[*m*];
        on *x* = *y* **exit**;
        if *x* < *y*   **then** *j* := *m* − 1
        ☐ *x* > *y*   **then** *i* := *m* + 1   **fi**
  od;
  return (*i* ≥ *j*).

Man sieht hier deutlich, wie im imperativen Programm (15) die klare Struktur des applikativen Programms (14) trickreich codiert wird. Da es zwei Abbruchkriterien gibt, können wir keine schöne **while**-Schleife benutzen, sondern müssen explizite **exit**-Anweisungen verwenden. Auch die Berechnung des Endergebnisses mittels (*i* ≥ *j*) stellt einen Griff in des Hackers Trickkiste dar.

Dieses Programm zum geordneten Suchen ist etwas umständlicher zu Schreiben als das zum linearen Suchen und hat den gravierenden Nachteil, daß es nicht für beliebige Sequenzen funktioniert. Dafür ist es aber deutlich schneller, wie wir im folgenden nachrechnen wollen.

10.3.3 Aufwandsabschätzung

Wir wollen jetzt abschätzen, welchen *Aufwand* die drei Programmversionen (6), (10) und (14) jeweils verursachen. (Vergleiche dazu auch Kapitel 5.2.)

1. Da wir nur eine grobe Abschätzung anstreben, können wir von den technischen Details der Funktionsrümpfe jeweils weitgehend abstrahieren. Das heißt, wir setzen für die Ausführung einer Inkarnation jeweils einen konstanten Kostenfaktor c an.

Auf dieser Basis wollen wir jetzt für eine Sequenz s der Länge $\#s$ $= N$ die Größenordnung $\mathcal{A}(N)$ des Aufwands bei der Berechnung $x \in s$ bestimmen. Dabei betrachten wir den schlimmsten Fall, also eine Situation, bei der x nicht in s vorkommt; dann müssen wir nämlich tatsächlich alle Elemente von s prüfen.

Die Kosten des Abbruchtests für die leere Sequenz können wir dabei getrost ignorieren. Wir setzen also

$$\mathcal{A}(0) \approx 0 \tag{16}$$

2. Ansonsten, also für $N \geq 1$, gilt für das lineare Suchprogramm (6) die Beziehung

$$\mathcal{A}(N) \approx c + \mathcal{A}(N-1), \tag{17}$$

denn der rekursive Aufruf erfolgt mit der Sequenz $rest(s)$, deren Länge gerade $N-1$ ist. Wenn man (16) und (17) ausrechnet[1], ergibt sich sofort

$$\mathcal{A}(N) \approx c \cdot N = O(N), \tag{18}$$

wobei die Notation $O(N)$ ausdrückt, daß der Aufwand *in der Ordnung N* liegt, also *linear* ist.

3. Für die Variante (10) unseres Programms ergibt sich die Beziehung (falls *split* eine Halbierung von s bewirkt)

$$\mathcal{A}(N) \approx c + \mathcal{A}(N \div 2) + \mathcal{A}(N \div 2). \tag{19}$$

Je nachdem, wie nahe N an einer Zweierpotenz liegt, errechnet sich diese Beziehung zu einem Wert zwischen $N \cdot c$ und $2 \cdot N \cdot c$. Von der reinen Größenordnung her können wir einen Faktor 2 ohne weiteres ignorieren, so daß sich für das Programm (10) schließlich als Abschätzung ebenfalls ergibt

$$\mathcal{A}(N) \approx c \cdot N = O(N). \tag{20}$$

4. Als letztes betrachten wir jetzt die binäre Suche (14) in geordneten Sequenzen. Hier müssen wir jeweils nur in einer der beiden Halbsequenzen weitersuchen. Im Programm manifestiert sich dies dadurch, daß jeweils nur ein rekursiver Aufruf der Funktion *orderedSearch* erfolgt. Damit erhalten wir die Beziehung

$$\mathcal{A}(N) \approx c + \mathcal{A}(N \div 2), \tag{21}$$

denn der rekursive Aufruf hat jeweils nur noch eine halb so lange Sequenz. Die Auswertung der Beziehung (21) ergibt für das binäre Suchen

$$\mathcal{A}(N) \approx c \cdot log\, N = O(log\, N), \tag{22}$$

wobei *log* den Logarithmus zur Basis 2 bezeichnet.

---

[1] In [5] wird gezeigt, wie man solche Rechnungen formal durchführt.

Den dramatischen Gewinn an Zeit macht man sich schnell klar, wenn man große Werte von N betrachtet. Zum Beispiel für $N=1000$ braucht binäres Suchen nur 10 Schritte, für $N=1\,000\,000$ ganze 20 Schritte. Das macht deutlich, daß konstante Faktoren oder auch die genaue Größe von c vernachlässigbar sind, wenn wir die *Größenordnung* des Aufwands wissen wollen.

5. Zum Abschluß noch eine Bemerkung zum durchschnittlichen Aufwand. Während wir beim schlimmsten Fall (engl.: *worst case*), also bei $x \notin s$, genau wußten, wieviele Elemente zu prüfen waren — nämlich alle —, können wir im Fall $x \in s$ höchstens statistische Überlegungen anstellen. Man nimmt hier üblicherweise Gleichverteilung an, so daß wir im durchschnittlichen Fall (engl.: *average case*) etwa halb so viele Schritte brauchen wie im schlimmsten Fall. Die Größenordnung bleibt hier also unverändert. (Diese Aussage gilt natürlich nicht grundsätzlich sondern nur für unsere konkreten Beispielprogramme.)

10.4 Akkumulieren und punktweise Abbildung

1. Eine weitere Standardsituation im Zusammenhang mit Sequenzen ist das *Verknüpfen aller darin vorkommenden Elemente* mit Hilfe einer geeigneten Operation. Klassische Beispiele sind die Bildung der Summe oder des Produkts über alle Elemente der Sequenz, oder auch das Finden des minimalen oder des maximalen Elements. Betrachten wir zur Illustration die Summenbildung über einer Sequenz von Zahlen. (Wir setzen also jetzt speziell *int* für die allgemeine Sorte *data*.)

fct *sum* : *seq* $\rightarrow$ *int* (i)

def *sum* (s) (1)

   ≡ **if** $s = \langle\rangle$ **then** 0

   □ $\quad s \neq \langle\rangle$ **then** *first*(s) + *sum*(*rest*(s)) **fi**.

Die entsprechenden Programme für das Produkt, für die Minimum- und für die Maximumsuche sehen ganz analog aus. Das führt uns natürlich dazu, ein allgemeines Programm zu suchen, das alle diese Beispiele als Spezialfälle umfaßt.

Die essentiellen Dinge, die wir im Summenprogramm brauchen, sind '0' und die Operation '+'. Diese müssen im verallgemeinerten Programm zu Parametern werden, die wir mit den Symbolen '¤' und '⊕' bezeichnen. (In der Literatur hat sich für diese Art von akkumulierenden Funktionen der Name *reduce* eingebürgert.)

fct *reduce*: $(data \times data \rightarrow data) \times data \rightarrow (seq \rightarrow data)$ (ii)

def *reduce*$(\cdot \oplus \cdot, \ \natural)(s)$ (2)

    $\equiv$ **if** $s = \langle \rangle$ **then** $\natural$

      ☐ $s \neq \langle \rangle$ **then** *first*$(s) \oplus$ *sum*$(rest(s))$ **fi**.

Jetzt können wir die zuvor genannten Beispiele alle als Spezialfälle von *reduce* erhalten:

def *product*(s) $\equiv$ *reduce*$(\cdot * \cdot, 1)(s)$ (3)

def *minimum*(s) $\equiv$ *reduce*$(\cdot \sqcap \cdot, +\infty)(s)$ (4)

def *maximum*(s) $\equiv$ *reduce*$(\cdot \sqcup \cdot, -\infty)(s)$ (5)

In den letzten beiden Beispielen benutzen wir dabei den Minimumsoperator '$\sqcap$' beziehungsweise den Maximumsoperator '$\sqcup$', die definiert sind durch

$a \sqcap b \ = \ $ **if** $a \leq b$ **then** a

             ☐ $b \leq a$ **then** b **fi**

$a \sqcup b \ = \ $ **if** $a \geq b$ **then** a

             ☐ $b \geq a$ **then** b **fi** .

Dies zeigt sehr deutlich, wie Funktionen höherer Ordnung benutzt werden können, um gewisse Standardsituationen nicht immer wieder neu programmieren zu müssen. (Das wird sehr deutlich und ausführlich von Bird und Wadler in [2] vorgeführt.)

2. Ähnlich elementar wie das Zusammenfassen aller Elemente einer Sequenz zu einem einzigen Wert ist die *Erzeugung einer neuen Sequenz durch „punktweise Abbildung"*. Betrachten wir als illustrierendes Beispiel die Verdopplung aller Elemente einer Sequenz von Zahlen:

fct *double*: $seq \rightarrow seq$ (iii)

def *double*(s)   (6)

    $\equiv$ **if** $s = \langle \rangle$ **then** $\langle \rangle$

      ☐ $s \neq \langle \rangle$ **then** $2 * first(s) + double(rest(s))$ **fi**.

Wieder sieht man sofort, daß hier eine ganz allgemeine Konstruktion dahintersteckt. Anstelle der Verdopplung können wir eine beliebige Funktion f als Parameter verwenden. Das führt auf eine Funktion höherer Ordnung (für die sich in der Literatur inzwischen der kürzere Name *map* anstelle des ursprünglichen *applytoall* eingebürgert hat):

fct *map*: $(data \rightarrow data) \rightarrow (seq \rightarrow seq)$ (iv)

def *map*$(f)(s)$ (7)

    $\equiv$ **if** $s = \langle \rangle$ **then** $\langle \rangle$

      ☐ $s \neq \langle \rangle$ **then** $f(first(s)) + map(f)(rest(s))$ **fi**.

Damit ergibt sich die obige Funktion *double* als Spezialfall

def *double*(*s*) ≡ *map*(*2)(*s*) .   (8)

Wenn wir bereit sind, ein bißchen zu schummeln und die Funktion *map* auch für Sequenzen über unterschiedlichen Grundsorten anzuwenden (was wir erst mit den Mitteln von Kapitel 10.7 systematisch tun können), lassen sich die meisten unserer bisherigen Beispiele sehr kompakt schreiben. Der Elementtest, zum Beispiel, läßt sich realisieren als

def *x* ∈ *s* ≡ *reduce* (∨, *false*) (*map*(=*x*)(*s*))   (9)

Das heißt, zuerst bildet die Funktion *map* alle Elemente von *s* durch Vergleich mit *x* auf *true* oder *false* ab. Über die so entstehende Sequenz von Booleschen Werten wird dann die Funktion '∨' kumulierend angewandt.

Auch das Herausfiltern einer Teilsequenz läßt sich so darstellen:

def *filter*(*p*)(*s*) ≡ *reduce* (+, ⟨⟩) (*map*(*test*(*p*))(*s*))   (10)

Die Hilfsfunktion *test*(*p*) auf Datenelementen ist dabei folgendermaßen definiert:

fct *test*: (*data*→*bool*) → (*data* → *seq*)   (v)
def *test* (*p*) (*x*)   (11)
   ≡ **if**   *p* (*x*)   **then** ⟨*x*⟩
   ☐   ¬ *p* (*x*)   **then** ⟨⟩   **fi** .

Damit werden in (10) also zuerst alle Elemente von *s* in einelementige beziehungsweise leere Sequenzen überführt, je nachdem, ob *p* erfüllt ist oder nicht. Und dann werden alle diese Sequenzen wieder konkateniert.

Unser letztes Beispiel in diesem Zusammenhang wählen wir aus dem Bereich der Statistik. Der „Mittelwert" einer Folge von Stichprobenwerten ist die Summe aller Werte dividiert durch die Anzahl der Werte. Dann können wir die Elemente ersetzen durch ihre Abweichungen vom Mittelwert. Daraus resultiert schließlich die „Varianz" als die Summe der Quadrate dieser Abweichungen.

fct *varianz* : *seq* → *real*   (vi)
def *varianz* (*s*)   (12)
   ≡ *vari*
   where

sum	≡	*reduce*(+, 0)(*s*)	-- Summe
mtw	≡	*sum* / #*s*,	-- Mittelwert
abw	≡	*map*(−*mtw*)(*s*),	-- Abweichungen
qud	≡	*map*(*square*)(*abw*),	-- Abw.-Quadrate
vari	≡	*reduce*(+, 0)(*qud*) .	-- Varianz

Mit Hilfe der Funktionskomposition hätten wir noch etwas kompakter formulieren können, indem wir die aufeinanderfolgenden Berechnungen von *abw* und *qud* zu einer zusammenfassen:

$$qud \equiv map\,(square \circ (-mtw))\,(s).$$

Offensichtlich liefert dieser sehr abstrakte Programmierstil äußerst kompakte Programme, die auf einigen wenigen Standardkonstruktionen aufbauen. (Zum Beispiel würde die obige Funktion in Pascal mehrere Schleifen mit den zugehörigen Initialisierungen etc. benötigen.) Man muß sich allerdings erst einmal an eine solche Abstraktion gewöhnen! Und außerdem sollte man — wie schon erwähnt — ein fortgeschrittenes Transformationssystem zur Verfügung haben, das Ineffizienzen beseitigen hilft. Aber auch ohne ein solches System sind die abstrakten Programme ein wichtiges Entwurfsmittel. Denn man kann die Struktur eines Programms gut erkennen, ohne durch die vielen Details des endgültigen Codes den Überblick zu verlieren. Allerdings sollte man die Kompaktheit nicht zu weit treiben, um nicht bei den gefürchteten „write-only" Programmen von APL zu landen. Letztlich bleibt es dem ästhetischen Feingefühl des Programmierers überlassen, hier eine ausgewogene Balance zwischen Kompaktheit und Lesbarkeit zu finden.

3. Betrachten wir zur Abrundung noch kurz die imperativen Gegenstücke zu *reduce* und *map* (wobei wir — wie im imperativen Stil üblich — mit Indizes arbeiten):

$$\textbf{def }\, reduce\,(\cdot \oplus \cdot, \maltese)\,(s) \tag{13}$$

$$\equiv \;\textbf{var}\; i : nat; \; i \leftarrow 1;$$
$$\textbf{var}\; z : data; \; z \leftarrow \maltese;$$
$$\textbf{while}\; i \leq \#s \quad \textbf{do}\; z \leftarrow z \oplus s[i];$$
$$i \leftarrow i + 1 \qquad \textbf{od};$$
$$\textbf{return}\; z.$$

Bei *map* sollten wir im imperativen Stil von der Situation ausgehen, daß keine neue Sequenz erzeugt wird, sondern die alte überschrieben wird. Wir haben es also mit einer Prozedur über einer Sequenzvariablen *u* zu tun:

$$\textbf{def }\, map'\,(f)\,(u) \tag{14}$$

$$\equiv \;\textbf{var}\; i: nat; \; i \leftarrow 1;$$
$$\textbf{while}\; i \leq \#u \quad \textbf{do}\; u[i] \leftarrow f(u[i])\; \textbf{od}.$$

*Es gibt Informatiker, die meinen, daß die Programme (13) und (14) konzeptuell eigentlich alles umfassen, was sich mit **while**-Schleifen überhaupt tun läßt: Man kann viele Werte kumulativ zu einem Wert zusammenfassen und man kann viele Werte nehmen und ihnen jeweils neue Werte zuordnen. Das heißt nichts anderes, als daß — wenn man nur gelernt hat abstrakt genug zu denken — sich jedes **while**-Programm auf reduce und map reduzieren läßt.*

10.5 Sortieren

Spätestens beim Beispiel der Binärsuche wird klar, wie wichtig Sortiertheit für die Effizienz sein kann. (Auch Telefonbücher wären ja ihr Papier nicht wert ohne die alphabetische Anordnung der Namen.) Aus diesem Grund ist es nicht überraschend, daß Verfahren zum Sortieren in der Informatik besonders intensiv studiert worden sind. Wir wollen im folgenden einige repräsentative Beispiele betrachten.

1. Die *Spezifikation* der Sortieraufgabe besteht im wesentlichen aus zwei Aspekten: Die Ergebnissequenz muß (aufsteigend) geordnet sein; und sie muß eine „Permutation" der Ursprungssequenz sein, das heißt, sie muß aus den gleichen Elementen bestehen.

$$\textbf{fct } \textit{Sort}: \textit{seq} \rightarrow \textit{seq} \tag{i}$$
$$\textbf{spc } \textit{Sort}(s) \equiv z:$$
$$\quad \textbf{pre} \quad \textit{true}$$
$$\quad \textbf{post} \quad \textit{ascending}(z) \;\wedge \tag{1}$$
$$\qquad \textit{permutation}(s, z) \,. \tag{2}$$

2. Bevor wir uns mit der Entwicklung der verschiedenen Lösungen für diese Aufgabe befassen, ist es hilfreich, eine reichhaltigere Sammlung von Prädikaten zur Formulierung unserer Ideen verfügbar zu haben.

Die beiden Prädikate *ascending* und *permutation* lassen sich folgendermaßen definieren:

$$\textbf{spc } \forall s, z : \textit{seq} :$$
$$\quad \textit{ascending}(z) = \big(\forall i,j : 1 \leq i \leq j \leq \#z \;\Rightarrow\; z[i] \leq z[j]\big) \tag{3}$$
$$\quad \textit{permutation}(s, z) = \big(\forall x{:}\textit{data} : x © s = x © z\big)\,. \tag{4}$$

Die erste Bedingung besagt, daß „links" stehende Elemente kleiner sind als „rechts" stehende. Die zweite Bedingung besagt, daß jedes Element in beiden Sequenzen gleich oft vorkommt.

Im Zusammenhang mit geordneten Sequenzen ist es außerdem bequem, als Spezifikationsmittel die Verallgemeinerung des Prädikats '$\leq$' auf Sequenzen verfügbar zu haben.

$$\textbf{spc } \forall r, s : \textit{seq}, a : \textit{data} :$$
$$\quad s \overset{*}{\leq} a \;=\; (\forall x \in s\colon x \leq a) \tag{5}$$
$$\quad a \overset{*}{\leq} s \;=\; (\forall x \in s\colon a \leq x) \tag{6}$$
$$\quad r \overset{*}{\leq} s \;=\; (\forall x \in r,\, y \in s\colon x \leq y)\,. \tag{7}$$

3. Aus der Definition (1) und (2) erhält man einige weitere nützliche Eigenschaften. So gilt zum Beispiel für die Grenzfälle der leeren und der einelementigen Sequenz, daß sich durch Sortieren nichts ändert:

spc $\forall\, x : data$:

$$Sort(\langle\rangle) \;=\; \langle\rangle \tag{8}$$
$$Sort(\langle x\rangle) \;=\; \langle x\rangle \;. \tag{9}$$

Das läßt sich zusammenfassen zu einem Gesetz:

spc $\forall\, s : seq$:

$$\#s\leq 1 \;\;\Rightarrow\;\; Sort(s) = s \;. \tag{10}$$

Daher können wir Sortieralgorithmen immer beenden, sobald für die Länge der Sequenz $\#s\leq 1$ gilt.

4. Die Sortieraufgabe besteht aus den beiden Teilaspekten (1) und (2). Für den letzteren, also für die Permutationseigenschaft, können wir folgende grundsätzlichen Beobachtungen machen:

– Das Prädikat *permutation(s, z)* ist immer dann erfüllt, wenn die Ergebnissequenz aus der Anfangssequenz ausschließlich durch Verwendung von *swap*-Operationen abgeleitet wird.

– Das gleiche gilt, wenn die Elemente nacheinander aus der Anfangssequenz entfernt und zur Ergebnissequenz hinzugefügt werden.

Die erste dieser beiden Beobachtungen folgt formal aus den beiden Eigenschaften (von denen die zweite ein Spezialfall der ersten ist):

spc $\forall\, r, s : seq$:

$$permutation(r, s) \;\;\Rightarrow\;\; Sort(r) = Sort(s) \;. \tag{11}$$

spc $\forall\, s : seq,\; i, j : nat$:

$$Sort(s) = Sort(swap(i, j)(s)) \quad \textbf{if } 1 \leq i,j \leq \#s \;. \tag{12}$$

Aus Sicht der imperativen Programmierung haben die *swap*-basierten Algorithmen dabei den wichtigen Vorzug, daß sie üblicherweise auf einer einzigen Sequenz(variablen) operieren und somit keinen zusätzlichen Speicherplatz für Hilfsvariable benötigen. Man sagt in so einem Fall: Das Programm arbeitet „*in situ*". Bei den anderen Programmen ist diese schöne Eigenschaft nicht ohne weiteres garantiert — oder zumindest ist sie schwerer zu entdecken. Daher werden wir uns so weit wie möglich auf *swap*-Algorithmen hin orientieren.

Im folgenden skizzieren wir einige bekannte Sortierverfahren, wobei wir jeweils ausgehen von speziellen Eigenschaften, die einerseits unmittelbar aus der ursprünglichen Spezifikation (1) und (2) folgen, andererseits aber aufgrund ihrer speziellen Formulierung auch die Lösungsidee reflektieren. Mit anderen Worten, diese Eigenschaften stellen jeweils das Bindeglied dar zwischen der formalen Spezifikation und der konstruktiven Lösung.

Da alle unsere Algorithmen nach einem der beiden oben erwähnten Prinzipien verfahren, können wir die Permutationseigenschaft ignorieren und müssen uns jeweils nur noch mit dem *ascending*-Prädikat auseinandersetzen.

10.5.1 Selection Sort

Eine erste naheliegende Idee zum Sortieren besteht darin, schrittweise das jeweils größte Element aus s herauszusuchen und es hinten an z anzuhängen. Diese Idee wird durch folgende formale Eigenschaft gestützt:

$$\textbf{spc } \forall\, s : seq,\; a : data :$$
$$Sort(s \mathbin{+\!\!+} a) = Sort(s) \mathbin{+\!\!+} a \quad \textbf{if } s \overset{*}{\leq} a . \tag{13}$$

Zusammen mit (10) und (12) ergibt dies eine neue Spezifikation, die einerseits gleichwertig zu (1) und (2) ist — wie man durch Induktion über die Länge der Sequenz leicht zeigen kann —, die aber andererseits so „konstruktiv" formuliert ist, daß man einen rekursiven Algorithmus beinahe unmittelbar daraus ablesen kann.

Alles, was wir noch brauchen, ist eine Hilfsfunktion *maxpos*, die — als Variante der Funktion *maximum* von Abschnitt 4 — nicht das maximale Element selbst liefert, sondern nur seine Position innerhalb der Sequenz. Damit können wir folgendes Programm formulieren:

$$
\begin{aligned}
\textbf{def } &Sort(s) \qquad\qquad\qquad \text{-- selection sort} \qquad\qquad (14)\\
&\equiv \textbf{if } \#s \le 1 \textbf{ then } s\\
&\quad\ \Box\ \ \#s \ge 2 \textbf{ then let } i \equiv maxpos(s),\\
&\qquad\qquad\qquad\qquad\quad s_{neu} \equiv swap(i, \#s)\,(s)\\
&\qquad\qquad\qquad \textbf{in}\\
&\qquad\qquad\qquad Sort(front(s_{neu})) \mathbin{+\!\!+} last(s_{neu}) \quad \textbf{fi.}
\end{aligned}
$$

Natürlich können wir als Variante auch einen Zähler k mitlaufen lassen, anstatt jeweils die Sequenz mit *front(s)* zu verkürzen:

$$\textbf{def } Sort\,(s) \equiv selSort(s, \#s) \tag{15}$$
$$\textbf{def } selSort(s, k) \tag{16}$$
$$
\begin{aligned}
&\equiv \textbf{if } k \le 1 \textbf{ then } s\\
&\quad\ \Box\ \ k \ge 2 \textbf{ then let } i \equiv maxpos(s[1..k]),\\
&\qquad\qquad\qquad\qquad\quad s_{neu} \equiv swap(i, k)(s)\\
&\qquad\qquad\quad \textbf{in}\\
&\qquad\qquad\quad selSort\,(s_{neu}, k-1) \qquad \textbf{fi.}
\end{aligned}
$$

Natürlich läßt sich dieses Programm sofort in eine imperative Prozedur umsetzen, die auf einer Sequenzvariablen u operiert.

$$
\begin{aligned}
\textbf{def } &Sort\,(u) \qquad\qquad \text{-- Prozedur für selection sort} \qquad (17)\\
&\equiv \textbf{var } i, k : nat;\ k \leftarrow \#u;\\
&\quad\ \textbf{while } k \ge 2 \ \textbf{do } i \leftarrow maxpos(u[1..k]);\\
&\qquad\qquad\qquad\qquad\ \ u \leftarrow swap(i, k)(u)\\
&\qquad\qquad\qquad\qquad\ \ k \leftarrow k-1 \qquad\qquad\qquad \textbf{od.}
\end{aligned}
$$

Wenn wir uns den *Aufwand* dieser Programme ansehen, ergibt sich folgende Rechnung: In jedem Durchlauf wird ein Element durch *swap* an die richtige Stelle gebracht; also brauchen wir N (= #s) Durchläufe. Die Hauptarbeit ist dabei bei der Funktion *maxpos* zu verrichten, die jeweils die gesamte verbliebene Sequenz durchsuchen muß. Der Aufwand liegt also in der Größenordnung

$$c \cdot (N+(N-1)+(N-2)+...+2+1) = c \cdot \frac{(N+1) \cdot N}{2} \approx O(N^2).$$

Wir haben *quadratischen Aufwand* — und das ist kein gutes Ergebnis.

10.5.2 Insertion Sort

Jedem Kartenspieler ist eine zweite, ebenso naheliegende Sortieridee vertraut: Man baut eine sortierte Sequenz z dadurch auf, daß man die unsortierten Elemente Stück für Stück aufnimmt und an der passenden Stelle in z einfügt. Diese Idee wird durch die folgenden formalen Eigenschaften gestützt:

$$\textbf{spc } \forall\, r, s: seq, a: data :$$
$$ascending(r) \land r \overset{*}{\leq} a \overset{*}{\leq} s \land ascending(s)$$
$$\Rightarrow\ ascending(r\!+\!a\!+\!s)\,. \tag{18}$$

Das ist eine unmittelbare Konsequenz von (3) und (5, 6). Außerdem benötigen wir noch eine Funktion *insert*, die ein Element an geeigneter Stelle in eine geordnete Sequenz einfügt:

$$\textbf{spc } \forall\, r, s: seq, a: data :$$
$$insert(a, r\!+\!s) = r + a + s \qquad \textbf{if } r \overset{*}{\leq} a \overset{*}{\leq} s\,. \tag{19}$$

Damit können wir folgenden Algorithmus ableiten:

$$\textbf{def } Sort(s) \qquad\qquad \text{-- insertion sort} \tag{20}$$
$$\equiv\ \textbf{if } \#s \leq 1 \textbf{ then } s$$
$$\square\quad \#s \geq 2 \textbf{ then let } a \quad \equiv first(s),$$
$$s_{neu} \equiv Sort(rest(s))$$
$$\textbf{in}$$
$$insert(a, s_{neu}) \qquad\qquad \textbf{fi.}$$

Die Programmierung von *insert* läuft auf eine einfache Rekursion hinaus. Da wir aber an *swap*-basierten Algorithmen interessiert sind, wenden wir einen kleinen Trick an: Anstelle der originalen Funktion *insert(a, s)* benutzen wir eine Variante *ins(a+s)*, die das erste Element *a* durch wiederholtes *swapping* an die richtige Stelle driften läßt. Dann müssen wir natürlich den Aufruf *insert(a,s_{neu})* im obigen Programm durch *ins(a+s_{neu})* ersetzen.

Die Definition dieser Funktion sowie die Übertragung in entsprechende imperative Schleifen überlassen wir dem Leser als elementare Übung.

Für den *Aufwand* dieses Algorithmus gelten ähnliche Überlegungen wie beim Selection Sort: Es müssen alle N Elemente der Ursprungssequenz der Reihe nach bearbeitet werden, und für jedes dieser Elemente muß die Operation *ins* ausgeführt werden. Also erhalten wir

$$c \cdot (1 + 2 + 3 + ... + (N{-}1)) = O(N^2) .$$

Auch dieses Verfahren hat also *quadratischen Aufwand*.

10.5.3 Bubble Sort

Wenn eine Sequenz ungeordnet ist (genauer: nicht aufsteigend geordnet), dann heißt das, daß es Paare von Elementen geben muß, bei denen das weiter links stehende jeweils größer ist als das rechts stehende. (Wir nennen solche Paare „Inversionen".) Also kann man die Sequenz dadurch sortieren, daß man diese Paare durch Vertauschung repariert — und zwar so oft, bis keine Inversionen mehr vorhanden sind. Die Grundlage für dieses Vorgehen liefert wieder ein Spezialfall der Eigenschaft (12), nämlich

spc $\forall\ r, s : seq, a, b : data :$
$\quad Sort(r \text{+\!\!+} a \text{+\!\!+} b \text{+\!\!+} s) = Sort(r \text{+\!\!+} b \text{+\!\!+} a \text{+\!\!+} s) .$ (21)

Wenn hier $a > b$ gilt, ist die rechte Seite eine bessere Approximation an die Lösung als die linke (in dem Sinn, daß die Anzahl der Inversionen um eins kleiner ist). Übrigens: Wenn es überhaupt Inversionen gibt, dann gibt es insbesondere auch solche unmittelbar benachbarter Elemente. Also reicht (21) als Basis tatsächlich aus.

Somit können wir einen Algorithmus entwerfen, der immer wieder von links nach rechts über die Sequenz läuft und in jedem Durchgang möglichst viele Inversionen benachbarter Elemente durch Vertauschung behebt. Das muß so lange wiederholt werden, bis keine Inversionen mehr auftreten.

Die konkrete Gestaltung der entsprechenden Funktionen (applikativ und imperativ) überlassen wir wieder dem interessierten Leser als Übungsaufgabe. Das gleiche gilt für die Aufwandsabschätzung.

10.5.4 Merge Sort

Jetzt wollen wir endlich ein Verfahren kennenlernen, das vom Aufwand her besser liegt als die bisherigen. Als Preis für diesen Gewinn müssen wir allerdings hinnehmen, daß der Algorithmus sich nicht mehr mit *swap*-Operationen realisieren läßt, also nicht *in situ* abläuft. Die Idee besteht einfach darin, die Sequenz zu halbieren, jede der beiden Hälften für sich zu sortieren und dann die beiden geordneten Teilsequenzen zusammenzumischen.

$$
\begin{aligned}
\textbf{def } Sort(s) \qquad\qquad &\text{-- merge sort} \qquad\qquad\qquad (22)\\
\equiv \textbf{ if } \quad &\#s \leq 1 \textbf{ then } s\\
\square \quad &\#s \geq 2 \textbf{ then let } m \equiv \#s \div 2,\\
&\qquad\qquad\qquad s_1, s_2 \equiv s[1..m], s[m+1..\#s]\\
&\qquad \textbf{in}\\
&\qquad merge(Sort(s_1), Sort(s_2)) \textbf{ fi.}
\end{aligned}
$$

$$
\begin{aligned}
\textbf{def } merge(r, s) \qquad\qquad\qquad\qquad\qquad\qquad\qquad &(23)\\
\equiv \textbf{ if } \quad r = \langle\rangle \quad &\textbf{then } \ s\\
\square \quad s = \langle\rangle \quad &\textbf{then } \ r\\
\square \quad r \neq \langle\rangle \wedge s \neq \langle\rangle \quad &\\
\textbf{then} \qquad \textbf{if } first(r) \leq first(s) &\\
\textbf{then} \quad first(r) + &\!\!\!\!+\ merge(rest(r), s)\\
\square \quad first(s) \leq first(r) &\\
\textbf{then} \quad first(s) + &\!\!\!\!+\ merge(r, rest(s))\\
\textbf{fi} \qquad\qquad \textbf{fi} \ . &
\end{aligned}
$$

Wenn wir *merge* imperativ realisieren wollen, können wir nicht auf einer Sequenzvariablen allein arbeiten, denn wir benötigen eine Hilfsvariable, in die die beiden sortierten Hälften zusammengemischt werden können. (Auf einer tieferen Implementierungsebene kann man dieses Problem allerdings trickreich umgehen, wie wir in Kürze sehen werden.)

Für den *Aufwand* ergibt sich hier folgende Abschätzung: *merge* fügt in jeder Inkarnation ein Element an die sortierte Ergebnissequenz an, hat also linearen Aufwand $c \cdot N$. Wenn wir dies in die Schätzung für *Sort* einsetzen, ergibt sich

$$
\mathcal{A}(N) \approx c \cdot N + \mathcal{A}\left(\frac{N}{2}\right) + \mathcal{A}\left(\frac{N}{2}\right) = O(N \cdot log\ N).
$$

Der Aufwand dieses Verfahrens ist also deutlich besser als quadratisch. Das macht man sich schnell klar, wenn man zum Beispiel $N = 10\,000$ setzt. Bei unseren früheren Verfahren kostet dies rund hundert Millionen Schritte, jetzt weniger als hundertvierzigtausend.

10.5.5 Quicksort

Das letzte Verfahren, das wir hier betrachten wollen, verbindet die Vorteile der bisherigen Verfahren — zumindest in den meisten Fällen. Das heißt, es benötigt durchschnittlich Aufwand in der Größenordnung $O(N \cdot log\ N)$ und basiert trotzdem ausschließlich auf *swap*-Operationen, arbeitet also *in situ*.

Betrachten wir nochmals die Grundidee von *Mergesort*. Wir haben die Sequenz geteilt und dann beide Teile einzeln sortiert. Danach waren wir allerdings genötigt, die geordneten Teile zusammenzumischen — und genau hier geht die in-situ-Eigenschaft verloren. Wären die Teilsequenzen aber so gewählt, daß die linke alle kleinen und die rechte alle großen Elemente enthält, dann könnten wir das Mischen durch schlichte Konkatenation ersetzen. Das bedeutet, daß wir beim Teilen der Sequenz mehr Arbeit investieren müssen. Denn wir müssen dafür sorgen, daß sich links die kleinen und rechts die großen Elemente sammeln. Das bewirkt eine Funktion *part*, die folgendermaßen spezifiziert ist:

fct *part*: *seq* → *seq* × *data* × *seq*

$$\textbf{spc } part(s) \equiv (small, x, large): \qquad\qquad (24)$$
$$\textbf{pre} \quad true$$
$$\textbf{post} \quad permutation(s, small \text{+\!+} x \text{+\!+} large) \;\land$$
$$small \stackrel{*}{\leq} x \stackrel{*}{\leq} large \,.$$

Mit Hilfe dieser Funktion erhalten wir dann sofort die Funktion

$$\textbf{def } Sort(s) \qquad\qquad \text{-- quicksort} \qquad\qquad (25)$$
$$\equiv \;\textbf{if}\;\; \#s \leq 1 \;\textbf{then}\; s$$
$$\square \;\;\; \#s \geq 2 \;\textbf{then let}$$
$$(small, x, large) \equiv part(s),$$
$$\textbf{in}$$
$$Sort(small) \text{+\!+} x \text{+\!+} Sort(large) \;\;\textbf{fi.}$$

Wenn wir dies als Prozedur formulieren wollen, die in der Tat *in situ* arbeitet, dann müssen wir *part* entsprechend modifizieren: Zum einen muß *part'* ebenfalls auf einer Variablen arbeiten, und zum zweiten muß *part'* zusätzlich die Position von *x* liefern, weshalb eine weitere Parametervariable nötig wird. Unter diesen Voraussetzungen ergibt sich dann eine Sortierprozedur, die auf einer Sequenzvariablen *u* arbeitet:

$$\textbf{def } Sort(u) \qquad\qquad \text{-- Prozedur für Quicksort} \qquad (26)$$
$$\equiv qSort(u, 1, \#u),$$

$$\textbf{def } qSort(u, i, k) \qquad\qquad\qquad (27)$$
$$\equiv \;\textbf{var}\; j : nat;$$
$$\textbf{if}\;\; i \geq k \quad \textbf{then nop}$$
$$\square \;\;\; i < k \quad \textbf{then}\; part'(u, j);$$
$$qSort(u, i, j-1);$$
$$qSort(u, j+1, k) \;\;\textbf{fi}\,.$$

Wenn wir hier den *Aufwand* analysieren, müssen wir sorgfältiger vorgehen. Dabei können wir davon ausgehen, daß die Funktion *part* — ebenso wie früher *merge* — selbst $c \cdot N$ Schritte kostet (siehe unten). Wenn wir dabei Glück haben, wird die Sequenz etwa halbiert, und wir erhalten den gleichen Aufwand wie bei *Mergesort*, nämlich $O(N \cdot \log N)$ Schritte. Wenn wir aber Pech haben, führt *part* dazu, daß eine der beiden Teilsequenzen jedesmal leer wird — nämlich dann, wenn *x* gerade das jeweils kleinste oder größte Element der Restsequenz ist. In diesem Fall erhalten wir wieder quadratischen Aufwand. Mit anderen

Worten, *Quicksort* kann sich sowohl exzellent als auch miserabel verhalten, je nach der Qualität von *part*.

Also müssen wir uns näher mit der Realisierung von *part* befassen. Die Grundidee läßt sich am besten durch folgende Illustration vermitteln:

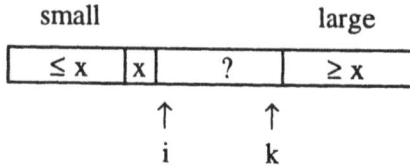

small   large

$\leq x$	x	$?$	$\geq x$

        ↑   ↑

        i   k

Sei x ein beliebiges Element der Sequenz. Dann wollen wir zu jedem Zeitpunkt folgende Situation invariant erhalten: Ganz links stehen kleinere Elemente, direkt daneben x selbst und ganz rechts größere Elemente; dazwischen liegt ein Bereich mit (noch) unbekannten Elementen. Zu Anfang sind die Bereiche *small* und *large* leer, am Ende der unbekannte Bereich. Dies alles erledigen folgende Funktionen:

$$\textbf{def } part(s) \equiv part2(s, 2, \#s, s[1]) \tag{28}$$

$$\textbf{def } part2(s, i, k, x) \tag{29}$$
$$\equiv \textbf{if } \; i > k \; \textbf{ then } \; (s[1..i{-}2], s[i{-}1], s[i..\#s])$$
$$\square \; \; i \leq k \; \textbf{ then }$$
$$\textbf{if } s[i] \leq x \; \textbf{ then } \; \textbf{let } \; s_{neu} \equiv swap(i{-}1, i)(s)$$
$$\textbf{in } \; \; part2(s_{neu}, i{+}1, k, x)$$
$$\square \; s[i] \geq x \; \textbf{ then } \; \textbf{let } \; s_{neu} \equiv swap(i, k)(s)$$
$$\textbf{in } \; \; part2(s_{neu}, i, k{-}1, x)$$
$$\textbf{fi } \; \textbf{fi } .$$

Anmerkung: Der Leser sollte versuchen, die — einfach zu findende — Variante zu entwickeln, bei der alle vorhandenen Elemente x in der Mitte gesammelt werden, nicht nur eines davon.

In der Form (28-29) des Algorithmus wird jeweils das erste Elemente zum Splitting herangezogen. Dies bedeutet amüsanterweise, daß das Verfahren gerade dann am langsamsten ist, wenn wir versuchen, eine bereits geordnete Sequenz nochmal zu sortieren; das benötigt nämlich N^2 Schritte. Bei Gleichverteilung der Elemente erhalten wir aber im Mittel die erwünschten $N \cdot log\ N$ Schritte.

Es gibt in der Literatur zahlreiche Versuche, das Auftreten des schlimmsten Falles zu vermeiden. Dazu bieten sich insbesondere Varianten an, bei denen zum Beispiel während des Splittings für beide Teilsequenzen gleich der Mittelwert mit berechnet wird; dieser kann dann beim nächsten Splitting als Teilungswert dienen. Wir können diese Variationen hier natürlich nicht ausführlicher behandeln.

10.5.6 Weitere Kommentare zum Sortieren

1. Wir haben in den vorigen Abschnitten eine repräsentative Auswahl bekannter Sortieralgorithmen angegeben. Diese Auswahl ist aber bei weitem nicht erschöpfend[1]. Weitere wichtige Verfahren — deren Beschreibung aber teilweise erheblich komplexer ist — sind *Shellsort*, eine etwas schnellere Variante von *Insertion Sort*, und *Heapsort*. Letzterer verhält sich im Mittel fast gleich gut wie *Quicksort*, hat aber den Vorteil, auch im schlechtesten Fall immer noch von der Ordnung $O(N \cdot log\ N)$ zu sein. Eine Verbesserung von *Heapsort* stellt *Smoothsort* dar. Dieses Verfahren verhält sich im wesentlichen genauso wie *Heapsort*, erkennt jedoch, wenn Sequenzen bereits teilweise sortiert sind, und nutzt dies zur Beschleunigung aus. Im Extremfall, also bei vollständig sortierten Sequenzen, ist dieser Algorithmus sogar linear.

In der *Komplexitätstheorie*, einem Zweig der theoretischen Informatik, ist nachgewiesen worden, daß selbst die bestmöglichen Sortieralgorithmen nicht unter die Größenordnung $O(N \cdot log\ N)$ kommen können. Das heißt also, daß — bis auf Verbesserung der konstanten Faktoren — *Quicksort, Heapsort* und *Smoothsort* im Bereich des Optimums liegen.

2. Unter diesem Gesichtspunkt erscheint es zunächst ein Widerspruch zu sein, daß es ein Verfahren gibt, das mit linearem Aufwand sortiert. Dieses Verfahren ist *Bucket Sort*. Der Vergleich ist aber unfair, da *Bucket Sort* nur unter erheblichen Restriktionen für die zu sortierenden Elemente funktioniert.

Nehmen wir an, die Mächtigkeit M der Grundsorte *data*, über der die Sequenzen aufgebaut sind, ist hinreichend klein, zum Beispiel $M = 1\,000$. Dann können wir — bildlich ausgedrückt — M Gefäße vorsehen, in die wir die passenden Elemente der Sequenz einfach hineinfallen lassen. (Aus diesem Bild leitet sich der Name *Bucket Sort* ab.) Programmiertechnisch entspricht das einem Array von „Zählern", die wir mitlaufen lassen, während wir die Sequenz einmal durchmustern. Anschließend generieren wir die sortierte Sequenz, indem wir, entsprechend den einzelnen Zählerständen, Blöcke gleicher Elemente erzeugen.

Wenn die Anzahl der möglichen Werte von *data* zu groß ist, kann man das Verfahren iteriert anwenden: Man betrachtet die Anzahl als eine mehrstellige Zahl zur Basis M (zum Beispiel $M=10$ bei Dezimalzahlen oder $M=36$ bei alphanumerischen Daten). Dann sortiert

---

[1] Wer mehr über das Sortieren (und Suchen) erfahren will, sei auf das umfangreiche Literaturangebot in diesem Bereich verwiesen, insbesondere auf die Standardwerke von Knuth [6] und Aho et al. [1], aber auch von Mehlhorn [7]. Einen angenehm lesbaren Überblick gibt Sedgewick [9].

man mittels *Bucket Sort* zuerst nach der letzten Stelle, dann nach der vorletzten etc. Das so entstehende Verfahren des *Radix Sort* ist dann natürlich nicht mehr linear[1], sondern von der Ordnung $O(N \cdot k)$, wobei k die erforderliche Stellenzahl ist.

3. Gerade beim letzten Verfahren, dem *Radix Sort*, wird deutlich, daß Sortieralgorithmen noch nach einer weiteren Eigenschaft klassifiziert werden sollten — ihrer *Stabilität*. Im allgemeinen können in einer Sequenz von einem Wert x mehrere Exemplare vorkommen. Ein Sortierverfahren heißt *stabil*, wenn es in so einem Fall die relative Anordnung dieser Exemplare erhält, und *instabil*, wenn es sie permutiert. *(Der Leser sollte die verschiedenen Verfahren dieses Kapitels daraufhin analysieren, ob sie stabil sind, und wenn nicht, ob sie sich so variieren lassen, daß sie stabil werden.)*

4. Diese Eigenschaft ist deshalb so wichtig, weil wir in unseren Algorithmen eine erhebliche Abstraktion vorgenommen haben. In der Praxis wird die Ordnung '≤', die der Sortierung zugrunde liegt, ja meistens nur durch einen Teil des Objekts bestimmt, also zum Beispiel durch das Erstellungsdatum einer Datei, durch die Nummer einer Rechnung, durch den Namen einer Akte etc. Das bedeutet aber insbesondere, daß zwei *verschiedene* Objekte in der *Ordnung gleich* sein können — zum Beispiel, weil sie gleiches Datum haben.

Dann gibt es durchaus die Situation, daß eine Sequenz nach einem Kriterium, zum Beispiel dem Datum, bereits geordnet vorliegt und jetzt zusätzlich noch nach einem zweiten Kriterium, zum Beispiel dem Namen, sortiert werden soll. Als Ergebnis hat man dann eine nach Namen sortierte Sequenz, die innerhalb gleicher Namen noch nach Datum geordnet ist. Voraussetzung für dieses Verhalten ist jedoch die Stabilität des gewählten Sortierverfahrens.

Übrigens: Wenn man sehr große Objekte (im Sinne des Speicherbedarfs) hat, dann ist es empfehlenswert, zunächst nicht die Originalsequenz selbst zu sortieren, sondern nur eine „Stellvertretersequenz". Letztere besteht aus den *Schlüsseln*, also den Teilen der Objekte, die die Ordnung bestimmen (Datum, Namen, Nummer etc.) und Verweisen auf die Objekte selbst, das heißt im wesentlichen ihre Position innerhalb der Ursprungssequenz. Wenn die Stellvertretersequenz sortiert ist, kann man in einem weiteren Durchgang die Originalsequenz dann anhand dieses Musters anordnen. Auf diese Weise vermeidet man das wiederholte zeitaufwendige *swapping* großer Objekte.

---

[1] Dies ist all denen schmerzlich bekannt (den Autor dieses Buchs eingeschlossen), die in den alten „Lochkarten-Zeiten" viele Stunden an mechanischen Sortiermaschinen mit genau diesem *Radix Sort* zubrachten.

5. Wir haben erwähnt, daß — sofern man nicht gerade auf *Bucket Sort* ausweichen kann — die Ordnung $O(N \cdot log\ N)$ eine untere Schranke für den Aufwand darstellt. Wenn man trotzdem schnellere Verfahren braucht, hilft nur noch der Übergang zur *Parallelisierung*. Man muß sich aber darüber im klaren sein, daß dies nicht die Ordnung der Verfahren ändert, sondern nur die multiplikativen Faktoren. Letztlich hat dies also den gleichen Effekt wie der Übergang auf eine schnellere Hardwaregeneration.

Der Übergang auf Parallelrechner hat aber sehr wohl seine Besonderheiten. Zum ersten kann man dabei — wenn es klappt — deutlich größere Zeitgewinne erzielen als bei simpler Beschleunigung der sequentiellen Hardware. Zum zweiten — und das ist die schlechte Nachricht — bedarf die Parallelisierung meistens einer vollständigen Überarbeitung der betreffenden Algorithmen. *(Der Leser kann gerne versuchen, unsere Verfahren auch daraufhin zu studieren. Grundsätzlich geht dieses Thema aber über den Rahmen unseres Buchs hinaus.)*

6. Zum Abschluß noch ein Hinweis für Leser, die *Computeranimation* lieben. Es ist hochinteressant und ausgesprochen instruktiv, unsere verschiedenen Algorithmen bei der Arbeit zu beobachten. Wer entsprechende Werkzeuge besitzt (im wesentlichen ein Programmiersystem, in dem die Pixel auf dem Bildschirm einzeln ansprechbar sind), der kann sich die entsprechende Animation leicht programmieren.

Nehmen wir an, man hat auf dem Bildschirm eine Matrix von $M \cdot M$ Punkten, die man einzeln setzen und löschen kann. Damit man tatsächlich etwas sieht, sollte M in der Größenordnung $500 - 1000$ liegen (weshalb ein simpler Schirm mit 24×80 Zeichen ausscheidet). Dann erzeugt man eine Testsequenz der Länge M mit Zufallszahlen aus dem Bereich $[1..M]$. Diese Sequenz wird in die Punktematrix abgebildet, indem dem Element $s[i]$ gerade der Punkt $(i, s[i])$ zugeordnet wird.

Nach diesen Vorbereitungen sortiert man die Sequenz, wobei man nach jedem Schritt den aktuellen Zustand der Sequenz in der Punktematrix anzeigt. (Aus Gründen der Geschwindigkeit sollte man natürlich nur immer diejenigen Punkte auf dem Schirm neu setzen, bei denen sich tatsächlich etwas geändert hat.) Das Punktemuster zeigt also den „Grad der Zufälligkeit" der jeweiligen Permutation an. Eine vollständig sortierte Sequenz ist dementsprechend eine monoton aufsteigende Linie (nicht notwendig eine Gerade).

Die einzelnen Verfahren führen in dieser Animation zu ganz charakteristischen Bewegungsmustern, die einen völlig neuen Zugang zu einem vertieften Verständnis ihrer Arbeitsweise liefern.

10.6 Anmerkungen zur Programmiermethodik

Es ist ein durchgängiges Anliegen dieses Buches zu zeigen, daß in der Informatik die Zeiten allmählich zu Ende gehen, in denen man Programme irgendwie „zurechtfummelte". Stattdessen muß es möglich werden, daß Software ebenso systematisch konstruiert wird, wie das in den anderen Ingenieurdisziplinen üblich ist. Am Beispiel der Sortieraufgabe und ihrer verschiedenen Lösungen wollen wir kurz illustrieren, daß dazu fundierte Ansätze vorhanden sind. Wir demonstrieren im folgenden, wie sich die einzelnen Algorithmen aus einem Zusammenspiel von formalem Rechnen und kreativem Design ergeben.

Um der knapperen Darstellung willen verwenden wir für die zentralen Prädikate Kurznotationen; wir schreiben

$\uparrow s$ für *ascending(s)*,

$r \bowtie s$ für *permutation(r, s)*.

Die Spezifikation der Sortieraufgabe lautet damit kurz:

spc *Sort(s)* $\equiv z$:
    pre *true*
    post $\uparrow z \wedge z \bowtie s$.   (1)

1. Jetzt legen wir als erste *Entwurfsentscheidung* fest, daß wir die Aufgabe nach dem Prinzip des sogenannten **Divide-and-conquer** lösen wollen. Das heißt, wir führen das Sortierproblem auf sich selbst zurück, angewandt allerdings auf „kleinere" Daten. Das wird durch folgendes Diagramm illustriert:

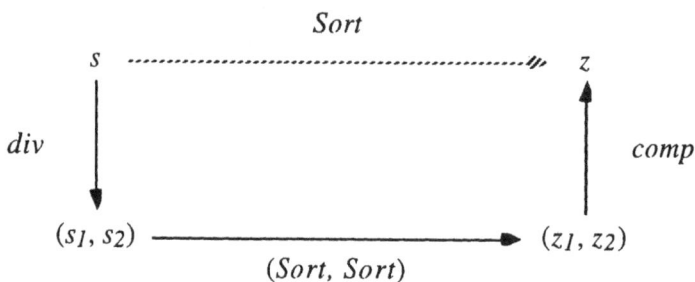

$$
\begin{array}{ccc}
 & Sort & \\
s & \dashrightarrow & z \\
div \downarrow & & \uparrow comp \\
(s_1, s_2) & \xrightarrow{\quad (Sort,\ Sort) \quad} & (z_1, z_2)
\end{array}
$$

Aufgrund der Spezifikation (1) können wir bereits folgende Eigenschaften ableiten, da die beiden rekursiven Aufrufe natürlich der Spezifikation genügen müssen:

$$\uparrow z_1 \wedge z_1 \bowtie s_1 \tag{2}$$
$$\uparrow z_2 \wedge z_2 \bowtie s_2 \tag{3}$$

2. Es ist offensichtlich sinnvoll zu verlangen, daß die beiden Operationen *div* und *comp* keine Elemente kreieren oder eliminieren. Das besagen die folgende *Festlegungen*:

$$div(s) = (s_1, s_2) \quad \Rightarrow \quad s \bowtie (s_1 +\!\!+ s_2) \tag{4}$$
$$comp(z_1, z_2) = z \quad \Rightarrow \quad (z_1 +\!\!+ z_2) \bowtie z \tag{5}$$

Da wegen der Definition des Permutationsprädikats gilt

$$(r_1 \bowtie s_1) \wedge (r_2 \bowtie s_2) \quad \Rightarrow \quad (r_1 +\!\!+ r_2) \bowtie (s_1 +\!\!+ s_2)$$
$$(r \bowtie s) \wedge (s \bowtie t) \quad \Rightarrow \quad (r \bowtie t),$$

können wir jetzt sofort nachrechnen

$$s \bowtie z.$$

Mit anderen Worten: Durch die beiden Festlegungen (4) und (5) ist die eine Hälfte der Sortier-Spezifikation bereits bewiesen.

3. Bleibt noch die andere Hälfte, das *ascending*-Prädikat. Wenn wir für *div* keine weiteren Forderungen stellen, dann müssen wir bei *comp* verlangen:

$$\uparrow z_1 \wedge \uparrow z_2 \quad \Rightarrow \quad \uparrow comp(z_1, z_2). \tag{6}$$

Aus der Spezifikation (der rekursiven Anwendungen) von *Sort* und aus (6) folgt dann sofort die zweite Hälfte der Sortier-Spezifikation und damit die Korrektheit dieser gesamten Zerlegung nach dem *divide-and-conquer*-Verfahren.

4. Wenn wir jedoch bei *comp* keine Arbeit investieren wollen, dann treffen wir die Festlegung

$$comp(z_1, z_2) = z_1 +\!\!+ z_2 . \tag{6'}$$

Jetzt müssen wir aber verlangen

$$div(s) = (s_1, s_2) \quad \Rightarrow \quad s_1 \stackrel{*}{\leq} s_2 . \tag{7}$$

Denn wegen der Definition der verschiedenen Prädikate folgt dann:

$$s_1 \stackrel{*}{\leq} s_2 \wedge z_1 \bowtie s_1 \wedge z_2 \bowtie s_2 \quad \Rightarrow \quad z_1 \stackrel{*}{\leq} z_2 ,$$
$$z_1 \stackrel{*}{\leq} z_2 \wedge \uparrow z_1 \wedge \uparrow z_2 \quad \Rightarrow \quad \uparrow(z_1 +\!\!+ z_2)$$

Damit ist die zweite Hälfte der Sortier-Spezifikation auch in dieser Variante wieder bewiesen.

5. Wir haben jetzt also folgende Situation: Die *divide-and-conquer*-Idee führt auf die Eigenschaften (2) und (3). Davon ausgehend liefern uns bereits die wenigen Entwurfsentscheidungen (4) – (7) einen Korrektheitsbeweis für die Lösung, die aus der Komposition der Funktionen *div*, *Sort* und *comp* besteht. Genauer gesagt ist es ein Beweis partieller Korrektheit; denn die Terminierungsfälle und den zugehörigen Terminierungsbeweis haben wir uns hier gespart. (Das hatten wir ja in Kapitel 10.5 schon für alle Varianten einheitlich geregelt.)

Diese Festlegungen (4) - (7) lassen aber noch viel Raum für Variationen. Also betrachten wir sie nochmals im Zusammenhang mit den Algorithmen aus Kapitel 10.5:

- Die Festlegungen (5) und (6) stellen im wesentlichen die Spezifikation von *merge* dar. Wenn s_1 und s_2 also durch

Halbierung von *s* entstehen, ergibt sich *Mergesort*. Sollte die Zerlegung mittels *div* aber so gewählt werden, daß s_1 eine einelementige Sequenz ist, dann haben wir *Insertion Sort*; denn spätestens jetzt wird deutlich, daß die Funktion *insert* nur ein Spezialfall von *merge* ist.

- In der Variante (6') und (7) haben wir wieder zwei Möglichkeiten. Wenn *div* die Sequenz *s* in ungefähr gleiche Teile zu zerlegen versucht, ergibt sich *Quicksort*. Wird die Zerlegung aber so vorgenommen, daß s_2 einelementig ist — also aus dem maximalen Element von *s* besteht —, dann ergibt sich sofort *Selection Sort*.

Eine solche Studie von inhaltlichen Zusammenhängen der verschiedenen Entwurfsentscheidungen führt auf sogenannte Familienbäume von Algorithmen. Der große Vorteil ist hier, daß man jetzt eigentlich sehr schnell auch weitere Variationen selbst finden kann, wenn man dafür Bedarf hat. Dies ist ein erster Schritt auf dem Weg zu einer Systematik des Algorithmenentwurfs — vergleichbar den Systematiken anderer Ingenieurdisziplinen.

10.7 Algebraische Spezifikation von Sequenzen

Wir haben in Kapitel 10.1 die Grundkonzepte für Sequenzen eingeführt, also die wesentlichen Sorten und Operationen sowie ihre charakteristischen Eigenschaften. Für diese Vorgehensweise gibt es heute in der Informatik ein wohlfundiertes Begriffsgerüst, auf das wir im folgenden kurz eingehen wollen.

Der wesentliche Aspekt ist dabei — neben der präzisen Definition — die Modularisierung des Programms in logisch zusammengehörige Einheiten und die saubere Behandlung der Parametrisierung.

10.7.1 Signatur und Gesetze

1. Als elementarste Strukturen hatten wir ganz zu Anfang dieses Buches bereits *Bool, Nat, Int, Real* usw. kennengelernt. In Kapitel 4.6 sind wir dann kurz auf die allgemeine Idee der Strukturen eingegangen, wobei wir auch eine geeignete Notation eingeführt haben. Das läßt sich jetzt natürlich sofort auf die Struktur der Sequenzen übertragen. (Erläuterungen geben wir im Anschluß an die Definition.)

Structure *Sequence*		
Uses *Bool, Nat*		
Sig sort *data,*		(i)
sort *seq*		(ii)
const $\langle \rangle$: *seq*		(iii)
fct $\langle \cdot \rangle$: *data* $\to$ *seq*		(iv)
«weitere Deklarationen (v-xii) von Abschnitt 1»		

Spec spc $\forall\ r,\ s,\ t : seq$:

$$s \mathbin{+\!\!+} \langle\rangle \quad = \quad s \tag{1}$$
$$\langle\rangle \mathbin{+\!\!+} s \quad = \quad s \tag{2}$$
$$r \mathbin{+\!\!+} (s \mathbin{+\!\!+} t) \quad = \quad (r \mathbin{+\!\!+} s) \mathbin{+\!\!+} t \tag{3}$$

«weitere Gesetze (4-29) von Abschnitt 1»

EndStructure

- Diese Strukturdefinition faßt die verschiedenen Einzelteile, aus denen unsere Sequenzdefinition in Kapitel 10.1 besteht, in einem syntaktischen Rahmen zusammen und gibt dem Ganzen den Namen *Sequence*.

- Um Sequenzen mit all ihren Aspekten erfassen zu können, müssen wir auf zwei andere Strukturen zurückgreifen, nämlich *Bool* (zum Beispiel beim Element-Test) und *Nat* (zum Beispiel bei der Selektion).

- Die „Signatur" gibt zum einen an, welche weiteren Objektmengen auftreten. In unserem Fall sind das zwei Mengen, die wir mit den Sortennamen *data* und *seq* belegen. Zum anderen listet die Signatur alle weiteren Konstanten und Operationen auf, jeweils mit ihrer Funktionalität.

- Als letztes schließlich dient eine Kollektion von Gesetzen dazu, die angegebenen Mengen und Operationen implizit zu charakterisieren. Das heißt, wir geben keine konkreten Implementierungen an, sondern sagen nur aus, *wie* die Operationen sich verhalten. Wenn wir Implementierungen auch noch mit angeben wollten, könnten wir diese in Form entsprechender Definitionen natürlich hinzufügen.

2. Im weiteren Verlauf dieses Kapitels hatten wir dann zusätzliche Funktionen auf Sequenzen eingeführt, zum Beispiel Algorithmen zum Suchen und Filtern in Kapitel 10.3 oder zum Akkumulieren in Kapitel 10.4. Diese lassen sich natürlich in einer geeigneten Struktur zusammenfassen, die wir als Erweiterung von *Sequence* auffassen können.

Structure *ExtendedSequence*
Uses *Sequence*
Sig fct   *filter*: $(data{\rightarrow}bool) \rightarrow seq \rightarrow seq$
     fct   *reduce*: $(data{\times}data{\rightarrow}data) \times data \rightarrow (seq{\rightarrow}data)$
     fct   *map* : $(data{\rightarrow}data) \rightarrow (seq{\rightarrow}seq)$

Defs def *filter*$(p)(s) \equiv \ldots$
     def *reduce*$(\cdot \oplus \cdot\,,\ \texttt{¤})(s) \equiv \ldots$
     def *map*$(f)(s) \equiv \ldots$

EndStructure

Das gleiche sollte auch mit den Sortieralgorithmen gemacht werden. Daraus entsteht dann eine Struktur der Form

Structure *Sorting*

Uses *Bool, Nat, Sequence*

Sig fct	$\cdot \leq \cdot$: *data* $\times$ *data* $\to$ *bool*
fct	*Sort* : *seq* $\to$ *seq*
fct	*ascending*: *seq* $\to$ *bool*
fct	*permutation*: *seq* $\times$ *seq* $\to$ *bool*

...

Spec ...

Defs ...

EndStructure

In dieser Struktur werden dann — je nachdem, welche Sortierverfahren erwünscht sind — die entsprechenden Hilfsfunktionen, Spezifikationen und Definitionen aus Abschnitt 5 eingetragen.

Man beachte, daß in dieser Struktur mehr über die Sorte *data* ausgesagt wird: Es muß nämlich noch eine Ordnungsrelation '$\leq$' geben, ohne die Sortieren ja keinen Sinn machen würde. Diesen Aspekt werden wir jetzt noch genauer untersuchen.

10.7.2 Parametrisierung

Wir haben uns bisher um eine genaue Erklärung herumgedrückt, welche Rolle die „beliebige" Sorte *data* tatsächlich spielt. Klar ist, daß Sequenzen und ihre Operationen in ihrem Wesen kaum davon berührt werden, von welcher Art die Daten sind, auf denen sie basieren: Sequenzen von Zahlen verhalten sich nicht anders als Sequenzen von Buchstaben oder Sequenzen von Personaldaten.

1. Wenn in der Mathematik oder Informatik eine Größe wie unser *data* die Rolle eines Platzhalters für beliebige konkrete Instanzen spielt, dann bezeichnen wir diese Größe als *Parameter*. Und so wollen wir es auch hier halten[1]. Um dies auch notationell ausdrücken zu können, modifizieren wir unsere Strukturdefinition entsprechend:

---

[1] ... selbst dann, wenn die Designer der Sprache Ada meinten, sie müßten das neue Wort „generisch" für diesen Zweck einführen, um jede Hinweis auf mathematische Konzepte zu verschleiern.

Structure *Sequence*
Parameter   sort *data*
Uses   *Bool, Nat*
Sig ...
Spec ...
EndStructure

Wenn wir jetzt in irgendeiner anderen Struktur spezielle Sequenzen brauchen, zum Beispiel Sequenzen reeller Zahlen, so müssen wir eben die aktuelle Sorte entsprechend angeben:

...

Uses   *Sequence(real)*

...

Die Parametrisierung erstreckt sich natürlich auch auf diejenigen Strukturen, die auf unserer Sequenzstruktur aufbauen. (Übrigens: Wir müssen hier natürlich nicht unbedingt wieder den Namen *data* verwenden; Parameterbezeichnungen sind ja immer frei austauschbar.)

Structure *ExtendedSequence*
Parameter   sort *data*
Uses   *Sequence(data)*

...

EndStructure

Man beachte, daß der Parameter von *ExtendedSequence* als Argument für *Sequence* auftritt.

2. Wie sieht das Ganze bei der Struktur der Sortieralgorithmen aus? Hier haben wir das zusätzliche Problem, daß auf *data* eine Operation '$\leq$' erklärt sein muß, die gewisse Ordnungseigenschaften hat. Dies muß in der Parameterbeschreibung natürlich mit festgelegt werden.

Structure *Sorting*
Parameter **sort** *data*
    fct $\cdot \leq \cdot : data \times data \rightarrow bool$
    spc $\forall\ a, b, c : data :$
        $a \leq a$
        $a \leq b\ \wedge\ b \leq c\ \ \Rightarrow\ \ a \leq c$
        $a \leq b\ \vee\ b \leq a$

Uses   *Sequence(data)*
...

EndStructure

Die Theorie solcher parametrisierter Strukturen, insbesondere im Zusammenhang mit algebraischen Spezifikationen, ist heute in der

*Informatik recht gut untersucht und kann bereits in Lehrbüchern
nachgeschlagen werden, zum Beispiel in [3] oder [4].*

10.8 Implementierung von Sequenzen

Wir haben in den vorangegangenen Abschnitten eine genaue
Spezifikation von Sequenzen angegeben und dabei sogar das Problem
der Parametrisierung mitbehandelt. Darauf aufbauend haben wir auch
eine ganze Reihe von klassischen Algorithmen entwickelt, und zwar auf
relativ formale Weise. Das einzige, was wir nicht gesagt haben, ist: Wie
bringen wir diese Sequenzen eigentlich auf die Maschine?

1. Wir wissen aus den Überlegungen des letzten Kapitels, daß
Arrays und Maps direkt auf die Architektur unserer gängigen
Maschinen zugeschnitten sind. Also liegt es nahe, Sequenzen auf Maps
abzubilden. Allerdings müssen wir dabei beachten, daß nur Maps mit
festen Indexbereichen der Art $[0..N]$ wirklich „auf die Maschine
passen". Bei allgemeinen Indexbereichen müssen wir Hashing-Verfahren
zwischenschalten (was bei Sequenzen natürlich genauso funktioniert).

Damit ergibt sich aber ein Problem: Die zentrale Operation bei
Sequenzen ist ja die Konkatenation '+', und die produziert aus kleinen
Sequenzen große. Und das Gegenstück dazu ist das Herausschneiden von
Teilsequenzen, wodurch aus großen Sequenzen kleine werden. Somit
ergibt sich im allgemeinen eine Modifikation des Indexbereichs. Dies
zwingt uns, zur Implementierung von Sequenzen jeweils Maps vorzusehen, die groß genug sind, um auch die maximale Ausdehnung noch zu
verkraften — eine Vorgehensweise, die zum Beispiel FORTRAN-
Programmierern wohl vertraut ist.

Eine Sequenz wird in diesem Fall dargestellt als ein Paar,
bestehend aus einer — hinreichend großen — Map und einer Zahl, die
die Länge der Sequenz angibt, also den aktuell belegten Teil der Map.
Eine Zuweisung wie

$$s \leftarrow s + t$$

führt dann dazu, daß die Elemente von t in den freien Platz hinter s in
die Map eingetragen werden und der Füllpegel entsprechend angepaßt
wird.

Vorher:

Nachher:

2. Günstiger sieht die Lage bei den Verfahren aus, die mit *statischen* Sequenzen arbeiten, das heißt, die die Länge der Sequenzen invariant lassen. Typische Beispiele hierfür sind Such- oder Sortieralgorithmen. Hier können wir die Sequenz jeweils direkt als Map mit dem speziellen Indexbereich [1..#s] auffassen. Aus diesem Grund sind alle derartigen Algorithmen unmittelbar auf Maps und Arrays übertragbar — weshalb sie in der Literatur auch meist auf Array-Basis vorgeführt werden.

3. Kommen wir nochmals zurück auf die Problematik der sogenannten *dynamischen* Sequenzen, also der Sequenzen, die ihre Größe ändern. Die oben angedeutete Organisation führt auf eine beträchtliche Platzvergeudung; denn man kann ja getrost davon ausgehen, daß nicht alle in einem Programm vorkommenden Sequenzen gleichzeitig ihre maximale Ausdehnung erreichen. Deshalb würde man gerne eine ökonomischere Speicherorganisation wählen, die allen Sequenzen bei Bedarf Platz aus einem gemeinsamen Pool verschafft. Diese Idee wollen wir jetzt noch kurz skizzieren, wobei wir zunächst *konzeptuell* vorgehen und das Ganze auf der Basis von Maps erklären. Am Schluß werden wir dann noch auf die Realisierungen eingehen, die in den üblichen Programmiersprachen hierfür vorgesehen sind.

Wir gehen davon aus, daß wir eine Anzahl von Sequenzen — genauer: Sequenzvariablen[1] — über einer Sorte *data* in unserem Programm verwenden. Außerdem nehmen wir an, daß wir die obere Schranke N für die maximale gemeinsame (und gleichzeitige) Ausdehnung all dieser Sequenzen wissen. Dann reservieren wir einen Array A mit N Elementen.

Die Idee ist jetzt einfach, daß wir die Elemente *aller* Sequenzen wild durcheinandergewürfelt in dem Array A verteilen, dabei jedoch den Überblick behalten, indem wir jedem Element die Position seines Nachfolgers mitgeben. Das letzte Element jeder Sequenz enthält als Nachfolger die fiktive Position 0. Folglich ist jedes Element des Arrays A ein Paar, bestehend aus einem *data*-Objekt und einer Zahl aus dem Bereich [1..N], genannt **Zeiger**. Wir bezeichnen die Komponenten dieser Paare mit *value* (für das *data*-Element) und *next* (für den Zeiger).

Die folgende Illustration zeigt, wie zum Beispiel zwei Sequenzen in A verschränkt liegen könnten:

---

[1] Bei applikativen Sprachen wird all das, was wir jetzt besprechen, ohnehin vom Compiler übernommen – ein weiterer Grund für die methodische Überlegenheit dieser Sprachen.

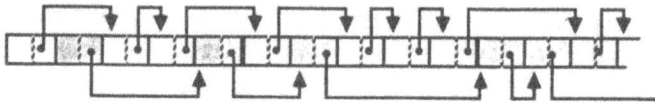

Daraus wird im übrigen sofort deutlich, daß die Selektionsoperation $s[i]$ — und damit auch die *swap*-Operation — jetzt sehr aufwendig werden; denn man muß immer die Kette entlanglaufen.

Als Konsequenz dieser Implementierungsidee liegen jetzt natürlich auch die Anfänge der einzelnen Sequenzen irgendwo in diesem Array A. Deshalb müssen wir jede Sequenzvariable s des Programms durch einen entsprechenden Zeiger s_{fst} ersetzen. Meistens ist es auch noch sinnvoll, einen zweiten Zeiger s_{lst} zu haben, der auf das letzte Element zeigt; ansonsten müßte man ja immer der ganzen Zeigerkette nachlaufen, wenn man das Ende der Sequenz braucht.

Eine Operation wie

$s \leftarrow rest(s)$

wird in diesem Ansatz dann realisiert durch

$s_{fst} \leftarrow next(A[s_{fst}]);$

das heißt, der Zeiger s_{fst}, der ja auf das erste Element der Sequenz weist, wird einfach durch den Zeiger auf das nächste Element ersetzt.

Eine Konkatenation der Art

$s \leftarrow s \mathbin{+\!\!+} t$

würde man im Prinzip gerne durch die beiden Zuweisungen

$next(A[s_{lst}]) \leftarrow t_{fst}; \; s_{lst} \leftarrow t_{lst}$

ersetzen. Allerdings ist dies fast immer *falsch*! Denn jetzt haben wir eine der vertracktesten Fehlersituationen generiert, die man in der Programmierung klassischerweise findet: Jede Modifikation, die wir ab jetzt in der Sequenz t vornehmen, bewirkt eine simultane Änderung im hinteren Teil der Sequenz s. Diese Situation des sogenannten *Structure sharing* ist also offensichtlich nur zulässig, wenn t nach der Konkatenation nicht mehr geändert wird. Falls das nicht garantiert werden kann, hat man zwei Möglichkeiten:

- Entweder man realisiert die Konkatenation dadurch, daß man die Elemente von t einzeln kopiert und an s anhängt, was einen entsprechenden Aufwand an Platz und Zeit kostet.
- Oder man geht vor wie oben beschrieben und verzögert das Kopieren so lange, bis t tatsächlich modifiziert wird. Dann allerdings muß das Kopieren nachgeholt werden. Der Preis ist hier eine entsprechende Buchhaltung über das *Structure sharing*.

Bleibt das Problem, den freien Speicher zu verwalten. Dazu führen wir in unser Programm eine spezielle Sequenzvariable *free* ein, die am

Anfang den gesamten Array belegt. Wenn wir jetzt zum Beispiel eine Sequenz generieren durch

$s \leftarrow \langle a \rangle$,

dann führt das auf die Zuweisungen

$s_{fst} \leftarrow \textit{free}_{fst};\ s_{lst} \leftarrow \textit{free}_{fst};$
$\textit{free}_{fst} \leftarrow next(A[\textit{free}_{fst}]);$
$value(A[s_{fst}]) \leftarrow a;\ next(A[s_{fst}]) \leftarrow 0.$

Entsprechendes passiert bei der Verlängerung existierender Sequenzen. (Dabei haben wir aus Vereinfachungsgründen den eigentlich notwendigen Test, ob überhaupt noch freier Speicher da ist, weggelassen.)

Wenn eine Sequenz verkürzt wird, geben wir in analoger Weise den Speicher an *free* zurück. Dies gilt insbesondere für die extreme Form der „Verkürzung", nämlich für das komplette Löschen einer nicht mehr benötigten Sequenz.

4. Betrachten wir unter diesen Aspekten nochmals unser Programm zum *Merge Sort*. Wir hatten festgestellt, daß wir an sich Hilfsvariablen bräuchten, in die wir beim Mischen die neu entstehende Sequenz schreiben können. Auf der jetzt erreichten technischen Detaillierungsstufe können wir dieses Problem jedoch trickreich umgehen.

Die Halbierung der Ausgangssequenz ist offensichtlich kein Problem: Wir setzen einfach einen Zeiger auf die Mitte der Sequenz. Betrachten wir also das Problem, die beiden jeweils für sich sortierten Hälften wieder zusammenzumischen. Das können wir jetzt *in situ* erreichen, und zwar durch ein geeignetes Umhängen der Zeiger.

Da der vollständige, detaillierte Code zu unleserlich würde, skizzieren wir hier nur die Kernstücke der Lösung. Wir gehen also davon aus, daß wir drei Zeiger haben: m weist auf das Ende des bereits zusammengemischten Teils der Resultatsequenz, x und y zeigen auf die Anfänge der verbleibenden Teilsequenzen. Falls keine von beiden leer ist, führen wir folgendes Programmstück aus:

if $value(A[x]) > value(A[y])$ **then** $x, y \leftarrow y, x$ **fi**;
{x zeigt jetzt auf die Sequenz, deren erstes Element das kleinere ist,
 y auf die andere Sequenz }
$next(A[m]) \leftarrow x;$
$m \leftarrow x;$
$x \leftarrow next(A[x]).$

Die Sequenz von x ist leer, wenn der Zeiger x den Wert '0' hat. Dann müssen wir nur noch die Sequenz von y an die Ergebnissequenz anhängen. (Analog, falls y auf die leere Sequenz zeigt.)

if $x = 0$ **then** $next(A[m]) \leftarrow y$ **fi** .

Diese Fragmente sollten ausreichen, um die prinzipielle Idee klar zu machen. Sie müssen jetzt noch in einen entsprechenden Kontext zur korrekten Initialisierung und Terminierung eingebettet werden.

5. Das alles ist offensichtlich sehr technisch, sehr detailliert und sehr maschinennah — kurzum: genau die Art von Programmierung, bei der man höchstens Fehler macht, aber nichts an algorithmischen Einsichten gewinnen kann. Deshalb versuchen die meisten vernünftigen Programmiersprachen, den Benutzer von dieser Art Sorgen zu befreien.

Am besten erreichen dies — wie schon erwähnt — die modernen applikativen Sprachen: Sie übernehmen diese ganze Organisation selbst. Leider muß man aber zugeben, daß sie dabei zwei Probleme zur Zeit noch recht unbefriedigend handhaben: Möglichkeiten zum *Structure sharing* werden manchmal nicht erkannt, so daß viel Speicher und viel Zeit durch unnötiges Kopieren vergeudet werden. Und ebensowenig erkannt wird die Möglichkeit der frühzeitigen Freigabe von Speicher, so daß in regelmäßigen Abständen der Vorrat in *free* aufgebraucht ist. Dann wird das Programm unterbrochen, um ein sogenanntes *Garbage collection* durchzuführen. Das bedeutet eine Analyse des gesamten Speichers daraufhin, welche Teile eigentlich nicht mehr benutzt werden, und das Übertragen dieser Teile in *free*.

All das führt zu beträchtlichem Zeit- und Platzbedarf bei diesen Sprachen. Doch Verbesserungen dieser Situation sind zur Zeit Gegenstand intensiver Forschung, so daß man in absehbarer Zeit durchaus mit einer Lösung dieser Probleme rechnen darf.

Ältere, klassische Sprachen — zum Beispiel Pascal als eine der prominentesten Vertreterinnen — stellen dem Benutzer hier deutlich weniger Komfort zur Verfügung. Was grundsätzlich gemacht wird, ist die „Anonymisierung" des Arrays A. Es gibt — vom Konzept her — einen einzigen solchen Array für alle Variablen (nicht nur für Sequenzen, sondern auch für alle anderen nicht-elementaren Strukturen). Und dieser Array wird nicht explizit angesprochen, wie wir dies oben getan haben, sondern nur implizit. Dementsprechend sind die Zeiger nicht länger Indizes, sondern eine spezielle Sorte von Objekten, genannt *Pointer* oder *Referenzen*. Diese werden dann üblicherweise als direkte Darstellung der Speicheradressen der Maschine im Programm erklärt[1].

Eine weitere Komplikation der Situation entsteht dann dadurch, daß wir es nicht mehr mit einer Art *data* von Elementen zu tun haben (was immer *data* im konkreten Fall sein mag), sondern mit vielerlei Arten, die alle unterschiedlich großen Platzbedarf haben. Das macht die

---

[1] Wie wir aber spätestens seit dem Ende des letzten Kapitels wissen, sind Speicheradressen auch nichts anderes als Indizes von speziellen Maps oder Arrays.

Verwaltung des freien Speichers noch schwieriger — was im allgemeinen aber nur die Compilerbauer bedrücken muß.

Insgesamt sehen wir uns im Augenblick also folgender Situation gegenüber: Die Implementierung von Sequenzen (und ähnlichen Datenstrukturen) verlangt trickreiche und schwierige Programmiertechniken. Das kostet Programmierer viel Entwicklungszeit und macht Programme sehr fehleranfällig. Daher sollte man solche Implementierungen weitgehend automatisieren. Das ist bei applikativen Sprachen der Fall. Aber hier ist der Preis zur Zeit noch langsame Ausführungsgeschwindigkeit und hoher Platzbedarf. Dies dürfte sich in absehbarer Zukunft aber verbessern.

10.9 Mengen

Neben den Sequenzen spielt eine weitere, eng mit ihnen verwandte Struktur in vielen Algorithmen eine große Rolle: *Mengen*. Sie unterscheiden sich von Sequenzen in zwei wichtigen Punkten:
* Es können keine Elemente mehrfach auftreten.
* Die Elemente sind in keiner Reihenfolge angeordnet.

Daraus folgt übrigens sofort, daß wir zwei weitere Varianten von Strukturen bekommen, wenn wir jeweils nur einen dieser beiden Punkte berücksichtigen: Im ersten Fall handelt es sich um *geordnete Mengen*, im zweiten um sogenannte *Multimengen* oder *Bags* (engl. für „Tüte").

Es ist klar, daß wir Mengen problemlos als spezielle Sequenzen behandeln können, weshalb sich viele unserer Algorithmen unmittelbar übertragen lassen. Das gilt insbesondere für *filter, reduce* und *map*. Diejenigen Algorithmen dagegen, die sich inhärent auf die Anordnung der Elemente beziehen, machen bei Mengen und *Bags* keinen Sinn mehr, also insbesondere alle Sortieralgorithmen (zumindest auf der Resultatseite) und das binäre Suchen.

Die Definition der Mengenstruktur sieht der der Sequenzen sehr ähnlich, wobei die Operationen der mathematischen Tradition folgend jetzt anders bezeichnet werden.

Structure *Set*
Parameter   sort *data*
Uses   *Bool, Nat*

Sig sort *set*

const $\emptyset$:	*set*	-- leere Menge
fct $\{\cdot\}$:	*data* $\rightarrow$ *set*	-- einelem. Menge
fct $\cdot \cup \cdot$:	*set* $\times$ *set* $\rightarrow$ *set*	-- Vereinigung
fct $\#\cdot$:	*set* $\rightarrow$ *nat*	-- Kardinalität
fct *pick*:	*set* $\rightarrow$ *data*	-- Auswählen
fct *clip*:	*set* $\rightarrow$ *set*	-- Wegnehmen
fct $\cdot \in \cdot$:	*data* $\times$ *set* $\rightarrow$ *bool*	-- Elementtest
fct $\cdot \subseteq \cdot$:	*set* $\times$ *set* $\rightarrow$ *bool*	-- Teilmengentest

Spec spc $\forall\ r, s, t : set$:

$$s \cup \emptyset = s \qquad\qquad \text{-- neutral}$$
$$r \cup (s \cup t) = (r \cup s) \cup t \qquad \text{-- assoziativ}$$
$$r \cup s = s \cup t \qquad\qquad \text{-- kommutativ}$$
$$s \cup s = s \qquad\qquad \text{-- idempotent}$$

spc $\forall\ x : data,\ s, t : set$:

$$x \in s = (\exists\ t : set : \{x\} \cup t = s)$$
$$r \subseteq s = (\exists\ t : set : r \cup t = s)$$

spc $\forall\ x : data,\ s : set$:

$$\#\emptyset = 0$$
$$\#\{x\} = 1$$
$$\#(s \cup \{x\}) = \#s + 1 \quad \textbf{if}\ x \notin s$$

spc $\forall\ s : set$:

$$pick(s) \in s$$
$$pick(s) \notin clip(s)$$
$$clip(s) \cup \{pick(s)\} = s$$

EndStructure

Man beachte, daß die Spezifikation der Operationen *pick* und *clip* offen läßt, welches der Elemente geliefert beziehungsweise gelöscht wird; es muß allerdings für eine gegebene Menge jedesmal das gleiche sein. Weitere Operationen, zum Beispiel Durchschnitt oder Differenz von Mengen, ließen sich natürlich problemlos ebenfalls noch hinzufügen.

Weshalb führt man, angesichts der engen Verwandtschaft zu Sequenzen, die Struktur der Mengen überhaupt ein? Der Grund liegt einfach darin, daß es immer empfehlenswert ist, Problemlösungen auf dem größtmöglichen Abstraktionsniveau zu suchen. Und wenn ein Problem keine mehrfachen Elemente und keine Anordnung der

Elemente verlangt, sollte man diese Eigenschaften auch nicht im Algorithmus verwenden — zumindest nicht in der ersten Lösung. Bei späteren Implementierungen kann man sie ruhig hinzunehmen. Auf diese Weise ist es oft möglich, allgemeiner verwendbare oder effizientere Algorithmen zu finden.

Zur *Implementierung* von Mengen gibt es neben den offensichtlich dafür geeigneten Sequenzen auch noch wesentlich ausgefeiltere Methoden, die meist auf speziellen „Bäumen" beruhen. Wir verweisen dazu auf die Literatur, insbesondere auf [1], [6] und [7].

Referenzen

[1] *Aho, A.V., Hopcroft, J.E., Ullmann, J.D.:* The Design and Analysis of Computer Algorithms. Addison-Wesley, Reading 1974.

[2] *Bird, R.S., Wadler, P.:* An Introduction to Functional Programming. Prentice-Hall, Englewood Cliffs 1987.

[3] *Ehrich, H.-D., Gogolla, M., Lipeck, U.W.:* Algebraische Spezifikation abstrakter Datentypen. Teubner, Stuttgart 1989.

[4] *Ehrig, H., Mahr, B.:* Fundamentals of Algebraic Specification I. Springer, Berlin 1985.

[5] *Greene, D.H., Knuth, D.E.:* Mathematics for the Analysis of Algorithms. Birkhäuser, Boston 1981.

[6] *Knuth, D.E.:* The Art of Computer Programming. Vol. 3: Sorting and Searching. Addison-Wesley, Reading 1975.

[7] *Mehlhorn, K.:* Datenstrukturen und effiziente Algorithmen, Band 1. Sortieren und Suchen. Teubner, Stuttgart 1986.

[8] *Partsch, H., Steinbrüggen, R.:* Program Transformation Systems. ACM Comp. Surveys 15, 3 (1983), 199-236.

[9] *Sedgewick, R.:* Algorithms (2nd edition). Addison-Wesley, Reading 1988.

11. Datenstrukturen III: Graphen und Bäume

Haben Sie schon einmal versucht, eine Wendeltreppe zu beschreiben, ohne die Hände zu benutzen? Oder einen Weg durch den Istanbuler Basar zu erklären, ohne Papier und Bleistift zu verwenden? Oder das Organisationsschema Ihrer Firma zu erläutern, ohne Kästchen und Striche zu malen? Kurzum: eine komplizierte Struktur zu erfassen, ohne visuelle Hilfen zu verwenden?

Was für den Ingenieur Ansichten sind und für den Architekten Aufrisse, das sind für den Programmierer Graphen und Bäume: Auf der einen Seite liefern sie eine anschauliche Visualisierung abstrakter Konzepte, aus der sich Einsichten und Lösungsideen gewinnen lassen. Auf der anderen Seite bauen sie auf mathematisch wohldefinierten Begriffen auf, die in der Programmierung unmittelbar in Sprachkonzepte umsetzbar sind.

11.1 Grundbegriffe

Schon im ersten Kapitel haben wir Beispiele für die Beliebtheit von Graphen in allen möglichen Disziplinen vorgeführt, seien es chemische Bindungsstrukturen wie

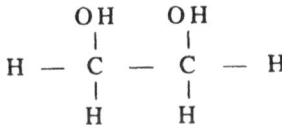

```
      O H     O H
       |       |
  H —  C  —   C  —  H
       |       |
       H       H
```

oder seien es Flug-, Eisenbahn- oder Straßennetze wie

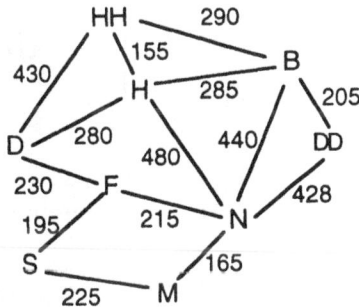

Dabei hat sich aber auch gezeigt, daß Bilder nicht die einzige brauchbare Darstellungsform für Graphen sind. Die Entfernungsangaben des obigen Wegenetzes lassen sich ebenso gut aus einer Matrix ablesen:

	Berlin	Dresden	Düsseldorf	Frankfurt	Hamburg	Hannover	München	Nürnberg	Stuttgart
Berlin		205			290	285		440	
Dresden	205							428	
Düsseldorf				230	430	280			
Frankfurt			230					215	195
Hamburg	290		430			155			
Hannover	285		280		155			480	
München								165	225
Nürnberg	440	428		215		480	165		
Stuttgart				195			225		

Oft muß man zuerst eine — mehr oder weniger starke — Abstraktion vornehmen, um reale Situationen als Graphen zu modellieren. So kann etwa eine „Landkarte" der Art

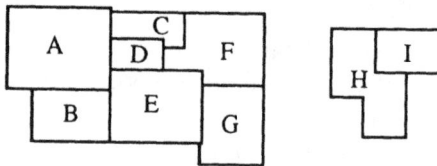

dargestellt werden als ein Graph, bei dem Länder durch Knoten modelliert werden und Grenzen durch Kanten:

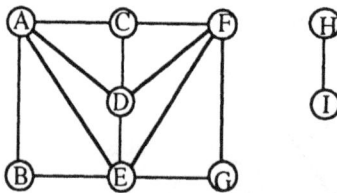

Das zeigt übrigens auch, daß Graphen aus getrennten Teilstücken bestehen können (schließlich gibt's ja auch Inseln in der realen Welt).

Die Modellierung kann auch auf unterschiedliche und — aus intuitiver Sicht — manchmal überraschende Weise erfolgen. Die Struktur eines Eisenbahnnetzes

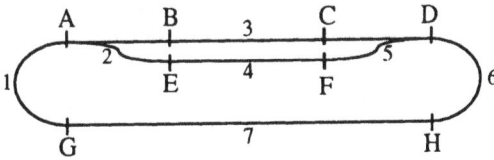

kann naheliegenderweise durch folgenden Graphen repräsentiert werden, wobei relevante Punkte im Netz durch Knoten und ihre Verbindungen durch Kanten dargestellt sind:

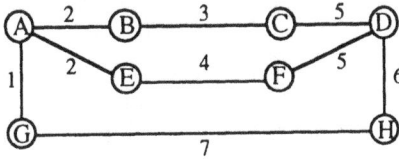

Alles, was dabei passiert, ist eine minimale Abstraktion von der Geometrie der Streckenführung. Wenn man aber über automatische Zugführung nachdenkt, bietet sich eine „umgestülpte" Darstellung an, bei der Streckenblöcke durch Knoten modelliert werden und Übergänge zwischen Blöcken durch Kanten:

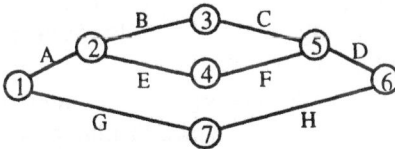

Nehmen wir jetzt noch an, daß gewisse Streckenblöcke nur in einer Richtung durchfahren werden dürfen; dann erhält unser Graph eine gerichtete Form wie

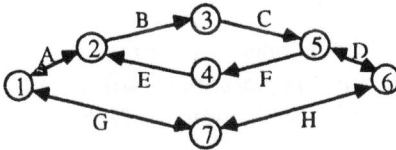

Dabei wählen wir Doppelpfeile als Kurznotation für zwei normale Pfeile.

Aus diesen Beispielen sollten die folgenden Begriffsbildungen über „Graphen" einsichtig sein:

Definition: Ein **Graph** $G = \langle V, E \rangle$ besteht aus einer Menge V von **Knoten** (engl.: *vertex, node*) und einer Menge $E \subseteq V \times V$ von **Kanten** (engl.: *edge*).   □

229

Die Kantenmenge ist, mathematisch gesprochen, nichts anderes als eine Relation über den Knoten. Ist diese Relation symmetrisch, sprechen wir von einem *ungerichteten*, ansonsten von einem *gerichteten* Graphen.

Die Kanten oder Knoten eines Graphen können mit Werten markiert sein, wie zum Beispiel Entfernungen oder Reisezeiten bei Streckennetzen. Dann spricht man von *bewerteten* oder auch von *gewichteten* Graphen.

Definition: Ein **Pfad** in einem Graphen ist eine Knotenfolge $p = x_1 \cdot x_2 \cdot \ldots \cdot x_m$, bei der je zwei aufeinanderfolgende Knoten x_i und x_{i+1} im Graphen durch eine Kante «$x_i - x_{i+1}$» (bei gerichteten Graphen: «$x_i \rightarrow x_{i+1}$») verbunden sind. Ein **Zyklus** ist ein Pfad, dessen erster und letzter Knoten identisch sind. (Manchmal wird noch zusätzlich verlangt, daß sonst kein Knoten mehrfach auftritt.)   □

Übrigens: diese Begriffe ließen sich ganz analog auch über Kantenfolgen definieren.

Die formale Spezifikation von Graphen leidet — ebenso wie die Klassifikation von Graphalgorithmen — darunter, daß es *die* Datenstruktur „Graph" gar nicht gibt. Zu zahlreich sind die Variationen, zu verschieden die Spielarten. Neben den Unterscheidungen in gerichtete und ungerichtete, in bewertete und unbewertete Graphen spielt noch eine Rolle, ob die Menge der Knoten und Kanten fest oder flexibel ist, ob die Anzahl der Vorgänger und Nachfolger eines jeden Knotens fest oder flexibel ist, und so weiter. Wir verschieben dieses Thema deshalb an den Schluß unserer — sehr kurzen — Abhandlung über Graphen und ihre Algorithmen (...es sollte inzwischen klar geworden sein, daß wir das Thema „Graphen" hier nur exemplarisch, in ausgewählten Aspekten skizzieren können).

11.2 Erreichbarkeit

Mit Streckennetzen können wir herausfinden, welchen Weg wir „von hier nach da" einschlagen sollen, wie lange es mindestens oder höchstens dauern wird, oder auch einfach, ob es überhaupt eine Verbindung gibt.

Bei diesen Aufgaben müssen wir uns — wie eigentlich bei fast allen Graphalgorithmen — mit einem zentralen Problem herumschlagen: *Wir dürfen nicht unendlich oft durch Zyklen kreisen.* Wie wir die Algorithmen auch formulieren, fast immer ist in irgendeiner Form das Ich-war-schon-mal-da zu vermerken.

Fangen wir mit der elementarsten Fragestellung an: *„Kann ich, in einem gegebenen Graphen G, von x nach y gelangen oder nicht?"*

11.2.1 „Färbungen"

Graphen sind, wie schon bemerkt, vor allem Visualisierungshilfen. Also ist es wohl legitim, auch bei der Entwicklung von Graphalgorithmen bildhafte Vorstellungen einzusetzen — sofern wir später in der Lage sind, diese intuitiven Hilfen in mathematische und programmiertechnische Konzepte umzusetzen. Eine Klasse solcher bildhafter Vorstellungen sind Färbungen: Wir machen die Arbeitsweise eines Algorithmus verstehbar, indem wir — zumindest konzeptuell — die Knoten und/oder Kanten des Graphen färben.

Wie läßt sich nun unser Erreichbarkeitsproblem mit Färbungen lösen? Wir teilen die Knoten in drei Klassen ein: *Schwarz* sind diejenigen Knoten, die wir schon verarbeitet haben; die *grauen* Knoten müssen wir noch behandeln; und über die *weißen* Knoten wissen wir gar nichts. Am Anfang sind alle Knoten weiß, bis auf unseren Startknoten x: der ist grau. Unser Ziel ist, den gesuchten Knoten y schwarz zu färben (eigentlich reicht grau) oder festzustellen, daß das unmöglich ist.

11.2.2 Der Basisalgorithmus

Unser spezielles Problem läßt sich in ein etwas allgemeineres einbetten — eine Technik, die bekanntlich oft zu eleganteren Programmen führt. Wir variieren also unsere Aufgabenstellung zu: *Gegeben sei ein Graph mit einem oder mehreren grauen Knoten. Man färbe alle Knoten schwarz, die von diesen grauen Knoten aus erreichbar sind.*

1. Die algorithmische Lösungsidee ist jetzt nahezu trivial: Wir picken, sofern vorhanden, einen grauen Knoten heraus, färben ihn schwarz und alle seine Nachbarn grau. Und das tun wir so lange, bis keine grauen Knoten mehr da sind. Für die Graufärbung gilt dabei natürlich: Schwarze Knoten bleiben schwarz, und graue bleiben grau.

2. Für die programmtechnische Umsetzung dieser Idee benötigen wir eine Reihe von elementaren Operationen:

- Die Menge der grauen Knoten liefert die Operation
  fct *grayNodes* : *graph* → *set*(*node*).
- Die Menge der direkten Nachbarn eines Knotens erhalten wir durch die Operation
  fct *neighbours* : *node* → *graph* → *set*(*node*).
- Ein Knoten wird schwarz gefärbt durch
  fct *black* : *node* → *graph* → *graph*;
  das heißt, *black*(*n*)(*G*) liefert einen neuen Graphen, der sich vom alten nur dadurch unterscheidet, daß *n* jetzt schwarz ist.

- Ein Knoten bzw. eine ganze Menge von Knoten wird grau gefärbt durch[1]

  fct *gray* : *node* → *graph* → *graph*,

  fct *gray* : *set(node)* → *graph* → *graph*;

  das heißt, *gray(n)(G)* liefert einen neuen Graphen, der sich vom alten nur dadurch unterscheidet, daß *n* jetzt grau ist — es sei denn, *n* war schon schwarz.

- Die Prüfung, ob ein Knoten schwarz, grau oder weiß ist, geschieht durch die Funktionen

  fct *black?* : *node* → *bool*,

  fct *gray?* : *node* → *bool*,

  fct *white?* : *node* → *bool*.

Anmerkung: Die Verwendung von Funktionen höherer Ordnung[2] hat einen hübschen notationellen Vorteil: Mit Hilfe der Funktionskomposition können wir jetzt zum Beispiel schreiben

$$black(z) \circ gray(y) \circ black(x) \, (G),$$

um der Reihe nach *x* schwarz, *y* grau und *z* schwarz zu färben. (Auf einen weiteren Vorteil im Zusammenhang mit objektorientierter Programmierung werden wir am Ende dieses Kapitels nochmals kurz zurückkommen.)

3. Der eigentliche Algorithmus besteht jetzt nur noch aus einer rekursiven Funktion, die die Färbung des Graphen bewirkt[3].

fct *Blacken* : *graph* → *graph*
def *Blacken(G)*
$\equiv$ **if** *grayNodes(G)* = $\emptyset$ **then** *G*
$\Box$ *grayNodes(G)* $\neq \emptyset$
then **let** $k \equiv pick(grayNodes(G))$,
$N \equiv neighbours(k)(G)$
in
Blacken $\circ$ *gray(N)* $\circ$ *black(k)* *(G)* **fi**

Um unsere ursprüngliche Frage zu beantworten, müssen wir jetzt einfach prüfen, ob der gesuchte Knoten *y* im Ergebnisgraphen von *Blacken(gray(x)(G))* schwarz ist oder nicht, wobei *G* der Ausgangsgraph mit ausschließlich weißen Knoten ist. Wenn wir nur an dieser Antwort interessiert sind, können wir den Algorithmus *Blacken* natür-

---

[1] Eine solche „Operatorüberlagerung" ist harmlos, da aus dem Kontext jeweils klar ist, welche der beiden Funktionen gemeint ist.

[2] Inhaltlich ist dies nichts wesentlich anderes als normale Funktionen mit zwei Parametern; wir wenden nur „Currying" an (siehe Kapitel 4.7).

[3] Die Operation *pick(S)* liefert irgendein Element der Menge *S* (siehe Kapitel 10.9).

lich auch optimieren, indem wir vorzeitig abbrechen, sobald y grau gefärbt ist.

4. Da die Rekursion repetitiv ist, können wir sie sofort in eine **while**-Schleife umschreiben. Dazu verwenden wir dann natürlich anstelle der bisherigen Funktionen Prozeduren, die auf einer Variablen für Graphen arbeiten. (Wir kennzeichnen diese Prozeduren durch das Symbol '*'.)

prc *Blacken** : **var** *graph*

def *Blacken*(G)*
 ≡ **var** k : *node*; **var** N : *set(node)*
  while *grayNodes(G)* ≠ ∅
   do k ← *pick(grayNodes(G))*;
    N ← *neighbours(k)(G)*;
    black*(k)(G);
    gray*(N)(G)
  od

11.2.3 Programmiertechnische Variationen

Wir haben immer wieder betont, daß ein Algorithmus nicht etwas Statisches ist, nicht das große einmalige Œuvre, das — einmal zuwege gebracht — unantastbar Bestand hat. Also wollen wir auch mit diesem Algorithmus ein bißchen herumspielen, um aus den Variationen Erkenntnisse zu gewinnen.

1. Bisher haben wir den Algorithmus so gestaltet, daß er auf einem knotenbewerteten Graphen operiert, indem er die Bewertung — die Farben — modifiziert. Wir können offensichtlich genauso gut auf unbewerteten Graphen arbeiten, indem wir explizit zwei Mengen *blackNodes* und *grayNodes* mitführen (als Parameter bzw. Variable). Die Färbungsoperationen bestehen dann einfach darin, die Knoten in die entsprechenden Mengen einzutragen. Wir müssen nur aufpassen, daß geschwärzte Knoten jeweils explizit aus der grauen Menge entfernt werden!

Wir überlassen es dem interessierten Leser, die entsprechenden Modifikationen an den beiden obigen Versionen des Algorithmus selbst vorzunehmen.

2. Wir betrachten im folgenden — als Vorbereitung auf spätere Diskussionen — einen „Zwitter", bei dem die schwarzen Knoten wirklich im Graphen gefärbt werden, während die grauen Knoten als eigene Menge mitgeführt werden. (Dabei nehmen wir uns die Freiheit, dem Algorithmus der besseren Unterscheidung wegen einen neuen Namen zu geben.)

Der hauptsächliche Unterschied zum früheren Algorithmus *Blacken* liegt jetzt darin, daß durch ihre Unabhängigkeit vom Graphen die Menge *grayNodes* eventuell auch noch Knoten enthalten kann, die bereits geschwärzt wurden. Die so entstehende Zweifarbigkeit ist vom Verwaltungsaufwand her angenehmer als das explizite Herausklauben der geschwärzten Knoten[1].

fct *GraphWalk* : *set(node)* → *graph* → *graph*
def *GraphWalk* (*grayNodes*)(*G*)
   ≡ **if** *grayNodes* = ∅ **then** *G*
   ☐ *grayNodes* ≠ ∅ **then**
     let
       k ≡ *pick(grayNodes)*,
       N ≡ **if** *black?*(*k*) **then** ∅
          ☐ ¬ *black?* (*k*) **then** *neighbours(k)(G)* **fi**,
      newGrays ≡ *clip(grayNodes)* ∪ *N*
    in
      GraphWalk(newGrays) ∘ *black(k)* (*G*)   **fi**

Anmerkung: Das Umschreiben dieses Algorithmus — wie auch der folgenden — auf Schleifen und Prozeduren ist eine elementare Fingerübung, die wir dem interessierten Leser überlassen.

3. Bei allen bisherigen Versionen des Algorithmus haben wir uns wenig darum geschert, in welcher Reihenfolge die grauen Knoten abgearbeitet werden. Der Grund ist ganz einfach der, daß es jede Reihenfolge tut. Mit dieser Frage wollen wir uns jetzt ein bißchen näher befassen.

Wenn wir in einer festgelegten Reihenfolge vorgehen wollen, dürfen wir die grauen Knoten nicht als Menge verwalten, sondern müssen sie als Sequenz behandeln. Damit ändert sich die Funktionalität in

fct *GraphWalk* : *seq(node)* → *graph* → *graph*.

Ansonsten gibt es nur zwei Änderungen im Algorithmus:

def *GraphWalk(grayNodes)(G)*
   ≡ ... **let**
     k ≡ *first(grayNodes)*,
     ...
     newGrays ≡ *rest(grayNodes)* ⧺ *N*
     ...

(Natürlich muß auch die Nachbarnmenge *N* in eine Sequenz verwandelt werden.)

Was hat dieses Design zur Folge? Als erstes werden hier alle unmittelbaren Nachbarn von *x* geschwärzt, also die Nachbarn „der Stufe

---

[1] Die Funktion *clip(S)* liefert die Restmenge ohne das Element *pick(S)* (siehe Kapitel 10.9).

1", die jeweils über eine einzige Kante von x erreichbar sind. Danach werden alle Nachbarn dieser Nachbarn geschwärzt, also die „der Stufe 2", deren Entfernung von x zwei Kanten beträgt; denn diese werden an die Sequenz *grayNodes* ja hinten angefügt. Anschließend kommen die Nachbarn der Stufe 3. Dann die der Stufe 4. Und so weiter.

Mit anderen Worten, die Schwarzfärbung läuft wie eine Welle von x aus über den Graphen hinweg. Man spricht bei diesem Vorgehen deshalb auch von „*breadth-first Search*", da in jedem Schritt zuerst die ganze Breite ausgeschöpft wird, bevor man in die Tiefe geht.

4. Was passiert, wenn wir die Sequenzen andersrum aufbauen? Der Algorithmus wird dann folgendermaßen abgeändert:

...

$$newGrays \equiv N + rest(grayNodes)$$

...

Jetzt wird zuerst ein Nachbar k von x hergenommen. Erst wenn — in der gleichen Weise — alle Nachbarn, Nachbarsnachbarn und so weiter von k vollständig abgearbeitet sind, wird der zweite Nachbar von x genommen. Und so weiter. Bei dieser Strategie werden also gleichsam einzelne Sonden in die Tiefe des Graphen vorgetrieben, bevor man in die Breite geht. Man spricht daher von einer „*depth-first Search*".

Interessant ist, daß hier die Sequenz als „Keller" behandelt wird, die Elemente also in einer „*last-in, first-out*" Manier verwaltet werden. Bei der *breadth-first Search* dagegen verhält sich die Sequenz wie eine Warteschlange, indem sie ihre Elemente in einer „*first-in, first-out*" Manier bedient.

5. Aber warum sollen wir eigentlich eine feste Reihenfolge erzwingen, wenn's doch egal ist? Vor allem: Warum sollen wir die Knoten überhaupt nacheinander bearbeiten? Wenn wir mehrere Prozessoren haben, die unabhängig voneinander parallel arbeiten, können wir eine Beschleunigung des Verfahrens erreichen, indem wir mehrere Inkarnationen unserer Prozedur simultan arbeiten lassen.

Wir müssen nur aufpassen, daß wir die potentiellen Konflikte unter Kontrolle halten, die entstehen, wenn zwei Prozesse gleichzeitig denselben Knoten verschieden färben wollen. (Da uns zur Zeit noch die Sprachmittel fehlen, um eine solche Konfliktvermeidung sicherzustellen, verzichten wir auf die Angabe eines entsprechenden Programms.)

6. Bei einer kritischen Analyse des Algorithmus können wir erkennen, daß eigentlich nur die Schwarzfärbung vom Problem her motiviert ist. Die grauen Knoten sind reine Organisationshilfen, mit denen wir die Verwaltung der angefangenen, aber noch nicht abgeschlossenen Arbeiten bewerkstelligen. Nun gilt aber bekanntlich bei jeder Art von Arbeit, daß man auf eine Liste der noch ausstehenden

Aufgaben verzichten kann, wenn man sich zur Gewohnheit macht, alle Aufträge sofort zu vergeben.

In unserem Fall heißt das: Bei der Bearbeitung eines Knotens k nehmen wir nicht mehr die Nachbarn erst einmal zur grauen Menge hinzu, um sie irgendwann später zu verarbeiten; stattdessen rufen wir die Funktion/Prozedur *GraphWalk* sofort für alle Nachbarn auf. In der imperativen Variante sieht das dann etwa so aus (wobei wir zur besseren Unterscheidung abermals einen neuen Namen wählen):

> **prc** *Visit* : *node* → **var** *graph*
> **def** *Visit*(*k*)(*G*)
> ≡ **if** *black?*(*k*) **then nop**
>   ☐ ¬ *black?* (*k*) **then**
>   *black**(*k*)(*G*);
>   **for** *n* ∈ *neighbours*(*k*)(*G*) **do** *Visit*(*n*)(*G*) **od**
> **fi**

Was hier passiert, ist nichts anderes, als daß die Nachbarn $n_1, ..., n_m$ von k nicht in einer Menge/Sequenz zwischengespeichert werden, sondern — mittels einer Schleife — sofort in die Folge

$$Visit(n_1)(G); \, ... \, ; Visit(n_m)(G)$$

von rekursiven Aufrufen umgesetzt werden. Damit wird der ganze Verwaltungsaufwand dem Rekursionsmechanismus der Sprache überlassen.

Wenn man sich das genauer ansieht, stellt man fest, daß hier genau die *depth-first* Strategie realisiert wird — was nicht verwunderlich ist, denn Kellerorganisation und Rekursion passen bekanntlich genau zusammen, während Warteschlangen windschief zum Rekursionsprinzip liegen.

Übrigens: Wenn wir uns voll in die Welt der höheren Funktionale stürzen wollten, könnten wir die obige Programmiertechnik auch applikativ unmittelbar nachvollziehen. Wir müssen ja nur die Komposition

$$Visit(n_m) \circ ... \circ Visit(n_1)$$

bewirken. Mit den Funktionalen 'map' und 'reduce' aus Kapitel 10.4 geht das ohne weiteres in der Form

$$reduce(\cdot, id) \, (map(Visit)(N)).$$

Dabei wird durch map aus der Sequenz N von Knoten eine Sequenz von Abbildungen der Sorte (graph → graph). Und die werden anschließend mittels reduce durch die Funktionskomposition '∘' miteinander verknüpft. Aber das führt wohl alles ein bißchen weit ...

11.2.4 Variationen des Themas

Wir haben bis jetzt ausschließlich die Frage beantwortet, *ob* wir von einem Knoten zu einem anderen gelangen können. Durch geeignete Erweiterungen des Basisalgorithmus (und seiner Variationen) können wir aber auch weitergehende Probleme lösen.

• Wenn wir wissen wollen, *wie weit* der Weg mindestens ist, genügt es nicht, die jeweils erreichten Knoten einfach nur grau oder schwarz zu färben. Wir müssen zusätzlich die Länge des zurückgelegten Weges eintragen.

Sei dabei k der gerade betrachtete graue Knoten und sei w die Länge des bisher gefundenen Weges von x nach k. Dann müssen wir jeden weißen Nachbarn n von k markieren mit $w+l_{k,n}$, wobei $l_{k,n}$ die Länge der Kante «k—n» ist.

Wenn der Nachbar n aber grau oder schwarz ist, dann haben wir soeben einen alternativen Weg gefunden. Dessen Länge $w+l_{k,n}$ müssen wir deshalb mit der bisherigen Markierung vergleichen. Je nachdem, ob wir an minimalen oder maximalen Wegen interessiert sind, müssen wir dann den kleineren oder größeren der beiden Wege eintragen.

• Bloß zu wissen, *daß* ich von x nach y gelangen kann, nützt mir oft nicht viel. Auch wenn ich weiß, *wie lange* das dauern wird, kann das immer noch recht unbefriedigend sein. Letztlich muß ich doch wissen, *wie* ich fahren soll.

Um das zu liefern, muß unser Algorithmus so gestaltet werden, daß er jeweils die Pfade mitrechnet. Eine Möglichkeit dazu ist, neben den Knoten auch die *Kanten* schwarz zu färben.

Wenn wir dabei den minimalen Weg suchen, müssen wir unter Umständen auch schwarze Kanten wieder weiß färben — nämlich genau dann, wenn sie zu einem Knoten n führen, zu dem wir einen kürzeren Weg entdeckt haben.

Übrigens: Die so erzeugten schwarzen Kanten bilden das, was man einen *aufspannenden Baum* nennt: einen zyklenfreien Teilgraphen, in dem alle (von x erreichbaren) Knoten vorkommen.

Um den Weg zum gesuchten Knoten y zu bestimmen, brauchen wir jetzt „nur" noch den schwarzen Kantenzug zurückverfolgen. Allerdings heißt das, daß bei jeder (schwarzen) Kante die Rückwärtsrichtung erkennbar sein muß, was unter Umständen zusätzliche Markierungen erfordert.

Bei diesen erweiterten Problemstellungen gilt natürlich in noch stärkerem Maße als beim ursprünglichen Algorithmus, daß eine geschickte Programmierung einen hohen Effizienzgewinn bewirken kann. Das gilt vor allem für die Repräsentation der jeweils durchlaufenen Teilpfade.

11.3 Transitive Hülle

Mein Taschenkalender enthält — neben viel anderem, ebenso unnützen Ballast — auch eine Entfernungstabelle deutscher Städte. Das ist, wie wir inzwischen geklärt haben, nichts anderes als eine spezielle Darstellung eines bewerteten Graphen. Allerdings hat dieser Graph eine weitere Eigenschaft, ohne die er nicht sonderlich brauchbar wäre: Er ist *vollständig* in dem Sinn, daß für alle Knotenpaare die Entfernungen eingetragen sind und nicht nur für die tatsächlich benachbarten Paare. Mit anderen Worten, der Graph enthält die Längen aller minimalen Pfade, die in dem echten Wegenetz möglich sind.

11.3.1 Problembeschreibung und naive Lösungsideen

Das hier zugrundeliegende abstrakte Problem läßt sich — in der einfachsten Form — also folgendermaßen beschreiben: *Gegeben sei ein gerichteter Graph G. Gesucht ist ein „vervollständigter" Graph G*, der genau dann eine Kante «x→y» besitzt, wenn im ursprünglichen Graphen G ein Pfad von x nach y existiert.* G* heißt dann die **transitive Hülle** von G.

1. Eine naive Lösung erhalten wir sofort: Wir wenden einfach das klassische Motto der Mathematik an und reduzieren das neue Probleme auf ein altes, für das wir die Lösung schon kennen. In unserem Fall heißt das: Wir benutzen einen der Algorithmen aus den vorigen Abschnitten, um für jedes Knotenpaar x, y die Erreichbarkeit zu bestimmen. Das bedeutet einen Aufwand in der Größenordnung $O(n^2 * n^2)$, wenn n die Knotenzahl des Graphen ist. Etwas besser ist es da schon, die Funktion *Blacken* auf alle Knoten anzuwenden; dann ergibt sich $O(n * n^2)$.

Aus Sicht der Informatik sind beide Ansätze aber nicht tolerierbar. Denn offensichtlich geht's besser!

Warum? Nun, ganz einfach aufgrund folgender Faustregel: *Immer wenn wir Informationen neu beschaffen müssen, die wir schon einmal besessen, aber weggeworfen haben, ist Raum für Verbesserungen.* Bei der oben skizzierten naiven Lösung trifft genau das zu: Wenn wir zum Beispiel zur Suche des Weges von x nach z einen Pfad «x→y→...→z» schon betrachtet haben, kann es passieren, daß der Teilpfad «y→...→z» später nochmal gesucht werden muß, wenn wir den Weg von y nach z erforschen.

2. Also bietet sich eine mehr „globale" Sicht an, bei der der Gesamtgraph schrittweise vervollständigt wird. Zum Beispiel könnten wir im ersten Schritt alle Verbindungen eintragen, die über höchstens zwei Kanten laufen. (In der Matrixdarstellung von Graphen ist das übrigens gerade eine spezielle Form der Matrixmultiplikation.) Die gleiche Operation auf den so entstandenen neuen Graphen angewandt, liefert alle Wege, die über höchstens vier Kanten des Originalgraphen laufen. Der nächste Schritt ergibt dann alle Wege bis zur Länge acht. Und so weiter.

Insgesamt braucht dieses Verfahren also *log n* Schritte. Da jeder Einzelschritt einer Matrixmultiplikation entspricht, ergibt das insgesamt einen Aufwand in der Größenordnung $O(n^3 \cdot log\ n)$ Operationen. Also müssen wir weiter nach Verbesserungen suchen.

11.3.2 Dynamische Programmierung

Eines der wichtigen Programmierprinzipien zur Effizienzsteigerung ist das sogenannte *Dynamic Programming*. Wie jede Technik ist sie nicht auf alle Probleme anwendbar, aber wo sie funktioniert, da bringt sie meist erheblichen Gewinn.

Die Idee ist an sich ganz einfach: *Wir betrachten eine Folge von Lösungen für Teilprobleme, die — in einem geeignet gewählten Sinn — immer „größer" werden. Dabei merken wir uns die bisher errechneten Teillösungen und versuchen, die jeweils nächstgrößere Lösung aus diesen kleineren abzuleiten.* Auf diese Weise eine ganze Folge von wachsenden Teilproblemen zu lösen, kann oft effizienter sein, als nur das letzte Problem „am Stück" zu lösen.

Diese Idee wollen wir jetzt auf unser Problem anwenden.

11.3.3 Der Algorithmus von Warshall

Zum besseren Verständnis setzen wir wieder Farben ein. Wir färben schrittweise — in beliebiger Reihenfolge — die Knoten des Graphen schwarz. Und in jedem Schritt nehmen wir eine eingeschränkte Hüllenbildung vor, die sich nur auf schwarze Knoten bezieht.

Dazu unterscheiden wir bei Pfaden «$x_0 \cdot x_1 \cdot \ldots \cdot x_{k-1} \cdot x_k$» erst einmal zwischen den beiden Endknoten x_0 und x_k und den „inneren" Knoten $x_1, \ldots, x_{k-1}$. Wir nennen einen Pfad *schwarz*, wenn alle seine inneren Knoten schwarz sind. Die eingeschränkte Hüllenbildung in jedem Schritt verbindet dann nur solche Knoten, die über schwarze Pfade verbunden sind.

Damit ist sofort klar, daß diese Berechnung bei einem rein weißen Graphen die Originalkanten unverändert liefert, während bei einem vollständig schwarzen Graphen gerade die gesuchte transitive Hülle herauskommt.

Warum liefert das einen besseren Algorithmus als bisher? Weil beim Hinzufügen eines neuen schwarzen Knotens nur relativ wenig Arbeit nötig ist, um jeweils die neue Hülle zu berechnen. Das wollen wir im folgenden kurz erörtern.

1. Zunächst sollten wir den formalen Rahmen unserer Überlegungen etwas präzisieren. Zuerst einmal interessieren an den Graphen nur die Kantenmengen und die schwarzen Knoten. Also formulieren wir

unseren Algorithmus nur auf der Basis dieser beiden Teilaspekte des Graphen.

Die Kanten unseres Originalgraphen G sind gegeben durch die Menge $E_0 = Edges(G)$ mittels einer Operation

    fct *Edges: graph* $\rightarrow$ *set(edge)*,

wobei wir Kanten einfach als Paare von Knoten darstellen, also *edge = node×node*. Ziel unserer Berechnungen ist die transitive Hülle von E_0, also die vervollständigte Kantenmenge $E^* = closure(E_0)$ als Ergebnis einer Funktion

    fct *closure: set(edge)* $\rightarrow$ *set(edge)*.

Um unsere Idee des *Dynamic Programming* umzusetzen, führen wir eine Hilfsfunktion ein:

    fct *cl: set(node)* $\rightarrow$ *set(edge)* $\rightarrow$ *set(edge)*.

Diese Hilfsfunktion soll jeweils die eingeschränkte Hülle $cl(blackNodes)(E_0)$ berechnen, die sich jeweils nur auf die schwarzen Pfade bezieht.

2. Bei rein weißen Graphen gilt damit die Anfangssituation:

$$cl(\emptyset)(E_0) = E_0.$$

Bei rein schwarzen Graphen haben wir das gewünschte Endresultat, wobei *allNodes = Nodes(G)* für die Menge aller Knoten des Graphen G stehe:

$$cl(allNodes)(E_0) = closure(E_0) = E^*.$$

Bleiben die einzelnen Übergänge zu betrachten, also die Hinzunahme neuer schwarzer Knoten. Sei w ein weißer Knoten, also $w \notin blackNodes$. Seien außerdem

$$E_i = cl(blackNodes)(E_0)$$
$$E_{i+1} = cl(blackNodes \cup \{w\})(E_0).$$

Dann gilt: Zwischen zwei Knoten x und y gibt es in E_{i+1} genau dann eine Verbindung (also einen schwarzen Pfad), wenn es sie entweder schon in E_i gibt oder wenn es in E_i Verbindungen sowohl von x nach w als auch von w nach y gibt:

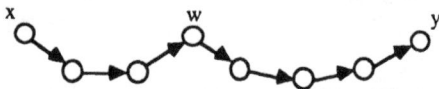

Formal führt diese Überlegung auf folgende Gleichung:

$$E_{i+1} = E_i \cup \{ \langle x,y \rangle \mid \langle x,w \rangle \in E_i \wedge \langle w,y \rangle \in E_i \} \overset{\text{def}}{=} h(w)(E_i).$$

Dabei verwenden wir die Hilfsfunktion

    fct *h: node* $\rightarrow$ *set(edge)* $\rightarrow$ *set(edge)*
    def $h(w)(E) \equiv E \cup \{ \langle x,y \rangle \mid \langle x,w \rangle \in E \wedge \langle w,y \rangle \in E \}$.

3. Die gesamte Berechnung kann dann in einer simplen Schleife vollzogen werden:

var E : $set(edge)$;
$E \leftarrow Edges(G)$;
for $w \in Nodes(G)$ **do** $E \leftarrow h(w)(E)$ **od**;
return E.

Das Ergebnis, das am Schluß in der Variablen E enthalten ist, repräsentiert gerade die gesuchte transitive Hülle $closure(Edges(G))$.

4. Die komplexe Zuweisung $E \leftarrow h(w)(E)$ in der Schleife läßt sich in eine Folge von Einzelzuweisungen auflösen:

for $x \in Nodes(G)$, $y \in Nodes(G)$ **do**
    if $\langle x,w \rangle \in E \land \langle w,y \rangle \in E$ **then** $E \leftarrow E \cup \{\langle x,y \rangle\}$ **fi**
od

Das ist (überraschenderweise) zulässig, obwohl Abfragen in späteren Schleifendurchläufen sich bereits auf neu hinzugenommene Kanten beziehen können statt — wie eigentlich nötig — nur auf die Kanten der Ursprungsmenge. Dieses sofortige punktweise Ändern der Menge führt hier ausnahmsweise nicht zu einem Programmierfehler, da spezielle Eigenschaften erfüllt sind: Die vorzeitige Änderung kann nur da auftreten, wo sie keinen Effekt hat. Es gilt nämlich (mit E_i und E_{i+1} wie oben definiert)

$$\langle x,w \rangle \in E_{i+1}$$
$$\Leftrightarrow \langle x,w \rangle \in (E_i \cup \{ \langle x,y \rangle \mid \langle x,w \rangle \in E_i \land \langle w,y \rangle \in E_i \})$$
$$\Leftrightarrow \langle x,w \rangle \in E_i \lor (\langle x,w \rangle \in E_i \land \langle w,w \rangle \in E_i)$$
$$\Leftrightarrow \langle x,w \rangle \in E_i.$$

Analog erfolgt die Rechnung für $\langle w,y \rangle$. Mit anderen Worten: Für diejenigen Verbindungen, die den neu geschwärzten Knoten w betreffen, ist es egal, ob wir die alte oder die neue Kantenmenge benutzen. Dies sind aber die einzigen Paare, die in der Schleife überprüft werden.

5. Der Aufwand des Verfahrens liegt hier zwar immer noch in der Größenordnung $O(n*n^2)$, aber in jedem Schritt wird nur eine extrem einfache Operation ausgeführt.

11.3.4 Variationen

Der Algorithmus von Warshall beantwortet uns für jedes Knotenpaar x, y die Frage, *ob* es eine Verbindung zwischen ihnen gibt. Wenn wir stattdessen die *Entfernung* wissen wollen, müssen wir das Verfahren ein bißchen modifizieren.

Anstelle der simplen Prüfung, ob sowohl $\langle x,w \rangle$ als auch $\langle w,y \rangle$ durch schwarze Pfade verbunden sind, müssen wir jetzt eine Addition ihrer Längen vornehmen. Danach muß das Minimum zwischen dieser neuen Länge und der Länge des bisher besten Weges bestimmt werden

— sofern dieser überhaupt existiert. (Diese Rechnung wird besonders einfach, wenn wir die fiktive Länge '+∞' benutzen, um auszudrücken, daß keine Verbindung existiert.)

Das alles wird programmiertechnisch besonders einfach, wenn wir die Mengen der bewerteten Kanten als Maps darstellen, also entweder

map *node* × *node* **to** *bool*   oder

map *node* × *node* **to** *nat.*

Mit anderen Worten: Wir verwenden die Matrixdarstellung des Graphen. Damit läßt sich die punktweise Änderung in der innersten Schleife des obigen Algorithmus letztlich durch selektive Änderung eines Arrays implementieren.

11.4 Bäume

Ein wichtiger Spezialfall von Graphen sind „Bäume". Sie treten in der Informatik in vielerlei Zusammenhängen auf, zum Beispiel als Darstellungen für Terme: Der Ausdruck

$a * (b+c) - (b+c)$

wird strukturell genau durch den Baum

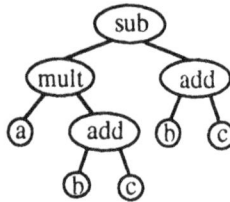

repräsentiert. Dabei hat der Baum den Vorteil, daß er ohne weitere Regeln über Präzedenzen von Operatoren und ohne explizite Klammern auskommt. Kurz: Er stellt eine Abstraktion des textuellen Ausdrucks dar.

Eine weitere Klasse von wichtigen Beispielen für Bäume sind Darstellungen von irgendwelchen Hierarchien. So sind zum Beispiel im UNIX-Betriebssystem alle Dateien in einer Hierarchie angeordnet wie

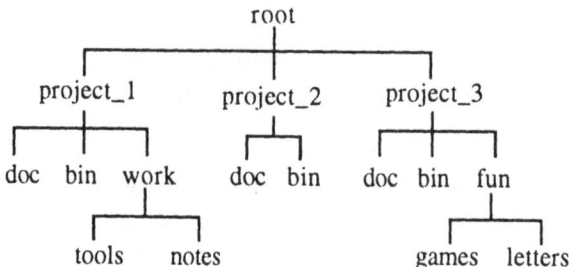

Aus diesen Beispielen wird die entsprechende Definition unmittelbar einsichtig:

Definition: Ein **Baum** ist ein ungerichteter Graph ohne Zyklen. ☐

Diese Begriffsbildung läßt sich natürlich auch auf den gerichteten Fall übertragen. Allerdings müssen wir dann die sogenannten *Dags*, die gerichteten azyklischen Graphen (engl.: *directed acyclic graphs*) auch noch ausschließen. Der obige Term $a * (b+c) - (b+c)$ könnte auch durch den *Dag*

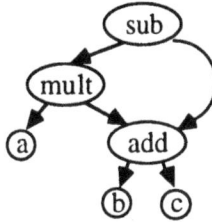

beschrieben werden, der den doppelten Teilterm explizit kenntlich macht. Um das auszuschließen, müssen wir im gerichteten Fall für Bäume verlangen, daß jeder Knoten nur eine Eingangskante hat — mit Ausnahme der Wurzel: die hat gar keine Eingangskante.

11.4.1 Traversierung von Bäumen

Wie auch bei allgemeinen Graphen erfordern die meisten Baumalgorithmen in der einen oder anderen Form das „Durchlaufen" des Baumes. Der Einfachheit halber beschränken wir uns dabei auf *gerichtete Binärbäume*, das heißt Bäume, bei denen jeder innere Knoten genau zwei Nachfolger hat, genauer: zwei Unterbäume, die durch die Operationen

    fct *left* : *tree* → *tree*
    fct *right* : *tree* → *tree*

geliefert werden. Den Wert eines Knotens — genauer: die Markierung der Wurzel des Baumes — erhalten wir durch

    fct *val* : *tree* → *data*,

wobei *data* für die Sorte der Knotenmarkierungen steht.

Diese drei Operationen sind auf dem *leeren Baum*, den wir mit

    con Δ : *tree*

bezeichnen, nicht definiert. Um aus zwei Bäumen und einem Knoten einen neuen Baum zusammenzubauen, verwenden wir die Operation

    fct *cons* : *tree* × *data* × *tree* → *tree*.

Als Standardbeispiel für Binärbäume nehmen wir den weiter oben bereits eingeführten Baum, der zum Term $a*(b+c)-(b+c)$ gehört; bei diesen Illustrationen geben wir die leeren Bäume nicht explizit an.

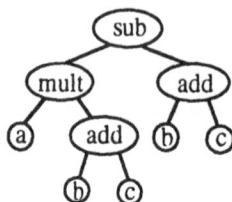

Als Phänotypus für Traversierungsalgorithmen auf Bäumen betrachten wir die Konvertierung von Bäumen in Sequenzen. Die konzeptuelle Verwandtschaft zu den Algorithmen aus Kapitel 11.2 sollte evident sein, auch wenn wir uns jetzt das Leben leichter machen können, weil keine Zyklen drohen. Wir beginnen mit *depth-first* Algorithmen, die alle die Funktionalität haben

fct ... : *tree → seq.*

1. Bei der sogenannten *Preorder-Traversierung* nehmen wir jeweils zuerst den Knotenwert, dann den linken Unterbaum und zuletzt den rechten Unterbaum:

def *PreOrd*(*t*)
  ≡ **if** *t* = Δ **then** ⟨⟩
  ☐ *t* ≠ Δ **then**
        ⟨*val* (*t*)⟩ ⧺ *PreOrd*(*left*(*t*)) ⧺ *PreOrd*(*right*(*t*)) **fi**

Wenn wir diese Funktion auf unseren Beispielbaum anwenden, erhalten wir die sogenannte Präfixdarstellung

sub mult a add b c add b c .

2. Dual dazu ist die sogenannte *Postorder-Traversierung*, die in der Reihenfolge linker Unterbaum, rechter Unterbaum, Knoten erfolgt:

def *PostOrd*(*t*)
  ≡ **if** *t* = Δ **then** ⟨⟩
  ☐ *t* ≠ Δ **then**
        PostOrd(*left*(*t*)) ⧺ *PostOrd*(*rigth*(*t*)) ⧺ ⟨*val*(*t*)⟩ **fi**

Dementsprechend erhalten wir aus unserem Beispielbaum die *Postfixdarstellung* des Terms:

a b c add mult b c add sub.

3. Bleibt als letztes die sogenannte *Inorder-Traversierung*:

def *InOrd*(*t*)
   ≡ **if** *t* = Δ **then** ⟨⟩
   ☐ *t* ≠ Δ **then** *InOrd*(*left*(*t*)) ⧺ ⟨*val*(*t*)⟩ ⧺ *InOrd*(*right*(*t*))
   fi

Bei der Anwendung auf unseren Beispielterm entsteht jetzt

a mult b add c sub b add c,

also eine Darstellung, die — im Gegensatz zur Präfix- und Postfixform — keine eindeutige Rekonstruktion des Originalterms mehr ermöglicht. Deshalb müßten wir hier noch Klammern mit generieren.

4. Neben den bisherigen *depth-first* Traversierungen können wir natürlich auch die Idee der *breadth-first* Durchläufe von Graphen auf Bäume übertragen. Da hier allerdings unser Termbeispiel keinen Sinn mehr macht, betrachten wir zur Illustration einfach den Baum

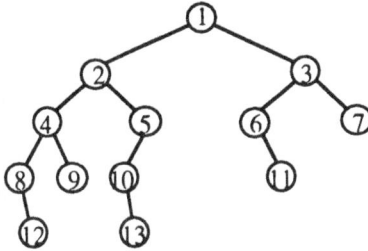

Die *breadth-first* Traversierung liefert dann die Sequenz

1 2 3 4 5 6 7 8 9 10 11 12 13.

Da diese Abarbeitungsfolge quer zur „natürlichen", durch *left* und *right* gegebenen Baumstruktur liegt, können wir sie auch nicht durch einen einfachen rekursiven Algorithmus herstellen. Wir brauchen — wie schon beim Algorithmus *GraphWalk* in Kapitel 11.2.3 — eine Sequenz für die „grauen", noch zu behandelnden Unterbäume. Das führt auf eine Hilfsfunktion

    fct $LO : seq(tree) \rightarrow seq(data)$,

die mit einer Sequenz von Bäumen operiert, einem sogenannten „Wald". Damit ergibt sich insgesamt:

    def $LevelOrd(t) \equiv LO(\langle t \rangle)$
    def $LO(Forest)$
        $\equiv$ **if** $Forest = \langle \rangle$ **then** $\langle \rangle$
        $\Box$ $Forest \neq \langle \rangle$ **then**
          let
            $t \equiv first(Forest)$
          in
            if $t = \Delta$ **then** $LO(rest(Forest))$
            $\Box$ $t \neq \Delta$ **then**
              $\langle val(t) \rangle +\!\!+ LO\big(rest(Forest) +\!\!+ \langle left(t) \rangle +\!\!+ \langle right(t) \rangle\big)$
      fi fi

Man sieht, daß — wie bei *breadth-first* Algorithmen üblich — die Sequenz als Warteschlange fungiert.

11.4.2 Geordnete Bäume

Die Datenstrukturen *Map* und *Array* (siehe Kapitel 9) erlauben einen unmittelbaren Zugriff auf ihre einzelnen Komponenten. Allerdings können zur geeigneten Indizierung relativ komplizierte Hash-Funktionen nötig sein (siehe Kapitel 9.4.5). *Sequenzen* stellen das andere Extrem dar: Hier muß man unter Umständen alle Elemente nacheinander durchmustern, um das gewünschte zu finden, was linearen Suchaufwand bedeutet. Deutlich schneller geht das bei sortierten Sequenzen, die nur noch logarithmischen Aufwand machen; allerdings hat dann das Einsortieren eines Elements linearen Aufwand (siehe Kapitel 10.3.2).

1. Als Kompromiß bieten sich deshalb spezielle Bäume an: Nehmen wir einmal an, daß die Knoten in folgender Weise angeordnet sind:

$$left(t) \overset{*}{<} val(t) \overset{*}{<} right(t),$$

wobei das Prädikat $t \overset{*}{<} x$ ausdrückt, daß *alle* Knoten im Baum t kleiner sind als x (und entsprechend $x \overset{*}{<} t$ und $t_1 \overset{*}{<} t_2$). Das folgende Bild illustriert einen derart geordneten Baum:

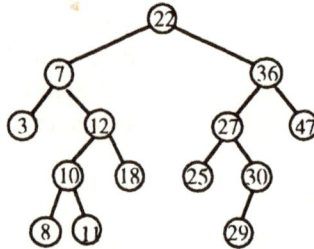

Natürlich ließe sich das ganze auch so modifizieren, daß Elemente mehrfach vorkommen dürfen.

Diese Art von geordneten Bäumen ist dadurch charakterisiert, daß bei *Inorder*-Traversierungen eine sortierte Sequenz entsteht. Man kann das auch so sehen, daß hier die Idee der Binärsuche in die Datenstruktur verlagert wird.

2. Die *Suche* nach einem Element x kann bei diesen Bäumen folgendermaßen programmiert werden:

```
def x ∈ t
  ≡ if  t = Δ   then false
    □   t ≠ Δ   then if  x < val(t)  then x ∈ left(t)
                     □   x = val(t)  then true
                     □   x > val(t)  then x ∈ right(t)  fi
    fi
```

Wäre der Baum nicht angeordnet, müßten wir sowohl im linken als auch im rechten Unterbaum suchen. Jetzt können wir uns auf einen

Teilbaum beschränken. Folglich ist der Aufwand beim Suchen beschränkt durch die Höhe des Baumes — und die sollte idealerweise in der Größenordnung *log N* liegen, wobei *N* die Zahl der Knoten ist. Dabei definieren wir die *Höhe* eines Baumes als die maximale Weglänge von der Wurzel zu einem Blatt.

3. Beim *Eintragen* eines Elementes *x* durchlaufen wir den Baum entsprechend der Ordnung und tragen *x* als neues Blatt ein — es sei denn, *x* existiert schon im Baum.

> **def** $t \oplus x$
> $\equiv$ **if** $x = \Delta$ **then** $cons(\Delta, x, \Delta)$
> $\square$ $x \neq \Delta$ **then**
>   **if** $x < val(t)$ **then** $cons(left(t) \oplus x, val(t), right(t))$
> $\square$ $x = val(t)$ **then** t
> $\square$ $x > val(t)$ **then** $cons(left(t), val(t), right(t) \oplus x)$
> **fi fi**

Auch hier sorgt die Ordnung wieder dafür, daß der maximale Aufwand durch die Höhe des Baumes beschränkt ist.

4. Das *Löschen* eines Knotens *x* ist etwas lästiger — es sei denn, *x* ist ein Blatt: Dann ersetzen wir es einfach durch den leeren Baum. Ist *x* dagegen ein innerer Knoten, müssen wir ihn durch das größte Blatt seines linken Unterbaums ersetzen.

11.4.3 Balancierte Bäume

Die Operationen zum Suchen, Einordnen und Löschen in geordneten Bäumen sind vom Aufwand her jeweils durch die Höhe des Baumes beschränkt. Also sollten wir möglichst den Idealfall

Höhe $\approx$ *log(Knotenzahl)*

anstreben. Das bedeutet, daß wir beim Hinzufügen und Löschen von Knoten neben der Ordnung auch noch auf die Ausbalancierung achten müssen. Dazu gibt es verschiedene Ansätze, zum Beispiel „AVL-Bäume", „2-3-Bäume", „B-Bäume", „gewichtete Bäume" etc.

1. Die *2-3-Bäume* erlauben an jedem Knoten entweder zwei oder drei Unterbäume; dadurch gewinnt man die nötige Flexibilität, um — mit logarithmischem Aufwand — die Unterbäume jeweils auf gleiche Höhe auszubalancieren. *B-Bäume* sind Verallgemeinerungen, bei denen jeder Knoten zwischen *k* und 2*k*−1 Unterbäume haben darf. Sie werden vor allem bei Datenbanken zur effizienten Verwaltung großer Schlüsselmengen eingesetzt.

2. Wir betrachten hier nur die AVL-Bäume etwas näher (die nach ihren Erfindern Adel'son-Vel'skii und Landis benannt sind). Die zentrale Idee bei diesen Bäumen ist, daß in jedem Knoten die Höhen des linken und rechten Teilbaums sich um höchstens 1 unterscheiden dürfen. Damit ist für den Suchprozeß logarithmischer Aufwand gewährleistet.

Wie sieht's jedoch mit dem Eintragen und Löschen aus? Beim *Eintragen* durchlaufen wir — wie üblich — den Baum bis zu den Blättern und tragen x als neues Blatt ein. Dabei kann es geschehen, daß jetzt irgendwo im Baum die Balanciertheitsforderung verletzt ist. Erfreulicherweise müssen wir jedoch nur den kleinsten Unterbaum betrachten, an dem das passiert. Die folgende Skizze illustriert eine typische Situation und ihre Reparatur:

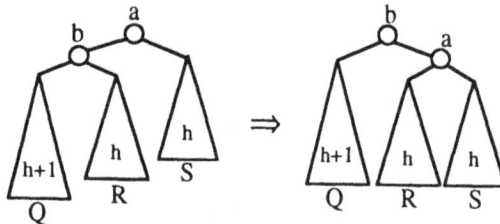

Durch diese „einfache Rotation" ist der Baum insgesamt wieder ausbalanciert. Außerdem überzeugt man sich schnell, daß auch die Ordnungsbedingung in beiden Bäumen die gleiche ist, nämlich

$$Q \overset{*}{<} b \overset{*}{<} R \overset{*}{<} a \overset{*}{<} S.$$

Etwas unangenehmer wird die Situation, wenn nicht Q, sondern R der größere Baum ist. Dann müssen wir seinen linken und rechten Teil explizit betrachten, wobei wir zur Illustration annehmen, daß der rechte Unterbaum der höhere ist:

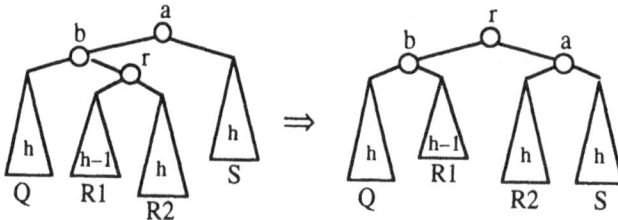

Diese „doppelte Rotation" stellt sofort die Ausgewogenheit des Gesamtbaumes her. Und beide Bäume haben die gleiche Ordnungsbedingung

$$Q \overset{*}{<} b \overset{*}{<} R1 \overset{*}{<} r \overset{*}{<} R2 \overset{*}{<} a \overset{*}{<} S.$$

Diese beiden Regeln sind repräsentativ für alle weiteren Situationen, die sich ja nur durch entsprechende Links/Rechts-Vertauschungen von ihnen unterscheiden.

Wie üblich, ist das Löschen eines Knotens die kniffligste Aufgabe. Deshalb überlassen wir sie dem interessierten Leser als Denksport-

aufgabe. (Hinweis: Im schlimmsten Fall werden log N Rotationen gebraucht.)

11.4.4 Über Suchverfahren der KI

In vielen Problemstellungen der sogenannten künstlichen Intelligenz, kurz: KI, treten Suchprozesse in Bäumen als zentrale Bestandteile auf. Typische Beispiele dafür sind Spielprogramme wie etwa Schach. Hier werden Stellungen als Knoten repräsentiert und Züge als Kanten[1].

Um hier eine Strategie zu finden, muß man von einer gegebenen Stellung aus zunächst alle möglichen eigenen Züge ansehen, für jede daraus entstehende neue Stellung alle möglichen Antworten des Gegners, dazu wiederum alle möglichen eigenen Reaktionen und so weiter und so weiter. Der große Verzweigungsgrad läßt die Bäume geradezu explosionsartig anwachsen, weshalb sich ein vollständiges Durchforschen der so entstehenden Suchräume von selbst verbietet[2].

Der einzige Ausweg besteht im Einsatz von sogenannten *branch-and-bound* Techniken. Das bedeutet, daß man mit Hilfe von „beschränkenden" (engl.: *bound*) Funktionen Zweige frühzeitig abschneidet, die nicht vielversprechend erscheinen. Für die Wahl geeigneter Funktionen hat man aber nur selten harte Kriterien; meistens muß man sich mit Heuristiken begnügen — und die Qualität dieser Heuristiken bestimmt weitgehend die Brauchbarkeit des ganzen Verfahrens: Schneidet sie Zweige zu früh ab, bleiben wichtige Varianten unentdeckt; schneidet sie Zweige zu spät ab, wächst die Breite des Suchraums so schnell an, daß man nicht tief genug vorausschauen kann.

1. Ein typischer Fall sind *Minimax*-Probleme. Wenn ich zum Beispiel meine eigenen Gewinnstellungen mit '+1' markiere, Verluststellungen mit '−1' und Unentschieden mit '0', dann muß ich folgende Strategie wählen: Meine Züge müssen den Wert maximieren, wobei ich davon ausgehen muß, daß der Gegner seinerseits jeweils zu minimieren versucht. Für die Endstellungen, also die Blätter im Baum, sind die Bewertungen aufgrund der Spielregeln klar. Beispiel:

---

[1] Daß Stellungswiederholungen eigentlich zu *DAGs* führen, können wir hier vernachlässigen.

[2] Vieles spricht dafür, daß wahre Schachmeister ganz anders mit dem Problem umgehen – was die Fragwürdigkeit der Bezeichnung „künstliche Intelligenz" nur noch unterstreicht.

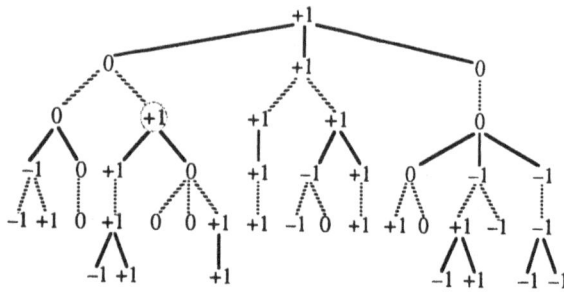

In diesem Baum gibt es also eine Gewinnstrategie.

2. Bei dieser Art von Verfahren gibt es noch eine weitere Möglichkeit zum Abschneiden: das *alpha-beta pruning*. Wenn ich am Zug bin — wie zum Beispiel an der gekennzeichneten Stelle im obigen Bild — und bereits einen Zug mit '+1' entdeckt habe, brauche ich die anderen Züge gar nicht mehr studieren (Alpha-Schnitt). Umgekehrt brauche ich keine weiteren Reaktionsmöglichkeiten des Gegners mehr zu analysieren, wenn bereits eine Zugvariante mit '–1' vorliegt (Beta-Schnitt).

In der Praxis sieht es allerdings meist so aus, daß man den Spielbaum nicht bis zu den Blättern verfolgen kann. Deshalb treten an die Stelle der sicheren Werte '+1', '0' und '–1' unsichere, heuristische Stellungsbewertungen und dementsprechend positive und negative Schranken *alpha* und *beta*.

3. Als letzte Möglichkeit zur Beschleunigung wollen wir wenigstens noch das *gegenläufige Suchen* erwähnen. (Über Suchverfahren in der KI gäbe es noch viel mehr zu sagen — aber nicht im Rahmen dieses Buchs.) Dieser Trick wird vor allem in Theorembeweisern, Expertensystemen und ähnlichen Anwendungen benutzt. Voraussetzung dafür ist, daß man sowohl „vorwärts" als auch „rückwärts" suchen kann.

Zum Beispiel bei Theorembeweisern heißt dies: Die Vorwärtssuche geht von den gegebenen Axiomen aus und leitet solange neue Formeln ab, bis man auf die gesuchte Zielformel stößt. Die Rückwärtssuche reduziert die Zielformel auf neue Zielformeln, die zum Beweis jeweils ausreichen würden, und setzt das so lange fort, bis man auf die Axiome stößt.

Da die Knotenzahl in einem Baum exponentiell mit seiner Höhe wächst, stellt die Reduktion auf zwei halbhohe Bäume einen immensen Gewinn dar (denn $a^{2 \cdot h}$ ist viel größer als $2 \cdot a^h$). Folglich liegt die Idee nahe, gleichzeitig von den Axiomen vorwärts und vom Ziel rückwärts zu suchen, bis man sich in der Mitte trifft. — Darin (im Treffen) liegt aber gerade das Problem.

11.5 Spezifikation und Implementierung von Graphen und Bäumen

Wie schon eingangs dieses Kapitels festgestellt, verhindert die große Fülle von Variationen und Spielarten, daß wir *die* Spezifikation oder *die* Implementierung für Graphen angeben könnten. Bestenfalls können wir einen Kern oder zumindest einige wenige Kerne angeben und diese dann anreichern. Wie sollte so ein Kern aussehen? Wir können diese Frage hier sicher nicht im Detail erörtern, aber eine Skizze können wir allemal versuchen.

11.5.1 Spezifikation von Graphen

Wir nehmen im folgenden eine knotenorientierte Sicht ein. (Eine stärkere Betonung der Kanten wäre ebenso möglich.)

1. Die minimalen Voraussetzungen für alle Traversierungsalgorithmen sind wohl die beiden Operationen der folgenden Struktur.

Structure *Graph$_0$*
Parameter sort *node*
Uses *Set*
Sig sort *graph*
    fct   *Nodes: graph → set(node)*
    fct   *neighbours: node → graph → set(node)*
Spec   **spc** $\forall\, G : graph, n : node :$
        $neighbours(n)(G) \subseteq Nodes(G)$ **if** $n \in Nodes(G)$
EndStructure

Die Knoten lassen sich ebenso wie die Kanten nicht verändern; es ist allerdings auch offengelassen, wie Graphen überhaupt erzeugt werden. Doch selbst bei dieser einfachen Basisstruktur sind Variationen möglich: Wenn Mehrfachknoten oder Mehrfachkanten erlaubt sein sollen, müssen wir statt Mengen *Bags* nehmen, und wenn die Nachfolgeknoten angeordnet sein sollen (wie zum Beispiel durch *left* und *right* bei Binärbäumen), brauchen wir sogar Sequenzen.

2. Wenn wir Graphen *erzeugen* wollen, können wir entweder einen globalen Ansatz versuchen, indem wir eine Funktion *init* einführen, die eine Knoten- und eine Kantenmenge als Argumente besitzt. Oder wir arbeiten lokal, indem wir einzelne Knoten und/oder Kanten hinzufügen und löschen dürfen. Wir beginnen mit flexiblen Kantenmengen.

Structure *Graph₁*
Enrich *Graph₀* **by**
Sig fct *addEdge* : *node* × *node* → *graph* → *graph*
    fct *delEdge* : *node* × *node* → *graph* → *graph*
Spec spc $\forall$ *x, y* : *node, G* : *graph* :
    neighbours(x)(addEdge(x, y)(G)) = *neighbours(x)(G)* $\cup$ {*y*}
    neighbours(x)(delEdge(x, y)(G)) = *neighbours(x)(G)* – {*y*}
    ...
EndStructure

3. Analog können wir die Knotenmengen flexibel machen, wobei wir die Knotenmenge entweder global mit Hilfe einer Funktion *init* vorgeben oder schrittweise, ausgehend vom leeren Graphen, aufbauen können.

Structure *Graph₂*
Enrich *Graph₁* **by**
Sig fct *init* : *set(node)* → *graph*
    const Δ : *graph*   -- leerer Graph
    fct *addNode* : *node* → *graph* → *graph*
    fct *delNode* : *node* → *graph* → *graph*
Spec spc $\forall$ *G* : *graph, x, y* : *node*:
    Nodes(Δ*)* = $\emptyset$
    Nodes(addNode(x)(G)) = *Nodes(G)* $\cup$ {*x*}
    Nodes(delNode(x)(G)) = *Nodes(G)* – {*x*}
    neighbours(x)(addNode(x)(G)) = $\emptyset$
    neighbours(y)(addNode(x)(G)) = *neighbours(y)(G)*   **if** $x \neq y$
    ...
EndStructure

4. Wenn wir bewertete Knoten zulassen wollen, erhalten wir eine Erweiterung der folgenden Art (wobei *Graph* hier für jede der bisher betrachteten Varianten stehen kann):

Structure *WeightedGraph*
Parameter sort *data*
Enrich *Graph* **by**
Sig fct *val*: *node* → *graph* → *data*
    fct *set*: *node* × *data* → *graph* → *graph*
Spec spc $\forall$ *x, y* : *node, a* : *data, G* : *graph* :
    val(x)(set(x, a)(G)) = *a*
    val(y)(set(x, a)(G)) = *val(y)(G)*   **if** $x \neq y$
EndStructure

Offensichtlich sind unsere früher benutzten Funktionen wie *black*, *gray* etc. spezielle Formen von *val* und *set*.

An dieser Stelle wollen wir das Spiel beenden. Es sollte klar geworden sein, wie wir durch geeignet aufeinander abgestimmte Erweiterungen uns die jeweils geeigneten Graphformen maßgeschneidert zusammenstellen können. Dabei wäre es natürlich schön, wenn wir auf eine Bibliothek von relativ allgemeinen Bausteinen zurückgreifen könnten. An der Bereitstellung solcher Bibliotheken wird heute intensiv gearbeitet (Stichwort: „Wiederverwendbare Software").

11.5.2 Implementierung von Graphen

Wir haben schon zu Beginn dieses Kapitels Beispiele für eine der beiden wesentlichen Implementierungstechniken für Graphen gesehen: **Adjazenz-Matrizen.** Diese Technik setzt allerdings eine feste Knotenmenge voraus, realisiert also im wesentlichen die obige Spezifikation *Graph$_1$*.

Die Zeilen- und Spaltenindizes dieser Matrizen sind gerade die Knoten des Graphen, und die Matrixfelder repräsentieren die Kantenmarkierungen. Bei unbewerteten Graphen enthalten die Matrixfelder nur Boolesche Werte, die angeben, ob die Kante existiert oder nicht. Bei ungerichteten Graphen genügt natürlich die obere oder untere Dreiecksmatrix.

Die andere gängige Technik besteht in der Angabe einer **Adjazenz-Liste** für jeden einzelnen Knoten. Diese Liste ist nichts anderes als die explizite Auflistung der *neighbours*-Operation. Dazu wird dann eine Zeigertechnik verwendet, wie wir sie in Kapitel 10.8 für Sequenzen diskutiert haben.

11.6 Anmerkungen zur objektorientierten Programmierung

Wir hatten uns schon in Kapitel 8 mit den Begriffen „Objekte" und „Klassen" auseinandergesetzt. Diese Begriffswelt wollen wir jetzt noch einmal am Beispiel unserer Graphstrukturen und Algorithmen messen.

11.6.1 Objekte, Methoden und Funktionen höherer Ordnung

Wir hatten gesagt, daß Objekte einen *Zustand* besitzen und über *Methoden* verfügen, das heißt, über Aktionen zur Zustandsänderung. Nun scheint es etwas weit hergeholt, jede kleine Programmvariable, etwa für eine Zahl oder einen Wahrheitswert, gleich zum „Objekt" zu befördern[1] und sie mit „Methoden" wie Addition oder Negation auszustatten.

---

[1] ... auch wenn dies in Sprachen wie SMALLTALK aus Gründen der Uniformität so gemacht wird.

Bei einer großen Struktur wie einem Graphen ist das schon etwas anderes. Hier hat man es oft mit einem bedeutenden Modul eines Programmsystems zu tun, was allemal rechtfertigt, es als eigenständiges Objekt aufzufassen. Meistens haben wir es in einem Programm nur mit einigen wenigen Graphen zu tun — oft sogar bloß mit einem einzigen — auf denen wir relativ komplexe Operationen ausführen.

Man beachte, daß diese Unterscheidung nicht theoretisch, sondern nur methodisch fundiert ist — was auf jeden Fall eine Grauzone schafft, in der die eine Sichtweise so gut begründbar ist wie die andere.

Wenn wir einen Graphen programmiertechnisch als Objekt realisieren, dann ist der Zustand dieses Objekts gerade eine Variable der Sorte *graph*. Und Funktionen wie

> **fct** *Blacken* : *node* → *graph* → *graph*
> **fct** *addEdge* : *node* × *node* → *graph* → *graph*

werden zu den Methoden dieses Objekts, also zu Prozeduren

> **prc** *Blacken* : *node*
> **prc** *addEdge* : *node* × *node*,

die auf der internen Zustandsvariablen operieren. Diese Sicht ist vor allem auch bequem, wenn Zusatzinformation (wie etwa eine Menge von grauen Knoten) benutzt wird: Sie führt einfach zu weiteren internen Variablen.

Funktionen, die Graphen in andere Sorten abbilden, wie zum Beispiel

> **fct** *neighbours* : *node* → *graph* → *set*(*node*)
> **fct** *connected?* : *node* × *node* → *graph* → *bool*,

werden zu Funktionen des Objekts,

> **fct** *neighbours* : *node* → *set*(*node*)
> **fct** *connected?* : *node* × *node* → *set*(*node*)

beziehungsweise zu Prozeduren, die mit Hilfe von **reply** die Funktionsresultate zurücksenden (siehe Kapitel 8.2).

In jedem Fall verschwindet die Angabe des Graphen aus der Parameterliste und somit aus der Funktionalität. Durch Notationen wie *G·addEdge*(*x, y*) oder *G·connected?*(*x, y*) taucht er allerdings gleich wieder auf.

Diese Beispiele demonstrieren aber deutlich, daß bei geschickter Gestaltung der Funktionalitäten der Übergang von der applikativen zur objektorientierten Welt nahezu mechanisch erfolgen kann. Funktionen der Form

> **fct** *f* : ... → *graph* → *graph*

werden zu Methoden, die den Objektzustand ändern[1], und Funktionen der Form

fct $f: \ldots \to graph \to s$

werden zu Methoden, die einen Wert (mittels **reply**) liefern.

11.6.2 Klassen, Spezifikationen und Vererbung

Da man immer wieder Objekte der gleichen Bauart hat — mehr als ein Konto, mehr als einen Graphen —, faßt man sie zu „Klassen" zusammen. In einer solchen Klasse definiert man dann die Methoden, so daß man die Objekte nur noch als Instanzen der Klasse einzuführen braucht, um sie mit allen in der Klasse deklarierten Methoden auszustatten (siehe Kapitel 8.3).

Wie wir soeben gesehen haben, stehen die Methoden in unmittelbarem Zusammenhang mit den Funktionen der applikativen Sichtweise. Und diese wiederum werden in Form von Strukturen algebraisch spezifiziert. In diesem Sinne können wir also auch sagen, daß *die algebraischen Strukturen eine Spezifikation der entsprechenden Klassen darstellen.*

Nun spielt in der objektorientierten Welt der Begriff der *Vererbung* eine ganz herausragende Rolle[2]. Die Grundidee ist schlicht, daß man eine Hierarchie aufbaut: Eine Klasse kann Superklassen besitzen, die selbst wieder neue Superklassen besitzen können, ... und so weiter. Und jede Klasse „erbt" alle Methoden ihrer Superklassen (sofern sie sie nicht redefiniert). Dies unterstützt ganz wesentlich den modularisierten Entwurf von Softwaresystemen.

Allerdings haben wir genau das gleiche auch schon auf der algebraischen Ebene bei unseren Graphstrukturen gemacht. Wenn wir definiert haben

Structure $Graph_1$
Enrich $Graph_0$ **by**

   ...

EndStructure

dann bedeutet das nichts anderes, als daß $Graph_1$ alle Sorten und Operationen von $Graph_0$ besitzt und noch ein paar selbst definierte dazu. Übersetzt in die Sprache der Objektorientierung heißt dies: $Graph_0$ ist die Superklasse von $Graph_1$.

Das zeigt eine terminologische Paradoxie: Subklassen bedeuten Anreicherung, und Superklassen Abmagerung. Aber solche kleinen

---

[1]   Schon in Kapitel 7 hatten wir Anweisungen als Abbildungen der Art *state* $\to$ *state* aufgefaßt.

[2]   ... beinahe schon zum Dogma erhoben.

Schönheitsfehler der Terminologien sollten uns nicht weiter stören. Wichtiger ist, daß wir es geschafft haben, zwischen den zentralen Begriffen zweier scheinbar so weit auseinanderliegenden Programmierwelten ganz enge Verwandtschaften aufzudecken.

Möglichst „glatte" Übergänge zwischen unterschiedlichen Programmierwelten zu finden, sollte eigentlich ein Hauptanliegen der Informatiker sein. Denn nur so kann ein Wechsel auf neue Entwicklungen erleichtert werden. Leider beobachten wir aber eher das Gegenteil. Der Ruhm erstrahlt wohl in leuchtenderem Glanze, wenn man — wenigstens scheinbar — etwas gänzlich Neues hervorgebracht hat ...

11.7 Zwischenbilanz

Teil 3 unserer Einführung in die Grundlagen der Informatik ist hiermit abgeschlossen: die Behandlung wichtiger Datenstrukturen und ihrer Algorithmen. Und natürlich konnten wir dieses Thema nur exemplarisch anreißen, nur in einzelnen — hoffentlich illustrativen — Facetten skizzieren. Allein schon die Existenz mehrbändiger Standardwerke (wie die von D.E. Knuth oder K. Mehlhorn), die sich ausschließlich mit diesem Themenkreis befassen, zeigt die Hoffnungslosigkeit, zu der jeder Versuch einer erschöpfenden Behandlung im Rahmen eines Einführungsbuchs von vornherein verurteilt wäre.

In der Behandlung dieses ganzen Arbeitsfeldes der Informatik können wir zur Zeit mehrere Trends beobachten. Zum einen wächst die intellektuelle Schwierigkeit der Strukturen und Algorithmen, an die man sich heranwagt, stetig an. (Es kann Tage und Wochen kosten, sich mit einem einzigen dieser Algorithmen ernsthaft auseinanderzusetzen.) Moderne Entwicklungen wie graphische Datenverarbeitung oder Hypertext haben Anforderungen gestellt, die zu ganz neuartigen Datenstrukturen führten.

Eine zweite Entwicklungslinie betrifft die theoretische Analyse solcher Algorithmen und Strukturen. In der Komplexitätstheorie hat man für zahlreiche Problemklassen untere Schranken für den Aufwand möglicher Lösungen bestimmen können — und an diesen Schranken müssen sich dann die tatsächlich vorliegenden Lösungen messen lassen.

All das wird neuerdings dadurch erschwert, daß man in zunehmendem Maße versucht, die Algorithmen zu beschleunigen, indem man sie auf Parallelrechner bringt. Leider steigt dadurch der programmiertechnische Schwierigkeitsgrad beträchtlich — und oft genug über die Grenzen der Durchschaubarkeit und Verständlichkeit hinaus.

Dieser Tendenz hin zur „Unverständlichkeit aufgrund übergroßer Schwierigkeit" versucht man zu begegnen, indem man bessere sprach-

liche Ausdrucksmittel einsetzt. So hoch die Verdienste von FORTRAN, PASCAL oder LISP auch einzuschätzen sind, als Beschreibungen für komplexe Strukturen und Algorithmen taugen sie nur bedingt. Hier wirken sich algebraische Spezifikationstechniken und funktionale Programmierung, verbunden mit Verifikationstechniken, außerordentlich segensreich aus — vor allem, wenn es uns gelingt, sie mit Konzepten wie objektorientierter Programmierung zu verbinden.

Auf dieser Basis können wir dann hoffen, eines Tages auch auf Bibliotheken vordefinierter Strukturen und ihrer Implementierungen zugreifen zu können, was heute erst im Rahmen einzelner, experimenteller Forschungsvorhaben möglich ist.

Referenzen

[1] *Aho, A.V., Hopcroft, J.E., Ullmann, J.D.:* The Design and Analysis of Computer Algorithms. Addison-Wesley, Reading 1974.

[2] *Barr, A., Feigenbaum, E.A.:* The Handbook of Artificial Intelligence. Vol. 1. Heuristech Press, Stanford 1981.

[3] *Gersting, J.L.:* Mathematical Structures for Computer Science. Freeman, New York 1987.

[4] *Horowitz, E., Sahni, S.:* Fundamentals of Computer Algorithms. Computer Science Press, Rockville 1978.

[5] *Knuth, D.E.:* The Art of Computer Programming. Vol. 1: Fundamental Algorithms. Addison-Wesley, Reading 1969.

[6] *Manber, U.:* Introduction to Algorithms. A Creative Approach. Addison Wesley, Reading 1989.

[7] *Mehlhorn, K.:* Datenstrukturen und effiziente Algorithmen, Band 2. Graphenalgorithmen und NP-Vollständigkeit. Teubner, Stuttgart 1986.

[8] *Meyer, B.:* Object-oriented Software Construction. Prentice Hall, New York 1988.

[9] *Nilsson, N.J.:* Principles of Artificial Intelligence. Tioga, Palo Alto 1980.

[10] *Schmidt, G., Ströhlein, T.:* Relationen und Graphen. Springer, Berlin 1989.

[11] *Sedgewick, R.:* Algorithms (2nd edition). Addison-Wesley, Reading 1988.

12. Kooperation und Konkurrenz, Parallelität und Verteiltheit

Arbeitsteilung bewirkt — so hofft man jedenfalls — flottere Erledigung. Notwendig dazu ist, daß man mehrere Akteure hat, auf die man die Arbeit verteilen kann, seien das nun Menschen oder Maschinen. Damit diese Akteure miteinander arbeiten und nicht gegeneinander, ist zusätzlicher organisatorischer Aufwand nötig — und der kostet Zeit. Um also tatsächlich einen Zeitgewinn erzielen zu können, müssen die Akteure gleichzeitig tätig sein, was wiederum die Organisationsprobleme erschwert. Kurzum: Arbeitsteilung ist ein diffiziles Unterfangen.

Wenn mehrere Akteure gleichzeitig an einer Aufgabe wirken, so müssen sie kooperieren. Sonst werden sie bald gegen- statt miteinander arbeiten. Kooperation schließt aber meist auch Konkurrenz mit ein, denn fast immer werden Ressourcen gemeinsam benutzt. Folglich muß eine gute Organisation genau hier einsetzen und vermeiden, daß Reibungsverluste den zügigen Fortgang der Arbeit hindern.

12.1 Verteilte Systeme und Parallelität

Wenn wir einen arithmetischen Ausdruck wie

$x \leftarrow (a+b)*(c-d)$

auswerten, können wir zuerst die beiden Teilausdrücke simultan berechnen und danach ihre Ergebnisse multiplizieren. Wir notieren dies in folgender Form (siehe Kapitel 7.2.5):

$[\![\; h_1 \leftarrow a+b \;\|\; h_2 \leftarrow c-d \;]\!] \; ; \; x \leftarrow h_1 * h_2 \,.$

Sobald wir eine derartige Parallelität zulassen, entsteht eine Fülle von neuen Problemen, und zwar sowohl notationeller wie auch konzeptuell-methodischer Art. Vor allem im Bereich der Hardware stoßen wir auf ein reichhaltiges Sammelsurium unterschiedlichster Architekturen.

Da Parallelitätsfragen ziemlich diffizil sind, nähern wir uns dem Thema in zwei Stufen: Zunächst verwenden wir die Konzepte ganz einfältig nach dem Motto: „Es wird schon alles so funktionieren, wie wir es gerne hätten." Erst im zweiten Schritt nehmen wir Komplikationen zur Kenntnis.

12.1.1 Konstrukte zur parallelen Programmierung

1. Ein System *paralleler Aktionen* (auch *parallele Prozesse* genannt[1]) notieren wir — wie schon erwähnt — in folgender Form:

$$\llbracket\ A_1\ \rrbracket\ \ldots\ \rrbracket\ A_n\ \rrbracket \quad \text{oder auch} \quad \llbracket\ A_i\ ::\ 1 \leq i \leq n\ \rrbracket\ .$$

Dabei stellen die A_i jeweils die simultan auszuführenden Aktionen dar. Diese A_i können natürlich zusammengesetzte Aktionen sein und insbesondere selbst wieder parallele Anweisungen enthalten.

Hinter der Konstruktion steht als operationale Vorstellung, daß die Aktionen A_i in beliebiger Reihenfolge, genau gleichzeitig oder irgendwie überlappt ausgeführt werden können. Als Anfang der parallelen Aktion selbst betrachten wir den Beginn ihrer ersten Teilaktion und als ihr Ende entsprechend das Ende ihrer letzten Teilaktion.

Beispiele: Es ist offensichtlich möglich, von einem Terminal Werte einzulesen, während auf einem Drucker andere Werte ausgegeben werden:

$$\llbracket\ Terminal.read(x)\ \rrbracket\ Printer.write(y)\ \rrbracket\ .$$

Hier können die beiden Teilprozesse sehr unterschiedliche Dauer haben.

Eine feinere Granularität der Parallelisierung erhalten wir bei der Addition zweier Vektoren, die für alle Komponenten simultan durchgeführt werden kann:

$$\llbracket\ c[i]\ \leftarrow\ a[i] + b[i]\ ::\ 1 \leq i \leq n\ \rrbracket\ .$$

Hier kann man davon ausgehen, daß die einzelnen Teilaktionen etwa gleich lang dauern werden, der Gesamtablauf also mehr oder weniger synchron erfolgt. □

Anmerkung: In manchen Sprachen (zum Beispiel in PL/1) finden sich sogenannte *fork*- und *join*-Anweisungen zum Starten und Zusammenführen paralleler Prozesse; diese Konstrukte sind auch in der UNIX-Welt recht populär. Unter Strukturierungsgesichtspunkten sind sie aber ebenso suspekt wie die Verwendung von *gotos* in sequentiellen Sprachen.

2. Im allgemeinen können wir nicht davon ausgehen, daß zwischen parallelen Prozessen keinerlei Beziehungen bestehen. (In dieser Hinsicht sind die beiden obigen Beispiele also untypisch.) Für die Interaktion paralleler Prozesse gibt es zwei unterschiedliche Möglichkeiten:

---

[1] Leider ist, wie so oft in der Informatik, die Terminologie hier beliebig uneinheitlich; insbesondere beim Prozeßbegriff gibt es sogar eine ausgesprochen unverträgliche Terminologie: so werden Prozesse oft – zum Beispiel in der entsprechenden DIN-Norm – als die beim Programm*ablauf* dynamisch entstehenden Aktionsfolgen verstanden.

Prozesse können Informationen über *gemeinsame Variable* austauschen. So wird zum Beispiel durch

$\llbracket$ ... **if** $x = 0$ **then** ... $\parallel$ ... **if** $x = 1$ **then** ... $\rrbracket$

das Verhalten beider Prozesse durch den Wert von x beeinflußt. Damit kann dann ein Prozeß steuernd in den anderen eingreifen, indem er die gemeinsame Variable setzt:

$\llbracket$ ... $x \leftarrow 1$; ... $\parallel$ ... **if** $x = 1$ **then** ... $\rrbracket$.

Allerdings können hier subtile Probleme entstehen, wenn der eine Prozeß versucht, x zu lesen, während der andere x gerade ändert. Noch schlimmer wird dies, wenn beide simultan x ändern wollen:

$\llbracket$ ... $x \leftarrow 0$; ... $\parallel$ ... $x \leftarrow 1$; ... $\rrbracket$.

Welchen Wert sollte x jetzt haben? Mit diesen Fragen wollen wir uns jedoch erst in Kapitel 12.5 detaillierter auseinandersetzen.

3. Die andere Form des Informationsaustausches besteht in einer echten *Kommunikation*. Das heißt, der eine Prozeß schickt eine Nachricht und der andere empfängt sie. Wir schreiben dies in Anlehnung an die Notation von CSP (vgl. [4]) folgendermaßen:

$P!a$ heißt, daß der Wert a an den Prozeß P *gesendet* wird.

$Q?x$ heißt, daß ein Wert vom Prozeß Q *empfangen* (und der Variablen x zugewiesen) wird.

In einer Situation wie

$\llbracket$ P: ... $Q?x$ ... $\parallel$ Q: ... $P!a$ ... $\rrbracket$

kann folgender Ablauf entstehen: P möchte einen Wert von Q empfangen und Q sendet den Wert a an P. Als Ergebnis hat anschließend die Variable x den Wert a, und beide Prozesse arbeiten individuell weiter.

Dieses Konzept wirft sofort eine Reihe von Fragen auf, deren Behandlung wir aber erst in Kapitel 12.4 in Angriff nehmen wollen.

Als eine weitere Form der Abstimmung zwischen zwei Prozessen gibt es noch die *Synchronisation*. Das bedeutet, daß die beiden Prozesse „aufeinander warten", bevor sie jeder für sich weiterarbeiten. Aus konzeptueller Sicht können wir das aber getrost als Spezialfall einer besonders simplen Kommunikation ansehen.

4. Beim obigen Kommunikationsbeispiel haben wir den beiden beteiligten Prozessen die Namen P und Q gegeben. Von einer solchen Möglichkeit zur Benennung werden wir häufiger Gebrauch machen müssen.

Dabei erweist sich eine Idee als nützlich, die wir schon in Kapitel 8 als ein hilfreiches Strukturierungskonzept kennengelernt hatten, nämlich *Objekte*. Zur Erinnerung: Objekte sind für uns Bestandteile eines Systems, die jeweils *Zustände* besitzen und über *Methoden* verfügen.

Diese Methoden sind entweder zustandsändernde Aktionen des Objekts selbst oder *Botschaften*, die an andere Objekte geschickt werden.

Diese Sicht liefert uns eine ideale Basis, um ganz allgemein über *verteilte Systeme* zu reden: Ein verteiltes System besteht aus mehreren *Objekten*, die miteinander interagieren. Und wenn wir ein System aus mehreren Objekten betrachten, gibt es keinen Grund, weshalb immer nur eines von ihnen aktiv sein sollte. Es können genausogut mehrere Objekte — oder sogar alle — gleichzeitig tätig sein. Und damit haben wir den Bezug zu parallelen Prozessen hergestellt. (Um die aktive Rolle dieser Objekte zu betonen, werden sie in der Literatur oft als *Agenten* oder *Akteure* bezeichnet.)

Eine solche objektorientierte Sichtweise paralleler Prozesse gewährt uns eine hohe Flexibilität; denn unsere Agenten besitzen jetzt Namen, sie verfügen über einen lokalen Zustandsraum und sie sind — was aus struktureller Sicht besonders angenehm ist — nicht nur auf eine Methode beschränkt. Vor allem aber können wir in vielen Fällen einfach offen lassen, ob es sich bei den betrachteten Objekten um Hardware-Komponenten handelt oder ob sie als Software realisiert sind. Beides kann sogar beliebig gemischt werden.

12.1.2 Eine methodische Klassifizierung

Beim Entwurf paralleler Programme sollte man sich von vornherein den grundsätzlichen *methodischen* Unterschied zwischen „*Algorithmenparallelität*" und „*Datenparallelität*" klarmachen.

- Bei *Algorithmenparallelität* arbeiten mehrere Programmteile simultan und mehr oder weniger unabhängig voneinander an unterschiedlichen Aspekten eines Problems. Wir orientieren uns hier also im wesentlichen an der Programmstruktur[1].

- Bei *Datenparallelität* werden im allgemeinen dieselben Operationen simultan auf viele verschiedene Werte angewandt. Wir orientieren uns also am Datenraum eines Programms und betrachten seine Elemente als Teile, die weitestgehend unabhängig voneinander berechnet werden können.

Betrachten wir als Beispiel Spracherkennung. Hier müssen zunächst aus den akkustischen Schwingungsmustern (mittels Fourieranalysen) die einzelnen Phoneme herausgefiltert werden; aus den Phonemen müssen dann Silben zusammengesetzt werden, aus den Silben Worte und schließlich aus den Worten ganze Sätze. Und zu guter Letzt müssen diese Sätze noch einen sinnvollen Text ergeben. Diese Teilaufgaben müssen aus Zeitgründen simultan gelöst werden. Dabei ist aber auch

---

[1] Früher wurde dafür auch der Begriff *Multitasking* verwendet; angesichts der technologischen Entwicklungen ist er heute aber nicht mehr ganz angemessen.

eine intensive Rückkopplung nötig. Denn es kommt zum Beispiel oft vor, daß eine „erkannte" Silbe nicht in den weiteren Kontext paßt; dann muß geprüft werden, ob eine ähnlich klingende Silbe vorliegen könnte, die mehr Sinn ergibt. Wir haben es hier also mit einem typischen Vertreter der *Algorithmenparallelität* zu tun.

Datenparallelität tritt dagegen vorwiegend bei numerischen Berechnungen aus Bereichen wie Physik, Chemie, Aerodynamik, Meteorologie etc. auf. Typische Beispiele sind Probleme der Strömungsmechanik, bei denen es heute durchaus üblich ist, Differentialgleichungen zu lösen, bei denen mehrere Zehnmillionen Punkte auszuwerten sind. (Man spricht daher auch von *massively parallel systems*.)

Diese Beispiele weisen bereits darauf hin, daß beide Formen ihre praktische Berechtigung haben, und daß beide nach sehr unterschiedlichen Lösungsmethoden verlangen.

12.1.3 Lohnt sich Parallelisierung?

Das muß wohl der Fall sein, denn sonst würden auf dem Markt keine Parallelrechner verkauft werden. Und die Beschleunigung, die solche Rechner bewirken, ist ja auch tatsächlich meßbar. Interessanter ist da schon die Frage, wo die *Grenzen der Beschleunigung* liegen. Wir können diese Frage hier sicher nicht tiefschürfend erörtern, aber einige kleine Anmerkungen sind doch angebracht.

Zunächst hängt das Potential zur Beschleunigung ganz wesentlich vom Problem ab. Und hier gilt natürlich, daß Datenparallelität viel größere Möglichkeiten bietet als Algorithmenparallelität. Denn wir befassen uns heute in naturwissenschaftlich-technischen Anwendungen routinemäßig mit Aufgaben, bei denen Millionen von Werten zu verarbeiten sind. Dagegen fällt es uns bereits schwer, Programme in einige Dutzend unabhängige Teile zu zerlegen.

Auf der anderen Seite müssen wir uns immer vor Augen halten, daß Parallelisierung bestenfalls eine lineare Beschleunigung bringen kann; zehntausend Prozessoren können ein Programm eben höchstens zehntausendmal so schnell ausführen. Die wirklich harten algorithmischen Probleme der Graphentheorie, Optimierung etc. sind aber exponentiell. Und wenn etwa das berüchtigte „Problem des Handlungsreisenden", der eine optimale Tour durch vierzig Städte sucht, (auf einem normalen Rechner) mehr Zeit bräuchte, als das Universum alt ist, dann hilft es auch wenig, das Ganze zehntausendmal so schnell zu machen.

Wir brauchen aber gar nicht zu so extremen Algorithmen zu greifen, um an Grenzen zu stoßen. Zwei Aspekte limitieren unsere Möglichkeiten auf jeden Fall: Zum einen bedeutet ein höherer Grad an Parallelität fast immer auch einen höheren Organisations- und

Kommunikationsaufwand. Und an irgendeinem Punkt übersteigt dieser Zusatzaufwand den erreichbaren Gewinn.

Zum anderen müssen wir uns mit „Amdahls Gesetz" abfinden: Jedes noch so stark parallelisierte Programm enthält sequentielle Abhängigkeiten, also Teile, die zwingend nacheinander auszuführen sind. Wenn dieser sequentielle Anteil zum Beispiel fünf Prozent des gesamten Programms ausmacht, dann kann auch bei einem Einsatz von tausenden von Prozessoren der Zeitgewinn nie mehr als einen Faktor zwanzig betragen.

Dieses Gesetz liefert vor allem ein Kriterium, um festzustellen, ob ein Algorithmus die Parallelisierung lohnt. Wenn der sequentielle Anteil hinreichend klein ist, dann kann es eben durchaus möglich werden, ein Programm von hundert Stunden auf wenige Minuten Laufzeit zu drücken — was viele technische Auswertungen erst sinnvoll macht –, oder von einigen Minuten auf Bruchteile von Sekunden — was Voraussetzung für graphische Simulationen in Echtzeit ist, etwa in Flugsimulatoren.

Es wäre aber völlig unangemessen, die Diskussion über Wert und Nutzen von Parallelität bloß auf erreichbare oder nicht erreichbare Beschleunigungsfaktoren auszurichten. Eine derart verengte Sichtweise ignoriert nämlich einen ganz wichtigen Aspekt, vielleicht sogar den wichtigsten überhaupt: Die Beschäftigung mit Parallelität lohnt sich aus methodischen Gründen. Denn es gibt — wie wir gleich noch sehen werden — zahlreiche Situationen, in denen eine parallele Lösung natürlicher zu formulieren ist als eine künstlich sequentialisierte.

12.2 Parallelität ist natürlicher als Sequentialität

Wenn diese These stimmt, wenn es also im allgemeinen näherliegend ist, Systeme in paralleler Architektur zu gestalten, weshalb dominiert dann in der Informatik das sequentielle Design? Die Antwort darauf ist vielschichtig:

Zum ersten ist die vermutete Dominanz der Sequentialität bei genauerem Hinsehen gar nicht vorhanden. Denn auf der Hardwareebene ist Parallelität schon immer dagewesen, angefangen von parallelen Leitungen über Paralleladdierer bis hin zur simultanen Arbeit von Ein-/Ausgabeprozessoren und zentralen Recheneinheiten. Das Vorherrschen sequentiellen Denkens betrifft also vor allem die Software.

In der Frühzeit der Programmierung gab es keine Mittel, um paralleles Design ausdrücken und dann auch noch effizient auf die Maschine umsetzen zu können. (Und wenn heute mit großem Aufwand hochparallele Supercomputer entwickelt werden, zu deren Programmierung FORTRAN dienen soll, dann zeigt das nur, daß diese Frühzeit noch lange nicht Geschichte geworden ist.)

Aber nicht nur die Implementierung von Parallelität machte lange Schwierigkeiten, auch im Bereich der theoretischen Fundierung und der Programmiermethodik hinkte die Entwicklung lange hinter den Fortschritten bei sequentiellem Design her. Es erwies sich zum Beispiel, daß Verifikationstechniken bei parallelen Programmen um Größenordnungen komplexer sind. Erst in letzter Zeit stabilisiert sich der Kenntnisstand auch in diesem Bereich so weit, daß fundierte Methoden der Parallelprogrammierung in absehbarer Zeit wohl verfügbar sein werden.

Aber auch dann wird das sequentielle Denken noch eine ganze Weile die Vorherrschaft behalten. Denn wir haben uns so schön daran gewöhnt ...

Im folgenden wollen wir an ein paar illustrativen Beispielen demonstrieren, wie naheliegend paralleles Denken bei vielen Anwendungen sein kann. Wir müssen bloß die „Schere in unserem Kopf" loswerden. Aus Platzgründen werden wir uns allerdings jeweils auf das Skizzieren der grundsätzlichen Ideen beschränken.

12.2.1 Das N-Körper-Problem und andere Simulationen

Im dreidimensionalen Raum seien N Körper gegeben, die sich gegenseitig anziehen. Im Falle $N=7$ sieht das zum Beispiel so aus:

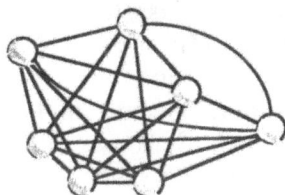

Die Dynamik des ganzen Systems läßt sich am einfachsten so simulieren, daß jeder Körper ein eigenes Objekt wird, und daß alle diese Objekte simultan ihre eigene Bewegung bestimmen. Dazu müssen sie mit den anderen die jeweiligen Positionen und Massen austauschen. Wir kommen somit auf folgendes Design:

Object $K[i\colon 1 \le i \le N]$
State var *masse: real,*
position: vector,
bewegung: vector;

Sig prc *SimulationsSchritt*

Defs def *SimulationsSchritt*
≡ ⟦ »tausche mit allen anderen Objekten
Position und Masse aus« ⟧;
»Berechne die wirksamen Kräfte und
die neue Position und Bewegung« .

Das Gesamtsystem besteht dann aus einer Schleife, in der bei jedem Durchlauf alle Objekte simultan ihren nächsten Schritt ausführen:

while ...

do ⟦ $K[i]$.*SimulationsSchritt* :: $1 \leq i \leq N$ ⟧ **od** .

Natürlich sind hier Optimierungen möglich. So werden im obigen Entwurf zum Beispiel die Kräfte, die zwischen je zwei Körpern wirken, von beiden berechnet. Also könnte man eine ausgefeiltere Strategie entwickeln, nach der jeder Körper nur die Hälfte der auf ihn wirkenden Kräfte selbst berechnen muß, während er die übrigen von seinen Partnern geliefert bekommt. Und so weiter.

Das hier beschriebene Szenarium läßt sich als ein Problem der Datenparallelität verstehen, es läßt sich aber auch als ein Problem der Algorithmenparallelität behandeln. Letzteres wird sofort klar, wenn wir das Szenarium ein bißchen ändern. So können wir zum Beispiel neben der Anziehung auch Abstoßung mit einbeziehen (etwa bei elektrischen Teilchen). Auch individuelle Beschleunigung von Körpern sowie Massenänderung sind möglich (etwa bei Raumschiffen). Sogar chaotische Störungen des Gesamtsystems lassen sich durch spezielle Zufallsprozesse modellieren. Mit anderen Worten, die Methoden der einzelnen Objekte sind beliebig variierbar.

Auch die Kommunikation muß nicht rhythmisch in einem einheitlichen Zeittakt ablaufen. Es könnte auch jedes Objekt mit seiner eigenen, individuellen Iteration ausgestattet sein. Das würde man zum Beispiel in der Simulation eines sozialen oder ökonomischen Systems machen — etwa bei der Modellierung von Börsenentwicklungen, wo die einzelnen Objekte individuelle Kaufs- und Verkaufsstrategien nachbilden.

12.2.2 Graphische Darstellungen

Es ist gar nicht so einfach, ein hübsches Programm zu schreiben, das graphische Darstellungen wie

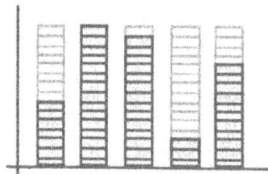

266

erzeugt. Hier soll der Maximalwert genau eine vorgegebene Höhe haben, und alle anderen Werte sollen proportional dazu ausgerichtet werden.

Wir können hier jeden Punkt — oder vielleicht besser jeden Strich — in den einzelnen Balken zu einem eigenen Objekt ernennen. Dieses Objekt führt dann im wesentlichen die folgende Rechnung durch:

...

if   myPoint $\leq$ myVal÷maxVal   **then**   paintBlack
                                   else   paintWhite **fi**;

...

Jetzt entscheidet jedes Objekt selbst über seine Farbe. Die benötigten Werte *maxVal* und *myVal* sind entweder gemeinsame Variablen oder müssen durch Kommunikation beschafft werden.

Ähnliche Anwendungen ergeben sich bei den berühmten Tabellen-kalkulations-Programmen. Hier werden gewisse Felder vom Benutzer eingegeben, zum Beispiel die verkaufte Stückzahl und der Einzelpreis, und die anderen Werte werden entsprechend ausgerechnet, zum Beispiel Umsatz, Mehrwertsteuer und Nettoertrag.

Hier bringt das objektorientierte Design einen ganz entscheidenden Strukturgewinn für die Programmierung. Dieser Gewinn wird durch die Aufhebung des Sequentialisierungszwangs noch vergrößert.

12.2.3 Steuerung technischer Prozesse

Bei der Steuerung technischer Prozesse liegt die Parallelisierung allein schon deshalb nahe, weil die Prozesse selbst simultan ablaufen und oft sogar noch die notwendigen Berechnungen auf verschiedenen Computern ablaufen.

Betrachten wir zum Beispiel ein simples Fließband:

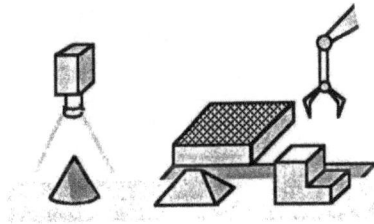

Eine Kamera erkennt die herangebrachten Werkstücke; das ist so kompliziert, daß dafür ein eigener Rechner gebraucht wird. Für jedes Werkstück müssen passende Materialien (Schrauben etc.) bereitgestellt werden; auch das übernimmt ein eigener Rechner, der dazu mit der Lagerhaltung verbunden ist (wegen der automatischen Neubestellung). Schließlich führt ein Roboter die Montage durch — natürlich unter

Steuerung eines Rechners. Und weil es sich um einen echten Fließbandbetrieb handelt, arbeiten alle Stationen gleichzeitig.

12.2.4 Suchen in Bäumen

Wenn wir in einem großen Datenraum suchen müssen, wenden wir häufig eine *Divide-and-conquer*-Strategie an. Dieses Prinzip zeigt sich am elementarsten bei Binärbäumen (siehe Kapitel 11.4). Wenn der betrachtete Knoten nicht den gesuchten Wert enthält, suchen wir sowohl im linken als auch im rechten Unterbaum weiter. Nun gibt es beim besten Willen keinen Grund, weshalb einer dieser Bäume Vorrang vor dem anderen haben sollte. Also traversieren wir beide parallel:

$$\textbf{def } Search(x, t)$$
$$\equiv \textbf{ if } \quad val(t) \neq x$$
$$\textbf{then } \quad [\![\; Search(x, left(t)) \parallel Search(x, right(t)) \;]\!]$$
$$\textbf{else } \quad \ldots$$

Aber wir dürfen nicht die Komplikationen übersehen. Zunächst einmal sollten wir dafür sorgen, daß alle Prozesse zu arbeiten aufhören, sobald einer erfolgreich war. Das erreicht man ganz einfach durch eine gemeinsame Variable *gefunden*, die der erfolgreiche Prozeß auf *true* setzt. Alle Prozesse inspizieren diese Variable regelmäßig und hören auf, sobald sie gesetzt ist.

Schwieriger wird die Sache schon, wenn der Baum nicht fest bleibt, sondern Änderungen unterworfen ist. In Kapitel 11.4.3 hatten wir die sogenannten AVL-Bäume kennengelernt, die so ausbalanciert sind, daß die Suchpfade kurz bleiben. Beim Einfügen neuer Knoten werden dann unter Umständen Justierungen der folgenden Art nötig:

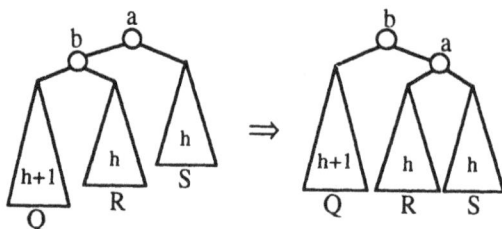

Offensichtlich wäre es katastrophal, wenn hier ein Prozeß gerade die Rotation vornimmt, während ein anderer gerade auf *a* sitzt und dem linken Zweig über *b* nach *Q* folgen will. Noch dramatischer wird es, wenn zwei Prozesse gleichzeitig die Rotation ausführen wollen.

Als Ausweg „sperrt" man Knoten, die gerade instabil sind. Wir können zum Beispiel festlegen, daß unbenutzte Knoten weiß sind. Ein lesender Prozeß färbt seinen Knoten grün, ein modifizierender Prozeß färbt die instabilen Knoten rot — im obigen Beispiel also die Knoten *a* und *b*. Allerdings können im allgemeinen nur weiße Knoten gefärbt werden; die einzige Ausnahme sind „mehrfach grün gefärbte" Knoten: Denn lesende Prozesse stören sich ja gegenseitig nicht.

Allerdings muß man gut aufpassen; in dem Problem sind noch vielfältige Fallstricke verborgen. So muß eine Rotfärbung auf allen beteiligten Knoten möglich sein oder ganz unterbleiben. Denn nehmen wir einmal an, im obigen Beispiel sitzt auf *a* ein lesender Prozeß, der nach *b* weiter möchte. Gleichzeitig hat ein schreibender Prozeß sich bereits den Zugriff auf *b* gesichert. Dann ist *a* grün und *b* rot, und keiner von beiden kann sich mehr umfärben. In dieser Situation muß die Rotfärbung von *b* zurückgenommen werden.

Das soll zur Illustration genügen. Der Vollständigkeit halber sei jedoch darauf hingewiesen, daß unser Entwurf tatsächlich noch eine dritte Sperrfarbe bräuchte, um auch die anderen Justierungen abzusichern, die bei AVL-Bäumen vorkommen. Außerdem läßt sich dieses Verfahren nicht auf das Entfernen von Knoten erweitern (siehe [8]).

Es scheint also, daß die Parallelität überall lauert. Vielleicht sehen wir sie nur deshalb so schwer, weil wir in unserem eigenen Denken immer brav eins nach dem anderen abhandeln. Und diese Beschränkung projizieren wir dann auf unsere Programme.

12.3 Beispiel: Parallele Matrixmultiplikation

Wir wollen nicht jedes Konzept mit einer anderen Anwendung illustrieren, sondern ein durchgängiges Beispiel unter verschiedenen Gesichtspunkten betrachten. Dazu wählen wir ein Problem, das in die Klasse der *Datenparallelität* fällt. (Solche Probleme lassen sich meist auch mit Techniken der Algorithmenparallelität lösen, ihre Ausführung ist dann allerdings im allgemeinen weniger effizient.)

Die Addition von Vektoren oder die Multiplikation von Vektoren mit Skalaren bieten ganz elementare Möglichkeiten zur Parallelisierung, die man beim Programmieren sofort erkennt. Im allgemeinen verlangt das Schreiben paralleler Algorithmen aber ein bißchen mehr Phantasie, wie schon das folgende — immer noch ganz simple — Beispiel andeutet: die parallele Berechnung des Produkts zweier Matrizen

$$C \leftarrow A \times B.$$

Zur einfacheren Darstellung beschränken wir uns auf $n \times n$-Matrizen.

Die Grundidee bei solchen Matrixoperationen besteht darin, für jede Komponente der Ergebnismatrix C ein eigenes Objekt $K_{i,j}$ zur Berechnung zu verwenden.

12.3.1 Matrixprodukt: Variante 1

Ohne viel Phantasie kommt man schnell auf den Algorithmus, bei dem das Objekt $K_{i,j}$ einfach das Skalarprodukt der i-ten Zeile von A und der j-ten Spalte von B berechnet:

Object $K[i, j : 1 \le i \le n, 1 \le j \le n]$
State var *wert* : *real*
Sig   prc *mult*
Defs   def *mult* $\equiv$ *wert* $\leftarrow$ 0.0;
                                         for $k \in \{1..n\}$
                                         do *wert* $\leftarrow$ *wert* $+ A[i, k] * B[k, j]$ **od**;
                                         $C[i, j] \leftarrow$ *wert*
EndObject

Das Gesamtprogramm besteht dann einfach aus der parallelen Aktivierung all dieser Objekte:

$\llbracket K[i, j].mult :: 1 \le i \le n, 1 \le j \le n \rrbracket$

Dieses Programm bewirkt eine ziemlich ungeordnete und somit konfliktträchtige Beschaffung der Elemente von A und B. Dies führt bei der technischen Umsetzung zu einer Reihe von Problemen, die wir später noch diskutieren müssen. $\qquad\qquad\qquad\qquad\qquad\qquad$ $\square$

12.3.2 Matrixprodukt: Variante 2

Jetzt wollen wir die Beschaffung der Elemente von A und B etwas systematischer angehen: Wir ordnen (zumindest konzeptuell) die Objekte $K_{i,j}$ selbst matrixförmig an und verteilen zu Anfang sowohl die Elemente von A als auch die von B geeignet auf die Objekte $K_{i,j}$ (s. unten). Dann organisieren wir einen Datenfluß, bei dem die Zeilen von A zyklisch von links nach rechts und die Spalten von B zyklisch von oben nach unten durch die Objekte durchgereicht werden. Graphisch läßt sich dieses Design also so illustrieren:

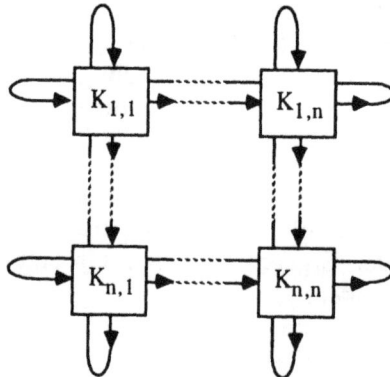

Variante 2a: Die Multiplikation sieht nun bei den einzelnen Objekten $K_{i,j}$ wie folgt aus, wobei a und b zwei weitere Hilfsvariablen im Zustandsraum des jeweiligen Objektes sind:

def *mult* ≡ ...

    for $k \in \{1..n\}$
    do ⟦ *links?a* ‖ *oben?b* ⟧;
        wert ← *wert* + $(a*b)$;
        ⟦ *rechts!a* ‖ *unten!b* ⟧
    od;

Dabei steht *links* für $K_{i,j-1}$, *oben* für $K_{i-1,j}$ und so weiter, mit den entsprechenden Modifikationen an den Rändern, wo etwa für $K_{1,1}$ gilt *links*=$K_{1,n}$ etc.

Die Anfangsbelegung muß natürlich so erfolgen, daß bei den späteren zyklischen Verschiebungen jeweils die passenden Elemente zusammenkommen. Im Beispiel von 3×3-Matrizen sieht das dann so aus:

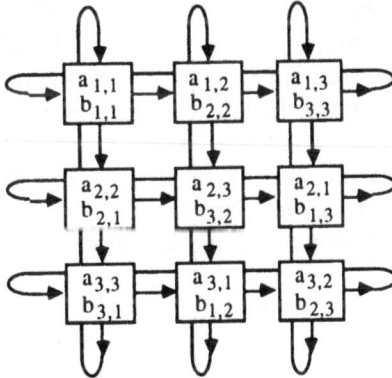

Auch hier besteht das Gesamtprogramm aus der parallelen Aktivierung aller Objekte:

⟦ $K[i, j]$. *mult* :: $1 \leq i \leq n$, $1 \leq j \leq n$ ⟧

Bei diesem Programm rechnet jedes Objekt nach seinem individuellen Rhythmus das gesamte Skalarprodukt „seiner" Zeile und Spalte aus. Und das führt natürlich zu Problemen bei der Organisation des Datenflusses: Was passiert zum Beispiel, wenn die Matrixelemente von links und oben schneller angeliefert werden als die Agenten sie verarbeiten können? Darauf kommen wir später nochmal zurück.

Variante 2b: Diese Unannehmlichkeiten können wir vermeiden, wenn wir alle Objekte streng *synchron* arbeiten lassen, also in einem gemeinsamen, von außen vorgegebenen Arbeitstakt. Programmiertechnisch erreichen wir das, indem wir die individuellen Schleifen aus den Objektmethoden herausziehen und statt dessen eine einzige globale Schleife einführen:

for $k \in \{1..n\}$
do $[\![$ $K[i, j].mult$ :: $1 \leq i \leq n$, $1 \leq j \leq n$ $]\!]$ **od**

Dann umfaßt bei den einzelnen Objekten $K_{i,j}$ die Methode *mult* jeweils nur noch einen Einzelschritt:

def *mult* $\equiv$ $[\![$ *links?a* $\|$ *oben?b* $]\!]$;
$\qquad\qquad$ *wert* $\leftarrow$ *wert* $+ (a*b)$;
$\qquad\qquad$ $[\![$ *rechts!a* $\|$ *unten!b* $]\!]$

Und jeder solche Multiplikationsschritt wird jetzt von allen Komponenten synchron ausgeführt. $\qquad\qquad\qquad\qquad\qquad$ □

Übrigens: Dieses Verfahren funktioniert natürlich nur, weil die Addition kommutativ und assoziativ ist.

12.3.3 Matrixprodukt: Variante 3

Im vorigen Beispiel müssen sich die einzelnen Objekte zu Beginn der Multiplikation je ein geeignetes Element aus den Matrizen A und B beschaffen. Obwohl dabei nie zwei Objekte dasselbe Element benötigen, können bei der technischen Umsetzung doch zeitraubende Behinderungen entstehen. Deshalb ist es interessant, die Beschaffung der Matrixelemente noch besser in den Algorithmus zu integrieren.

Wir lassen die zyklische Rückführung weg und bringen statt dessen vom linken Rand her die Zeilen von A und vom oberen Rand her die Spalten von B als Datenströme herein (was durch zusätzliche Objekte erledigt werden kann). Wir arbeiten also mit dem folgenden Design:

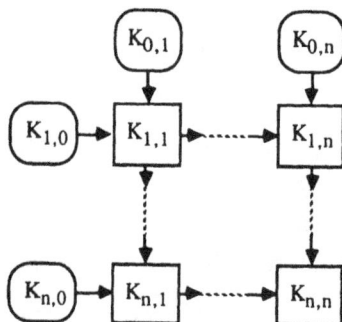

Wir illustrieren die Arbeitsweise dieses Verfahrens anhand der Multiplikation der beiden 2×2-Matrizen

$$\begin{bmatrix} a & b \\ c & d \end{bmatrix} \times \begin{bmatrix} e & f \\ g & h \end{bmatrix}$$

Am Anfang haben wir folgende Ausgangssituation (wobei die '0'-Argumente zur korrekten Synchronisation des Verfahrens benötigt werden.)

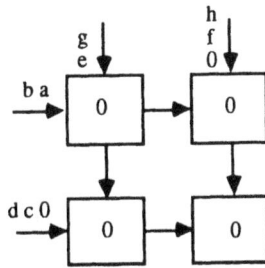

Die Berechnung des Produkts erfolgt dann in vier Schritten:

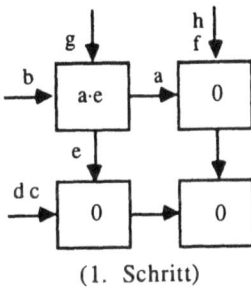

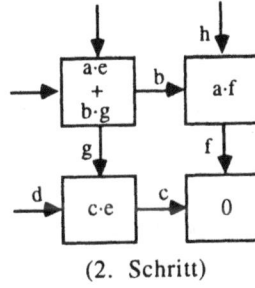

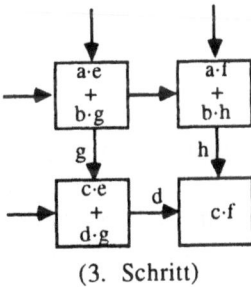

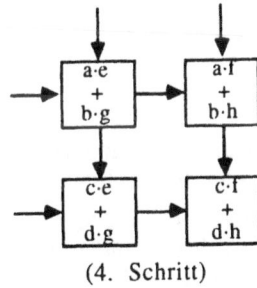

(1. Schritt) (2. Schritt)

(3. Schritt) (4. Schritt)

Bei diesen Bildern haben wir die zusätzlich benötigten Komponenten am linken und oberen Rand der Matrix weggelassen, die die Zeilen beziehungsweise Spalten der beiden Eingabematrizen liefern. Analog sollten wir aus Gründen der Homogenität auch am rechten und unteren Rand die Elemente durchschieben und sie durch zusätzliche Komponenten absorbieren.

Variante 3a: Das Gesamtsystem umfaßt jetzt neben den eigentlichen Objekten zur Berechnung der Ergebnismatrix auch noch die Randkomponenten zum Beschaffen bzw. Absorbieren der Elemente von *A* und *B*:

⟦ $K[i, j].mult$ :: $0 \leq i \leq n+1$, $0 \leq j \leq n+1$ ⟧

Die Prozedur *mult* der inneren Komponenten ist bei dieser Lösung nahezu identisch zur vorigen Variante; Unterschiede sind lediglich die Vorbesetzung der lokalen Variablen *a* und *b* mit 0 sowie die doppelte

273

Zahl von Schleifendurchläufen (die als Preis für die konfliktfreien Matrixzugriffe zu zahlen ist).

def *mult* ≡ *a, b* ← 0.0, 0.0;
      for *k* ∈ {1..2*n*}
        do ⟦ *links?a* ‖ *oben?b* ⟧;
           wert ← *wert* + (*a∗b*);
        ⟦ *rechts!a* ‖ *unten!b* ⟧
      od;

Für die Randkomponenten sieht die Methode *mult* natürlich anders aus. (Beachte, daß der objektorientierte Ansatz uns diese Art von Flexibilität problemlos gestattet.)

Variante 3b: Auch hier können wir natürlich wieder zu einem getakteten Arbeitsrhythmus aller Objekte übergehen, indem wir die individuellen Schleifen zu einer einzigen globalen Schleife zusammenfassen:

    for *k* ∈ {1..2*n*}
    do ⟦ *K[i, j].* *mult* :: 0≤*i*≤*n*+1, 0≤*j*≤*n*+1 ⟧ **od**.

Damit reduzieren sich die *mult*-Operationen der einzelnen (inneren) Objekte jeweils auf Einzelschritte:

def *mult* ≡ ⟦ *links?a* ‖ *oben?b* ⟧;
      wert ← *wert* + (*a∗b*);
      ⟦ *rechts!a* ‖ *unten!b* ⟧

Auch diese Lösung wirft eine Reihe von Fragen auf, die wir gleich noch eingehender studieren müssen. □

Diese Beispiele zeigen trotz ihrer Simplizität bereits deutlich, um wieviel komplexer und variantenreicher paralleles Programmieren ist als sequentielles.

12.4 Kommunikation

Wenn mehrere Agenten bei der Lösung eines Problems kooperieren, dann müssen sie sich von Zeit zu Zeit abstimmen. Das kann dadurch geschehen, daß sie miteinander **kommunizieren**, also Werte austauschen. Wir hatten dazu bereits folgende Notation eingeführt:

Senden an *P*:   *P!a*
Empfangen von *Q*:   *Q?x*

So simpel dieses Konzept auf den ersten Blick auch aussehen mag, seine Semantik birgt doch einige Tücken.

12.4.1 Streng und lose gekoppelte Kommunikation

Wir betrachten wieder die Matrixmultiplikation aus Kapitel 12.3.3. Zur Erinnerung: Alle Objekte $K_{i,j}$ führen simultan die folgende

Operation aus, wobei die Bezeichnungen *links, rechts* etc. für die Objekte $K_{i,j-1}$, $K_{i,j+1}$ etc. stehen:

```
def mult  ≡ a, b ← 0.0, 0.0;
              for k ∈ {1..2n}
              do ⟦ links?a ‖ oben?b ⟧;
                 wert ← wert + (a*b);
                 ⟦ rechts!a ‖ unten!b ⟧ od.
```

Betrachten wir nun ein Objekt K und seinen rechten Nachbarn K':

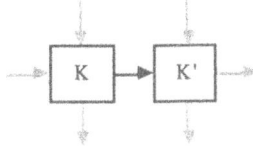

Wenn wir annehmen, daß K doppelt so schnell arbeitet wie K', dann werden die Elemente doppelt so schnell durchgereicht, wie K' sie verdauen kann. Nachdem aber der Empfänger nicht einfach die Hälfte der Werte verlieren darf, bleiben nur zwei Lösungen:

- Auf der Verbindungsleitung „stauen" sich die Werte, bis sie jeweils abgearbeitet werden. Mit anderen Worten, der so harmlos aussehende Pfeil von K nach K' erweist sich als *Warteschlange mit unbeschränkter Kapazität*; denn wir wissen im allgemeinen ja nicht, wie viele Elemente kommen können. In diesem Fall sprechen wir von einer *lose gekoppelten Kommunikation* oder auch von *asynchroner Kommunikation*.

- Das Objekt K kann nur senden, wenn der Partner K' in der Lage ist zu empfangen. Senden und Empfangen werden also zu einer einzigen Aktion synchronisiert, die als *Rendezvous* bezeichnet wird. Wir sprechen dann von einer *streng gekoppelten Kommunikation*.

Es ist klar, daß ein Konzept wie die lose gekoppelte Kommunikation nicht einfach zu implementieren ist. Dafür erleichtert es im allgemeinen den Programmentwurf beträchtlich. Die Situation ändert sich aber drastisch, wenn die Puffer — was in der Praxis üblich ist — *beschränkte* Kapazität haben. Dann treten die gleichen prinzipiellen Probleme auf wie bei der streng gekoppelten Kommunikation — und das sogar in einer programmiertechnisch komplexeren Form. Denn man muß jetzt immer berücksichtigen, ob die Puffer leer sind, teilweise gefüllt oder ganz voll. Das Rendezvous dagegen ist letztlich gleichwertig zu einer ganz simplen Zuweisung.

Die streng gekoppelte Kommunikation verlangt also dem Programmierer von vornherein mehr Sorgfalt ab, ist aber aus Implementierungssicht realistischer. Im folgenden wollen wir daher *Konsequenzen der Rendezvous-Technik* etwas näher studieren[1].

Wie subtil das Ganze ist, zeigt sich schon an unserem Matrixbeispiel. In unserem obigen Design kann jedes Objekt entweder senden oder empfangen, aber nicht beides gleichzeitig. Folglich können nicht alle Werte simultan eine Stufe weitergereicht werden, sondern bestenfalls in ganz eigenartigen „Wellen" durch die Matrix hindurch. Das folgende Bild zeigt einen Schnappschuß der linken oberen Ecke (mit *s=Senden*, *e=Empfangen* und **=Nichtstun*):

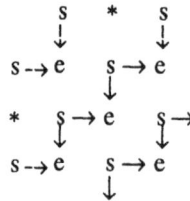

$$
\begin{array}{ccc}
s & * & s \\
\downarrow & & \downarrow \\
s \rightarrow e & s \rightarrow e & \\
 & & \downarrow \\
* & s \rightarrow e & s \rightarrow \\
\downarrow & & \downarrow \\
s \rightarrow e & s \rightarrow e & \\
 & & \downarrow
\end{array}
$$

Natürlich werden wegen der Asynchronität im allgemeinen keine so schönen Wellen entstehen, sondern beliebig chaotische Muster, die letztlich zu größeren Verzögerungen führen. Wenn wir größtmögliche Parallelität erreichen wollen, muß der *mult*-Algorithmus verfeinert werden:

> **def** *mult* ≡ *a, b, x, y* ← 0.0, 0.0, 0.0, 0.0;
> **for** $k \in \{1..2n\}$ **do**
> 〚 *links?a* ‖ *oben?b* ‖ *rechts!x* ‖ *unten!y* 〛;
> *x, y, wert* ← *a, b, wert*+(*a**b);
> **od**.

(Die Randkomponenten müssen entsprechend angepaßt werden.)

Der Effekt dieser Modifikation ist verblüffend: *Jetzt wird die gesamte Verarbeitung total getaktet!* Denn ein Objekt kann nur senden, wenn seine Nachbarn empfangsbereit sind. Dazu müssen diese aber auch ihrerseits senden. Folglich senden/empfangen entweder alle Objekte oder gar keines.

12.4.2 Ausgewählte Kommunikation

Um mit der Rendezvous-Technik erfolgreich umgehen zu können, müssen wir auch unser Sprachrepertoire erweitern. In vielen Situationen ist nämlich nicht vorhersagbar, ob ein Partner zur Kommunikation gefunden werden kann, und wenn ja, welcher es sein wird.

---

[1] Wir tun das nicht etwa, weil Ada eine Variante dieses Prinzips benutzt, sondern weil es, wie neben anderen Hoare sehr schön demonstriert (vgl. [4]), fundamental für das Verständnis von Parallelität ist.

In einigen Sprachen (wie zum Beispiel CSP oder OCCAM) wird deshalb die bedingte Anweisung (siehe Kapitel 7.2.6) so erweitert, daß neben normalen Booleschen Ausdrücken auch Kommunikationsbereitschaft geprüft werden darf. Wir beschränken uns hier auf eine vereinfachte Form dieser Konstruktion, nämlich eine *„umgebungsabhängige Auswahl"*, die wir notieren wie in folgendem Beispiel:

$$[P?x; \ldots \square \ Q!a; \ldots]$$

Alle Zweige beginnen mit einem Kommunikationswunsch (Senden oder Empfangen), und es wird derjenige ausgewählt, dessen Partner tatsächlich zum Rendezvous bereit ist. Falls mehrere bereit sind, erfolgt die Auswahl willkürlich. Ansonsten muß der Prozeß warten, bis eine der Kommunikationen möglich wird.

Beispiel: Die folgende Idee zur Bestimmung der ersten n Primzahlen geht auf D. Gries zurück: Wir verwenden Agenten $P_1, \ldots, P_n$. Jeder Agent P_i soll den Strom aller Primzahlen ab der i-ten liefern. Als Eingabe erhält er dazu einen Strom von Zahlen, aus dem alle Vielfachen der ersten i-1 Primzahlen bereits herausgefiltert sind:

Object $P[i: 1 \leq i \leq n]$

...

def *primes* $\equiv$ *Pred*?p;	(a)
Pred!p;	(a)
until «ende»	(b)
do [*Pred*?x; **if** $\neg(p$ teilt $x)$ **then** *Succ*!x **fi**	(c)
$\square$ *Succ*?q; *Pred*!q	(d)
]	
od .	

Hier steht *Pred* für den Vorgänger P_{i-1} und entsprechend *Succ* für den Nachfolger P_{i+1}. Die einzelnen Aktionen bewirken dabei folgendes:
(a) Die erste empfangene Zahl ist definitionsgemäß die i-te Primzahl; sie wird daher sofort an *Pred* zurückgereicht.
(b) Das Verfahren endet, wenn alle n Primzahlen gefunden sind; wie das genau festgestellt wird, soll uns hier nicht weiter interessieren.
Nun gibt es zwei Möglichkeiten:
(c) Wir können vom Vorgänger die nächste Zahl holen und sie an den Nachfolger durchreichen, sofern sie nicht durch „unsere" Primzahl p teilbar ist. (Ansonsten wird die Zahl einfach weggeworfen.)
(d) Wir können vom Nachfolger die nächste gefundene (Prim-)Zahl übernehmen und nach vorne durchreichen.
Der interessierte Leser sollte versuchen, das System um die beiden fehlenden Prozesse P_0 und P_{n+1} zu ergänzen. Der erste versorgt die Kette mit hinreichend vielen Zahlen, und der zweite stellt fest, wann die n-te Primzahl gefunden ist, und stoppt dann die ganze Arbeit. $\square$

12.4.3 Faire und verklemmte Prozesse

1. Bei sequentiellen Programmen kann man im wesentlichen zwei Arten von Fehlern machen: Undefinierte Operationen und Nichtterminierung. Bei parallelen Programmen begegnen wir Fehlern der dritten Art: *Verklemmungen.*

Wie leicht so etwas geht, zeigt das folgende kleine Beispiel:

$$[\![\, P\colon Q?x; \dots \,\|\, Q\colon P?y; \dots \,]\!]\,.$$

Jeder der beiden Prozesse möchte gern vom anderen einen Wert empfangen, aber keiner sendet.

Eine *Verklemmung* liegt also vor, wenn Prozesse auf Ereignisse warten, die nicht mehr eintreten können. Im allgemeinen tritt diese Situation aber nicht so offensichtlich zutage wie im obigen Beispiel, sondern steckt tief verborgen in einem komplexen Programmsystem. Hier hilft letztlich nur eine Analyse der möglichen dynamischen Abhängigkeiten zwischen den einzelnen Prozessen[1].

2. Aber auch Systeme, die frei von Verklemmungen sind, können noch Probleme haben, zum Beispiel dann, wenn sie *unfair* sind. Betrachten wir wieder ein kleines Beispiel:

$$[\![\, P\colon \dots [\,Q!a \,\square\, R!a\,] \dots \,\|\, Q\colon \dots P?x \dots \,\|\, R\colon \dots P?y \dots \,]\!]\,.$$

Nehmen wir an, daß P, Q und R iterative Programme sind, die immer wieder die angegebenen Kommunikationswünsche haben. Dann könnte P zum Beispiel den Prozeß R *aushungern*, indem es sich immer nur für die Kommunikation mit Q entscheidet.

Wir könnten daher verlangen, daß der Auswahloperator *fair* ist; das heißt, kein Zweig, der kommunizieren kann, darf beliebig oft übergangen werden. (Diese Formulierung ist bewußt vage gehalten; in der Literatur gibt es nämlich eine ganze Reihe von Fairnessbegriffen, die sich auf subtile Weise unterscheiden.)

Es gibt einen langen Disput darüber, ob Fairness ein echtes Problem ist oder nicht. Hoare argumentiert gegen eine grundsätzliche Fairness-Annahme. Denn erstens würde eine solche Forderung die Implementierung des Auswahloperators unverhältnismäßig schwer machen. Und zweitens sollte der Programmierer ein wohldurchdachtes Design gestalten, dessen Funktionieren nicht von schwer durchschaubaren und impliziten Annahmen abhängt. Dem halten andere entgegen, daß gerade durch den Zwang zur explizit programmierten Fairness viele Algorithmen ihr klares Design verlieren. Eine dritte Gruppe bestreitet, daß Fairness überhaupt ein Thema sei; die Gesetze

---

[1] Ein bekanntes Werkzeug für solche Analysen sind die sogenannten *Petri-Netze* (siehe [9]).

der Wahrscheinlichkeitsrechnung würden die Probleme nämlich faktisch von selbst erledigen.

In der Praxis treten an die Stelle derart globaler Fairness-Kriterien ohnehin meistens klare Prioritätsregelungen. Auch ist eine Aussage der Art „Irgendwann kommt der Prozeß mit Sicherheit zum Zuge" im allgemeinen nicht tolerierbar. Die Forderung lautet vielmehr: „Spätestens bis ... muß der Prozeß seine Aufgabe erledigt haben." Um das zu erreichen, gibt man feste Zeitschranken vor (Timeout) und versieht die Prozesse mit „Prioritäten". Das führt dann in das weite Feld der *Scheduling*-Strategien, auf die wir hier aber nicht weiter eingehen können (siehe [3]).

... und dann war da noch die berühmte Anekdote von der Demontage eines altgedienten Rechners: Kurz vor dem endgültigen Abschalten startete plötzlich ein rätselhafter neuer Prozeß. Der war Jahre vorher initiiert worden, doch man hatte ihm nur eine so kleine Priorität gegönnt, daß er erst jetzt zum Zuge kam.

Unsere Beispiele können nur andeuten, in welcher Vielfalt hier diffizilste Probleme lauern, die seit Jahren schon Scharen von Theoretikern in kontinuierlicher Begeisterung halten. Eine weitergehende Erörterung würde den Rahmen unserer Einführung sprengen; deshalb verweisen wir auf die Literatur, vor allem auf [1] und [4].

12.4.4 Applikative Kommunikation

Ein so wichtiges Konzept wie die Kommunikation sollte sich auch in modernen applikativen Sprachen wiederfinden. Sogenannte **stromverarbeitende Funktionen** (engl.: *stream-processing functions*) liefern dazu die Basis.

Ströme sind potentiell unendliche Sequenzen[1], wobei wir insbesondere den leeren Strom '$\langle\rangle$', die Konkatenation '$+\!\!+$', den Zugriff auf das erste Element mit '*first*' und die Bildung des Reststroms mit '*rest*' benötigen.

Beispiel: Das Primzahlproblem läßt sich in diesem Rahmen folgendermaßen formulieren:

> **def** P_i (*inStream*)
> $\equiv$ **if** *inStream* $= \langle\rangle$ **then** $\langle\rangle$
> $\square$ *inStream* $\neq \langle\rangle$ **then let** $p \equiv first(inStream)$ **in**
> $p +\!\!+ P_{i+1}(\, Filter(p, inStream) \,)$
> **fi** .

---

[1] Siehe Kapitel 10.1. Die Hinzunahme „unendlicher" Sequenzen verlangt allerdings erhebliche Arbeit bei der theoretischen Fundierung, worauf wir hier aber nicht weiter eingehen können (siehe auch Kapitel 6.2).

Die Funktion *Filter* eliminiert dabei alle Vielfachen von *p* aus dem gegebenen Strom. P_0 liefert als Anfangsstrom alle natürlichen Zahlen ab '2', und P_n liefert nur noch seine Primzahl ab, ohne eine weitere Funktion aufzurufen. □

Zur Berechnung von stromverarbeitenden Funktionen müssen wir auf eine *bedarfsgesteuerte Auswertung* umsteigen (engl.: *demand-driven evaluation* oder auch *lazy evaluation*). Das bedeutet, daß eine Funktion nicht ihren ganzen Ausgabestrom produzieren darf (was ja bei unendlichen Strömen arg lange dauern würde), um diesen dann der nächsten Funktion als Argument zu übergeben. Vielmehr wird der Strom Element für Element produziert, und zwar jeweils dann, wenn die Folgefunktion einen neuen Wert (mittels *first*) verlangt.

Der erfahrene Informatiker entdeckt hinter dieser operationellen Implementierung natürlich sofort den engen Bezug zum Senden und Empfangen von Nachrichten. Das zeigt, daß, wie so oft, die applikative Sichtweise einen höheren Abstraktionsgrad bietet als die imperative.

Allerdings kann die Abstraktion auch zu weit gehen. Denn stromverarbeitende Funktionen sind eine Spezifikation von Prozessen mit lose gekoppelter Kommunikation. Einige Fragen der detaillierten Abstimmung bei streng gekoppelter Kommunikation lassen sich auf der Stromebene gar nicht mehr ausdrücken, so daß unter Umständen wesentliche Designaspekte offen bleiben müssen. Außerdem gibt es auch Beispiele, in denen die applikative Stromversion unlesbarer ist als das imperative Kommunikationsprogramm.

Dieser ganze Bereich ist aber heute Gegenstand intensiver Forschung, so daß wir mit gespannter Erwartung neuen Erkenntnissen entgegenblicken dürfen.

12.4.5 Remote Procedure Call

In vielen Anwendungen stoßen wir auf eine *Dienstleistungs-Situation*: Ein Prozeß, der *Klient*, benötigt eine Dienstleistung, die ein anderer Prozeß, der *Anbieter*, erbringen kann. (Man spricht auch von *Client-Server*-Beziehung.) Ein typisches Beispiel ist etwa die Aufbereitung eines Bildes durch einen graphischen Coprozessor.

Diese Situation führt auf vier Kommunikationsaktionen: Auf der Klientenseite das Senden einer Anfrage und das Empfangen der Antwort, auf der Anbieterseite das Empfangen der Anfrage und das Senden der Antwort. Und weil dieses Muster immer das gleiche ist, liegt es nahe, dafür ein spezielles Ausdrucksmittel vorzusehen.

Deshalb wird in einigen experimentellen Sprachen der sogenannte *Prozedurfernaufruf* (engl.: **remote procedure call**) vorgeschlagen. Man schreibt ihn im Programm wie einen ganz gewöhnlichen Prozeduraufruf, aber in Wirklichkeit findet eine Kommunikation nach dem *Client-Server*-Schema statt. Fernaufrufe sind also eine „aktionsorientierte" Form der Kommunikation, die letztlich auf die übliche datenorientierte Kommunikation abgebildet wird (vgl. [3]).

An dieser Idee ist für viele Programmierer verlockend, daß man es nur mit altbekannten Sprachmitteln zu tun hat und sich keine neuen Konzepte aneignen muß. Genau daran setzt aber auch die Kritik an: Es gibt nämlich nichts Schlimmeres, als wenn gänzlich unterschiedliche Dinge im gleichen Gewand einherkommen. Und der Fernaufruf betrifft eben keine gewöhnliche Prozedur, sondern ist mit allen Problemen der Kommunikation behaftet, angefangen von Fairness bis hin zur Verklemmung. Und Probleme dieses Kalibers sollte man nicht hinter gefälligen Notationen verbergen.

12.4.6 „Kuck mal, wer da spricht"

Nachrichten haben einen Sender und einen Empfänger. Was den Sender anbelangt, kann's da wohl keine große Debatte geben. Wie steht's aber mit dem Empfänger? Warum sollte es nicht möglich sein, eine Nachricht an viele Interessenten zu schicken?

1. Wir können unsere Notation problemlos so erweitern, daß Nachrichten an mehr als einen Empfänger gerichtet werden oder von mehr als einem Sender erwartet werden:

$$\{P_1, \ldots, P_k\} \, ! \, a$$
$$\{Q_1, \ldots, Q_n\} \, ? \, x$$

Als naheliegende Erweiterung dieser Idee können natürlich beliebige Empfänger oder Sender zugelassen werden, was wir etwa so notieren könnten:

$$* \, ! \, a$$
$$* \, ? \, x$$

Zwei besondere Aspekte müssen wir in diesem Zusammenhang berücksichtigen:

- Beim Empfangen tritt das Problem auf, daß wir im allgemeinen eine Antwort zurücksenden müssen. Dazu muß erkennbar sein, wer die Nachricht geschickt hat.
- Beim Senden gibt es noch eine Variante: Die Nachricht soll nicht nur an einen (wenn auch beliebigen) Partner geschickt werden, sondern an viele; man spricht dann von *Multicasting*. *Broadcasting* liegt vor, wenn die Nachricht sogar an alle anderen Prozesse gesandt wird.

2. Weitere Flexibilität kann gewonnen werden, wenn man zur Benennung der Adressaten nicht die Prozeßnamen selbst heranzieht, sondern eine weitere Indirektionsstufe einbaut, sogenannte *Kanäle* oder *Ports*. (Im Kontext der stromverarbeitenden Funktionen entsprechen diese Kanäle den Stromnamen.)

Die Situation entspricht dann dem Telefonieren: Man wählt eine Nummer, und jeder, der Zugang zum entsprechenden Apparat hat, kann abheben und das Gespräch entgegennehmen. (Die deutsche Post bietet bekanntlich nur diese Möglichkeit, während das amerikanische System in Form des *person-to-person call* wenigstens näherungsweise auch die direkte Adressierung anbietet.)

Notationell schlägt sich diese Änderung nur darin nieder, daß in den Konstrukten

$C\,!\,a$

$C\,?\,x$

jetzt Kanäle statt Prozessen angegeben werden. Der Vorteil liegt natürlich darin, daß ein Prozeß jetzt über mehr als einen Kanal kommunizieren kann, und daß mehrere Prozesse denselben Kanal ansprechen können. Damit wird die sogenannte *many-to-many*-Kommunikation wesentlich erleichtert, was besonders in den sehr häufig auftretenden Client-Server-Situationen wichtig ist. Dabei sind übrigens nach wie vor sowohl lose als auch streng gekoppelte Kommunikation möglich.

Aus methodischer Sicht können wir jetzt zum Beispiel einen Kanal einer bestimmten Aufgabe zuordnen. Jeder Prozeß, der den entsprechenden Dienst wünscht, schickt eine Nachricht an diesen Kanal. Und jeder Prozeß, der die Leistung erbringen kann, nimmt eine Nachricht aus dem Kanal entgegen.

Die hohe Flexibilität beim Umgang mit solchen Kanälen macht ihre Implementierung relativ aufwendig. Daher wurden als „Zwitterlösung" sogenannte *Ports* vorgeschlagen. Diese kann man als Kanäle auffassen, die einem Prozeß gehören, aber allen anderen zum Lesen oder zum Schreiben (aber nicht zu beidem) bekannt sind.

12.5 Konkurrenz und Synchronisation

Ein Radler in Berlin braucht sich nicht durch eine Straßenbahn in San Francisco beirren lassen; nur wenn beide in derselben Stadt zur selben Zeit an derselben Kreuzung ankommen, kann's (für ersteren) ungemütlich werden. Dies illustriert die banale Erkenntnis, daß zwei simultane Aktivitäten immer dann Schwierigkeiten machen, wenn sie gemeinsame Ressourcen (wie zum Beispiel ein Stück Straße) brauchen.

Parallele Prozesse auf Rechnern brauchen sehr oft gemeinsame Ressourcen: Drucker, Platten, Terminals, Speicher, Prozessoren und so weiter. Daher müssen wir uns im folgenden etwas genauer mit diesem Problem auseinandersetzen.

12.5.1 Gemeinsame Variable

Ein vertrautes Szenarium: Die freundliche Dame im Reisebüro befragt den Computer einer Fluggesellschaft, ob für einen bestimmten Flug noch Sitze verfügbar sind. Im Falle einer positiven Antwort hält sie noch kurz Rücksprache mit dem Kunden. Dann läßt sie sich das Ticket endgültig ausstellen. So weit so gut. Nehmen wir aber an, daß das gleiche Szenarium zur selben Zeit in einem zweiten Reisebüro stattfindet, und daß es nur noch einen Sitz gibt ...

Dieses Problem haben die Fluggesellschaften inzwischen im Griff (na ja, jedenfalls die meisten). Wie so etwas gemacht wird, wollen wir im folgenden herausfinden. Dabei ist es allerdings hilfreich, von dem komplexen Anwendungsproblem zu einem stark vereinfachten Beispiel überzugehen — solange dieses Beispiel nur archetypisch ist, also die Essenz des Problems widerspiegelt.

1. Betrachten wir also folgende Situation: Mehrere parallele Prozesse verwenden eine *gemeinsame Variable S* (engl.: *shared variable*). Auf dieser gemeinsamen Variablen lassen wir allerdings nur zwei Aktionen zu: Lesen und Schreiben. Alle weiteren Berechnungen müssen die Prozesse mit Hilfe lokaler Hilfsvariablen erledigen[1]. Das heißt, die gemeinsame Variable S kann nur in elementaren Aktionen der folgenden Form vorkommen:

$h \leftarrow S$ (Lesen)
$S \leftarrow h$ (Schreiben).

Diese beiden Aktionen betrachten wir als *atomar*, das heißt als *unteilbar*, so daß auf dieser Ebene keine weiteren Konflikte durch pathologische Überlappungen entstehen können.

2. Das Problem einer fatalen Überlappung kann zum Beispiel bei zwei Prozessen der folgenden Form entstehen:

P: $h \leftarrow S$; $h \leftarrow h+1$; $S \leftarrow h$;
Q: $k \leftarrow S$; $k \leftarrow k-1$; $S \leftarrow k$.

Was können wir dann über die Parallelausführung von P und Q sagen, wenn zu Beginn S etwa den Wert '6' hat?

$$\{S=6\} \; [\![\; P \; |\!| \; Q \;]\!] \; \{?\} \, .$$

Eigentlich sollte man $\{S=6\}$ erwarten dürfen, da die beiden Operationen '+1' und '−1' sich gegenseitig aufheben. Aber leider sind auch $\{S=5\}$ und $\{S=7\}$ ebensogut möglich. Weshalb?

---

[1] Damit tragen wir der Tatsache Rechnung, daß spätestens auf der Hardwareebene eine Zuweisung der Art $S \leftarrow S+1$ in mehrere Teilinstruktionen aufgebrochen wird, also tatsächlich nicht atomar ist.

Es kann ja passieren, daß die Ausführung beider Prozesse gerade so überlappt, daß beide den Wert von S lesen und in ihre lokalen Variablen eintragen. Nach den internen Rechnungen gilt dann $h=7$ und $k=5$. Und dann hängt alles nur noch davon ab, welcher Prozeß seinen lokalen Wert zuletzt in S schreibt.

3. Trotz seiner Banalität ist dieses Modell der gemeinsamen Variablen offensichtlich hinreichend charakteristisch, um die wesentlichen Fragen der ganzen Problemklasse zu erfassen. Denn es spielt für die Substanz der Probleme keine Rolle, ob S nur einfache Zahlwerte besitzt oder komplexere Datenstrukturen wie Warteschlangen oder Arrays. Sogar Operationen auf Datenbanken werden erfaßt, wie das Beispiel der Flugreservierung illustriert.

12.5.2 Kritische Bereiche

Betrachten wir noch einmal die beiden obigen Prozesse. Eigentlich würden wir ja gerne schreiben

$$\llbracket \ S \leftarrow S+1 \ \| \ S \leftarrow S-1 \ \rrbracket \,,$$

wobei die Zuweisungen jeweils als unteilbare Aktionen aufzufassen wären. Aber leider zwingen uns die oben erwähnten Beschränkungen für S dazu, die Zuweisungen in längere Aktionsfolgen zu zerlegen, wodurch sie nicht mehr atomar sind. (Und weil das nur eine Modellierung realer Gegebenheiten ist, können wir das Problem auch nicht einfach durch Änderung der Spielregeln wegdefinieren.)

1. Der springende Punkt ist, daß wir *aus logischer Sicht* die beiden Anweisungsfolgen eben doch als *unteilbar* ansehen müssen, auch wenn sie nicht atomar sind. Wir sprechen dann von **kritischen Bereichen** (engl.: *critical regions*) oder auch — mit einem Begriff aus der Welt der Datenbanken — von *Transaktionen*.

Nun stellen wir die Spielregel auf, daß sich *niemals zwei Prozesse gleichzeitig in kritischen Abschnitten* aufhalten dürfen. Diese Spielregel ist als **gegenseitiger Ausschluß** (engl.: *mutual exclusion*) bekannt.

2. Mit dem Aufstellen von Spielregeln ist es aber nicht getan; man muß sich auch um ihre Einhaltung kümmern. Dazu gibt es einen genialen Ausweg: Wir erfinden einfach ein Sprachkonstrukt, das kritische Bereiche definiert. Dann könnte man zum Beispiel schreiben

P: ... **critical** [$h \leftarrow S$; $h \leftarrow h+1$; $S \leftarrow h$]; ...
Q: ... **critical** [$k \leftarrow S$; $k \leftarrow k-1$; $S \leftarrow k$]; ...

Diese Konstruktion drückt dann aus, daß bei der Parallelausführung von P und Q nicht beide gleichzeitig in den ausgezeichneten Bereichen sein dürfen.

Damit haben wir dann alle Probleme auf den Compilerbauer abgewälzt.

3. „Der Compiler wird's schon richten" ist zwar eine angenehme Attitüde, für das Verständnis der Problematik aber nicht sehr förderlich. Deshalb sollten wir getrost noch eine Stufe tiefer blicken und uns mit möglichen Realisierungen des gegenseitigen Ausschlusses auseinandersetzen.

Wenn ein Prozeß seinen kritischen Bereich betreten will, muß er sich vergewissern, daß kein anderer Prozeß schon in einem kritischen Abschnitt steckt. Und das ist schwieriger, als man im ersten Augenblick vermutet. (In [3] findet sich dazu eine vergnügliche Reise durch ein Labyrinth gedanklicher Fallen, Sackgassen und Irrwege.)

Damit das Ganze zufriedenstellend funktioniert, muß jeder Prozeß sich zum Betreten eines kritischen Bereiches an ein genau festgelegtes *Eingangsprotokoll* halten und beim Verlassen an ein entsprechendes *Ausgangsprotokoll*. In unserem objektorientierten Ansatz läßt sich dies mit Hilfe zweier Methoden *enter* und *exit* fassen, so daß wir grundsätzlich die folgende Struktur haben:

critical [...] $\triangleq$ *enter*; ...; *exit*.

Beachte, daß diese Umsetzung eine nicht-atomare Folge von Aktionen ergibt. Deshalb müssen wir *enter* und *exit* so geschickt planen, daß insgesamt doch Unteilbarkeit erreicht wird.

Es ist vielleicht eine reizvolle und lehrreiche Übung, vor dem Weiterlesen selbst nach einer Lösung zu suchen.

4. Nehmen wir zur Illustration wieder unsere obigen Prozesse P und Q. Zum besseren Verständnis benutzen wir die bildhafte Vorstellung, daß die Prozesse „hell strahlen", wenn sie in kritischen Bereichen sind oder zumindest gerne hinein möchten. Ansonsten sind sie „dunkel".

Zusätzlich müssen wir den beiden Prozessen abwechselnd eine Favoritenrolle zugestehen, da sonst der schnellere mit dem langsameren „Hase und Igel" spielen könnte.

Object P

   ...

   def *enter* $\equiv$ *erleuchte*(P);
            Favorit $\leftarrow$ Q;
            await *dunkel*(Q) $\vee$ *Favorit*=P

   def *exit* $\equiv$ *verdunkle*(P)

   ...

Der Prozeß Q sieht analog aus. Insgesamt brauchen wir also drei gemeinsame Variablen, nämlich *Favorit* und je eine Boolesche Variable für die Hell/Dunkel-Eigenschaft der beiden Prozesse. Dabei fällt auf, daß nur *Favorit* von beiden Prozessen gelesen und auch geschrieben wird. Die beiden anderen Variablen sind „halbprivat" in dem Sinn, daß sie nur von einem Prozeß geschrieben werden.

Für den interessierten Leser mag es eine kurzweilige Denksport-aufgabe sein, sich zu überlegen, ob der Algorithmus mit ausschließlich „halbprivaten" Variablen realisierbar wäre.

Dieses Verfahren hat die erwünschten Eigenschaften:

- Es können nie beide Prozesse zugleich in kritischen Bereichen sein.
- Wenn ein Prozeß in einen kritischen Bereich hinein möchte, schafft er es auch. Denn irgendwann ist der andere Prozeß „dunkel" und gibt somit den Zugang frei. Auch das ominöse Hase-und-Igel-Spiel ist nicht möglich; denn selbst wenn der andere Prozeß so schnell ist, daß er nach dem *exit* schon wieder mit *enter* in einen kritischen Bereich hinein will, bevor das **await**-Statement reagieren kann, erlegt ihm der Wechsel der Favoritenrolle doch die angemessene Zurückhaltung auf.
- Das Alternieren ist andererseits aber auch nicht so starr, daß ein Prozeß, der oft kritische Bereiche ausführt, dadurch gehemmt wird, daß der andere dies nur selten tut. Denn das Privileg der Favoritenrolle wirkt sich nur dann aus, wenn tatsächlich der Wunsch nach kritischen Aktivitäten besteht.

Kurzum: Eine rundum befriedigende Lösung. (Sie ist als „Dekkers Algorithmus" in die Literatur eingegangen; allerdings haben wir die vereinfachte Form aus [1] übernommen.)

5. Die oben aufgestellte Spielregel für kritische Bereiche kann ein bißchen liberalisiert werden. Denn wir brauchen eigentlich nur solche Bereiche gegeneinander abzuschirmen, die auf denselben Variablen arbeiten. Daher finden sich in einigen Programmiersprachen auch Konstrukte, mit denen die betroffenen Variablen explizit angegeben werden können. Dies verringert die Häufigkeit des gegenseitigen Ausschließens und erhöht somit den Grad an tatsächlicher Parallelarbeit.

Das führt uns unmittelbar auf ein Problem, das bei den sogenannten *verteilten Datenbanken* eine wichtige Rolle spielt: Große Datenstrukturen wie Arrays, Sequenzen, Bäume, Graphen etc. lassen sich im imperativen Stil als Ansammlungen vieler Variabler auffassen (siehe Kapitel 9.4.1).

Wenn zwei Prozesse zum Beispiel auf einem Baum arbeiten, dann müssen sie — wie wir in Kapitel 12.2.4 gesehen haben — nur dann gegeneinander abgeschirmt werden, wenn sie die gleichen Knoten manipulieren. Ansonsten dürfen sie getrost simultan operieren. Also ordnen wir den einzelnen Knoten — oder auch ganzen Unterbäumen — „*Schlösser*" (engl.: *locks*) zu. Diese Variablen bestimmen, ob der betreffende Knoten gerade in einem kritischen Bereich verarbeitet wird oder nicht. Offensichtlich werden durch diese Verallgemeinerung die bisher diskutierten Probleme nochmals verschärft, worauf wir aber hier nicht weiter eingehen können.

6. Was passiert eigentlich, wenn ein Prozeß ausgerechnet in seinem kritischen Bereich „abstürzt", also auf einen fatalen Fehler läuft? Dann führt er niemals sein *exit* aus und die anderen Prozesse bleiben blockiert (jedenfalls dann, wenn sie kritische Bereiche betreten wollen). Die Situation ist also nicht besser als bei fehlerhaften sequentiellen Programmen — aber sie ist auch nicht schlechter.

Nun liegt bei Parallelverarbeitung die Idee nahe, das Gesamtsystem möglichst robust gegen den Ausfall einzelner Komponenten zu machen. Diese *„fehlertoleranten" Algorithmen* verlangen aber nach ausgefeilteren Techniken, die über den Rahmen unserer Erörterungen hinausgehen.

12.5.3 Technische Synchronisationsmittel

Das **await**-Konstrukt aus dem letzten Abschnitt könnte prinzipiell als Schleife realisiert werden:

await B $\triangleq$ **while** $\neg B$ **do nop od**.

Diese Form von *Leerlauf* (*busy waiting*) ist im allgemeinen eine Verschwendung von Rechenkapazität.

Eine elegantere Variante bietet das Konzept der **Semaphoren**, das auf Dijkstra zurückgeht. Dabei handelt es sich um (gemeinsame) Variable für natürliche Zahlen, auf denen zwei *unteilbare* Operationen p und v definiert sind (deren Namensgebung sich nur Holländern erschließt). Mit v wird der Wert der Semaphore um Eins erhöht. Mit p wird der Wert um Eins reduziert; falls das Resultat negativ ist, blockiert die Ausführung, bis der Wert wieder positiv wird. (Ein negativer Wert gibt somit die Zahl der wartenden Prozesse an.)

Damit vereinfachen sich die Ein- und Ausgangsprotokolle für kritische Bereiche beträchtlich, wobei nur noch eine gemeinsame Variable *sema* gebraucht wird:

def *enter* $\equiv$ $p(sema)$
def *exit* $\equiv$ $v(sema)$.

Auf der untersten Implementierungsebene ist es letztlich notwendig, daß zu jeder Semaphore eine Warteschlange derjenigen Prozesse assoziiert ist, die auf Freigabe warten. Dies ersetzt das unsinnige *Busy Waiting*, denn jetzt kann ein Prozeß durch p tatsächlich „schlafen gelegt" werden; sobald er in der Warteschlange an der Reihe ist, wird er durch v wieder „geweckt".

In der Literatur gibt es zahlreiche Vorschläge, Semaphore in ein ansprechenderes notationelles Gewand zu kleiden. Bekannte Beispiele sind *Conditional Critical Regions* und *Monitore*. Ein Interesse dabei ist, Synchronisationsaspekte möglichst vom eigentlichen Algorithmus loszulösen und getrennt zu behandeln. (Übersichten finden sich knapp in [1] und ausführlich in [3].)

12.5.4 Kommunikation oder gemeinsame Variable?

Von der Ausdrucksmächtigkeit her ist das gar keine Frage. Beide sind gleichwertig:

Kommunikation läßt sich sofort mit Hilfe von gemeinsamen Variablen implementieren: Die Verbindung zwischen zwei Prozessen wird zu einer gemeinsamen Warteschlange, in die der Sender seine Nachrichten schreibt, und aus der der Empfänger sie holt. Im Falle einer streng gekoppelten Kommunikation hat diese Warteschlange die maximale Länge 1, ist also eine simple Variable.

Umgekehrt kann jede gemeinsame Variable zu einem eigenständigen Objekt aufgewertet werden. Lesen und Schreiben müssen dann als Nachrichtenaustausch mit diesem Objekt realisiert werden. Wir erhalten also typische *Client-Server*-Beziehungen.

Wenn also keine theoretische Überlegenheit zu erkennen ist, bleiben Gesichtspunkte der Methodik. Und da hängt es ganz von der Problemstellung und vom Programmierkontext ab, welche Version praktischer erscheint. Und nicht zuletzt sind da noch persönliche Vorlieben und Geschmacksfragen. (Ich selbst zum Beispiel finde Kommunikation wesentlich eleganter und ästhetisch befriedigender.)

12.6 Parallele Rechnerarchitekturen

Wir hatten gesagt, daß unsere Objekte nicht notwendig als Softwarekomponenten aufzufassen sind, sondern ebensogut als Hardware realisiert sein können. Je nachdem, wie diese Realisierung im technischen Detail aussieht, erhalten wir ganz unterschiedliche Klassen von Rechnern. Dabei ist frappierend, welche architektonische Vielfalt in der bunten Welt der Parallelrechner herrscht — ganz im Gegensatz zur Monotonie unseres grauen PC-Alltags.

Der Markt ist in diesem Bereich in so hektischer Bewegung, daß Bezüge auf konkrete Rechner schon bei Drucklegung des Buches Historie sein könnten. (So sind vor kurzem bei der Beschaffungsplanung einer Universität im Zeitraum zwischen dem Stellen des Finanzierungsantrags und der endgültigen Ausschreibung drei der ursprünglich betrachteten Hersteller vom Markt verschwunden gewesen.) Deshalb haben wir Beispielarchitekturen eher nach konzeptuellem Interesse als nach Aktualität ausgewählt.

12.6.1 Asynchrone Parallelrechner

Wenn ein Rechner aus mehreren individuellen Prozessoren besteht (die nicht in einem gemeinsamen Takt arbeiten), dann sprechen wir von einem *Multiprozessorsystem*. Solche Rechner gehören in die Klasse der sogenannten *MIMD*-Maschinen (*multiple-instruction multiple-data*). Dabei können wir noch weiter unterscheiden in

* *stark gekoppelte Rechner*, bei denen sich alle Prozessoren einen gemeinsamen Speicher teilen, und

* *schwach gekoppelte Rechner*, bei denen jeder Prozessor seine eigene Speicherbank besitzt und Zugriffe auf „fremde" Speicherbänke durch geeignete Kommunikationsmechanismen erfolgen.

1. Ein prominentes Beispiel eines stark gekoppelten Multiprozessorsystems ist die *Cray X-MP*, bei der bis zu vier Prozessoren mit einem gemeinsamen Speicher arbeiten:

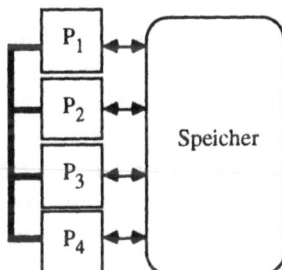

Die einzelnen Prozessoren sind dabei als „kanalisierte Vektorprozessoren" (siehe unten) konzipiert — was zeigt, daß unser Klassifizierungsschema Überschneidungen zuläßt.

2. Ein schwach gekoppeltes Mehrrechnersystem ist dagegen der IBM SP2. Er besteht in einer großen Ausbaustufe (zum Beispiel an der Cornell University) aus 512 einzelnen Prozessoren, von denen jeder 64 – 128 Megabyte privaten Speicher besitzt. Mit anderen Worten: Jeder dieser Prozessoren ist für sich schon eine veritable Workstation. Fernzugriffe auf Werte, die im Speicher eines anderen Prozessors liegen, werden über ein extrem schnelles FDDI-Netzwerk geleitet:

3. Noch schwächer miteinander verbunden sind die sogenannten *Multicomputer*. Sie setzen sich aus völlig autarken Rechnern zusammen, wobei keine direkten Fernzugriffe auf die Speicher fremder Rechner möglich sind. Die einzige Form des Datenaustausches ist hier die Kommunikation zwischen den Prozessoren.

Übrigens: Jeder handelsübliche Rechner enthält eine Art von asynchroner Parallelarchitektur, wenn auch nur in rudimentärer Form. Denn im allgemeinen arbeiten die verschiedenen Ein-/Ausgabeeinheiten und die zentrale Recheneinheit weitgehend unabhängig voneinander.

12.6.2 Synchrone Parallelrechner („Array-Prozessoren")

Bei *Datenparallelität* ist es im allgemeinen sinnvoll, daß alle Agenten streng getaktet arbeiten. (Das war zum Beispiel in den Varianten 2b und 3b unserer Matrixmultiplikation der Fall.) Wir sprechen dann von *synchroner Parallelität*. Zusätzlich fordert man im allgemeinen auch noch, daß die Aktionen der einzelnen Agenten relativ simpel sind und in etwa gleich lang dauern[1]. Häufig wird sogar von allen Agenten die gleiche Operation ausgeführt. Wenn, wie in unserem Matrixbeispiel, die Daten rhythmisch durch das Netz pulsieren, spricht man auch von einer *systolischen Architektur*.

1. Betrachten wir nochmals die Architektur der Matrix-multiplikation aus Kapitel 12.3, und zwar die Varianten 2b und 3b. Wenn eine solche Architektur als Hardware realisiert ist, das heißt, wenn die einzelnen Objekte tatsächlich eigenständige Prozessoren sind, sprechen wir von einem *Prozessorfeld* oder auch von einem *Array-Prozessor*. Rechner dieser Bauart gehören zur Klasse der sogenannten *SIMD-Maschinen* (*single-instruction multiple-data*), da hier in jedem Takt alle Prozessoren dieselbe Operation ausführen, aber mit unter-schiedlichen Daten.

2. Prominente Beispiele für solche Rechner sind der berühmte *Illiac-IV* (der schon in den 60er Jahren entworfen wurde), der *BSP* von Burroughs, der *MPP* von Goodyear Aerospace und eine ganze Reihe weiterer Maschinen, von denen aber die meisten als experimentelle Forschungsobjekte angesehen werden müssen (siehe [5], [7]).

Die atemberaubende Entwicklung auf diesem Gebiet, die vor allem durch die Möglichkeiten moderner VLSI-Techniken beschleunigt wur-de, illustrieren eindrucksvoll zwei Rechner dieser Bauart: Während der *Illiac-IV* sich seinerzeit noch mit 64 Prozessoren begnügen mußte, ent-hielt der *DAP* (*Distributed Array Processor*) von ICL bereits über 4000 Prozessoren; und die *Connection Machine 2* von Thinking Machines brachte es sogar auf über 65000 Recheneinheiten, zu denen noch mehr als 2000 spezielle Gleitpunktprozessoren hinzukamen! *Interessant ist allerdings, daß diese Architekturen heute praktisch vom Markt verschwunden sind. Das Rennen haben allem Anschein nach die*

---

[1] Die Vagheit dieser Beschreibung zeigt schon, daß diese Klassifizierung etwas unscharf ist.

oben beschriebenen, asynchronen Parallelrechner mit MIMD-Architektur und getrenntem Speicher gemacht.

3. Entscheidend für das Funktionieren solcher Maschinen ist die Verträglichkeit von Rechnerarchitektur und Problemstruktur. Wenn — wie beim Matrixprodukt — vorwiegend gleichartige Operationen mit lokalem Datenfluß zwischen unmittelbaren Nachbarn vorkommen, erreichen diese Rechner eine optimale Auslastung. Bei vielen Problemen wird aber nur ein Teil der verfügbaren Prozessoren tatsächlich beschäftigt. (Ein simples Beispiel liefert die Additionsphase beim Skalarprodukt zweier Vektoren.) In anderen Fällen ist ein Datenaustausch mit „weit entfernten" Prozessoren nötig. Dafür werden zwar ausgefeilte Verbindungsnetze eingesetzt (siehe unten), doch der Zeitverlust fällt ins Gewicht.

12.6.3 Kanalisierte Vektorrechner

Auch wenn sie nicht so ganz in unser Thema passen, sollten wir hier kurz die *kanalisierten Vektorrechner* erwähnen, da die meisten der heute gebräuchlichen Hochleistungsrechner (spöttisch auch *Number Cruncher* genannt) in diese Klasse fallen. Prominente Beispiele waren etwa die *Cray-1* und ihre Nachfolger oder die *Cyber-205*. Bei diesen Maschinen wurde Parallelarbeit nicht durch den Einsatz vieler identisch arbeitender Prozessoren erreicht, sondern durch Anwendung eines „Fließbandprinzips".

Betrachten wir zum Beispiel die Addition zweier Gleitpunktzahlen (siehe Kapitel 3.5). So wie in der Fabrik ein Auto auf einem Fließband entsteht, indem an jeder Station ein Stückchen hinzugefügt wird, so entsteht in einem kanalisierten Vektorrechner die Summe zweier Zahlen dadurch, daß sie „stufenweise" hergestellt wird:

* Zunächst bestimmt man den größeren der beiden Exponenten;
* dann paßt man beide Exponenten durch Verschiebung der Mantissen aneinander an;
* dann werden die Mantissen addiert;
* und zuletzt wird das Ergebnis normalisiert.

(Im *Cyber-205* wurde die Zahl dieser Stufen auf bis zu 26 gesteigert!) Damit entsteht eine überlappende Fließbandbrechnung mehrerer Werte:

Ev_1	Mv_1	Ad_1	No_1			
	Ev_2	Mv_2	Ad_2	No_2		
		Ev_3	Mv_3	Ad_3	No_3	
			Ev_4	Mv_4	Ad_4	No_4

(Ev=Exponentenvergleich; Mv=Mantissenverschiebung; Ad=Addition; No=Normalisierung)

291

Offensichtlich bringt diese Art von Fließbandorganisation genau dann Gewinn, wenn auf eine Folge vieler Datenelemente jeweils die gleiche Operation anzuwenden ist — und das ist typischerweise bei Vektoren und Matrizen der Fall.

Übrigens: Bei den meisten kommerziellen Vektorrechnern kommt noch eine zweite Art der Parallelität hinzu; denn sie besitzen im allgemeinen mehrere dieser „Fließbänder", sind also *Multiprozessoren.*

Und noch eine Anmerkung: Auch die meisten „normalen" Rechner wenden in rudimentärer Form ein solches Fließbandprinzip an, indem die Phasen *Beschaffen der nächsten Instruktion — Entschlüsseln des Operationscodes — Beschaffung der Argumente — Ausführung der Operation* überlappt ausgeführt werden. Das macht sie aber noch nicht zu echten Parallelrechnern.

12.6.4 Kommunikations-Topologien[1]

Auf der Programmierebene können wir Nachrichten zwischen beliebigen Objekten austauschen. Beschränkungen ergeben sich höchstens aus der logischen Struktur des Algorithmus. In unserem Standardbeispiel der Matrixmultiplikation erfolgt der Informationsfluß sinnvollerweise nur zwischen unmittelbaren Nachbarn; jedes andere Arrangement wäre zwar auch programmierbar, aber für diesen Algorithmus der blanke Irrsinn.

Neben der logischen gibt es aber auch die technische Ebene. Und hier sind Verbindungen nicht so beliebig verfügbar. Somit ergeben sich zwei Probleme:

- Es muß eine technisch geeignete Verbindungsstruktur gefunden werden.
- Die logische Kommunikationsstruktur muß auf die technische abgebildet werden.

Wir wollen im folgenden kurz auf den ersten Problemkreis eingehen, also die Struktur von *Verbindungs-Netzwerken.*

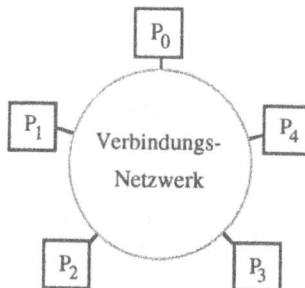

---

[1] Wie in [3] bemerkt, sollte es besser „Topographien" heißen; aber der schlechtere Begriff hat sich nun einmal eingebürgert.

1. Die erste Möglichkeit sind *statische Netzwerke*, bei denen die Objekte über feste Leitungen starr miteinander verbunden sind. Am komfortabelsten ist hier natürlich die *vollständige Vernetzung:*

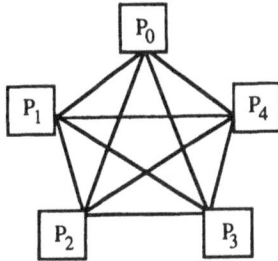

Da aber die Zahl der Verbindungen quadratisch mit der Zahl der Prozessoren wächst, ist das nur für kleine Konfigurationen praktikabel.

Die *Bus-Topologie* kann in gewissem Sinn als Variante der vollständigen Vernetzung angesehen werden; denn auch hier ist jedes Objekt mit jedem anderen direkt verbunden — wenn auch über eine gemeinsame Leitung. Und damit entstehen Synchronisations- und Kollisionsprobleme.

Bei allen anderen Lösungen werden die Wege länger. Bekannte Beispiele sind *Ring-* und *Stern-Topologie*:

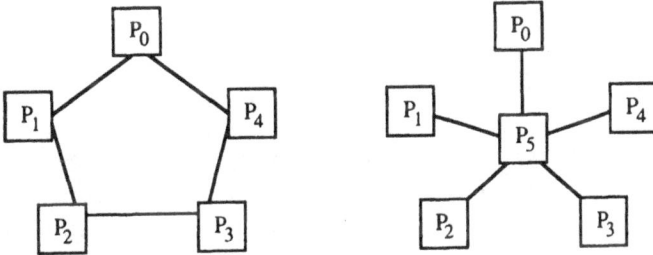

Weitere Beispiele wären *Baum-* oder *Ketten-Topologien*. Auch zweidimensionale *Gitter-Topologien* gibt es in verschiedenen Variationen. In all diesen Fällen muß eine Nachricht im allgemeinen über mehrere Prozessoren weitergereicht werden, bis sie den Adressaten erreicht.

Um die Wege zu verkürzen, werden mehrdimensionale Netzstrukturen eingeführt, mit denen logarithmische Weglängen erreichbar sind. Beispiele sind etwa der dreidimensionale *Hypercubus*, kurz *3-Cubus* :

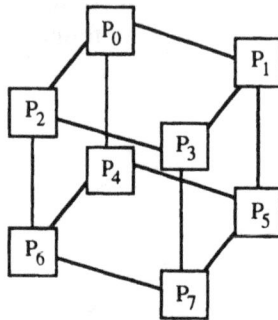

Beachte, daß sich bei Binärdarstellung die Nummern zweier benachbarter Objekte jeweils in genau einem Bit unterscheiden. Dadurch wird die Wegbestimmung durch das Netz besonders einfach. Das Design läßt sich problemlos auf höhere Dimensionen verallgemeinern (wenn auch schlechter zeichnen). So besteht zum Beispiel der *4-Cubus* aus zwei solchen Würfeln, wobei die acht Ecken des einen mit den acht Ecken des anderen verbunden sind.

Wenn in einem solchen Hyperwürfel N Prozessoren angeordnet sind, ist die maximale Weglänge gleich der Zahl der Dimensionen, also $log_2 N$. Solche Architekturen wurden in Parallelrechnern wie dem *Cosmic Cube* oder dem *Ncube/10* eingesetzt.

Auch von diesem Design gibt es Varianten, etwa die sogenannten *Cube-Connected Cycles*, bei denen unabhängig von der Würfeldimension jeder Prozessor mit genau drei anderen verbunden ist, allerdings auf Kosten größerer Weglängen.

2. In *dynamischen Verbindungsnetzen* sind *Schalterknoten* eingebaut, mit denen sich aktuelle Verbindungen nach Bedarf herstellen lassen. Das bedeutet zwar höhere Kosten und Zeitverlust, bietet dafür aber ein großes Maß an Flexibilität. Üblicherweise sind die Schalter in solchen Netzen *mehrstufig* angeordnet.

Die schnellste und flexibelste Lösung stellt der klassische *Kreuzschienenschalter* (*crossbar switch*) dar. Denn er realisiert eine vollständige Netzstruktur, die beliebige Permutationen von Verbindungen zuläßt. Leider ist der Aufwand aber beträchtlich höher als bei den anderen Architekturen, die wir im folgenden betrachten.

Eine besonders einfache und doch flexible Konfiguration bieten die sogenannten *Shuffle-Exchange-Netze*. Ihre Schalter können jeweils ihre beiden Eingangsleitungen beliebig mit den beiden Ausgangsleitungen verbinden:

Zwischen solchen Schaltern können Leitungen nach dem sogenannten *Perfect-Shuffle-Muster* angeordnet werden. Wenn man m solche Stufen hintereinanderschaltet, erhält man ein sogenanntes Ω-*Netzwerk*, mit dem zum Beispiel 2^m Prozessoren P_i beliebig mit ebensovielen Speicherbänken M_j kommunizieren können. Im Falle $m=3$ erhalten wir zum Beispiel die Konfiguration

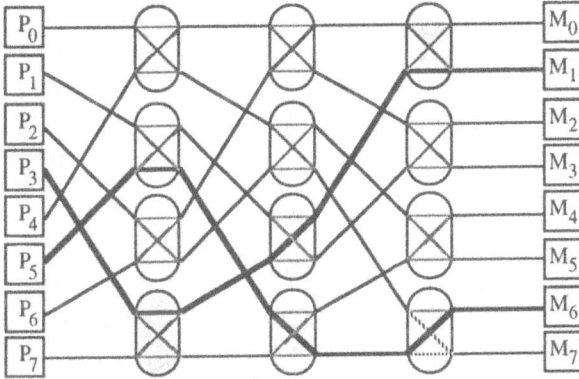

Die ausgezeichneten Wege stellen dabei Kommunikationen von P_3 mit M_1 und von P_5 mit M_6 dar, die problemlos gleichzeitig stattfinden können. Dagegen wäre eine Verbindung von P_6 mit M_7 nicht auch noch möglich, da einer der benötigten Schalter blockiert ist. Allgemein gilt: Es kann zwar jedes P mit jedem M verbunden werden, aber nicht alle Kombinationen sind simultan einstellbar.

Es ist übrigens möglich, daß an die Stelle der M_i die Prozessoren P_i selbst treten. In diesem Fall stellt das Netz eine allgemeine Verbindung der Prozessoren P_i untereinander dar.

Sehr häufig wird dieses Design jedoch benutzt, um Prozessoren mit Speicherbänken zu verbinden. Dann lassen sich noch ein paar ausgefeilte Tricks anwenden: Sobald ein Weg geschaltet ist, bleibt er offen für den Rücktransport des gesuchten Wertes aus dem Speicher. Und sollten zwei Prozesse dieselbe Speicherstelle ansprechen, so kann der Schalter, an dem die Anforderungen zusammenlaufen, nur einen Auftrag weiterleiten, beim Rückweg den Wert aber duplizieren.

Eine ähnlich gute Variante ist das *Butterfly-Netzwerk*. Im Gegensatz zum Ω-*Netz* haben die einzelnen Schalter hier nicht zwei Eingänge, die sie mit den zwei Ausgängen verbinden können, sondern nur noch einen Eingang. Zum Beispiel bei je acht miteinander zu verbindenden Objekten sieht das Netz folgendermaßen aus (wobei wir die gleichen Verbindungen eingezeichnet haben wie beim obigen Ω-*Netz*):

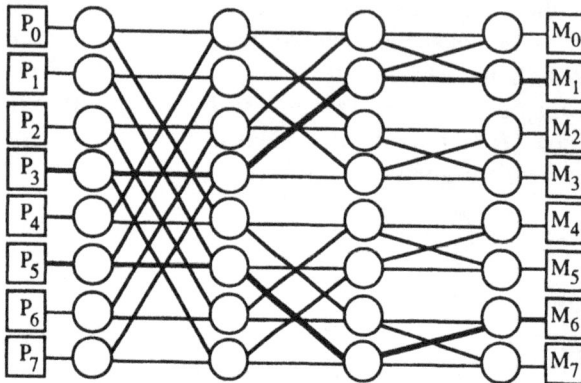

Dieses Verbindungsnetz wurde zum Beispiel im *BBN Butterfly Parallel Processor* eingesetzt, um 256 Prozessoren miteinander zu verbinden. (Beim Nachfolgemodell, dem *Monarch*-Rechner, wurde ein noch ausgefeilteres Netz benutzt, um rund 65000 Prozessoren mit 32000 Speicherblöcken zu verbinden.)

Bei genauerem Hinsehen entdeckt man übrigens, daß der *Hypercubus* und auch die *Cube-Connected Cycles* im Grunde genommen vom *Butterfly*-Typus sind, wobei allerdings die Zeilen des Butterfly-Netzes zu einzelnen Knoten beziehungsweise Knotenzyklen zusammengeklappt sind. Denn auch die früher erwähnten statischen Netze können als dynamische Netze konzipiert werden, indem anstelle der Prozessoren Schalter eingesetzt werden.

12.6.5 Zur Programmierung synchroner Algorithmen

Leider klafft zwischen der Hardware- und der Software-Technologie im Bereich der synchronen Parallelität eine riesige Lücke. Während die Rechner immer ausgefeilter und schneller werden, stützen sich die Programmiermethoden (zumindest in der Praxis) noch immer auf die ältesten Konzepte und Sprachen.

Es ist bezeichnend, daß die meisten Maschinen spezielle Vektorbefehle im Repertoire haben, die einerseits die Möglichkeiten der Hardwarearchitektur voll ausschöpfen und andererseits auf die Standardsituationen numerischer Berechnungen abgestimmt sind, während die Programmierung im guten alten FORTRAN erfolgt, oder bestenfalls in FORTRAN-Derivaten. Und so wird dann viel nutzlose Energie darauf verschwendet, komplizierte Verfahren zu erfinden, die aus vollständig sequentialisierten Programmen mühsam ein paar Parallelisierungsmöglichkeiten herausfiltern.

Andererseits hat sich die Forschung im Bereich der Programmiermethodik und des Sprachdesigns traditionell vorwiegend auf sequentielle Systeme konzentriert. Erst in jüngerer Zeit wird der Parallelisierung die verdiente Aufmerksamkeit zuteil, allerdings primär im Bereich der asynchronen Systeme.

Obwohl der von uns gewählte objektorientierte Ansatz grundlegende Aspekte der Parallelisierung recht gut beschreiben läßt, ist er für die Programmierung synchroner Algorithmen auf einem zu niedrigen Niveau. Das sieht man allein schon daran, daß das Konzept auch zur Beschreibung von Hardwarearchitekturen taugt. Was tatsächlich benötigt wird, sind sprachliche Ausdrucksformen auf dem Niveau der linearen Algebra — also funktionale Sprachen — sowie Compiler, die aus derartigen Programmen speziellen Code für die jeweiligen Parallelmaschinen produzieren.

Eines der schwierigsten Probleme, das dabei zu überwinden ist, ist die *Abbildung der logischen Struktur auf die tatsächliche Hardwarestruktur.* Betrachten wir dazu nochmals die Matrixmultiplikation aus Kapitel 12.3. Solange wir jedem Objekt $K_{i,j}$ einen eigenen Prozessor zuordnen können, ist alles ganz einfach. Was aber, wenn die Zahl der verfügbaren Prozessoren dafür nicht ausreicht? Dann müssen wir die Berechnung in Teilen ausführen, die jeweils auf die vorhandenen Prozessoren passen. Es ist offensichtlich, daß dies eine beträchtliche Steigerung des Schwierigkeitsgrades ist — und das schon bei so simplen Algorithmen.

12.7 Zeit

Zeit ist relativ, und das nicht erst seit Einstein. Dem einen vergeht sie schnell, dem anderen langsam. Und nicht einmal für dieselbe Person fließt sie immer gleich dahin.

Uhren leisten da gute Dienste. (Dem Skeptiker sei entgegnet, daß das wahre Übel nicht von der Uhr kommt, sondern vom Terminkalender.) Aber auch Uhren haben ihr eigenes, ganz individuelles Tempo. Das macht aber nichts, solange die Abweichung unterhalb der notwendigen Toleranzschwellen liegt. Eine Quarzuhr, die eine Abweichung von höchstens einer Minute pro Jahr aufweist, wird wohl selbst Pünktlichkeitsfanatiker zufriedenstellen.

Die gleiche Ungenauigkeit entspricht bei einem modernen Rechner aber bereits hundert Operationen pro Sekunde! In diesen Geschwindigkeitsbereichen versagt also die Präzision unserer Meßgeräte so weit, daß individuelle Uhren in den einzelnen Prozessoren keine akkurate Synchronisation mehr bewirken können.

Bleibt die Möglichkeit, eine zentrale Uhr zu befragen. Doch auch hier steht uns die irrwitzige Geschwindigkeit der beteiligten Geräte im Wege. Schon Unterschiede der Leitungslänge im Zentimeterbereich können signifikante Taktverschiebungen bedeuten.

Mit anderen Worten: Wir müssen uns damit abfinden, daß wir nur *lokale Uhren* besitzen, die zu allem Übel auch noch grundsätzlich falsch gehen.

Beispiel: Welche Probleme daraus entstehen können, zeigt das folgende pathologische Szenarium:

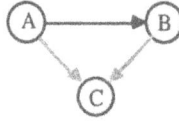

Die Prozesse A und B schicken Nachrichten an C. Dabei sei entscheidend, daß C sich beim Bearbeiten der Nachrichten streng an deren Alter hält. (Bei Lichtschranken zum Beispiel entscheidet die Reihenfolge über die Richtung des beobachteten Objekts.) Unglücklicherweise transportieren in unserem Szenarium die Übertragungswege von A und B nach C Nachrichten nicht immer mit gleichem Tempo.

Also verfallen wir auf eine simple Lösung: Alle Nachrichten werden mit *Zeitstempeln* versehen, und C arbeitet sie in der Ordnung dieser Markierungen ab.

Problem gelöst? Mitnichten. Betrachten wir folgende Konstellation: A beobachtet ein wichtiges Ereignis und informiert C darüber (mit Zeitstempel). Danach veranlaßt A auch B zu einer Messung, und B sendet sein Ergebnis ebenfalls an C (mit Zeitstempel). Dort wird B's Messung als erste verarbeitet!

Der Grund für diese scheinbare Paradoxie ist schnell entlarvt: A's Uhr geht vor. □

Also müssen wir einen Trick erfinden, wie wir mit den verfügbaren lokalen Uhren doch so etwas wie eine *globale Uhr* simulieren. Auf Lamport geht ein Vorschlag zurück, den wir hier an unserem Szenarium erläutern:

- A versieht alle Nachrichten, also auch die an B, mit Zeitstempeln.
- Wenn B die Nachricht von A empfängt und dabei feststellt, daß die eigene Uhr nachgeht, stellt er seine Uhr entsprechend weiter.

Im Falle von Kommunikation über Rendezvous sollten beide Prozesse ihre lokalen Zeiten austauschen und gleich setzen.

12.8 Anmerkungen zu neuronalen Netzen

Wie jede interessante Wissenschaft erlebt und erleidet auch die Informatik regelmäßig ihre neuen Frühjahrsmoden. Eine der aktuellsten sind gerade die *neuronalen Netze*. Und wie immer bei solchen Gelegenheiten tauchen gleich die selbsternannten Propheten auf und verkünden in den Gazetten, daß nun endlich das „menschengleiche Computergehirn" da sei, ein Triumph der künstlichen Intelligenz. Was ist nun wirklich dran an der Geschichte?

Betrachten wir folgendes schlichte Problem:

Jedes dieser Bilder stellt ein 'a' dar. Einige sind schöner, andere häßlicher — aber alle sind zweifellos a's. Warum eigentlich? Hat denn jemals schon jemand definiert, was ein 'a' ist und was nicht?

1. Das ist ein ganz simples Beispiel aus dem schwierigen Feld der *Mustererkennung*. In der Informatik begegnen uns solche Probleme in allen möglichen Zusammenhängen: Bei der Erkennung von Sprache, beim Navigieren von Fahrzeugen oder Robotern, bei der Analyse von Bildern und so weiter[1].

Die computergerechte Aufbereitung solcher Anwendungen krankt arg daran, daß die Probleme so schlecht definiert sind. Genau genommen ist es sogar noch schlimmer: *Die Probleme sind überhaupt nicht klar definierbar.* Andererseits stellt jedes Computerprogramm eine — wenn auch oft schwer lesbare — streng formale Beschreibung des behandelten Gegenstandes dar. Im Falle der Mustererkennung führt das auf einen klaren Widerspruch: Die formale Definition von etwas Undefinierbarem.

2. Hier scheinen die neuronalen Netze einen Ausweg zu versprechen. Denn mit ihrer Hilfe können solche Probleme gelöst werden, ohne daß wir in die Verlegenheit kommen, eine formale Definition in Form eines Programms angeben zu müssen. Statt dessen geben wir nur einen Rahmen vor, innerhalb dessen sich das System selbst „einschwingen" kann.

3. *Neuronale Netze* sind im wesentlichen Systeme aus sehr vielen (aber auch sehr einfachen) Prozessoren, die hochgradig miteinander

---

[1] Nicht zufällig erfreut sich dieses Gebiet der besonderen Fürsorge der militärischen Forschungsförderer. Aber die Ergebnisse kommen eben auch Anwendungen wie der Röntgendiagnose zugute …

vernetzt sind. Ein stark vereinfachtes Modellbeispiel sieht etwa folgendermaßen aus:

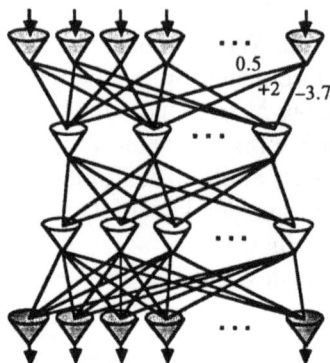

Wir haben hier vier Schichten von Prozessoren: die Eingabeschicht, zwei „verborgene" innere Schichten und die Ausgabeschicht. Zwischen je zwei Schichten liegt ein *vollständiges* Verbindungsnetz.

Der wesentliche Punkt ist aber, daß die Verbindungen *gewichtet* sind. Wenn also ein Element der Schicht A stimuliert wird, dann reicht es das Signal an alle Objekte der Schicht *B* weiter, aber nicht in der Originalstärke, sondern multipliziert mit den Gewichten an den Leitungen.

Jedes „Neuron" der Schicht *B* summiert dann alle Impulse, die es so aus Schicht *A* empfangen hat (und dazu eventuell einen eigenen Zustandswert). Das Resultat entscheidet dann, ob das Neuron als stimuliert gilt und an Schicht *C* weitersendet, oder ob es inaktiv bleibt.

Positive Gewichte wirken also *verstärkend*, negative wirken *hemmend*. Und daraus resultieren letztlich sehr komplexe Regeln über das gleichzeitige Vorhandensein beziehungsweise Fehlen von Stimuli, die noch mit einer Art von statistischen Faktoren gewichtet sind. Es ist evident, daß so etwas nicht mit Techniken klassischer Algorithmen formulierbar ist.

4. Der entscheidende Trick bei der Sache ist, daß solche Netze „*lernen"* können. Indem man hinreichend oft — und das kann heißen: viele tausend Male — ein bestimmtes Muster durch das Netz schickt und den Erfolg oder Mißerfolg entsprechend an die beteiligten Komponenten zurückmeldet, können sich die Gewichte allmählich einpendeln.

Allerdings weisen erste Experimente darauf hin, daß in der Praxis ein „blankes" Anfangsnetz zu lange Lernzeiten nach sich zieht; eine gute Voreinstellung des Systems ist daher wohl unerläßlich.

5. Unser Modell ist sehr einfach gewählt, zeigt aber trotzdem das grundlegende Prinzip auf. Man kann sich jetzt alle möglichen Erweiterungen und Variationen vorstellen, angefangen von komplizierteren

Verarbeitungsvorschriften bis hin zu Rückkopplungen, bidirektionalem Informationsfluß und so weiter. Es scheint aber, daß schon die einfachen Netze gut genug funktionieren.

Das einzige, was an dieser Methode wirklich verblüfft, ist, daß sie überhaupt funktioniert. Wenn so ein Netz erst einmal ein Muster gelernt hat, dann ist es ziemlich robust und kann noch relativ starkes Rauschen in der Vorlage gut verkraften.

6. Die Entwicklung steckt noch in den Kinderschuhen, und es gibt deshalb mehr offene Fragen als Antworten. (Wahrscheinlich kennen wir noch nicht einmal die wirklichen Fragen.) Wie sollen zum Beispiel Hinweise interpretiert werden, daß die Einführung von Zufallsprozessen die Funktion von Netzen nicht stört, sondern — insbesondere in der Lernphase — eher zu fördern scheint?

Tatsächlich findet hier eine wechselseitige Befruchtung zwischen Informatik und Biologie statt (siehe [6]). Von der Neurophysiologie hat man abgeguckt, daß ein hoher Grad an Vernetzung zusammen mit dem Trick der Aktivatoren und Inhibitoren komplexe Prozesse steuern kann. Umgekehrt kann die Informatik durch Simulationen, durch Ideen über Rückkopplung und zeitabhängige Zustandsveränderung zur Gestaltung der biologischen Modelle beitragen.

Offensichtlich bahnt sich hier aber keine Alternative zu unseren klassischen Rechnern an. Denn wohldefinierte Aufgaben wie Addieren und Multiplizieren, Vergleichen und Sortieren lösen diese um Größenordnungen besser. Wir erhalten wohl eher eine wichtige Ergänzung zu den Rechnern: Zusatzgeräte, die dort ihre Stärken haben, wo die anderen schwach sind.

An der University of Southern California gibt es einen Roboter, der selbständig über den Campus fährt. Ein traditioneller Rechner bestimmt mit klassischen graphentheoretischen Algorithmen den groben Weg, und ein neuronaler Computer übernimmt die Feinsteuerung zum Ausweichen vor Hindernissen etc.

Ob Computer jemals wie Menschen denken werden? Über die Zukunft mag jeder spekulieren, wie es ihm gefällt. Heute können sie's jedenfalls noch nicht — und mit neuronalen Netzen sind wir der Antwort auf diese Frage auch nicht nähergekommen.

12.9 Bilanz

Im rein sequentiellen Ein-Prozeß-Design war die Welt noch einfach, klar und heil. Es war noch nicht einmal so wichtig, ob die Algorithmen nun applikativ oder imperativ geschrieben wurden, oder ob die Entwürfe funktions- oder objektorientiert aussahen — letztlich konnte man doch immer das eine auf das andere zurückführen. Mit anderen Worten, die unterschiedlichen Konzepte erwiesen sich letzten Endes doch immer nur als verschiedene Sichten auf den gleichen Gegenstand.

Wieviel schlimmer stellt sich dagegen die verteilte Welt dar. Hier treffen wir eine Fülle von unterschiedlichsten Variationen, Modellen und Begriffen an, die sich teilweise auch nicht einmal problemlos aufeinander zurückführen lassen — oder wenigstens anständig miteinander kombiniert werden können. Wir müssen, jedenfalls für den Augenblick, damit leben, daß wir es mit einer ganzen Menagerie von Archetypen zu tun haben, die uns immer wieder echte Entwurfsentscheidungen abverlangen.

Es ist eben leichter, einen Elefanten zu zähmen als einen ganzen Ameisenhaufen. Aber vielleicht ist das ja nur eine Frage der Zeit und unserer Erkenntnisfähigkeit ...

Referenzen

[1] *Andrews, G.R., Schneider, F.B.:* Concepts and Notations for Concurrent Programming. ACM Comp. Surveys 15, 1 (1983), S. 3-44.

[2] *Duncan, R.:* A Survey of Parallel Computer Architectures. IEEE Computer 23, 2 (1990), S. 5 – 17.

[3] *Herrtwich, R.G., Hommel, G.:* Kooperation und Konkurrenz. Springer, Berlin 1989.

[4] *Hoare, C.A.R.:* Communicating Sequential Processes. Prentice Hall, New York 1985.

[5] *Hwang, K., Briggs, F.A.:* Computer Architecture and Parallel Processing. McGraw-Hill, New York 1984.

[6] *Küppers, B.-O. (Hrsg.):* Ordnung aus dem Chaos. Prinzipien der Selbstorganisation und Evolution des Lebens. Piper, München 1987.

[7] *Oberschelp, W., Vossen,G.:* Rechneraufbau und Rechnerstrukturen. Oldenbourg, München 1989.

[8] *Quinn, M.J.:* Algorithmenbau und Parallelcomputer. McGraw-Hill, Hamburg 1987.

[9] *Reisig, W.:* Petri-Netze — Eine Einführung. Springer, Berlin 1986.

[10] *Röhrich, J.:* Parallele Systeme. Informatik-Fachberichte 117. Springer, Berlin 1986.

13. Rechneraufbau und Betriebssysteme

Waren sie schon einmal seekrank? Das Schlimmste daran ist, daß es nirgends einen stabilen Punkt gibt, an dem das Auge sich festhalten könnte, mit dem die Weltordnung sich wieder herstellen ließe.

Genauso schwankend scheint vielen das technische Fundament der Informatik geworden zu sein, seit die klare Einteilung in „Hartes" und „Weiches", in Geräte und Programme, in solides Ingenieurshandwerk und leicht anarchische Programmierkunst verlorengegangen ist. Wir hören von Vorschlägen, Dateien nicht mehr als Dateien zu sehen, sondern als „Erweiterungen des virtuellen Adreßraums". Und man berichtet uns von „Silicon-Compilern", die Software in Chipdesign umsetzen.

Das Verfließen der Grenzen zwischen Soft- und Hardware ist ein durchgängiges Phänomen der Informatik. Es findet sich bei der Steuerung von Robotern ebenso wie bei der Gestaltung von Bildschirmarbeitsplätzen, es tritt uns bei der Signalverarbeitung ebenso entgegen wie bei Informationssystemen. Und Ideen wie neuronale Netze lösen die Unterscheidung endgültig auf.

Am klarsten erfahrbar wird dieser Trend an der klassischen Schnittstelle zwischen Soft- und Hardware, nämlich dem Zusammenspiel zwischen Rechnerorganisation und Betriebssystem. Deshalb wählen wir diesen Bereich als Phänotypus für unsere Erörterung der Integration von Soft- und Hardwarekonzepten.

Damit ist auch klar, daß wir eine relativ abstrakte Sichtweise der Dinge anstreben. Technische Details des einen oder des anderen Rechners interessieren uns ebensowenig wie Feststellungen der Art, daß Betriebssystem A mit der Technik X arbeitet, während man bei B auf den Trick Y verfallen ist. Schließlich wollen wir nur den „Grundlagen der Informatik" ein weiteres Kapitel hinzufügen und nicht ganze Bücher mit Spezialwissen füllen.

13.1 Das System aus Benutzersicht

Wir wollen uns dem Problem zunächst aus der Sicht eines PC- oder Workstation-Benutzers nähern. Aber auch am Terminal eines großen Mehrbenutzersystems — wie etwa bei Platzbuchungssystemen von Fluggesellschaften — stellt sich die Situation nicht wesentlich anders dar.

13.1.1 Das Terminal

Der Benutzer sieht den Rechner durch das Terminal hindurch.

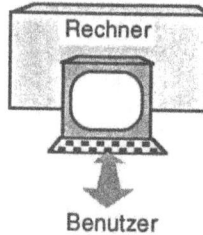

1. Das *Objekt Terminal* hat also einen Zustand, der sich im wesentlichen im augenblicklichen Bildschirminhalt manifestiert.

Dem Menschen bietet es folgende Arten von Methoden an:

* Zeichen über die *Tastatur* eingeben (die dann im allgemeinen sofort auf dem Bildschirm gezeigt werden);
* mit der *Maus* einzelne Punkte oder ganze Flächen auf dem Bildschirm markieren (anklicken).

Dem Rechner bietet das Terminal folgende Methoden an:

* Übermitteln der (zuletzt) eingegebenen Tastaturzeichen bzw. der Mausposition;
* Setzen des „Cursors" auf eine Bildschirmposition;
* Empfangen von Daten zur Ausgabe auf dem Bildschirm.

Natürlich gäbe es hier noch viele Details auszuarbeiten, zum Beispiel zeitliche Abhängigkeiten zwischen der Eingabe auf der Tastatur und dem Empfang der Daten durch das System, was zumindest bei interaktiven Anwendungen (Textverarbeitung, Graphik, ...) eine entscheidende Rolle spielt.

Außerdem sollten wir uns immer gegenwärtig halten, daß bei heutigen Systemen „Ausgabe auf dem Bildschirm" fast immer graphische Elemente enthält, also relativ aufwendig ist und eine Fülle von Einzelmethoden verlangt.

2. Bei genauerem Hinsehen müssen wir aber erkennen, daß diese Sichtweise viel zu technologiefixiert und oberflächlich ist. Ein Terminal ist nämlich nicht einfach bloß ein Terminal; es ist vielmehr ein Gerät, das in viele *Rollen* schlüpfen kann.

Um das zu sehen, müssen wir uns vor Augen führen, daß wir über das eine Terminal mit einer Vielzahl von Programmen (genauer: Prozessen) kommunizieren. Und wenn ein 'd' in dem einen Programm *Duplicate Graphic* bedeutet, dann kann es in dem anderen *Delete File* heißen, während es in einem dritten einfach dem laufenden Text den Buchstaben *d* hinzufügt.

Wir haben also die Situation, daß wir zwar im allgemeinen nur ein Terminal haben, daß wir es aber in verschiedenen *Rollen* sehen müssen.

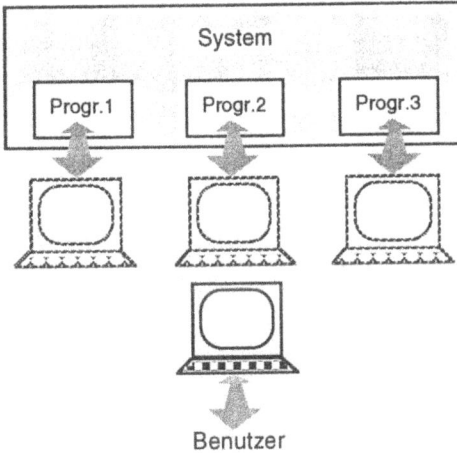

Bildhaft ausgedrückt können wir sagen, daß jedes Programm seine charakteristische „Färbung" hat, und daß das Terminal wie ein Chamäleon seine Farbe dem jeweiligen Programm anpaßt. Und dann ist ein „gelbes" *d* eben etwas anderes als ein „grünes" *d*, und ein „roter" Mausklick auf Position *x* hat eben einen anderen Effekt als ein „blauer" Mausklick an derselben Stelle.

Dem Benutzer ist dieses Rollenspiel meistens intuitiv klar — zumindest nach einer gewissen Einarbeitungsphase. Und er denkt im allgemeinen auch in den Kategorien der jeweiligen Rolle und nicht in den technischen Dimensionen des Terminals. Besonders deutlich wird das zum Beispiel bei den sogenannten *Pull-down-Menüs* graphischer Schnittstellen. In einer Situation wie

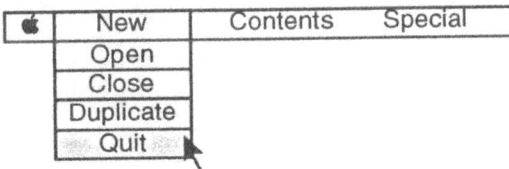

sieht der Benutzer nur, daß er jetzt das laufende Programm beenden will, und nicht, daß er einen Mausklick auf Position <387, 221> ausgelöst hat.

3. Alle modernen Graphikterminals unterstützen sogenannte *Fenstersysteme*. Das bedeutet letztlich nichts anderes, als daß auf einem realen Bildschirm mehrere *virtuelle Bildschirme* simultan da sind, entweder nebeneinander oder auch teilweise überlappend.

In unserer Terminologie des Rollenspiels heißt das, daß jede Rolle zu einem Fenster gehört. Das hat zwei Vorteile: Zum einen kann der Benutzer mehrere der Rollen, mit denen er es zu tun hat, gleichzeitig sehen (statt sie sich alle merken zu müssen, was erfahrungsgemäß kaum machbar ist). Und zum anderen bedingt ein Rollenwechsel nicht das Umdefinieren des ganzen Bildschirms, sondern nur die Aktivierung einer anderen Region.

Offensichtlich gäbe es jetzt noch eine unendliche Fülle von Variationen, Kreationen und Animationen zu betrachten. Aber für unsere Zwecke reicht eine solche abstrakte Skizze der grundlegenden Ideen völlig aus. Deshalb wollen wir uns auch nicht weiter in technischen Details verlieren.

13.1.2 Die Systemoberfläche (Shell)

Aus Benutzersicht zerfallen die Programme in zwei Kategorien:

1. Die erste Kategorie umfaßt diejenigen *Programme, mit denen wir direkt kommunizieren* (die also insbesondere selbst die Rolle festlegen, in der uns das Terminal gegenübertritt). Hierher gehören vor allem die Anwendungsprogramme, aber auch Dienstprogramme, wie zum Beispiel Editoren, Compiler, Textsysteme, Electronic mail etc.

2. In der zweiten Kategorie liegen Programme, die zum *Betriebssystem* gehören, deren Dienste aber — zumindest teilweise — auch vom Benutzer direkt in Anspruch genommen werden können. Typische Beispiele sind hier Datei- oder Netzdienste.

Diese Dienste erschließt sich der Benutzer über eine einheitliche Systemschnittstelle, die **Kommandosprache** (in UNIX **Shell** genannt).

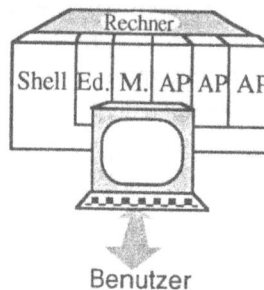

Benutzer

Die Kommandos werden dabei entweder textuell in der Art

rm DateiA

formuliert, oder graphisch ausgedrückt, indem etwa mit der Maus auf dem Bildschirm das Symbol (die Ikone) für *DateiA* angeklickt und dann zu einem anderen Symbol namens *Papierkorb* gezogen wird: In beiden Fällen wird die Methode *Lösche(DateiA)* des Objekts *Dateiverwaltung* aktiviert.

Es ist offensichtlich aussichtslos, hier die verschiedenen Betriebssystemdienste auch nur annähernd auflisten zu wollen; deshalb müssen einige charakterische Beispiele genügen.

- *Starten* eines Programms: Durch die *Shell* können wir veranlassen, daß ein Programm gestartet wird. Dabei kann es sich sowohl um Dienste handeln, wie Editoren, Compiler oder Electronic mail, als auch um Anwendungsprogramme.

- *Dateidienste*: Das Kreieren, Löschen oder Kopieren von Dateien gehört zu den Standarddiensten eines Betriebssystems. (Darüber werden wir gleich noch mehr reden müssen.)

- *Kommunikationsdienste:* Bei vernetzten Rechnern lassen sich Verbindungen zu anderen Rechnern herstellen, einzelne Nachrichten oder ganze Dateien können verschickt und empfangen werden, ja es ist sogar möglich, vom Terminal des einen Rechners aus Programme auf einem anderen Rechner laufen zu lassen.

- *„Schreibtisch-Hilfen":* Auf kleinen, graphisch orientierten PCs ist die sogenannte *Schreibtisch-Metapher* populär geworden: Der Bildschirm simuliert wesentliche Objekte eines Schreibtisches; diese reichen von Notizblöcken über Telephonregister und Terminkalender bis hin zu Taschenrechnern.

13.2 Wer darf mitspielen?

Eine wichtige Aufgabe des Betriebssystems liegt im Bereich der *Sicherheitsaspekte*. Wir wollen dazu das Wirken des Betriebssystems einmal als *Spiel* ansehen. Dann müssen wir uns fragen, wer die *Mitspieler* sind, und nach welchen *Regeln* gespielt wird.

13.2.1 Benutzer und Befugnisse

Die offensichtlichste Gruppe von Mitspielern sind die menschlichen *Benutzer*, die am Terminal (oder einem anderen Eingabegerät) sitzen und mit dem System arbeiten. Aber nur bei kleinen PCs ist das jeweils die Person, die unmittelbar vor dem Rechner sitzt. Beim heutigen Stand der internationalen Vernetzung kann es ebensogut sein, daß zum Beispiel mein Berliner Rechner von einem Kollegen benutzt wird, der sich von Kalifornien aus durchgeschaltet hat (toll!), oder von einem Hacker, der von Hamburg aus eingedrungen ist (nicht so toll).

Es gibt verschiedene Möglichkeiten, *unbefugte Benutzer* fernzuhalten. Als erstes kann man den Zugang zum Rechner selbst verhindern, indem man das Zimmer absperrt, in dem er steht. (Bei kleinen PCs ist das auch so ziemlich der einzige Schutz.) In Hochsicherheitsbereichen — zum Beispiel bei Banken etc. — gibt es außerdem noch Codekarten oder Schlüssel für die einzelnen Terminals.

Aber bei vernetzten Rechnern hilft das alles offensichtlich nicht sehr viel. Deshalb brauchen wir neben mechanischen Schutzmaßnahmen auch *elektronische Sicherungen.* Und die werden im Betriebssystem durch das Objekt *Benutzer-Verwaltung* übernommen.

Jeder berechtigte Benutzer hat ein ***Benutzerkennzeichen*** und ein geheimes ***Paßwort***, die er beide angeben muß, wenn er die Arbeit mit dem Rechner aufnimmt. (Und die Anekdoten sind Legion, in denen sich der leichtfertige Umgang mit Paßworten als die Achillesferse des gesamten Schutzmechanismus erweist.)

Wenn die Anmeldung vom System akzeptiert wird, erhält der Benutzer seine *interne Identifikation* (die sogenannte *User-Id*), die fortan sein Ticket für den Zugang zu den Systemdiensten ist. Das heißt, jedem Benutzer sind eine Reihe von ***Befugnissen*** zuerkannt; sie legen fest, welche Systemdienste er in Anspruch nehmen darf und welche nicht.

In aufwendigeren Systemen werden diese Befugnisse tatsächlich in Listen (sogenannten *Capability lists*) geführt, also zum Beispiel

Capability(Benutzer 1) =
   { <Datei A: *Lesen, Schreiben, Löschen*>,
     <Datei B: *Lesen, Kopieren*>,
     <Drucker: *Schreiben*>, ... }.

Beachte, daß auch Programme und Betriebssystemdienste in diesen Listen aufgeführt sein können, wodurch auch hier unbefugte Benutzung verhindert wird.

Da aber sowohl Benutzerkreis als auch Dienstangebot starken dynamischen Änderungen unterworfen sind, treten hier große Effizienzprobleme auf, wenn die Listen immer auf dem Laufenden sein sollen. Deshalb zieht man sich häufig auf schlichtere Modelle zurück, die meistens auf Hierarchien basieren. In UNIX orientiert man sich zum Beispiel an der in der Informatik üblichen Teamarbeit und sieht drei Stufen vor: Den *Benutzer* selbst, seine *Gruppe* und den Rest der *Welt*.

Daß das ein allzu grobes Raster ist, zeigt das folgende Beispiel: In einem Krankenhaus müssen die Ärzte Patientendaten abrufen und eintragen können; dazu brauchen sie Zugriff auf die entsprechenden Dateien. Aber sie sollten tunlichst die Finger von der Verwaltung dieser Dateien lassen, also vom Anlegen der Sicherungskopien, vom Löschen veralteter Versionen, vom Kompaktifizieren etc. Für diese Tätigkeiten ist der Systemoperateur zuständig. Der muß also nahezu alles mit den Dateien machen können — außer ihren Inhalt zu lesen oder zu ändern.

13.2.2 Objekte und Zugriffsrechte

Wir können die obige Situation auch dual ansehen: Zu jedem Objekt (Programm, Datei etc.) im System geben wir die Liste der legalen Benutzer mit ihren jeweiligen Rechten an, also zum Beispiel

AccessList(Datei A) =
  { <Benutzer 5: *Lesen*>,
    <Benutzer 7: *Löschen, Schreiben*>, ... }

UNIX folgt im Prinzip dieser Idee, verkürzt die Liste aber auf drei Einträge je Datei: Rechte des *Eigentümers*, der *Gruppe* und des Rests der *Welt*.

Befugnisse auf der einen und Zugriffsrechte auf der anderen Seite sind keine Alternativen, sondern ergänzen einander: Nehmen wir einmal an[1], unser System stellt den armen gestreßten Benutzern zur Entspannung auch ein Spiel namens *Competition* zur Verfügung. Dazu gehört eine Datei namens *Scores*, in der die jeweils zehn besten Spieler eingetragen sind.

Jeder Spieler muß also grundsätzlich schreibend auf die Datei *Scores* zugreifen können, aber natürlich nur über das Spiel *Competition* und nicht etwa über den Editor; denn letzteres würde beliebige Fälschungen erlauben. (Während so etwas bei einem Spiel bloß unfair ist, wäre es etwa bei der Kontendatei einer Bank geradezu fatal.)

Andersherum wird das Problem aber mindestens ebenso bedrohlich: Während ein Spieler sich mit *Competition* vergnügt, ist sein ganzer Bereich offen. Wenn nun ein böser Hacker im Code dieses Spiels üble Machenschaften versteckt hat (im Jargon „Trojan horses" genannt), kann er beträchtlichen Schaden anrichten.

Die Konsequenz dieser Beobachtungen ist klar: Nicht nur Benutzer werden mit den Befugnis- bzw. den Zugriffslisten verbunden, sondern auch einzelne Programme. (UNIX löst dieses Problem mit einem Trick: Programme können wie Pseudobenutzer behandelt werden, so daß der echte Benutzer während der Laufzeit eines solchen Programms eine andere Identität annimmt — eine Lösung mit großen Schwächen, über die man immer wieder Amüsantes in der Zeitung nachlesen kann.)

Jetzt werden nur noch solche Rechte gewährt, die sowohl der Benutzer als auch das individuelle Programm haben. In unserem Beispiel bedeutet das: Das Spiel *Competition* hat in seiner Befugnisliste nur {<*Scores*: Schreiben, Lesen>}, kann also auf keinerlei Benutzerobjekte zugreifen. Und die Datei *Scores* hat in ihrer Zugriffsliste ausschließlich {<*Competition*: Schreiben, Lesen>}, kann also von keinem anderen Programm benutzt werden. (Das ist natürlich ein bißchen weltfremd; in der Praxis müßte man zumindest noch dem Systemmanager erlauben, das Spiel und seine Dateien wegzuwerfen.)

Es ist klar, welch zentrale Rolle die Befugnis- und Zugriffslisten sowie die Benutzerverwaltung hier spielen. Deshalb müssen alle relevanten Daten in diesen Bereichen verschlüsselt sein. (Hier auf die

---

1 Dieses Beispiel wurde von O.C. Kowalski und H. Härtig angegeben.

entsprechenden kryptographischen Techniken einzugehen, verbietet allerdings der Platz.)

13.2.3 Benutzer, Programme und Prozesse

Mit der Übersicht über die Benutzer haben wir das Problem der Mitspieler aber nur zum Teil gelöst. Das Bild ist wesentlich filigraner.

Jeder Benutzer verfügt im allgemeinen über mehrere Programme, die er laufen lassen kann — unter Umständen sogar gleichzeitig. Und jedes Programm kann wiederum aus mehreren Komponenten bestehen, die ebenfalls parallel ablaufen. Mit anderen Worten, zu einem Benutzer gehören im allgemeinen eine ganze Reihe von *Prozessen* (siehe Kapitel 12.2.1), die unter seiner Verantwortung im Rechner ablaufen. Wir werden nicht umhin kommen, alle diese Prozesse als Mitspieler ins Kalkül zu ziehen.

Die Sache wird noch dadurch kompliziert, daß es Prozesse gibt, für die kein Benutzer die Verantwortung trägt. Ein typisches Beispiel ist „elektronische Post": Mein kalifornischer Kollege kann mir über das internationale Netz eine Nachricht schicken; das macht ihn natürlich noch nicht zum Benutzer meines Rechners. Trotzdem muß die Nachricht entgegengenommen werden, auch wenn ich selbst gerade nicht am Terminal sitze. Diese Aufgabe übernimmt der *Mailserver*, ein Objekt aus dem Betriebssystem. Und dieser Prozeß läuft ab, ohne daß ein Benutzer unmittelbar für ihn die Verantwortung hat. (Der Einheitlichkeit halber können wir solchen Prozessen — die vorwiegend aus dem Betriebssystem selbst stammen — einen Pseudobenutzer wie „System" zuordnen.)

Damit können wir also das folgende uniforme Modell für das „Spiel" *Betrieb eines Rechners* konzipieren:

- Mitspieler sind grundsätzlich *Prozesse*.
- Durch die Anmeldung im System („*Login*") etabliert der Benutzer seinen *Urprozeß*. Falls die Anmeldung illegal ist, wird dieser Urprozeß sofort wieder annulliert; ansonsten wird er mit allen Befugnissen des Benutzers ausgestattet (die unter Umständen bloß in einer Identifikationsnummer codiert sind).
- Es gibt auch andere *Urprozesse* wie zum Beispiel den *Mailserver* und ähnliche Systemdienste, die sich nicht von einem Benutzer herleiten; auch diese haben ihre genuinen Befugnisse.

Alle Prozesse, ob Urprozesse oder Abkömmlinge, ob benutzerabhängig oder systemintern, müssen sich dann an die folgenden Regeln halten:

- Zugriffe auf Dateien etc. werden nur gewährt, wenn aus den Befugnissen die Zugriffsrechte folgen.
- Wenn ein Prozeß die Ausführung eines neuen Programmes veranlaßt, so kreiert er damit einen neuen Prozeß, der sein

Abkömmling ist. Als Befugnisse hat dieser Abkömmling im allgemeinen gerade das, was *sowohl* der alte Prozeß *als auch* das neue Programm erlauben. (Wie wir oben gesehen haben, kann es da aber auch schärfere Restriktionen geben).

• Zwischen verschiedenen Prozessen kann es Kommunikationen geben — sofern die jeweiligen Befugnisse und Zugriffsrechte das erlauben. Das muß auf jeden Fall für Prozesse und ihre Abkömmlinge gelten, ist aber auch für die Interaktion zwischen Benutzerprozessen und Systemdiensten unerläßlich.

Vor diesem Hintergrund wollen wir uns jetzt der internen Struktur von Betriebssystemen und Rechnern zuwenden.

13.3 Das System aus technischer Sicht

Bei der technischen Realisierung von Rechensystemen plagen uns vor allem zwei Schwierigkeiten: Die gigantische Größe, die solche Systeme typischerweise erreichen, und das subtile Zusammenspiel zwischen Betriebssystem- und Rechnerarchitektur.

13.3.1 Hardware oder Software?

Traditionell arbeitete man mit einem „Schalen–" oder „Schichtenmodell": Der Benutzer sieht den Rechner nur durch den Filter des *Anwendungsprogramms*; dieses selbst (also eigentlich sein Programmierer) sieht den Rechner nur durch den Schirm des *Betriebssystems*; und das Betriebssystem hat seinerseits weitere Schalen, deren innerste der sogenannte *Nukleus* (oder *Kern*) ist. Und erst hinter dieser Schicht kommt der wirkliche *Rechner.*

Doch ist diese Sicht wirklich adäquat? Zumindest müssen wir einräumen, daß die Schalen Lücken haben: Bildschirm, Tastatur, Maus und Drucker sind offensichtlich Teile der Hardware, und doch sind sie für den Benutzer im wahrsten Sinne des Wortes „faßbar". Das gleiche gilt für Disketten. Und Festplatten sind zwar nicht direkt greifbar, aber in ihrer Existenz doch erkennbar.

Wenn eine Theorie zu viele Ausnahmen hinnehmen muß, sollte man sie durch eine andere Theorie ersetzen, die weniger Ausnahmen braucht. Diese Feststellung trifft Karl Popper [7] zwar für (natur-)wissenschaftliche Theorien im allgemeinen, sie gilt aber ebenso für unsere Theorie der Struktur von Rechensystemen.

13.3.2 Schichten von Systemobjekten

Wieder einmal bietet sich hier die „objektorientierte" Sichtweise als Ausweg an[1]. Denn *Objekte* sind bei uns Konzepte einer so allgemeinen und abstrakten Natur, daß wir sie sowohl auf Softwareebene — zum Beispiel zur Darstellung von kommunizierenden Prozessen (siehe Kapitel 12) — als auch auf Hardwareebene — zum Beispiel zur Darstellung von Terminals oder Speichern (siehe Kapitel 9.5) — einsetzen können. Und genau diese Universalität wollen wir im folgenden ausnutzen, um zu einer einheitlichen Sichtweise von Rechnern, Betriebssystemen und ihrer Interaktion zu gelangen.

Das folgende Bild soll die Situation veranschaulichen:

- Auf der obersten Ebene liegen *Programme, mit denen der Benutzer unmittelbar* zu tun hat; für jedes dieser Programme schlüpft das Terminal daher auch in eine andere „Rolle" (oft genug zum Leidwesen des verwirrten Benutzers).

- In der zweiten Schicht liegen *allgemeine Dienste*, die weitgehend unabhängig von der Hardware sind, aber auch vom Benutzer höchstens indirekt wahrgenommen werden.

- Die Objekte der dritten Schicht stellen die *Verbindung zur Hardware* her, also zum Rechner selbst sowie zu den peripheren Geräten wie Terminal, Drucker, Platte, Diskette, Band etc. Diese Objekte haben die Aufgabe, den Rest des Betriebssytems von den Eigenheiten der spezifischen Hardwareteile möglichst abzuschirmen; selbst sind sie aber sehr stark von diesen Eigenheiten abhängig.

- Der *Nukleus* spiegelt unsere Einsicht wider, daß dieses Schichtenmodell zwar eine wichtige konzeptuelle Orientierungshilfe ist, in der praktischen Umsetzung aber ergänzt werden muß. Denn die diversen Objekte, mit denen wir es hier zu tun haben, müssen in vielfältiger Weise miteinander kommunizieren — und das auch über Schichtengrenzen hinweg. Wir haben das im Bild dadurch angedeutet, daß die Kommunikationswege alle Objekte des Betriebssystems miteinander verbinden. Die konkrete Realisierung

---

[1] Um es noch einmal zu wiederholen: Diese konzeptionelle Sichtweise hat nur bedingt mit dem allgegenwärtigen Modewort der „objektorientierten Programmierung" zu tun. Wir haben eigentlich nur die Terminologie gestohlen (das aber aus gutem Grund), um damit viele altbekannte Konzepte der Informatik einheitlich zu beschreiben (siehe Kapitel 7.1.1 und 8).

dieser Prozeßverwaltung und Kommunikation ist die zentrale Aufgabe des Nukleus; als Schlagwort:

Nukleus = Implementierung der Prozeßinteraktion.

- Das Fundament des Entwurfs stellt dann natürlich der *Rechner* selbst dar. Aber auch diese Schicht können wir wieder in einzelne Objekte zerlegen, die jetzt allerdings als Hardware oder als „Mikroprogramme" realisiert sind. Auch die Kommunikationswege sind auf dieser Ebene echte Leitungen (sogenannte *Busse*) und nicht mehr softwaremäßige Simulationen.

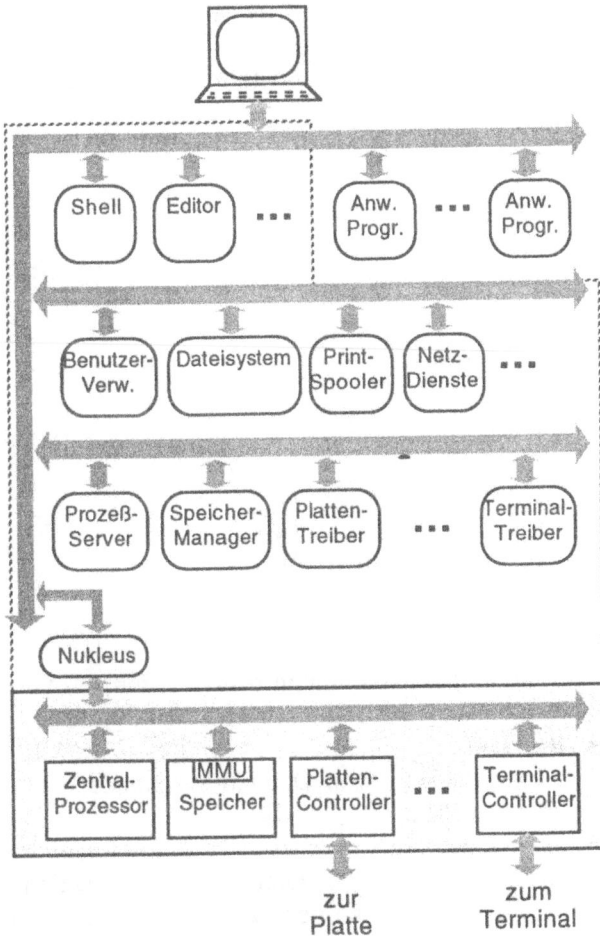

Es wäre offensichtlich von vornherein hoffnungslos, wenn wir diesen ganzen Entwurf in all seinen Einzelheiten erörtern wollten. Wir müssen uns daher auf exemplarische Skizzen beschränken. Dazu greifen wir Themen heraus, die wir jeweils vertikal *durch die Schichten hindurch verfolgen.*

313

13.4 Platten und Dateien

Stellvertretend für alle anderen peripheren Geräte wollen wir uns mit *Platten* und ihrer Organisation befassen. Dabei müssen wir folgende Aspekte klar auseinanderhalten:

- *Platten* sind *physische Datenträger* (mit der erfreulichen Eigenschaft, daß ihre Information auch nach dem Abschalten des Stromes erhalten bleibt — jedenfalls solange kein großer Magnet in ihre Nähe kommt).

- Das *Dateisystem* liefert die *logische Struktur*, in der die Daten auf der Platte organisiert sind.

Im folgenden wollen wir die hier relevanten Aspekte kurz skizzieren; wir befassen uns also mit folgendem vertikalen Ausschnitt aus dem Gesamtsystem:

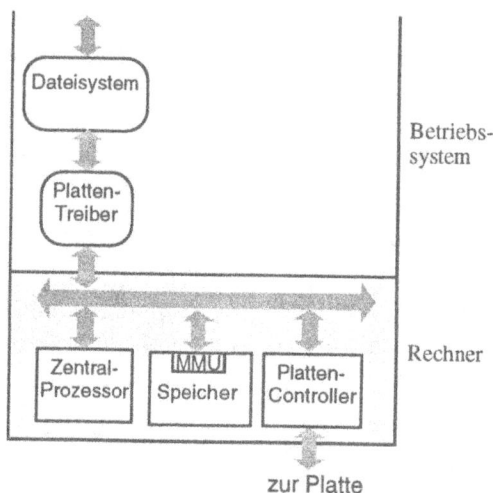

zur Platte

Wenn wir uns mit Dateisystemen befassen, müssen wir offensichtlich zwei Themen behandeln:

- Was ist eine Datei?
- Wie wird eine Vielzahl von Dateien systematisch und halbwegs überschaubar verwaltet?

Zum ersten Thema begnügen wir uns für den Augenblick mit dem Gemeinplatz, daß eine *Datei* ein Objekt ist, in dem Daten aufbewahrt werden, und zwar im allgemeinen über einen längeren Zeitraum hinweg. Damit können wir uns dann zunächst dem zweiten Thema zuwenden: der Verwaltung großer Dateikollektionen.

13.4.1 Verwaltung von Dateien: Directories

Selbst in kleinen PCs mit nur einem Benutzer wird die Zahl der existierenden Dateien schnell unüberschaubar groß. Dieser Effekt verstärkt sich in Umgebungen mit vielen Benutzern noch beträchtlich; vor allem hat man sofort Probleme mit gleicher Namensgebung für unterschiedliche Dateien.

In nahezu allen Systemen wird deshalb die Möglichkeit angeboten, die Dateimenge zu organisieren. Und fast immer ist die Organisationsform *hierarchisch* aufgebaut; denn erstens ist das übersichtlich, und zweitens unterstützt es die übliche Teamstruktur unter den Benutzern.

In der UNIX-Tradition wird (das Verzeichnis für) eine Zusammenfassung mehrerer Dateien als **Directory** bezeichnet. Der entscheidende Trick besteht dann darin, daß diese *Directories* selbst wieder Dateien sind, wodurch sofort eine Hierarchie von beliebig geschachtelten *Subdirectories* entsteht. Und an der Spitze dieser Hierarchie steht die *root-Directory* (die natürlich nur dem Systemmanager zugänglich ist):

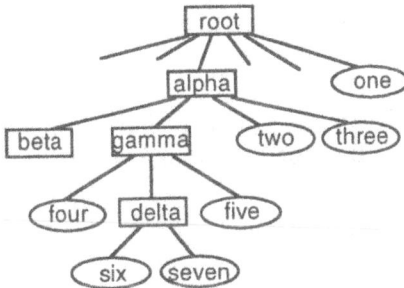

In Systemen mit graphischen Oberflächen hält man sich gerne an die Schreibtisch-Metapher und spricht von **Ordnern** (engl: *folder*) anstelle von Directories. Der obige Strukturausschnitt könnte auf dem Bildschirm dann etwa so aussehen:

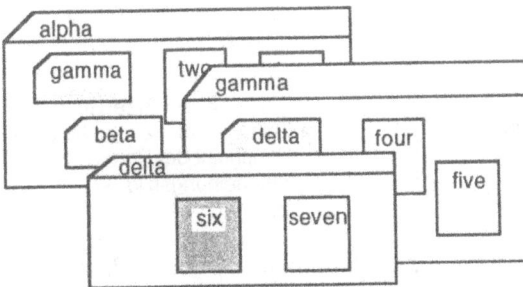

Das *Ansteuern* einer Datei geschieht in diesen graphischen Systemen durch das sukzessive *Anklicken* der jeweiligen Symbole auf dem Bildschirm. In UNIX-orientierten Systemen gibt es dazu sogenannte **Pfadnamen** wie zum Beispiel:

/alpha/gamma/delta/six.

315

Und natürlich gibt es auch das Konzept der „aktuellen Directory" und Befehle wie *Change Directory*, damit man nicht unentwegt die ganzen, im allgemeinen doch sehr länglichen Pfadnamen anzugeben braucht.

In etwas ausgefeilteren Systemen gibt es auch die Möglichkeit, *Dateien mehreren Directories gemeinsam zuzuordnen.* Das führt dann zu Situationen wie

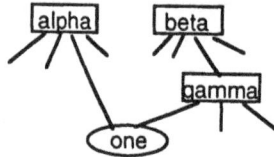

Hier ist die Datei *one* (die auch eine Directory sein könnte) über die zwei Pfade /alpha/one und /beta/gamma/one erreichbar. Das ist besonders wichtig, wenn Dateien für mehrere Benutzer zugänglich sein sollen.

13.4.2 Dateien

Wir hatten *Dateien* als Objekte charakterisiert, in denen Daten aufbewahrt werden. Ihr *Inhalt* kann nahezu beliebig sein: Texte, Graphiken, Meßdaten, ausführbare Programme — eben alles, was sich letztendlich in Bitfolgen verschlüsseln (digitalisieren) läßt, und was durch die vorhandenen Programme erzeugbar und — hoffentlich — auch wieder verarbeitbar ist.

1. Es ist üblich, den Dateien neben ihrem eigentlichen Inhalt noch weitere Informationen mitzugeben; wir nennen diese Zusatzinformationen hier Datei-*Deskriptoren*. (Der Deskriptor ist entweder Bestandteil der Datei selbst, oder er ist im Directory für die Datei eingetragen.)

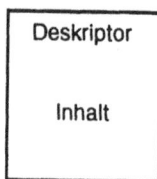

Einige dieser Charakteristika sind selbsterklärend, andere benötigen eine kurze Erläuterung:

- Der *Eigentümer* ist im allgemeinen der Benutzer, der die Datei kreiert hat. Wie wir in Abschnitt 3 gesehen haben, können das aber auch andere Prozesse sein.
- Die *Zugriffsrechte* legen fest, wer was mit der Datei tun darf (siehe Kapitel 13.2).
- Der *Dateityp* umfaßt im wesentlichen interne Informationen, also z.B. in welcher Form die Datei auf der Platte abgelegt ist, welche

Zugriffsarten möglich sind, ob es sich beim Inhalt um Text handelt, um ausführbaren Code, um beliebige Daten etc.

- Das *Erscheinungsbild* ist bei graphisch orientierten Systemen wichtig; hier kann zum Beispiel angegeben werden, mit welcher Ikone die Datei auf dem Bildschirm symbolisiert wird, und in welchem Schrifttyp der Name gezeigt wird.

2. Ein Objekt ist bekanntlich nicht allein durch seine möglichen Zustände charakterisiert, sondern auch durch seine Methoden. Also müssen wir auch für Dateien die wesentlichen *Operationen* betrachten. Diese Operationen zerfallen in zwei Kategorien. Die einen behandeln eine Datei als Ganzes, ohne ihre interne Struktur zu berücksichtigen:

Create	... erzeugt eine Datei.
Delete	... löscht die Datei.
Open	... gewährt Zugriff auf die Datei.
Close	... gibt die Datei frei.
Copy	... dupliziert die Datei.
Rename	... gibt der Datei einen neuen Namen.
...	

Jede dieser Operationen benötigt natürlich noch entsprechende Parameter; für *Create* braucht man zum Beispiel einen Namen, den Dateityp, die Zugriffsrechte etc. Außerdem ist die obige Liste natürlich nicht vollständig; so hat man im allgemeinen noch verschiedene Möglichkeiten, die Deskriptoreinträge zu ändern, angefangen vom Eigentümer über die Zugriffsrechte bis hin zu den Ikonen des Erscheinungsbildes.

Die zweite Gruppe von Operationen hängt stark von der internen Dateiorganisation ab, weil hier mit dem Inhalt gearbeitet wird:

Read	... liest die nächsten Daten aus der Datei.
Write	... schreibt Daten in die Datei.
Seek	... positioniert in der Datei.

Um die Funktionsweise dieser Operationen zu verstehen, müssen wir kurz auf die interne Organisation von Dateien eingehen.

3. Aus *konzeptioneller Sicht* ist eine Datei eine *Sequenz von Bytes* oder eine *Sequenz von Blöcken* einer festen Länge, üblicherweise zwischen 128 Bytes und 4 KBytes. (Bytesequenzen finden wir etwa bei UNIX, Blöcke bei CP/M.) Zusätzlich gibt es noch eine *aktuelle Position* innerhalb der Sequenz.

Zum *Lesen* aus der Datei verwenden wir die Operation

Read («Dateiname», «Länge *N*», ...).

Sie bewirkt, daß in der angegebenen Datei von der aktuellen Position aus die nächsten *N* Bytes/Sätze in den Rechner übertragen werden. Die aktuelle Position wird dabei entsprechend verschoben:

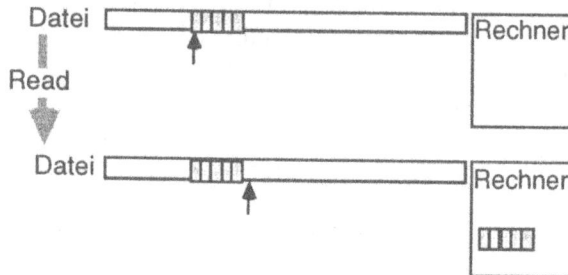

Man beachte, daß zum Ende der Datei hin eventuell keine *N* Elemente mehr übertragen werden können; dann muß *Read* einen entsprechenden Hinweis erzeugen.

Die Operation

Seek(«Dateiname», «Position *N*»)

setzt nur die aktuelle Position auf das *N*-te Element.

Beim *Schreiben* mit der Operation

Write(«Dateiname», «Daten»)

gibt es prinzipiell zwei Möglichkeiten: Häufig erlaubt man das Schreiben nur am Ende der Datei (was natürlich schiefgeht, wenn die Platte voll ist). Man kann aber auch zulassen, daß an der aktuellen Position der alte Inhalt durch die neuen Daten überschrieben wird.

4. Es sei noch darauf hingewiesen, daß es in manchen Betriebssystemen, vor allem bei Großrechnern, auch sogenannte *ISAM-Dateien* (*Index Sequential Access Method*) gibt. Hier werden die Einträge nach einem *Schlüssel* logisch geordnet. So könnte eine Fahrzeugdatei zum Beispiel nach Kfz-Kennzeichen geordnet sein und schnelle Zugriffe der Art «Fahrzeug mit der Nummer B-AL3067» ermöglichen.

Noch weiter gehen **Datenbanken**. Hier werden viele Dateien als eine integrierte Einheit angesehen (oft im Umfang von einigen hundert Megabytes). Dann lassen sich komplexe Anfragen stellen wie etwa: «Alle katholischen Studenten aus Bayern, die kein Bafög erhalten». Offensichtlich stellen sich dabei Anforderungen an die Datenintegrität, die Probleme einer ganz neuen Qualität aufwerfen.

13.4.3   Dateisystem und Plattentreiber

Das Objekt *Dateisystem* vermittelt dem Benutzer also eine logische Sicht, in der die Datei eine Folge von Elementen ist (wobei die Elemente Bytes oder Sätze fester Länge sind).

1. Das ist aber nicht die Art, wie die Information tatsächlich auf Platten abgelegt wird — zumindest nicht in den heute noch dominierenden Systemen. Also muß die logische Struktur auf die tatsächliche Struktur abgebildet werden. Das geschieht im Zusammenspiel zwischen *Dateisystem* und *Plattentreiber*.

Letzterer hat dabei die Aufgabe, nicht alle Details der jeweiligen Plattentechnologie bis ins Dateisystem hinein sichtbar zu machen, sondern eine etwas abstraktere Sicht des Konzepts „Platte" zu vermitteln. Als Ergebnis dieser Abstraktion spielt es dann für das Dateisystem keine Rolle mehr, ob Dateien auf Platten, Bändern oder Disketten liegen.

2. Der *Plattentreiber* vermittelt folgende Sicht auf die Platte: Die *Platte* ist konzeptuell eine Folge von *Blöcken* fester Länge (typischerweise zwischen 128 Bytes und 1 KB groß). In der Terminologie unserer Datenstrukturen (siehe Kapitel 9.1) entspricht eine Platte also einem Array der Art

array [$0...N$] **of** *block*.

Wenn wir zum Beispiel Blöcke der Größe 256 Bytes annehmen, würde bei einer 250MB-Platte die Anzahl N rund 1 Million sein.

Als wichtigste Operationen werden vom Plattentreiber zur Verfügung gestellt:

ReadBlock	... liest einen Block von der Platte.
WriteBlock	... schreibt einen Block auf die Platte.
AllocateBlock	... beschafft einen freien Block der Platte.
ReleaseBlock	... gibt einen Block frei.

3. Auf dieser Basis muß das *Dateisystem* jetzt seine logische Sicht von Dateien als — sagen wir — Bytefolgen realisieren. Die Grundideen für diese Umsetzung sind:

- Jeder Datei werden so viele Blöcke auf der Platte zugeordnet, wie zu ihrer Abspeicherung notwendig sind (offensichtlich).
- Diese Blöcke dürfen beliebig über die ganze Platte verstreut sein (nicht so offensichtlich).

Die zweite Feststellung dient einfach der besseren Ausnutzung des Plattenplatzes; wir werden darauf nochmals zurückkommen.

Damit kann es natürlich passieren, daß ein Lesebefehl, der vom Dateisystem zum Beispiel die nächsten 123 Bytes anfordert, auf zwei *ReadBlock*-Anweisungen abgebildet werden muß; denn es können ja 39 Bytes noch auf dem aktuellen Block liegen, während die nächsten 84 Bytes schon vom Folgeblock zu holen sind.

4. Wenn eine *Datei gelesen* wird, beschafft das *Dateisystem* immer einen ganzen Block auf einmal. Vernünftigerweise wird der dann solange aufbewahrt (gepuffert), bis ein neuer Block benötigt wird; denn zumindest beim sequentiellen Abarbeiten der Datei werden alle Elemente eines

Blocks nacheinander gebraucht. Erst wenn mehr Elemente angefordert werden, als im Puffer noch verfügbar sind, muß der nächste Block geholt werden.

Damit kann also ein Lesebefehl, der vom Anwendungsprogramm an das Dateisystem gerichtet wird, unter Umständen viele *ReadBlock*-Operationen auslösen. Aber das sind ja gerade die Effekte, die das Betriebssystem vom Benutzer abschirmen soll.

5. Ganz analog ist es beim *Schreiben*. Nur daß hier unter Umständen freie Blöcke auf der Platte gesucht werden müssen, die der Datei hinzugefügt werden können.

6. Offensichtlich muß es bei dieser Organisation zu jeder Datei einen **Verwaltungsblock** geben, der eine Liste aller Plattenblöcke enthält, die zu der Datei gehören. (In UNIX wird dieser Verwaltungsblock *I-node* genannt.) Dieser Block ist es, der im Directory unter dem Dateinamen eingetragen ist. Er wird beim Öffnen der Datei in den Rechner geholt und bleibt dort so lange, wie mit der Datei gearbeitet wird.

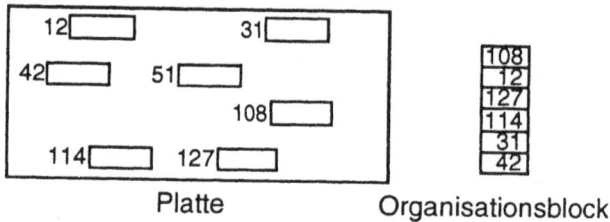

Platte   Organisationsblock

Häufig wird in diesem Verwaltungsblock auch die übrige Deskriptorinformation eingetragen, also insbesondere die Zugriffsrechte auf die Datei.

7. Es gibt neuerdings auch radikal andere Vorschläge zur Realisierung der Datei- und Plattenorganisation, die wir zumindest erwähnen wollen. In dem experimentellen Betriebssystem AMOEBA, das an Amsterdamer Universitäten entwickelt wurde, gibt es ein Dateisystem, das **Bulletserver** heißt (weil es so schnell ist).

Die Philosophie hinter diesem Dateikonzept ist einfach, daß Plattenkapazität heute so billig geworden ist, daß hohe Platzausnutzung kein vordringliches Kriterium mehr ist. Daß heißt, man kann es sich leisten, eine 800MB-Platte zu kaufen, wenn man tatsächlich nur 500 MB braucht. Wenn man sich zu dieser Entscheidung erst einmal durchgerungen hat, ist der Rest naheliegend:

Der Plattentreiber stellt nur drei Operationen zur Verfügung:

GenerateFile	... erzeugt Datei (samt Inhalt).
ReadFile	... liest komplette Datei.
RemoveFile	... entfernt Datei.

Dateien können also nur als Ganzes auf die Platte gebracht und wieder von ihr entfernt werden. Solange sie dort residieren, sind sie unveränderlich. Deshalb können sie auch problemlos am Stück abgelegt werden — weil man ja in Kauf nimmt, daß im Lauf der Zeit durch Fragmentierung Plattenplatz verschwendet wird.

Um mit einer Datei zu arbeiten, muß man sie also komplett in den Rechner einlesen, sie dort mit den üblichen *Read-* und *Write-*Operationen verarbeiten (was um Größenordnungen schneller geht als auf der Platte), und sie schließlich komplett zurückschreiben. Die alte Version kann dann entfernt werden.

Offensichtlich braucht man dazu Rechner mit großer Speicher-kapazität. Aber auf einer 32MB-Workstation kann man eben getrost 12 MBytes (wie zur Zeit in AMOEBA) für die interne Dateihaltung abzweigen. Und statistische Messungen zeigen, daß man in 12 MBytes hinreichend viele Dateien unterbringen kann.

13.4.4 Plattentreiber und Plattencontroller

Der *Plattentreiber* vermittelt die Sichtweise, daß Platten (und ebenso Disketten) von der Art **array** [0...N] **of** *block* sind. So sind Platten aber nicht. Üblicherweise sehen sie folgendermaßen aus:

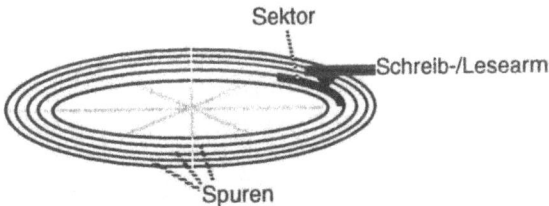

1. Eine Platte besteht aus konzentrischen *Spuren*, die jeweils in *Sektoren* fester Länge unterteilt sind (typischerweise wieder zwischen 128 Bytes und 4 KBytes groß).

Unglücklicherweise haben bei den verschiedenen Platten und Disketten die Spuren und Sektoren jeweils andere Größen, so daß es ein reiner Glücksfall ist, wenn die *Blockgröße*, von der das Dateisystem ausgeht, mit der *Sektorengröße* der Platte übereinstimmt. Allerdings sind beides Zweierpotenzen, so daß wenigstens eines immer ein Vielfaches des anderen ist.

2. Die Aufgabe des Objekts *Plattentreiber* besteht also vor allem darin, die konzeptuellen Blocknummern auf tatsächliche Positionen abzubilden, also auf Spuren und Sektoren.

Dazu kommen noch eine Reihe von weiteren Aufgaben, zum Beispiel:

* Verwaltung der Liste der *freien Blöcke*, die zur Zeit von keiner Datei belegt sind;

- Verwaltung der *schadhaften Sektoren*;
- Fehlerkontrollen; etc.

3. Eine besonders wichtige Funktion ist die *Optimierung* der Zugriffe. Die zeitraubendste Aktivität bei Platten ist die mechanische Bewegung des Schreib-/Lesearms auf eine gewünschte Spur; aber auch das Warten, bis der richtige Sektor „vorbeikommt", kann vergleichsweise lange dauern. Nun liegt aber üblicherweise immer eine Warteschlange von mehreren Zugriffswünschen (von unterschiedlichen Prozessen) vor. Ein guter Plattentreiber arbeitet diese Wünsche dann so ab, daß die Armbewegungen und Wartezeiten möglichst minimiert werden („Fahrstuhlalgorithmus").

4. Damit sind wir auf der *Hardwareebene* angekommen. Denn jetzt geht es endgültig darum, den Datenverkehr zwischen Rechner und Platte technisch abzuwickeln. Früher wurde diese Aufgabe größtenteils vom zentralen Prozessor des Rechners nebenbei mit erledigt; heute verwendet man dazu eigene Prozessoren, die sogenannten *Plattencontroller*. (Analoges gilt für Terminalcontroller, Printercontroller etc.) Und diese Situation wollen wir im folgenden kurz skizzieren.

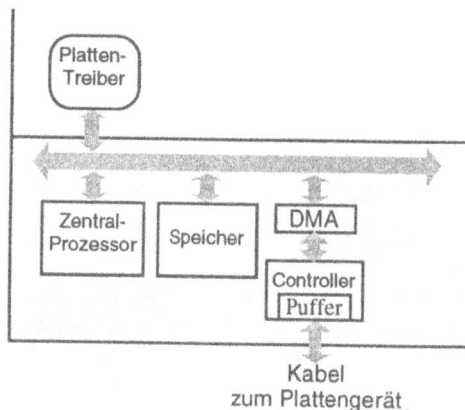

Kabel
zum Plattengerät

Der *Plattentreiber* ist ja ein Softwareobjekt (auf niedrigster Ebene im Betriebssystem); er wird deshalb vom zentralen Prozessor der Maschine ausgeführt. Wenn dann ein effektiver Zugriff auf die Platte angestoßen werden soll, überträgt der Prozessor das entsprechende Kommando (z.B. *Read, Write, Seek, Format,...*) und weitere notwendige Informationen in die sogenannten Arbeitsregister des Controllers. Dann beginnt der Controller selbständig zu arbeiten, während der Zentralprozessor sich anderen Aufgaben zuwenden kann. (Wir sind hier also mit allen Vor- und Nachteilen der Parallelarbeit konfrontiert.)

5. Betrachten wir zur Illustration das Kommando

READ «Sektornummer» «Speicherbereich».

Dabei gehen wir davon aus, daß der Schreib-/Lesearm schon auf der richtigen Spur positioniert ist. Sobald der richtige Sektor unter dem Lesekopf vorbeikommt, sendet das Gerät den Platteninhalt zum Controller, und zwar in Form eines unstrukturierten Bitstroms. Der Controller führt dann folgende Tätigkeiten aus:

- Der Bitstrom wird, in Bytes eingeteilt, in den internen Puffer übertragen.
- Wenn der ganze Sektor im Puffer ist, wird anhand der nachfolgenden Kontrollsumme (die auch vom Plattengerät kommt) die Korrektheit der übertragenen Daten geprüft.
- Wenn der Pufferinhalt für gut befunden wurde, wird er in den Speicher übertragen.
- Sobald alle Daten im Speicher stehen, wird eine Nachricht an den *Plattentreiber*-Prozeß geschickt, der dann entsprechend weiterarbeiten kann.

6. Der kritische Aspekt ist bei diesem Ablauf die *Übertragung in den Speicher*. Denn sowohl der Zentralprozessor als auch andere Controller wollen unter Umständen zur gleichen Zeit auf den Speicher zugreifen. Einen Teil dieses Problems haben wir mit dem internen Puffer schon gelöst; denn durch ihn kann der kontinuierliche Bitstrom von der Platte ohne Gefahr einer Unterbrechung entgegengenommen werden.

Jetzt wäre es im Prinzip möglich — und in kleinen Rechnern wird das auch so gemacht –, daß der Zentralprozessor die Daten Byte für Byte aus dem Controllerpuffer holt und in den Speicher überträgt. Weil das den Prozessor aber unangenehm belastet, zieht man heute meist eine andere Lösung vor:

Der Controller hat einen *Direct memory access DMA*, mit dem er selbst direkt Zugang zum Speicher hat. (Dann muß natürlich Hardware existieren, die kollidierende Speicherzugriffe von Prozessoren und Controllern auflöst.)

Übrigens: Diese Zwei-Phasen-Organisation des Controllers hat auch Rückwirkungen auf das Plattenlayout. Die Sektoren sollten folgendermaßen angeordnet sein.

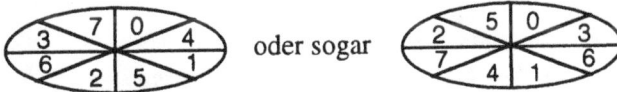

Dann macht es nichts, daß während der Übertragung des Puffers in den Speicher die Platte sich unter dem Lesekopf weiterdreht.

13.4.5 Geräteunabhängigkeit

Zu den vornehmsten Aufgaben eines guten Betriebssystems gehört es, die technischen Unterschiede zwischen den diversen Geräten möglichst weitgehend zu kaschieren.

1. In der UNIX-Tradition hat sich das zum Beispiel bei der Namensgebung weitgehend durchgesetzt: Ob Plattendateien oder Terminals, ob Disketten oder Drucker — alles wird über dieselbe Art von Pfadnamen angesprochen. In MS-DOS dagegen muß der Benutzer immer explizit sagen, auf welchem Gerät sich die gewünschte Datei befindet.

Besonders drastisch zeigen sich die Vorzüge der Geräteunabhängigkeit bei Druckern. Drucker sind langsam und sie stehen üblicherweise mehreren Benutzern zur Verfügung. Das Resultat können unangenehm lange Wartezeiten sein. Die Lösung dieses Problems besteht ganz einfach darin, daß Druckaufträge gar nicht zum Drucker selbst gelangen, sondern vom System abgefangen und auf der Platte zwischengespeichert werden. Ein spezielles Objekt im Betriebssystem, der sogenannte *Spooler*, arbeitet dann die Warteschlange der Druckaufträge „im Hintergrund" ab. Dieser Spooler ist somit der einzige Eigentümer des Druckers und hat exklusives Zugriffsrecht (was, nebenbei bemerkt, auch drohende Verklemmungen verhindert). Voraussetzung für diesen Trick ist jedoch, daß die Grundkonzepte von Drucker- und Plattendateien miteinander verträglich sind.

2. Der Vereinheitlichung sind natürlich Grenzen gesetzt. So macht ein Lesekommando für den Drucker ebensowenig Sinn wie ein Schreibkommando für die Maus. Und ein Positionierungskommando mittels *Seek* ist bei Bandgeräten zwar theoretisch machbar, aber ziemlich ineffizient.

Besonders deutlich wird das bei *Create* und *Delete*. Auf der Platte wird dabei einfach Platz für neue Dateien reserviert — falls vorhanden — beziehungsweise reservierter Platz wieder freigegeben. Aber was sollten diese Kommandos bei einem Drucker bedeuten? (Amüsant wäre die Vorstellung ja schon: Ich tippe *Create*, und aus dem Nichts taucht ein Laserwriter auf und beginnt, Seite um Seite zu drucken — und nach getaner Arbeit läßt ein zackiges *Delete* ihn ebenso spurlos wieder verschwinden. Oder vielleicht ein *Remove*? Oder nur *rm*? Oder *Erase*? *...Wehe! wehe! Hab' ich doch das Wort vergessen! Ach, das Wort, worauf am Ende er das wird, was er gewesen.* [3])

13.5 Speicherverwaltung

Speicher kann man nie genug haben. Laut Tanenbaums [8] Variante von Parkinsons Gesetz *dehnen sich Programme aus, bis sie den verfügbaren Speicher ausfüllen.* Dabei ist die Entwicklung wirklich atemberaubend: Als ich Werkstudent bei einem großen Computerhersteller war, bediente unser Rechenzentrum mit einer 16KB-Maschine die Kunden aus der ganzen Stadt. Das würde heute nicht einmal reichen, um den mathematischen Zeichensatz meines PCs aufzunehmen. Ein PC, der auf sich hält, tut's heute nicht mehr unter 4–8 MB, und Workstations werden von 32 MB aufwärts für akzeptabel gehalten. Und trotzdem —

wenn Sie ein halbes Jahr nach der Anschaffung eines solchen Rechners den Benutzer nach seinem dringendsten Wunsch fragen, wird die Antwort lauten: „Eine Speichererweiterung".

Dieser Unersättlichkeit hat man beim Entwurf von Rechnern und ihren Betriebssystemen natürlich den gehörigen Tribut gezollt. Und so wurde schon in den 60er Jahren eine der verrücktesten Ideen geboren, die die Informatik sich je hat einfallen lassen: Die wundersame Vermehrung des Speicherplatzes. Das Zauberwort heißt *virtueller Adreßraum*, und es besagt nicht mehr und nicht weniger, als daß man auf einer 1MB großen Maschine ein 3MB großes Programm laufen lassen kann — und wenn's unbedingt sein muß, auch gleich ein paar davon. Wie das funktioniert, wollen wir im folgenden kurz skizzieren.

Dabei müssen wir zwei Arten von Aktivitäten unterscheiden:

- Während ein Programm (als Prozeß) läuft, muß es unentwegt auf gespeicherte Werte zugreifen; schon eine simple Anweisung wie '$x \leftarrow y+z$' verlangt ein halbes Dutzend Zugriffe (nämlich für x, y und z, sowie für das Beschaffen der Programminstruktionen). Offensichtlich müssen diese Zugriffe sehr schnell gehen; deshalb werden sie auch direkt durch Hardware realisiert.

- Beim *Starten* eines Programms muß genügend Speicherraum reserviert werden, und beim *Beendigen* des Programms muß dieser Speicher wieder freigegeben werden. Außerdem fordern viele Programme während ihrer Laufzeit zusätzlich Speicher nach, und manchmal geben sie ihn sogar wieder frei. Weil diese Aktionen relativ selten sind (höchstens im Millisekunden-Bereich), können sie ohne weiteres durch Softwareobjekte realisiert werden.

13.5.1 Virtueller Adreßraum

Jeder Prozeß, also jedes im Rechner ablaufende Programm, hat einen zugehörigen *Adreßraum*. *Konzeptuell* ist das wieder nichts anderes als ein Array von Bytes:

array [0...M] **of** *byte*.

Dieser *Adreßraum* kann logisch noch in mehrere Bereiche unterteilt werden, etwa in der Art

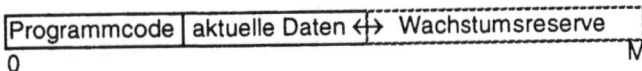

Programmcode	aktuelle Daten ↔ Wachstumsreserve
0	M

Das ist eine ebenso einfache wie praktische unzulängliche Sicht (obwohl sie von vielen Compilern so realisiert wird). Programme sind oft in relativ eigenständige Module unterteilt, und es gibt häufig mehrere große Datenstrukturen (Tabellen, Matrizen, ...) mit jeweils ganz individuellem dynamischem Wachstumsverhalten. Das alles in einem einzigen Speicherraum zu bewerkstelligen, verlangt viel Organisationsaufwand (vom Compiler

325

oder, schlimmer noch, vom Programmierer). Die Lösung ist klar: Man schiebt die Aufgabe weiter ins Betriebssystem und in die Hardware.

Das Ergebnis dieser Überlegungen ist ein *zweidimensionales Layout des Adreßraums* mit Hilfe sogenannter *Segmente*:

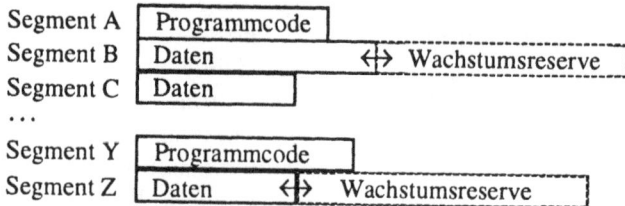

Segment A | Programmcode |

Segment B | Daten | ⟷ Wachstumsreserve

Segment C | Daten |

...

Segment Y | Programmcode |

Segment Z | Daten ⟷ Wachstumsreserve |

Ein weiterer Vorteil dieses Layouts ist, daß wir *Segmenten* jetzt ebenso *Zugriffsrechte* zuordnen können, wie wir es von Dateien schon kennen. Typischerweise gibt es folgende Rechte:

{*Lesen, Lesen+Schreiben, Ausführen*}.

Damit haben wir sowohl zusätzliche Sicherheit gewonnen als auch Effizienz; denn was nicht geändert werden kann, braucht bei Unterbrechungen nicht „gerettet" zu werden.

13.5.2 Virtueller Adreßraum aus Systemsicht

Ob der Adreßraum nun in Segmente eingeteilt ist (wie z.B. bei der INTEL 80x86 Familie), oder ob er als ein einziger linearer Bereich verstanden wird, auf jeden Fall kann die Größe beträchtlich über dem hardwaremäßig verfügbaren Speicher liegen.

1. Um das zu sehen, wollen wir die entsprechenden Größenordnungen für den INTEL 80x86 durchrechnen: Die Wortlänge ist 32 Bits; damit können 2^{32} Bytes = 4 Gigabytes adressiert werden. Also ist die maximale Segmentgröße 4 GB. Für die Segmentauswahl stehen weitere 16 Bits zur Verfügung, was ca. 16000 Segmenten entspricht. Der gesamte Adreßraum beläuft sich damit auf 64 Terabytes — ist also unter allen praktischen Gesichtspunkten unbeschränkt. (Man könnte damit jeden einzelnen Buchstaben in einem Bücherregal adressieren, das zweimal um die Erde reicht.) Selbst Maschinen mit mehreren Megabytes realem Speicher liegen um viele Zehnerpotenzen unter diesen Größenordnungen. Deshalb spricht man auch von einem *virtuellen* Adreßraum.

2. Damit sind wir bei dem Problem gelandet, diesen gigantischen virtuellen Adreßraum auf den real existierenden Speicher abzubilden. Der Trick ist an sich ganz einfach: Wir haben immer nur den gerade „aktiven" Teil des Programms und seiner Daten im Rechner; der Rest steht auf der Platte. Mit anderen Worten: Der Speicher erstreckt sich über den Rechner hinaus auf die Platte.

Genau genommen ist das natürlich ein bißchen Augenwischerei; denn auch auf der Platte existieren im allgemeinen nicht die 64 Terabytes des INTEL-Adreßraums, ja meistens nicht einmal die „bescheidenen" 4 Gigabytes des MOTOROLA-Adreßraums. Der Punkt bei dem Verfahren ist eben letztlich, daß kein Prozeß seinen virtuellen Adreßraum auch nur annähernd ausschöpft, aber häufig doch mehr Platz braucht, als real im Rechner verfügbar ist.

3. Die Organisation der Speicherverwaltung basiert auf der Idee des *Seitenwechsels* (*paging*): Jedes Segment des *virtuellen Adreßraums* ist in sogenannte *Seiten* eingeteilt, also in Blöcke fester Länge (typischerweise 512 Bytes, 1 KB, 2 KB oder 4 KB groß). Beim INTEL 80x86 zum Beispiel besteht ein Segment aus rund 1 Million Seiten zu je 4 KBytes. Auch der *reale Speicher* im Rechner ist in Blöcke derselben Größe eingeteilt; man nennt sie *Kacheln* (*page frames*).

4. Zu einem gegebenen Zeitpunkt befinden sich in einem Rechner ein oder mehrere aktive Prozesse. Der Programmcode und die Daten dieser Prozesse stellen den *tatsächlichen Speicherraum* dar, der — wie gesagt — üblicherweise nur einen Bruchteil des virtuellen Adreßraums ausmacht, aber eben wesentlich größer ist als der reale Speicher.

Deshalb legen wir fest: Der gesamte *tatsächliche Speicherraum* befindet sich auf der Platte (weil dort genügend Platz ist), und nur einige aktive Seiten sind tatsächlich im Rechner.

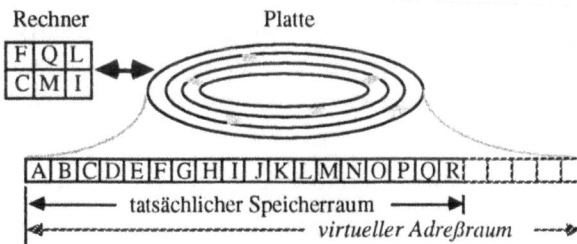

5. Die Verwaltung des tatsächlichen Speicherraums wird von dem (Software-)Objekt *Speichermanager* des Betriebssystems übernommen. Hier können Prozesse Seiten anfordern und Seiten zurückgeben. Die zugehörigen Aktionen unterscheiden sich dann kaum von denen des *Plattentreibers*, weshalb wir nicht nochmals auf sie eingehen wollen.

6. Wenn eine Speicherstelle angesprochen wird, die zur Zeit nicht in einer aktiven Seite im Rechner liegt — man spricht hier von einem *Seitenfehler* (engl.: *page fault*) —, dann muß der Prozeß unterbrochen werden, damit die fehlende Seite von der Platte nachgeladen werden kann.

Zu diesem Zweck muß im allgemeinen eine andere aktive Seite aus dem Rechner verdrängt werden. Dabei muß man aber aufpassen, daß diese Seite nicht kurz danach selbst gebraucht wird; denn sonst entsteht das berüchtigte „*Seitenflattern*", bei dem das System praktisch nichts anderes mehr tut, als Seiten ein- und auszulagern. Wir können hier nicht näher auf die Strategien eingehen, mit denen man das zu verhindern sucht (Beispiele finden sich in [8]), aber wir wollen einige wenigstens erwähnen:

- Man entfernt die älteste Seite (FIFO-Modell).
- Man entfernt die Seite, die am längsten nicht benutzt wurde.
- Man entfernt die Seite, die am seltensten benutzt wurde.
- Man wählt als Planungshilfe das sogenannte *Arbeitsmengen–Modell*: Statistisch gilt nämlich, daß ein Prozeß über einen bestimmten Zeitraum hinweg jeweils nur mit einer gewissen Teilmenge seiner Seiten arbeitet (Lokalitätsprinzip). Und diese Menge versucht man im Speicher zu halten.

7. Die wirklich spannende Frage lautet aber: Wie kann diese zweistufige Speicherhierarchie von schnellem Hauptspeicher und langsamem Plattenspeicher so organisiert werden, daß die Architektur der anderen Rechnerkomponenten nicht zusätzlich kompliziert wird, und daß die Speicherzugriffe nicht verlangsamt werden — zumindest nicht im Normalfall?

Als Antwort darauf gibt es ein spezielles Hardwareobjekt: die sogenannte *MMU* (*Memory management unit*).

13.5.3 Hauptspeicher und *MMU*

Es gibt viele Variationen für die technische Realisierung von Speicherzugriffen. Zur Illustration wählen wir ein exemplarisches Szenarium aus. Dazu gehen wir von folgender Hardwarekonfiguration aus:

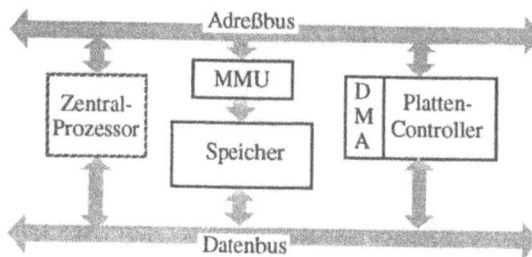

Alle Rechnerkomponenten, die mit dem Speicher interagieren — also zum Beispiel der zentrale Prozessor oder der Plattencontroller (über seinen *direct memory access*) —, schicken über den *Adreßbus* die gewünschte *virtuelle Adresse*. Die *MMU* bildet diese Adresse in die entsprechende physische Adresse ab (siehe unten), die sie dann zum Speicher schickt. Die Speicherhardware steuert den entsprechenden Platz an und ermöglicht somit den Datenaustausch (Lesen bzw. Schreiben) über den *Datenbus*.

1. Sehen wir uns jetzt ein denkbares Design für die *MMU* und ihre Arbeitsweise an. Dabei behandeln wir gleich den allgemeineren Fall des segmentierten virtuellen Speichers. Wir gehen von folgendem Szenarium aus: Über den *Adreßbus* kommen *virtuelle Adressen* mit folgendem Aufbau:

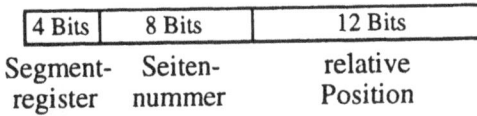

4 Bits	8 Bits	12 Bits
Segment-register	Seiten-nummer	relative Position

Bei diesen Größenordnungen erhalten wir also:

- $2^4 = 16$ Segmentregister;
- $2^8 = 256$ Seiten pro Segment;
- $2^{12} = 4$ KBytes Seitengröße (also 1MB pro Segment).

Der *MMU* geben wir dann folgende Struktur (wobei wir zur konzeptionellen Vereinfachung die *Segment-* und *Seitentabellen* als Bestandteile der *MMU* auffassen, obwohl sie üblicherweise als spezielle Bereiche im Speicher realisiert sind):

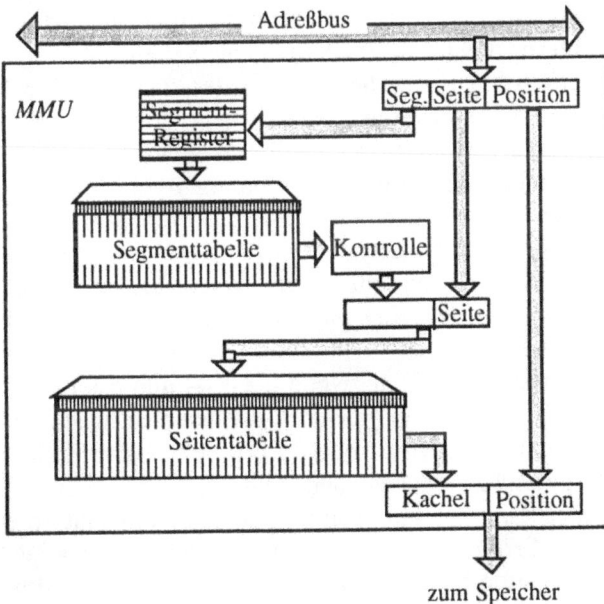

zum Speicher

Die Grundidee ist hier, daß wir zusätzlich noch **Segmentregister** verwenden (in unserem Beispiel 16 Stück), die vom Programm her gesetzt werden können; den Grund werden wir später noch kurz erläutern.

2. Eine *virtuelle Adresse* wird jetzt folgendermaßen in die zugehörige physische Adresse umgewandelt:

- Das entsprechende *Segmentregister* wird angesteuert, und mit seinem Inhalt wird ein *Segmentdeskriptor* aus der Segmenttabelle ausgewählt.

- Dieser *Segmentdeskriptor* enthält die tatsächliche Länge des Segments (Anzahl der belegten Seiten), die Zugriffsrechte des Segments, sowie die Nummer des Segmentbereichs innerhalb der Seitentabelle.

Segmentdeskriptor

Rechte	Länge	Bereich in der Seitentabelle

- Jetzt wird geprüft, ob die Zugriffsrechte verletzt sind, oder ob die Seitenlänge überschritten wird; falls ja, wird ein Fehlersignal erzeugt.
- Der Segmentbereich wird mit der relativen Seite aus der virtuellen Adresse verknüpft, und mit dem Ergebnis wird ein *Seitendeskriptor* in der Seitentabelle angesteuert, der folgende Form hat:

V	B	S	Kachelnr.

Das *V*-Bit sagt aus, ob die Seite im Hauptspeicher verfügbar ist oder nicht. Falls es nicht gesetzt ist, muß eine Seitenfehler-Unterbrechung ausgelöst werden, damit die Seite von der Platte geholt werden kann. Das *B*- und *S*-Bit sagen aus, ob die Seite (seit dem Einlesen in den Hauptspeicher) benutzt oder geschrieben wurde; diese Information kann gegebenenfalls vom *Speichermanager* genutzt werden, wenn er entscheiden muß, welche Seite verdrängt werden soll.

- Wenn das *V*-Bit gesetzt ist, wird die Kachelnummer mit der relativen Position aus der virtuellen Adresse verknüpft. Das Ergebnis ist die gesuchte *physische Adresse*, die an den Hauptspeicher geschickt wird.

Das sieht alles ziemlich aufwendig aus — und das ist es auch. Der entscheidende Trick ist aber, daß der Aufwand in spezielle Hardware gesteckt wird, die die Umsetzung ohne nennenswerte Verzögerung bewerkstelligt. (Und Zeit kostet eben Geld.)

3. Bei dieser Architektur nehmen den meisten Platz die *Segmenttabelle* und die *Seitentabelle* ein. Um das abzuschätzen, nehmen wir einmal an, wir hätten bis zu 64 MB Speicher bei einer Seitengröße von 4 KB. Das macht rund 16 000 Seiten, was auf eine Seitentabelle von 32 KB Größe hinausläuft.

Wenn wir auf diese Weise den ganzen virtuellen Adreßraum von, sagen wir, 4 GB erfassen wollten, kämen wir in eine Größenordnung von 1 MB für die Seitentabelle — in der nahezu alle Einträge leer wären. Deshalb beschränkt man die Größe der Seitentabelle auf die Größe des realen Speichers. Allerdings muß das Suchen der Seite durch die Verwendung sogenannter *Assoziativspeicher* schnell gemacht werden. (In solchen Speichern werden Zellen nicht nach ihren Nummern angesteuert, sondern danach, ob ihr *Inhalt* ein bestimmtes Bitmuster enthält — eine leider sehr teure Technologie.)

4. Zum Abschluß dieses Themas wollen wir noch einmal kurz auf die *Segmentregister* eingehen. Ihre Verwendung hängt vor allem damit zusammen, daß sich im allgemeinen mehrere Prozesse einen Rechner teilen, so daß es regelmäßig zu einem sogenannten *Kontextwechsel* kommt: Ein Prozeß *A* muß seine Arbeit unterbrechen (siehe Kapitel 13.6) und die Kontrolle einem Prozeß *B* übergeben.

Nun hat jeder Prozeß ein oder mehrere Segmente, in denen sich seine Daten und sein Programmcode befinden. Um nun bei einem Prozeßwechsel den zugehörigen Kontextwechsel in der *MMU* vorzunehmen, müssen beim obigen Szenarium höchstens ein paar Segmentregister umgesetzt werden.

Übrigens: Es macht durchaus Sinn, bei einem Prozeßwechsel möglichst viel vom alten Kontext in den Segment- und Seitentabellen der *MMU* zu belassen. Nehmen wir einmal eine Maschine mit 16 MB Speicher. Bei einer Seitengröße von 4 KB heißt das zum Beispiel: Wenn 8 Prozesse sich den Rechner teilen, kommen auf jeden im Schnitt 500 Kacheln. Man kann also erwarten, daß beim Wiederaufsetzen nach einer Unterbrechung viele der Kacheln noch da sind.

13.6 Prozeßverwaltung im Nukleus

Die bisherigen Erörterungen haben gezeigt, daß die Arbeit des Betriebssystems auf ein stetes Zusammenspiel miteinander kommunizierender und konkurrierender Prozesse hinausläuft. Selbst ein ganz harmlos aussehendes sequentielles Benutzerprogramm verlangt immer wieder das Eingreifen der *Dateiverwaltung*, des *Platten-* und des *Terminaltreibers*, des *Speichermanagers* usw.

Die konzeptuelle Arbeitsweise von parallelen Prozessen haben wir im vorigen Kapitel schon eingehend studiert. Jetzt müssen wir noch auf einige technische Probleme eingehen, die entstehen, wenn mehrere Prozesse sich einen Rechner teilen müssen. (Man spricht dabei von *Pseudoparallelität*.) Aus Platzgründen müssen wir uns aber auf eine ganz kurze Skizze beschränken.

13.6.1   Prozeßzustände

Ein Prozeß, der *aktiv* ist (d.h. gestartet wurde und noch nicht zum Ende gekommen ist), kann sich in unterschiedlichsten *Zuständen* befinden; im einfachsten Fall sind das:

rechnend	... arbeitet gerade auf dem Pozessor.
blockiert	... muß gerade auf ein Ereignis warten.
bereit	... würde gerne rechnen.

Zwischen diesen Zuständen gibt es folgende Übergänge:

- Ein *rechnender* Prozeß, der nicht weitermachen kann (weil z.B. eine Eingabe vom Terminal fehlt, oder die benötigte Seite nicht im Speicher ist), wird *blockiert*.

- Ein *rechnender* Prozeß, der den Prozessor „zu lange" für sich in Anspruch genommen hat, wird vom Betriebssystem unterbrochen; er ist dann *bereit* zum Rechnen.

- Ein *bereiter* Prozeß kann vom Betriebssystem den Prozessor zugesprochen bekommen (sobald der frei ist) und wird dadurch *rechnend*.

- Ein *blockierter* Prozeß, der auf ein bestimmtes Ereignis (zum Beispiel eine Eingabe) wartet, wird *bereit*, sobald dieses Ereignis eingetreten ist.

Eine zentrale Bedeutung kommt hier dem **Scheduler** zu; das ist der Prozeß im innersten Kern des Betriebssystems, der die Aktivitäten aller anderen Prozesse plant und steuert. Diese Planung sollte einer Reihe von Anforderungen genügen:

- Jeder Prozeß sollte hinreichend oft an die Reihe kommen („*Fairness*").

- Der zentrale Prozessor sollte nie arbeitslos sein.

- Die Antwortzeiten (bei interaktiven Programmen) sollten möglichst kurz sein, beziehungsweise gewisse Schranken nicht überschreiten (in Echtzeitanwendungen).

Und so weiter.

Offensichtlich können nicht immer alle Anforderungen gleich gut erfüllt werden; aber ein guter Planungsalgorithmus sollte wenigstens brauchbare Approximationen an die Ideallösung finden. Eine zusätzliche Komplikation dabei ist, daß der *Scheduler* selbst den Prozessor immer nur ganz kurz in Anspruch nehmen sollte. (Wir können hier nicht auf die vielfältigen Planungsalgorithmen eingehen; Beispiele finden sich etwa in [4] und [8].)

13.6.2 Unterbrechungen

Wenn alles nur pseudoparallel wäre, hätten wir kaum Probleme. Aber externe Geräte und ihre Controller arbeiten echt parallel zum zentralen Prozessor. Und deshalb sind die Zeitpunkte, zu denen sie ihre jeweilige Aufgabe erledigt haben, aus der Sicht des Zentralprozessors völlig unvorhersehbar. Das führt auf die Idee der **Unterbrechung**.

1. Nehmen wir an, ein Prozeß hat einen Lesebefehl für eine Plattendatei abgesetzt. Als Ergebnis wurde er blockiert, und das Betriebssystem übergab die Kontrolle an den (kurzen) Prozeß *Plattentreiber*, der seinerseits den Plattencontroller des Rechners startet. Um die Wartezeit nicht unnütz verstreichen zu lassen, übergibt das Betriebssystem dann den Prozessor an einen bereiten Prozeß *B* (und im Lauf der Zeit an ein paar weitere Prozesse *C, D, E, ...*).

Irgendwann ist dann der Plattencontroller mit dem Lesen von der Datei fertig, so daß Prozeß *A* weiterarbeiten könnte. Aller Wahrscheinlichkeit nach wird in diesem Augenblick der zentrale Prozessor gerade mitten in der Abarbeitung einer Operation irgendeines anderen Prozesses stecken. Deshalb schickt der Plattencontroller ein *Unterbrechungssignal* (über eine spezielle Signalleitung) an den zentralen Prozessor, das diesen veranlaßt, nach Abarbeitung der laufenden Operation eine Unterbrechungsroutine zu starten.

Welche Routine das ist, hängt vom jeweiligen Signal ab; der Plattencontroller hat eine andere Unterbrechungsroutine als der Terminalcontroller oder die *MMU*. In unserem Fall würde die Unterbrechungsroutine dem Prozeß *A* eine Nachricht schicken, daß sein Lesebefehl abgeschlossen ist (mit oder ohne Erfolg). Prozeß *A* wechselt dann von *blockiert* nach *bereit*.

Nach der Unterbrechung übernimmt der *Scheduler* die Kontrolle, um zu entscheiden, wer jetzt weitermachen darf.

2. Es gibt eine ganze Reihe von *Unterbrechungsarten*. So hat jedes externe Gerät sein zugeordnetes Unterbrechungssignal; in Rechnern mit mehreren Prozessoren können auch gegenseitige Unterbrechungen erfolgen; es können fehlerhafte Operationen im Prozessor selbst auftreten (z.B. Division durch Null); es kann auch erlaubt sein, daß ein Programm selbst durch einen speziellen Befehl absichtlich eine Unterbrechung auslöst.

Eine besondere Rolle spielt die *Uhr*. Das ist eine spezielle Hardwarekomponente, die in bestimmten Intervallen — zum Beispiel alle 20 Millisekunden — eine Unterbrechung auslöst. Das gibt dem *Scheduler* Gelegenheit, nachzusehen, ob der augenblicklich laufende Prozeß den Rechner schon zu lange belegt.

3. Ein weiteres Problem sind „*Unterbrechungen, die Unterbrechungen unterbrechen*". Denn es kann ja gut sein, daß das Ende einer Plattenoperation nahezu gleichzeitig mit einer Terminaleingabe kommt. Und zu allem Überfluß kann sich dann noch die Uhr melden. Wenn jetzt auch noch das Programm auf dem zentralen Prozessor einen Fehleralarm auslöst, ist das Chaos vollkommen.

Deshalb gibt es zwischen den verschiedenen Unterbrechungsarten Prioritäten. Und zusätzlich können Unterbrechungen „*maskiert*" werden; das bedeutet zum Beispiel, daß die Unterbrechungsroutine für den Plattencontroller während ihrer Laufzeit — die ja nur einige wenige

Instruktionen beträgt — nahezu keine anderen Unterbrechungen zuläßt. Allerdings sollten diese Maskierungen auf die innersten Betriebssystemroutinen beschränkt bleiben.

4. Irgendwie beschleicht einen spätestens jetzt das ungute Gefühl, ob denn bei all diesem Planen, Prozeßwechseln, Unterbrechen und Wiederaufsetzen überhaupt noch ein bißchen Zeit übrigbleibt, in der der Rechner nützliche Arbeit tut. Deshalb wollen wir einmal überschlagsmäßig die zeitlichen Größenordnungen abschätzen.

Ein Rechner wie etwa der IBM/Motorola POWERPC kann zum Beispiel mit 80 MHz getaktet werden. Das entspricht einer Zykluszeit von rund 12 nsec oder — bei 1 Zyklus pro Instruktion — einem Durchsatz von *80 MIPS* (Millionen Instruktionen pro Sekunde).

Bei einer üblichen Platte können wir mit einer Lesezeit von circa 20 – 50 msec rechnen. Das bedeutet, daß der Prozessor in der Wartezeit bis zu 2 Millionen Instruktionen ausführen kann. Die gleiche Größenordnung erreichen wir auch zwischen je zwei Unterbrechungen durch die Uhr.

Noch frappanter sieht es bei der Terminaleingabe aus. Wenn ein Benutzer 4 Zeichen pro Sekunde eintippt, dann kann das System auf jeden einzelnen Tastendruck mit einer Unterbrechung reagieren und trotzdem jeweils noch 20 Millionen Operationen dazwischen ausführen.

13.7 Rechneraufbau

Jetzt sind wir endgültig auf der Ebene der Hardware angekommen. Die interne Grobstruktur eines Rechners hatten wir zu Beginn dieses Kapitels schon gesehen:

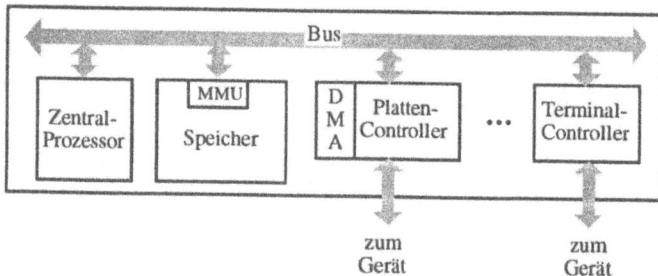

Mit den *Controllern* und dem *Speicher* (einschließlich *MMU*) hatten wir uns schon auseinandergesetzt. Dabei hatten wir auch gesehen, daß die *Busstruktur* etwas weiter aufgegliedert werden muß, etwa in einen Adreß- und einen Datenbus. Außerdem kommen für Unterbrechungen und ähnliche Zwecke noch einige *Signalleitungen* hinzu, die im obigen Bild nicht eingetragen sind.

Damit bleibt uns eigentlich nur noch das Herz der Anlage — der zentrale Prozessor. Aber vorher wollen wir noch ganz kurz auf die Busse eingehen.

13.7.1 Busse: Die Nervenstränge des Rechners

Alle Kommunikation im Rechner läuft über Busse. Und das nicht nur zwischen den Hauptkomponenten wie Prozessoren, Controllern und Speicher, sondern — wie wir gleich sehen werden — auch innerhalb des Prozessors. Deshalb sollten wir uns etwas genauer ansehen, wie diese Technologie eigentlich funktioniert.

1. Im wesentlichen ist ein **Bus** einfach ein Bündel von Leitungen; so besteht zum Beispiel der Datenbus einer 32- Bit-Maschine sinnvollerweise aus 32 Leitungen, damit alle Bits eines Wortes parallel übertragen werden können. (Schnelle 32-Bit-Busse übertragen heute in der Größenordnung von 40 MBit/sec.)

Komplikationen entstehen aber dadurch, daß Busse als *Multiplexer* fungieren, die die Verbindungsleitungen von mehreren Komponenten auf eine einzige Sammelleitung durchschalten.

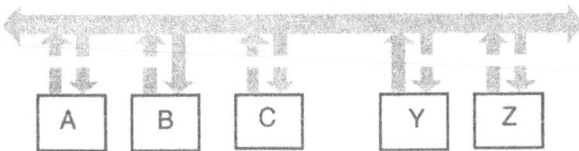

Jede der Komponenten *A*, ..., *Z* ist mit dem Bus verbunden, doch nur die Ausgangsleitung des **Senders** und die Eingangsleitung des **Empfängers** sind tatsächlich auf die Busleitungen *durchgeschaltet*.

2. Wie funktioniert dieses Durchschalten? In der Praxis durch eine *Tristate*-Logik, die folgenden strukturellen Aufbau hat:

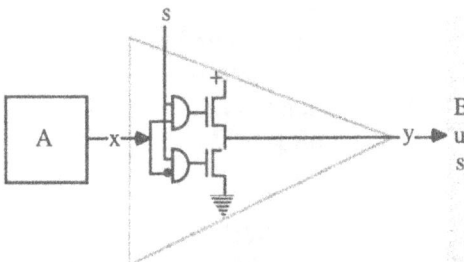

Das Steuersignal *s* gibt an, ob die Leitung durchgeschaltet werden soll. Falls ja, wird $x=O$ oder $x=L$ als entsprechende Spannung auf den Ausgang *y* durchgereicht (bei niederohmigem Widerstand). Falls *s* nicht anliegt, sind beide Transistoren gesperrt; der resultierende hochohmige Widerstand heißt praktisch, daß die Leitung *y* „abgeklemmt" ist.

Also muß in jede Anschlußleitung unseres obigen Bildes eine solche Tristate-Schaltung eingefügt werden, die das Abkoppeln bzw. Durchschalten übernimmt.

3. Bleibt das Problem, wo die *Steuersignale s* herkommen. Betrachten wir das Problem in zwei Teilen und nehmen erst einmal an, daß der *Sender* schon festliegt. Theoretisch wäre es denkbar, daß es jetzt Adreßleitungen gibt, über die der gewünschte *Empfänger* adressiert wird; das geht aber nur, wenn die Zahl der angeschlossenen Komponenten festliegt. Deshalb geht man im allgemeinen nach einem *Busprotokoll* vor:

Der Sender schickt als erstes eine Adresse über den Bus, die bei allen anderen Komponenten über eine Dekodierschaltung läuft. Der Ausgang dieser Dekodierschaltung liefert jeweils das Steuersignal für die Tristate-Schaltung. So gibt es genau einen Empfänger, der die folgenden Daten entgegennimmt. (Natürlich gibt es hier noch eine Fülle von technischen Details zu berücksichtigen, wie etwa die Frage, ob die Übertragung getaktet oder ungetaktet läuft; das würde aber den Rahmen unserer Abhandlung sprengen.)

4. Damit wenden wir uns der zweiten Hälfte unseres Problems zu: Wie bestimmt man den *Sender*? Denn im allgemeinen kann es ja passieren, daß mehrere Komponenten gleichzeitig senden wollen. Ein klassisches Beispiel sind simultane Speicherzugriffe des zentralen Prozessors und eines Ein-/Ausgabe-Controllers. Zur Konfliktvermeidung führt man eine zentrale Entscheidungsinstanz ein, den *Busarbiter*.

Jede Komponente hat zwei Leitungen zu diesem *Arbiter*; auf der einen schickt sie ein Anforderungssignal, sobald sie Zugriff auf den Bus wünscht. Auf der anderen erhält sie — gegebenenfalls — das Zusagesignal, sobald der Bus frei ist. Der Arbiter kann dann unter den Kandidaten nach Priorität auswählen. (Auch hier gibt es Variationen, auf die wir jedoch nicht weiter eingehen können.)

Abschließend sei noch darauf hingewiesen, daß unsere Verwendung der Bezeichnungen „Sender" und „Empfänger" zwar suggestiv ist, aber auch etwas irreführend. Denn es kann ja gut sein, daß zum Beispiel der Zentralprozessor die Verbindung zum Speicher herstellt, dann aber lesen möchte. Man spricht deshalb oft von *„Master"* und *„Slave"*.

13.7.2 Das Rechenwerk

Im zentralen *Prozessor* des Rechners findet die eigentliche Datenverarbeitung statt. Und wie so oft braucht man zum Arbeiten einen, der anschafft, und einen, der tatsächlich etwas tut. Also besteht der Prozessor aus einem *Steuerwerk* und einem *Rechenwerk*. Mit letzterem wollen wir uns zunächst befassen (vgl. [2]).

Das folgende Bild illustriert den grundsätzlichen Aufbau des Zentralprozessors, wobei wir den Steuerwerkteil im Augenblick noch offen lassen. Beide Teile, das Rechenwerk ebenso wie das Steuerwerk, sind über den zentralen Bus mit den anderen Rechnerkomponenten, insbesondere mit dem Speicher, verbunden. (Zur Vereinfachung unterscheiden wir nicht zwischen Adreß- und Datenbus.)

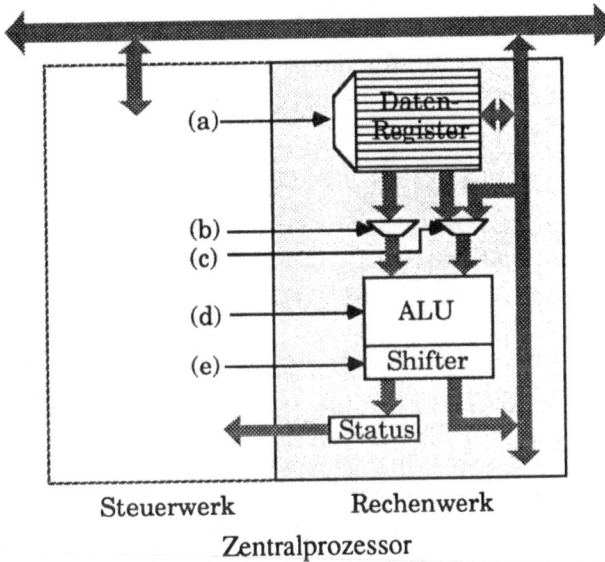

Steuerwerk Rechenwerk
Zentralprozessor

1. Den wesentlichen Teil des *Rechenwerks* macht die *ALU* aus (*Arithmetic Logical Unit*), denn dort finden die eigentlichen Operationen statt. Dazu kommen eine Reihe von *Datenregistern*, in denen die Operanden für die Rechnungen stehen. Und was jeweils zu passieren hat, wird über *Steuerleitungen* aus dem Steuerwerk heraus festgelegt.

Nehmen wir zum Beispiel die Instruktion

| ADD | Register 7 | Register 12 | →Register 8 |

Wenn dieser Befehl durch das Steuerwerk entschlüsselt wird (wie, das werden wir gleich noch sehen), werden entsprechende Signale auf die einzelnen Steuerleitungen gegeben:

- Die Leitungen (b) und (c) führen auf zwei Multiplexer, mit denen einzelne Register angesteuert werden; in unserem Fall schalten sie die Inhalte der Register 7 und 12 auf die *ALU* durch.
- Mit (d) wird die *ALU*-Funktion «Addiere» aktiviert.
- Mit (e) wird gegebenenfalls das Resultat noch geshiftet (bei unserem Beispiel nicht nötig).
- Die Leitung (a) führt auf einen Demultiplexer, mit dem jeweils eines der Register ausgewählt werden kann; in unserem Fall wird das Funktionsergebnis, das über den Bus kommt, in Register 8 gelenkt. (Das Ergebnisregister dürfte übrigens durchaus identisch mit einem der Operandenregister sein.)

Damit ist der Arbeitstakt abgeschlossen.

337

Es ist nicht zwingend, daß die Operanden aus den Registern kommen. Es gibt auch Befehle wie

ADD	Register 5	1016	→Register 8

Hier ist ein Operand als *Direktwert* im Befehl selbst enthalten; also wird er vom Steuerwerk über den Bus direkt an die *ALU* geschickt.

Ebenso kann es sein, daß ein Operand aus dem Speicher kommt; bei einem Befehl wie

LOAD	«Speicheradresse»	→Register 2

ist das sogar zwingend notwendig. Hier wird durch die Steuersignale das Register auf den Datenbus vom Speicher durchgeschaltet (eventuell mit einem *Speicherdatenregister* als technisch notwendigem Zwischenpuffer).

2. Was kann die *ALU*? Typischerweise sind es die elementaren arithmetischen Funktionen *Addieren, Subtrahieren, Inkrementieren, Dekrementieren* etc. sowie die logischen Funktionen *Konjunktion, Disjunktion, Negation* etc. Neuerdings sind manchmal auch komplexere Funktionen wie die *Multiplikation* direkt verdrahtet; meistens aber werden dazu mehrere Arbeitstakte mit *Addition* und *Shift* gebraucht (siehe Kapitel 5.4). Außerdem werden noch *Vergleiche* zwischen Zahlen durchgeführt (teilweise als Nebeneffekte arithmetischer Operationen), deren Resultate dann ein spezielles Statusregister setzen.

Realisiert wird die *ALU* dann als ein großes Schaltnetz, das die Steuerleitungen (in denen die Operationen codiert sind) mit den Datenleitungen der beiden Operanden zu einer Booleschen Funktion verknüpft. Daß das gar nicht so schlimm ist, zeigt folgende Skizze: Wir gehen aus vom *Binäraddierer*[1] und erweitern ihn um drei Steuerleitungen x, y und z, so daß folgende Schaltung entsteht.

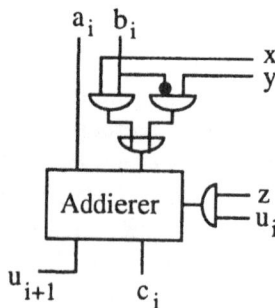

---

[1] Die Methode haben wir in Kapitel 2 angedeutet. Mehr Details findet man etwa in [2] oder [6].

Man rechnet ziemlich leicht nach, daß mit den Steuerleitungen x, y, z neben der Addition noch weitere Funktionen durch diesen Baustein realisiert werden:

x	y	z	
0	1	1	Subtraktion;
1	0	1	Addition;
1	0	0	Exklusives Oder;
1	1	0	Negation von a_i;
etc.			...

Mit ein bißchen weiterer Schaltungslogik lassen sich auch noch Konjunktion und Disjunktion einbauen. Entsprechendes gilt für Vergleichsoperationen. Das zeigt, daß die *ALU* über dem bekannten Addiernetz mit relativ wenig Zusatzaufwand herstellbar ist.

13.7.3 Das Steuerwerk des zentralen Prozessors

Damit kommen wir zum krönenden Abschluß unserer Betrachtungen: der Kommandozentrale des ganzen Arbeitsablaufs. Das *Steuerwerk* hat folgenden schematischen Aufbau:

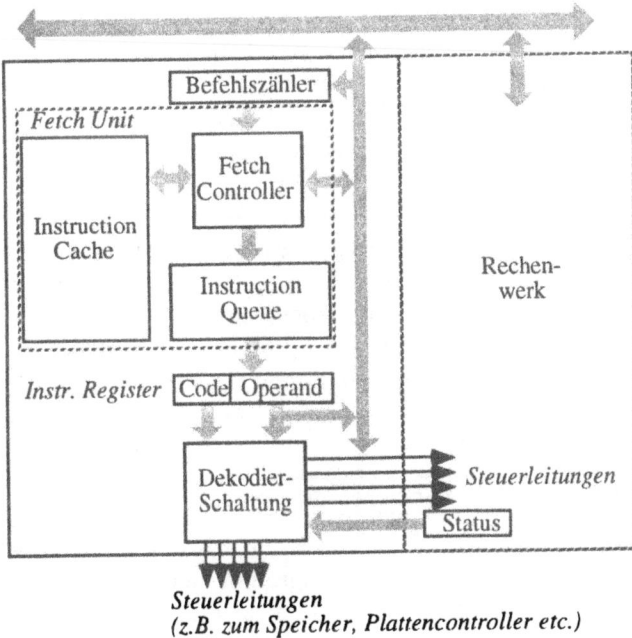

Steuerleitungen
(z.B. zum Speicher, Plattencontroller etc.)

Dabei haben wir in Form des *Cache* und der *Queue* bereits zwei Optimierungen eingebaut, die nicht zwingend notwendig sein müssen.

1. Der *Arbeitszyklus* des Steuerwerks funktioniert (ohne Optimierung) folgendermaßen:

• Im *Befehlzähler* steht die Adresse der jeweils nächsten Instruktion.

- Mit Hilfe dieser Adresse beschafft die *Fetch Unit* über den Bus die zugehörige Instruktion aus dem Speicher und lädt sie ins *Instruktionsregister*.

- Aus dem Inhalt des Instruktionsregisters leitet die *Dekodier-schaltung* die notwendigen Signale für die verschiedenen Steuer-leitungen ab, die dann andere Teile des Rechners (*ALU, Controller,* ...) entsprechend aktivieren.

- Im Normalfall wird der *Befehlszähler* erhöht, und der Zyklus beginnt mit der nächsten Instruktion von neuem. (Diese Erhöhung kann vom *Dekodierer* oder, besser, von der *Fetch Unit* veranlaßt werden.)

2. Um diesen Ablauf zu illustrieren, wollen wir ein paar typische Instruktionen anschauen:

ADD	Register 5	1016	→Register 8

Hier initiiert die Dekodierschaltung die Additions-Funktion der *ALU*; dabei werden die *Register 5* (als Operand) und *8* (als Resultat) ange-steuert. Der Direktoperand '1016' wird über den Bus zur *ALU* durch-geschaltet.

STORE	Register 5	→ «Speicheradresse»

Hier wird die «Adresse» über den Adreßbus zum Speicher geschaltet und dann das *Register 5* der *ALU* über den Datenbus ebenfalls zum Speicher durchgeschaltet, und zwar in „Schreibrichtung".

I/O	«Speicheradresse»	«Gerät»

Für Ein-/Ausgabe-Instruktionen gibt es im allgemeinen am wenigsten Konventionen. Wir sind hier von der Situation ausgegangen, daß anhand der Gerätenummer der Bus zum entsprechenden Controller durchgeschal-tet wird. Dann wird die Adresse des Speicherbereichs übertragen, wo der Controller seine weiteren Informationen findet (z.B. Lesen/Schreiben, Datenlänge etc.). Diese Informationen müssen natürlich zuvor dorthin geschrieben worden sein.

BRANCH	«Speicheradresse»

Bei diesem Befehl wird die «Adresse» direkt in den Befehlszähler geschrieben. Als Effekt wird das Programm nicht mit dem im Speicher folgenden Befehl fortgesetzt, sondern an einer ganz anderen Stelle. Varianten dieses Befehls verzweigen nur, wenn in der *ALU* zuvor ein bestimmter Status gesetzt wurde (z.B. 'größer Null', 'nicht-Null' etc.). Außerdem kann die Adresse auch aus einem der *ALU*-Register stammen. Oft wird sie auch als „Befehlszählerrelativ" angegeben, also z.B. «Befehlszähler–4»; dann muß in den Schaltungen ein bißchen Adreßarithmetik realisiert sein.

3. Um die Arbeitsgeschwindigkeit zu erhöhen, gibt es eine Reihe von *Optimierungstricks*. Als erstes kann man einen *Instruction Cache* einbauen. Das ist ein extrem schneller Speicher, in dem die zuletzt ausgeführten Befehle aufbewahrt werden. Wenn der *Fetch Controller* eine neue Instruktion holen soll, sieht er zuerst im Cache nach, bevor er den langen Weg über den Bus zum Speicher einschlägt.

Daß dadurch tatsächlich eine Optimierung erfolgt, liegt wieder am Lokalitätsprinzip. Erfahrungsgemäß wird viel Rechenzeit in relativ kurzen Schleifen verbracht. Für eine Multiplikation muß man zum Beispiel rund dreißigmal eine *Add-Shift*-Folge durchlaufen. Das Kopieren von 1KBytes von einem Speicherbereich zu einem anderen kann 250 *Load-Store*-Zyklen erfordern. Und so weiter. In solchen Fällen ist es gut, wenn die Instruktionen immer noch im Zentralprozessor verfügbar sind.

Einige dieser Befehlsfolgen sind so typisch, daß man sie dauernd im Prozessor halten möchte; man spricht dann von *Mikroprogrammen*. Der Cache wird dann zum *ROM* (*Read Only Memory*), in dem die Befehle „fest eingebrannt" sind[1].

4. Zusätzlich zum Cache oder auch alternativ dazu kann man eine *Instruction Queue* vorsehen. Weil im Normalfall die im Speicher hintereinanderliegenden Befehle auch nacheinander verarbeitet werden, kann der *Fetch Controller* „auf Verdacht" gleich mehrere beschaffen — zunächst ohne Rücksicht auf die Steueranweisungen des Dekodierers. Das ist besonders bei solchen Maschinen von Vorteil, bei denen eine Instruktion mehrere Speicherworte lang sein kann. Dann kann bereits durch den *Fetch Controller* die Operandenbeschaffung erledigt werden.

Auf diese Weise werden überlappende Arbeitszyklen ermöglicht (siehe auch Kapitel 12.6.3):

Fetch	Decode	Read	Exec	Write			
	Fetch	Decode	Read	Exec	Write		
		Fetch	Decode	Read	Exec	Write	

Das heißt, die *Fetch Unit*, die *Dekodierschaltung*, die *Operandenbeschaffung* und die *ALU* sind alle gleichzeitig aktiv, wenn auch jeweils für andere Instruktionen.

Probleme entstehen natürlich, wenn das Resultat der einen Instruktion als Operand der nächsten gebraucht wird. Dann entstehen sogenannte „Bubbles" im Zyklus:

Fetch	Decode	Read	Exec	Write			
	Fetch	Decode	~~~~~~~~~~~~	Read	Exec	Write	

---

[1] Diese Sichtweise des Mikroprogramm-Prinzips wurde mir von H. Liebig vorgeschlagen.

Die schlimmste Verzögerung entsteht offensichtlich bei Verzweigungs-operationen. Da die *Write*-Phase den Befehlszähler schreibt, muß die *Fetch*-Phase des Folgezyklus entsprechend verzögert werden. Außerdem muß die *Queue* geleert werden.

Das hat bei modernen *RISC-Rechnern* (*Reduced Instruction Set Computer*), bei denen möglichst einfache und schnelle Instruktionen angestrebt werden, zu Entwürfen mit teilweise skurrilen Effekten geführt: Der Befehl *hinter* einer Verzweigungsinstruktion wird auf jeden Fall ausgeführt! In der Situation

BRANCH   «Adresse
LOAD   0 → Register 5

wird Register 5 tatsächlich auf Null gesetzt.

Das ist kein grundsätzliches Problem, denn wir können ja immer NOP-Instruktionen (die gar nichts tun) hinter die Verzweigungen ein-fügen. Statistische Untersuchungen haben aber ergeben, daß in 80–90% der Fälle die Instruktionen tatsächlich so umgeordnet werden können, daß hinter der Verzweigung noch etwas Sinnvolles passiert.

Man darf allerdings nicht erwarten, daß solcherart konzipierte Programme noch verstehbar sind. Deshalb sollten sie auch nur von Compilern generiert werden.

Mit dieser eindrucksvollen Demonstration der Phantasie heutiger Ingenieurskunst wollen wir unsere kurze Reise durch das Labyrinth moderner Rechnersysteme abschließen. Für die Navigation waren ganz offensichtlich zwei Instrumente ausschlaggebend: Eine Hierarchie konzeptueller Schichten und eine Modularisierung in unabhängige, miteinander kommunizierende Objekte. Mit diesen beiden Techniken läßt sich sogar der gleitende Übergang zwischen Soft- und Hardware-bausteinen elegant vollziehen.

Referenzen

[1] *Bach, M.J.:* The Design of the UNIX® Operating System. Prentice-Hall, Englewood Cliffs 1986.

[2] *Coy, W.:* Aufbau und Arbeitsweise von Rechenanlagen. Vieweg, Braunschweig 1988.

[3] *Goethe, J.W.:* Der Zauberlehrling.

[4] *Herrtwich, R.G., Hommel, G.:* Kooperation und Konkurrenz. Springer, Berlin 1989.

[5] *Liebig, H., Flik, Th.:* Rechnerorganisation. (2.Auflage) Springer, Berlin 1993.

[6] *Oberschelp, W., Vossen,G.:* Rechneraufbau und Rechnerstrukturen. Oldenbourg, München 1989.

[7] *Popper, K.R.:* Logik der Forschung. J.C.B. Mohr, Tübingen 1984.

[8] *Tanenbaum, A. S.:* Operating Systems. Prentice-Hall, Englewood Cliffs 1987.

Epilog

„Die Theoretische Informatik ist keine Theorie der Informatik!"
So lautet die Schlagzeile eines studentischen Flugblatts (mit dem für ein
„autonomes Seminar" geworben wurde).
Die Theoretische Informatik ist keine Theorie der Informatik?
Darüber kann man ganze Nächte nachdenken [11]. Unter meinen Freun-
den sind ein paar Physiker, auch theoretische Physiker. Aber keiner von
ihnen wollte bisher *die* Theorie der Physik suchen. Theorien *in* der
Physik: ja. Aber *die* Theorie der Physik? Ich kenne auch Chemiker.
Aber keiner von ihnen sucht *die* Theorie der Chemie. Und genauso
wenig tun es Biologen. Oder Astronomen. Oder Archäologen.

Warum also suchen sie *die* Theorie der Informatik? Schließlich ist
die Formulierung ja kein tapsiges Mißgeschick unerfahrener Studenten.
Ich habe den Slogan schon anderswo gelesen (etwa in [2]).

Über Grenzen blicken
Immer wieder stoßen Wissenschaftler auf philosophische Fragen
jenseits der Grenzen ihres Faches. Ob Heisenberg sich mit der *Ordnung
der Wirklichkeit* auseinandersetzt [6], ob Einstein über *Religion und
Wissenschaft* nachdenkt [4], ob Hawking die *Frage nach dem Schöpfer*
stellt [5] — jedesmal sind sie an die Grenzen ihrer Physik gestoßen und
haben den Schritt in die Metaphysik gewagt. Aber alle halten sich an
Karl Poppers Maxime, „daß wir sehr viel Nicht-Wissenschaft reden und
reden können müssen — nur sollen wir das nicht für Wissenschaft
ausgeben" [10].

In all diesen Fällen schöpfen die philosophischen Exkurse ihre
Substanz aus einem beeindruckenden, ja oft genialen wissenschaftlichen
Lebenswerk im angestammten Fachgebiet. Und das hat Gewicht. Bei den
Informatikern dagegen erfolgen allzu oft die philosophischen Etüden
nicht nach, sondern anstelle einer fachlich substanziellen Arbeit.
(Natürlich gibt es Ausnahmen, als herausragendste wohl Weizenbaums
fundierte Auseinandersetzung mit der Verantwortung in der Informatik
[12].)

Tucholsky stöhnt, das Überflüssigste auf der Welt sei ein
kleinbürgerlicher Philosoph. Doch ebenso entbehrlich ist's, wenn seichte
Physik sich mit orientalisch verklärtem Mystizismus mischt (wofür, wie
ich finde, Capra ein arges Beispiel liefert [1]), oder wenn Bruchstücke

von Informatik sich mit Fragmenten von Philosophie vermengen (was in meinen Augen bei Winograd und Flores [13] passiert[1]).

Der enge Horizont der Technokraten

Ein Bericht der amerikanischen Informatikergesellschaft *ACM* [3] stellt das Tun der Informatik in ein Spannungsfeld dreier Traditionen: *Mathematische Theoriebildung* (Definition, Axiomatisierung und Deduktion), *naturwissenschaftliche Modellbildung* (Hypothese, Experiment und Bewertung), *ingenieurmäßiges Entwerfen* (Bedarfsanalyse, Design und Test).

Diese Sicht hat einen blinden Fleck: die Prägung der Informatik durch ihre Anwendungen [7]. Der Einsatz von Computern löst massive Umwälzungen aus: in der Arbeitswelt, in Prozeßabläufen, in Entscheidungsfindungen, in der Organisation ganzer Wirtschaftssysteme. Und diese Umwälzungen stellen ihrerseits Forderungen an die Informatik. Aber in keiner der drei Traditionen werden sie voll erfaßt.

Da liegt der Ruf nach neuen Sichten nahe. Eine Wissenschaftstheorie im Stile Poppers [8] liegt hier ganz im Trend: Die Bewertung von Modellbildung und Wissensgewinnung erfolgt anhand der „auf unser Leben und Handeln bezogenen Überprüfbarkeit, Adäquatheit und Tragfähigkeit" [7]. In einem kritischen Analyseprozeß werden Modelle schrittweise verbessert und so näher an die tatsächlichen Anforderungen herangeführt. „Das ist die ganze Wissenschaftstheorie: *Wir* erfinden Theorien, und wir bringen unsere Theorien um" [10].

Wider die Enzyklopädie

Der Vorwurf liegt nahe: Das Informatikverständnis dieses Buch ist zu technologiefixiert, zu mathematisch-formal, zu ingenieurmäßig verengt. Was wir gezeigt haben, sind nur Ausschnitte, Fragmente und Skizzen.

Stimmt.

Vieles wurde ausgelassen, was zu bringen spannend, bedeutend, lehrreich oder amüsant gewesen wäre. Es fehlen die zahlreichen Mosaiksteine, die das Bild der Informatik erst so farbig, facettenreich, fulminant und faszinierend machen. Aber das meiste davon ist Anwendung, nicht Grundlage. Fraktale Geometrie, dreidimensionale Farbgraphik, Echtzeitsimulation, Robotersteuerung, Computermusik — all das macht Spaß, aber es gehört schwerlich zu den Grundlagen. Informationssysteme, Expertensysteme, Multimediasysteme, Automationssysteme — all das ist wichtig, aber nicht grundlegend.

---

[1] ... wo zwar viel von Gadamer, Kant und Hegel die Rede ist, so etwas wie ein „Positivismusstreit" aber nicht stattgefunden zu haben scheint.

Zugegeben, es hätte auch noch einiges an Fundierungen gegeben, was wir hätten bringen können: Wir haben uns zwar eingehend mit den Grundlagen der Programmierung befaßt, aber die Grundlagen der Programmiersprachen nur kurz angerissen. Auch unsere kurzen Skizzen von Rechnerarchitektur und Betriebssystemen hätten Erweiterungen verdient, etwa um Konzepte von Rechnernetzen, Echtzeitsystemen und Prozeßsteuerung. Informationssysteme und Datenbanken besitzen wohlfundierte Theorien, die hier nicht angesprochen wurden. Und auch über Software Engineering wäre wohl einiges zu sagen gewesen.

Doch irgendwo müssen Grenzen gesetzt werden, zum Besten des Autors wie des Lesers. Und so haben wir unser Gebiet da abgesteckt, wo das Kernthema der Informatik liegt: Computer und ihre Programmierung. Dort, wo es um die Fundierung spezieller Bereiche geht, hört unsere Abhandlung auf. Und das schließt die oben genannten Gebiete ein.

Und da sind noch andere Lücken.

Künstliche Intelligenz

Sie wird von Enthusiasten als die eigentlich umfassende Disziplin verklärt; Informatik ist bestenfalls als Zubringer geduldet. Gestandenen Informatikern erscheint sie dagegen als Scharlatanerie; durch immer neue und immer neu gebrochene Versprechen schadet sie dem Ansehen der ganzen Branche.

Einem schlichten Urteil entzieht sich die *KI* durch ihr allzu diffuses Bild.

Zum einen sind da die „weichen" KI-ler. Sie stellen sich Aufgaben, die konkret und realistisch sind. Von ihrer Arbeit profitiert die ganze Informatik, von ihnen kommen ausgefeilte Algorithmen und Datenstrukturen, tiefschürfende Theorien und nützliche Anwendungssysteme. Und wenn sie nicht die Etiketten wechseln, unter denen so schön die Fördermittel fließen, dann beweisen sie nur *common sense*. Sonst gibt es aber keinen Grund, weshalb sie nicht auch unter der Flagge biederer Informatik segeln könnten.

Anders dagegen die „harten" KI-ler. Sie suchen nach dem Homunkulus, nach dem elektronischen Über-Ich. Sie träumen den Traum vom Artefakt, das über seinen Schöpfer ragt. Und sie weisen Erfolge auf, bescheiden zwar, aber immerhin: Bei Spielen, sofern Sturheit vor Cleverness geht. Bei Sprache, solange die Sätze einfach und vom Inhalt simpel sind. Bei Bildern, sofern die Konturen klar und die Objekte wenige sind. Und sie erklären unbeirrt (und seit Jahrzehnten schon), daß der große Durchbruch jetzt gleich kommen wird. Dabei scheitern sie schon kläglich, wenn *common sense* zu programmieren ist.

Dann findet jedes Kaninchen sich besser in der Welt zurecht, als ihre schlauesten Computer.

Ob „künstliche Intelligenz" jemals machbar werden wird? Ich behaupte nicht, daß es unmöglich ist. (Denn wie sollte ich das beweisen?) Ich sage ja auch nicht, daß wir niemals von Galaxie zu Galaxie durch Hyperräume eilen werden. (Denn wie sollte ich das beweisen?) Aber sicher gilt: Für das eine gibt es heute so wenige Anzeichen wie für das andere.

Auf der Suche nach Fundierung

Die da ausziehen, die Theorie der Informatik zu finden — wonach suchen sie denn wirklich? Vor allem ist es wohl eine *erkenntnistheoretische Fundierung* der Informatik, um deren Verständnis sie ringen. Als Mittel, um die eigene Arbeit einordnen zu können. Als Hilfe, um eine angemessene Ethik zu entwickeln. Als Richtschnur, an der die Frage nach der eigenen Verantwortung sich orientieren läßt.

Das alles finde ich gut, wichtig und hilfreich. Aber warum müssen sie es unbedingt Theorie nennen? Etwa deshalb, weil „Theorie" einen so guten Klang in der Wissenschaft hat? Soll das unsichere Stochern in dem amorphen Gemenge unfertiger Gedankenfragmente durch ein seriös klingendes Etikett aufgewertet werden? Das kann nicht gutgehen: Wenn hinter dem Etikett der Inhalt fehlt, wird bloß das gute Wort beschädigt.

Karl Popper, dessen exaktes Denken und klare Sprache hier Maßstäbe setzen, lehrt uns die grundlegende Anforderung an Theorien: Sie müssen sich *bewähren* können [8, 9]. Dazu müssen sie so genau sein, daß sie Prognosen zulassen, die wir anschließend überprüfen können. Kurz: *„Theorien müssen falsifizierbar sein."*

An dieser Meßlatte muß ein Sammelsurium scheitern, das hier ein bißchen Hegel und da ein bißchen Kant aufbietet, das Hermeneutik mit Arbeitspsychologie verrührt, einen Schuß Sozialverantwortung und Betroffenheit über intelligente Bomben dazugibt, und das ganze dann mit Mathematik und ingenieurmäßiger Methodik unterfüttert.

Es stimmt schon: Wir brauchen eine begriffliche Fundierung der Informatik. Aber da ist noch ein gutes Stück Arbeit zu leisten. Seriöse Arbeit.

Subjektiv sein

Das alles klingt subjektiv, provozierend, angreifbar? Dann ist es gut. Denn ich will parteiisch sein, ich will Widerspruch wecken und ich will zu Kritik herausfordern.

Das ist das Privileg des Epilogs: Den Autor als Partei enttarnen. Die Wertung hinter der Fachlichkeit entdecken. Das Vorurteil im Urteil finden. Doch der Epilog gibt nur offen zu, was auf jeder anderen Seite auch schon galt: Die reine Objektivität ist eine Illusion. In allem, was wir schreiben, steckt die Färbung der persönlichen Vorlieben, der individuellen Wertungen. Subjektiv ist schon die Themenwahl, und genauso subjektiv ist ihre Präsentation. Aber ich finde das überhaupt nicht schlimm. Denn „es ist gänzlich verfehlt, anzunehmen, daß die Objektivität der Wissenschaft von der Objektivität des Wissenschaftlers abhängt." [9]

An dieser Überzeugung halte ich fest: „Der wertfreie Wissenschaftler ist nicht der ideale Wissenschaftler" [9]. Der Leser hat es hoffentlich immer beherzigt.

Referenzen

[1] *Capra, F.:* The Tao of Physics. Bantam Books, Toronto 1984.

[2] *Coy, W.:* Brauchen wir eine Theorie der Informatik? Informatik Spektrum 12 (1989) 256-266. Springer.

[3] *Denning, P.J. et al.:* Computing as a Discipline. Comm. ACM 32, 1 (1989) 9-23.

[4] *Einstein, A.:* Mein Weltbild. Ullstein, Frankfurt 1979.

[5] *Hawking, S.W.:* Eine kurze Geschichte der Zeit. Rowohlt, Reinbek 1988.

[6] *Heisenberg, W.:* Ordnung der Wirklichkeit. Piper, München 1989.

[7] *Luft, A.L.:* Informatik als Technikwissenschaft. Informatik Spektrum 12 (1989) 267-273. Springer.

[8] *Popper, K.R.:* Logik der Forschung. J.C.B. Mohr, Tübingen 1984.

[9] *Popper, K.R.:* Auf der Suche nach einer besseren Welt. Piper, München 1984.

[10] *Popper, K.R., Lorenz, K.:* Die Zukunft ist offen. Piper, München 1985.

[11] *Tucholsky, K.:* Sprache ist eine Waffe. Rowohlt, Reinbek 1989.

[12] *Weizenbaum, J.:* Die Macht der Computer und die Ohnmacht der Vernunft. Suhrkamp, Frankfurt 1977.

[13] *Winograd, T., Flores, F.:* Understanding Computers and Cognition. Ablex Publ., Norwood N.J. 1986.

Index